Meyer

Recht der Ratsfraktionen

D1641635

Recht der Ratsfraktionen

Darstellung

von

Professor Dr. Hubert Meyer
Geschäftsführendes Präsidialmitglied
des Niedersächsischen Landkreistages

8. Auflage

KOMMUNAL- UND SCHUL-VERLAG · WIESBADEN

Bibliografische Information der Deutschen Nationalbibliothek
Die Deutsche Nationalbibliothek verzeichnet diese Publikation in der
Deutschen Nationalbibliografie; detaillierte bibliografische Daten sind
im Internet über http://dnb.ddb.de abrufbar.

© Copyright 1994 by Kommunal- und Schul-Verlag GmbH & Co. KG · Wiesbaden
Alle Rechte vorbehalten · Printed in Germany
8. aktualisierte Auflage 2015
Satz: Jung Crossmedia Publishing GmbH · Lahnau
Druck: Kessler Druck + Medien · Bobingen

ISBN 978-3-8293-1214-1

Inhaltsverzeichnis

Abkürzungsverzeichnis

a. A.	=	anderer Ansicht
a. a. O.	=	am angeführten Orte
AbgG	=	Abgeordnetengesetz
Abs.	=	Absatz
a. F.	=	alte Fassung
AfK	=	Archiv für Kommunalwissenschaften (Zeitschrift)
Anm.	=	Anmerkung/en
APuZ	=	Aus Politik und Zeitgeschichte, Beilage zur Zeitung „Das Parlament"
ArbG	=	Arbeitsgericht
Art.	=	Artikel
Az.	=	Aktenzeichen
Bay	=	Bayern/bayerisch
BayGO	=	Bayerische Gemeindeordnung
BayVBl	=	Bayerische Verwaltungsblätter (Zeitschrift)
Bbg	=	Brandenburg/brandenburgisch
Bbg LVerfG	=	Brandenburgisches Landesverfassungsgericht
BDSG	=	Bundesdatenschutzgesetz
BeamtStG	=	Beamtenstatusgesetz
BeckRS	=	Elektronische Entscheidungsdatenbank in Beck-Online
Beschl.	=	Beschluss
BGB	=	Bürgerliches Gesetzbuch
BGBl.	=	Bundesgesetzblatt
BGH	=	Bundesgerichtshof
BGHZ	=	Sammlung der Entscheidungen des BGH in Zivilsachen
BKR	=	Zeitschrift für Bank- und Kapitalmarktrecht
Brem	=	Bremen/bremisch
Buchholz	=	Sammel- und Nachschlagewerk der Rspr. des BVerwG
BVerfG	=	Bundesverfassungsgericht
BVerfGE	=	Bundesverfassungsgerichtsentscheidung/en
BVerwG	=	Bundesverwaltungsgericht
B.-W./BW	=	Baden-Württemberg/baden-württembergisch
BWahlG	=	Bundeswahlgesetz

BWGZ	=	Baden-Württembergische Gemeindezeitung
bzw.	=	beziehungsweise
CDU	=	Christlich Demokratische Union
Demo	=	Die demokratische Gemeinde (Zeitschrift)
ders./dens.	=	derselbe/denselben
DÖV	=	Die Öffentliche Verwaltung (Zeitschrift)
DVBl	=	Deutsches Verwaltungsblatt (Zeitschrift)
DVP	=	Deutsche Verwaltungspraxis (Zeitschrift)
E	=	Entscheidung/en
EildLKTNW	=	Eildienst des Landkreistages Nordrhein-Westfalen (Zeitschrift)
EildStNW	=	Eildienst des Städtetages Nordrhein-Westfalen (Zeitschrift)
evtl.	=	eventuell
FDP	=	Freie Demokratische Partei
ff.	=	fortfolgend
FrakG	=	Fraktionengesetz
GdeT	=	Gemeindetag (Zeitschrift)
GemHVO	=	Gemeindehaushaltsverordnung
GemO Rh.-Pf.	=	Gemeindeordnung Rheinland-Pfalz
ggf.	=	gegebenenfalls
GHH	=	Gemeindehaushalt (Zeitschrift)
GO	=	Gemeindeordnung
GOBT	=	Geschäftsordnung des Deutschen Bundestages
GVBl.	=	Gesetz- und Verordnungsblatt
HdbStaatsR	=	Handbuch des Staatsrechts
HdbVerfR	=	Handbuch des Verfassungsrechts
HGO	=	Hessische Gemeindeordnung
HKO	=	Hessische Kreisordnung
HKWP	=	Handbuch der kommunalen Wissenschaft und Praxis
Hmb	=	Hamburg/hamburgisch
Hrsg.	=	Herausgeber
HSGZ	=	Hessische Städte- und Gemeindezeitung
i. S.	=	im Sinne
i. V. m.	=	in Verbindung mit
JA	=	Juristische Arbeitsblätter (Zeitschrift)
JK	=	Jura-Karteikarte

Jura	=	Juristische Ausbildung (Zeitschrift)
JuS	=	Juristische Schulung (Zeitschrift)
Kom.	=	Kommentar
KommJur	=	Der Kommunaljurist (Zeitschrift)
KommP MO	=	KommunalPraxis, Ausgabe Mittel – Ost (Zeitschrift)
KOPO	=	Kommunalpolitische Blätter (Zeitschrift)
KritV	=	Kritische Vierteljahresschrift für Gesetzgebung und Rechtswissenschaft
KrO	=	Kreisordnung
KV-DVO	=	Durchführungsverordnung zur Kommunalverfassung (MV)
KVG LSA	=	Kommunalverfassungsgesetz des Landes Sachsen-Anhalt
KV M-V	=	Kommunalverfassung Mecklenburg-Vorpommern
KVR	=	Kommunalverfassungsrecht (landesrechtliche Kommentierung)
Lit.	=	Literatur
LKO	=	Landkreisordnung
LKV	=	Landes- und Kommunalverwaltung (Zeitschrift)
LSA	=	Land Sachsen-Anhalt
LT-Drs.	=	Landtags-Drucksache
m. E.	=	meines Erachtens
MittLKTSH	=	Mitteilungen des Landkreistages Schleswig-Holstein (Zeitschrift)
Mitt. StGB NRW	=	Mitteilungen des Städte- und Gemeindebundes N-W (Zeitschrift)
MV	=	Mecklenburg-Vorpommern
m. w. N.	=	mit weiteren Nachweisen
Nds	=	Niedersachsen/niedersächsisch
Nds.MBl.	=	Niedersächsisches Ministerialblatt
NdsVBl.	=	Niedersächsische Verwaltungsblätter (Zeitschrift)
NGO	=	Niedersächsische Gemeindeordnung
NJ	=	Neue Justiz (Zeitschrift)
NJW	=	Neue Juristische Wochenschrift (Zeitschrift)
NJW-RR	=	NJW-Rechtsprechungs-Report-Zivilrecht (Zeitschrift)
NKomVG	=	Niedersächsisches Kommunalverfassungsgesetz
NLO	=	Niedersächsische Landkreisordnung

NordÖR	=	Zeitschrift für öffentliches Recht in Norddeutsch-land
NST-N	=	Niedersächsischer Städtetag-Nachrichten
NStVbSH	=	Nachrichten des Städteverbandes Schleswig-Hol-stein
NVwZ	=	Neue Zeitschrift für Verwaltungsrecht (Zeitschrift)
NVwZ-RR	=	Neue Zeitschrift für Verwaltungsrecht-Rechtspre-chungsreport
NW	=	Nordrhein-Westfalen; nordrhein-westfälisch
NWVBl.	=	Nordrhein-Westfälische Verwaltungsblätter (Zeit-schrift)
NZA	=	Neue Zeitschrift für Arbeitsrecht (Zeitschrift)
NZA-RR	=	NZA-Rechtsprechungs-Report
OLG	=	Oberlandesgericht
OVG	=	Oberverwaltungsgericht
PartG	=	Parteiengesetz
RhPf	=	Rheinland-Pfalz
Rn.	=	Randnummer
RS	=	Rundschreiben
Rspr.	=	Rechtsprechung
Rspr.-Slg. komm. VR	=	Rechtsprechungssammlung zum kommunalen Verfassungsrecht
Rz.	=	Randziffer
S.	=	Seite
Saarl	=	saarländisch
SaarlKSVG	=	Saarländisches Kommunalselbstverwaltungsgesetz
SächsGemO	=	Sächsische Gemeindeordnung
SachsKrO	=	Sächsische Landkreisordnung
SchlHAnz.	=	Schleswig-Holsteinische Anzeigen (Zeitschrift)
SH	=	Schleswig-Holstein; schleswig-holsteinisch
SPD	=	Sozialdemokratische Partei Deutschlands
StGB	=	Strafgesetzbuch
StGH	=	Staatsgerichtshof
StGR	=	Städte- und Gemeinderat (Zeitschrift)
ThürKO	=	Thüringische Kommunalordnung
ThürVBl.	=	Thüringische Verwaltungsblätter (Zeitschrift)
u. a.	=	unter anderen/m
U. A.	=	Amtlicher Umdruck
Urt.	=	Urteil

Abkürzungsverzeichnis – Ratsfraktionen

u. U.	= unter Umständen
VBlBW	= Verwaltungsblätter für Baden-Württemberg (Zeitschrift)
VerfGH	= Verfassungsgerichtshof
VerwRspr.	= Verwaltungs-Rechtsprechung
VG	= Verwaltungsgericht
VGH	= Verwaltungsgerichtshof
VGHE	= Verwaltungsgerichtshofentscheidungen
vgl.	= vergleiche
VR	= Verwaltungsrundschau (Zeitschrift)
VVDStRL	= Veröffentlichungen der Vereinigung der Deutschen Staatsrechtslehrer
VwGO	= Verwaltungsgerichtsordnung
ZG	= Zeitschrift für Gesetzgebung
Ziff.	= Ziffer
ZParl	= Zeitschrift für Parlamentsfragen
ZRP	= Zeitschrift für Rechtspolitik
z. T.	= zum Teil

Literaturverzeichnis

Achterberg, *Norbert*, Parlamentsrecht, Tübingen 1984

Albrecht, *Susanne*, Fraktionen und Parteien: Getrennt durch den Spendenbegriff?, DVBl 2000 S. 1315 ff.

von Arnim, *Hans-Herbert*, Abgeordnetengesetz ohne Kontrolle – Zur Diätennovelle der großen Koalition, DVBl 2014 S. 605 ff.

von Arnim, *Hans-Herbert*, Entscheidungen des Parlaments in eigener Sache: Das Problem ihrer gerichtlichen Kontrolle, DÖV 2015 S. 537 ff.

von Armin, *Hans-Herbert*, Finanzierung der Fraktionen, Wiesbaden 1993

von Arnim, *Hans-Herbert*, Nebeneinkünfte von Landtagsabgeordneten, NVwZ 2007 S. 1246 ff.

von Arnim, *Hans Herbert*, Staatliche Fraktionsfinanzierung ohne Kontrolle?, Wiesbaden 1987

von Arnim, *Hans Herbert*, Verfassungsfragen der Fraktionsfinanzierung im Bundestag und in den Landesparlamenten, ZRP 1988 S. 83 ff.

von Arnim, *Hans Herbert*, Wirtschaftlichkeit als Rechtsprinzip, Berlin 1988

Aulehner, *Josef*, Fraktionsausschluß auf Kommunalebene JA 1989 S. 478 ff.

Baltzer, *Klaus*, Kommunalpolitik gegen Kommunalverwaltung?, VR 1989 S. 1 ff.

Banner, *Gerhard*, Zur politisch-administrativen Steuerung in der Kommune, AfK 1982 S. 26 ff.

Behrens, *Fritz/Bock*, *Georg*, Sicherung der kommunalen Selbstverwaltung – Durch Änderung der Kommunalverfassung Nordrhein-Westfalen, NWVBl. 1988 S. 357 ff.

Behrndt, *Nils*, Vorschlagsrecht der Fraktionen bei der Wahl des Bürgervorstehers in Pattsituationen, NordÖR 2000 S. 57 ff.

Bemerkungen 1987 des Landesrechnungshofes Schleswig-Holstein, Kiel 1987

Bennemann, *Gerhard*, Zur Klagebefugnis von Fraktionen im Gemeinderat hinsichtlich der Durchführung von Bürgerfragestunden, HSGZ 2000 S. 149 f.

Bennemann, Gerhard/Daneke, Uwe/Meiß, Ernst/Simon, Arnulf/Steiß, Alexander/Teschke, Sven/Unger, Walter/Zabel, Lorenz/Zahradnik, Stefan/Hiligardt, Jan/Ruder, Tim u. a., Kommunalverfassungsrecht Hessen, zit.: Autor in KVR Hess., Stand: Juni 2015

Bericht der Enquete-Kommission zur Überprüfung des Niedersächsischen Kommunalverfassungsrechts vom 6.5.1994, Niedersächsischer Landtag, Drucksache 12/6260

Berkemeier, Karl H., Das kommunale Scheinparlament: Ausgeschaltet aus dem Planungsprozeß, ZParl 1972 S. 202 ff.

Bertrams, Michael, Fraktionsfinanzierung und Rechnungsprüfung durch den Landesrechnungshof, NWVBl. 2005 S. 10 ff.

Bethge, Herbert, Der Kommunalverfassungsstreit, § 28, in Thomas Mann/Günter Püttner (Hrsg.), Handbuch der kommunalen Wissenschaft und Praxis, Bd. 1, 3. Aufl., 2007; zit.: Autor in HKWP, 3. Aufl., 2007

Bick, Ulrike, Anmerkungen zu VG Gelsenkirchen, Urt. vom 13.2.1987 – 15 K 1536/85 –, NVWBl. 1987 S. 54 ff., 58 f.

Bick, Ulrike, Die Ratsfraktion, Berlin 1989

Birk, Dieter, Gleichheit im Parlament, NJW 1988 S. 2521 ff.

Birkenfeld-Pfeiffer, Daniela/Gern, Alfons, Kommunalrecht, 4. Aufl., Baden-Baden 2005

Blum, Peter/Baumgarten, Torsten/Freese, Herbert/Göke, Wolfgang/ Groseck, Oliver/Grunwald, Ekkehard/Häusler, Bernd/Höptner, Richard/Mehlhorn, Lutz/Menzel, Andreas/Meyer, Hubert/ Mielke, Jörg/Miller, Dennis/Rose, Joachim/Schwind, Joachim/ Smollich, Thomas/Wefelmeier, Christian, Niedersächsisches Kommunalverfassungsgesetz, Kom., in Kommunalverfassungsrecht Niedersachsen, Stand: Juni 2015, zit.: Bearbeiter in KVR Nds/NKomVG

Blum, Peter/Häusler, Bernd/Meyer, Hubert (Hrsg.), Niedersächsisches Kommunalverfassungsgesetz, Kom., 3. Aufl., 2014; zit.: Bearbeiter in Blum/Häusler/Meyer (Hrsg.), NKomVG

Boemke, Burkhard, Kontenkündigung als Sittenverstoß, JuS 2001 S. 444 ff.

Bogner, Walter, Beratungs- und Beschlussfassungsverfahren in der Gemeindevertretung, 4. Aufl., 2013, zit.: Bearbeiter in Bogner (Hrsg.), Beratungs- und Beschlussfassungsverfahren

Borchmann, Michael, Der Fraktionsausschluss im Gemeinderecht, HSGZ 2000 S. 360 ff.

Borchmann, Michael, Hessische Landkreisordnung, Kom., Stand: Juni 2007, zit.: Borchmann, HKO

Bracker, Reimer/Dehn, Klaus-Dieter, Gemeindeordnung Schleswig-Holstein, Kom. 11. Aufl. 2014

Braun, Werner/Benterbusch, Elisabeth, Zulässigkeit und Grenzen der Öffentlichkeitsarbeit von Fraktionen, ZParl 2003 S. 653 ff.

Bülow, Jörg/Erps, Jan-Christian/Schliesky, Utz/von Allwörden, Jochen (Hrsg.), Kommunalverfassungsrecht Schleswig-Holstein, Stand: Mai 2015, zit.: Bearbeiter in KVR SH

Buhren, Gerd D., Aufstellung der Tagesordnung für die Ratssitzung – Rechte und Pflichten des Bürgermeisters, VR 1986 S. 410 ff.

Buhren, Gerd D., Veränderungen in der Zusammensetzung der Fraktionen durch Austritt, Ausschluss oder Spaltung und die Auswirkungen auf die Ausschussbildung, VR 2001 S. 73 ff.

Bull, Hans-Peter, Kommunalpolitisch bedeutsame Vorhaben der Landesregierung, Mitteilungen des Schleswig-Holsteinischen Landkreistages, Heft 6/1988 S. 1 ff.

Bund der Steuerzahler Niedersachsen und Bremen e. V. (Hrsg.), Kommunale Politikfinanzierung 2007, Aufwandsentschädigungen und Fraktionszuschüsse in niedersächsischen Städten und Kreisen, Broschüre, 2007

Burghart, Axel, Listenverbindung und Zählgemeinschaft scheitern am Maßstab des Art. 28 Abs. 1 Satz 2 GG, NdsVBl. 2004 S. 226 ff.

Burgi, Martin, Kommunalrecht, 4. Aufl., 2012

Cancik, Pascale, Die Öffentlichkeit von Ratssitzungen: im Saal, im Rundfunk oder im Internet, NdsVBl. 2015 S. 11 ff.

Cancik, Pascale, Entgrenzungen: Der Streit um die Öffentlichkeitsarbeit der Fraktionen geht weiter, ZG 2007 S. 349 ff.

Dach, Peter, Befristung von Arbeitsverträgen mit Fraktionsmitarbeitern, NZA 1999 S. 627 f.

Demmler, Wolfgang, Der Abgeordnete im Parlament der Fraktionen, Berlin 1994

Deubert, Michael, Gedanken zum Kommunalwahlrecht in Deutschland, LKV 1993 S. 331 ff.

Dietlein, Johannes, Zur Zulässigkeit moderater Sperrklauseln unterhalb von fünf Prozent zur Sicherung der Funktionsfähigkeit der Räte und Kreistage in Nordrhein-Westfalen, Rechtsgutachten, erstellt im Auftrag des Ministerium für Inneres und Kommunales des Landes Nordrhein-Westfalen, 2011, zit.: Autor, Gutachten

Dittrich, Sondervotum zum Urt. des BerlVerfGH vom 19.10.1992, VerfGH 24/92, NVwZ 1993 S. 1093 ff., S. 1097

Dolderer, Christine, Wie viel Parlament ist der Gemeinderat? DÖV 2009 S. 146 ff.

Dreier, Horst, (Hrsg.), Grundgesetz, Kommentar, Bd. 2, 1998, zit.: Bearbeiter in Dreier (Hrsg.), GG

Dyllick, Joachim/Neubauer, Reinhard/Gehricke, Carmen, Wann ist eine Fraktion eine Fraktion?, NJ 2008 S. 481 ff.

Edinger, Florian, Faires Verfahren Bedingung für Fraktionsausschluss, ZParl 2003 S. 764 ff.

Ehlers, Dirk, Die Gemeindevertretung, § 21, in Thomas Mann/Günter Püttner (Hrsg.), Handbuch der kommunalen Wissenschaft und Praxis, Bd. 1, 3. Aufl., 2007, zit.: Autor in HKWP, 3. Aufl., 2007

Ehlers, Dirk, Die Rechtsprechung zum nordrhein-westfälischen Kommunalrecht der Jahre 1984 bis 1989, NWVBl. 1990 S. 44 ff.

Ehlers, Dirk, Die Volksvertretung auf Gemeinde- und Kreisebene, Jura 1988 S. 337 ff.

Ehlers, Dirk, „Reform der Kommunalverfassung in NRW", NWVBl. 1991 S. 397 ff.

von Eichborn, Wolfgang, Zur angemessenen Bezahlung parlamentarischer Führungspositionen, KritV 84 (2001) S. 55 ff.

Eiermann, Heinrich, Akteneinsicht durch kommunale Mandatsträger, NVwZ 2005 S. 43 ff.

Empfehlungen für die bestimmungsgemäße Verwendung von Fraktionszuwendungen, erstellt vom verbandsübergreifenden Arbeitskreis „Fraktionszuwendungen" der Arbeitsgemeinschaften der Leiter der kommunalen Hessischen Revisionsämter des Hessischen Städtetages, des Hessischen Städte- und Gemeindebundes sowie des Hessischen Landkreistages, Fassung 2013 (zit.: Empfehlungen Hessen)

Epping, Volker, Rechtsgutachten über die Frage, ob und unter welchen Voraussetzungen eine nicht nach Art. 21 Abs. 2 GG verbotene Partei von der staatlichen Parteienfinanzierung ausgeschlossen werden kann, Pressemitteilung des Niedersächsischen Ministeriums für Inneres, Sport und Integration vom 19.11.2008 (zit.: Epping, Gutachten)

Epping, Volker/Hillgruber, Christian (Hrsg.), Grundgesetz, Kom., 2009, zit.: Autor in Epping/Hillgruber (Hrsg.), GG

Erdmann, Joachim, Der Fraktionsausschluß im Gemeinderecht und seine Auswirkungen, DÖV 1988 S. 907 ff.

Erichsen, Hans-Uwe, Aktuelle Probleme der Kommunalverfassung, NWVBl. 1990 S. 37 ff.

Erlenkämper, Friedel, Entwicklungen im Kommunalrecht, NVwZ 1984 S. 621 ff.; NVwZ 1985 S. 795 ff.; NVwZ 1986 S. 989 ff.; NVwZ 1990 S. 116 ff.; NVwZ 1991 S. 325 ff., NVwZ 1996 S. 534 ff.; NVwZ 1998 S. 354 ff.

Fabricius, Georg, Der Ratsassistent – Hilfe für die Mandatsträger, KOPO 1972 S. 964 ff.

Fehn, Bernd J., Kommunale Zuwendungen an Fraktionen, StGR 1988 S. 129 ff.

Fensch, Hans-Friedrich, Gängelung der Fraktionen durch den Haushalt?, KritV 1996 S. 379 ff.

Franz, Thorsten, Der Anspruch von Ratsfraktionen auf die Neubesetzung von Ausschüssen, LKV 2004 S. 497 ff.

Franz, Thorsten, Der Kommunalverfassungsstreit, Jura 2005 S. 156 ff.

Franz, Thorsten, Kommunalrecht Sachsen-Anhalt, Baden-Baden 2004

Fröhlinger, Margot, Die Festsetzung der Fraktionsmindeststärke im Gemeinderat, DVBl 1982 S. 682 ff.

Gabler, Manfred/Höhlein, Burkhard/Klöckner, Werner u. a., Kommunalverfassungsrecht Rheinland-Pfalz, Stand: November 2014, zit. Bearbeiter in KVR RhPf

Geiger, Harald, Der praktische Fall – Öffentlich-rechtliche Klausur – Eine schwierige Gemeinderatsfraktion, JuS 1997 S. 64 ff.

Gern, Alfons, Deutsches Kommunalrecht, 3. Aufl., Baden-Baden 2003

Gern, Alfons, Kommunalrecht Baden-Württemberg, 9. Aufl., Baden-Baden 2005

Glaser, Klaus-Michael, Anmerkung zu VG Greifswald vom 6. 12. 2000 – 2 B 2655/00 –, Der Überblick 2001 S. 146 f.

Goerlich, Helmut/Schmidt, Torsten, Politischer Proporz bei der Besetzung kommunaler Gremien und Ämter, LKV 2005 S. 7 ff.

Goerlitz, Niklas, Voraussetzungen und Grenzen des Rechts auf Fraktionsbildung im Deutschen Bundestag, DÖV 2009 S. 261 ff.

Grawert, Rolf, Gemeinden und Kreise vor den öffentlichen Aufgaben der Gegenwart, VVDStRL, Heft 36 (1979) S. 277 ff.

Grimm, Dieter, Politische Parteien in Ernst Benda/Werner Maihofer/Hans-Jochen Vogel, Handbuch des Verfassungsrechts, Studienausgabe, S. 317 ff., Berlin/New York 1984

Grünewald, Markus, Die neue Kommunalverfassung des Landes Brandenburg, LKV 2008 S. 349

Grußendorf, Frank, Allgemeinpolitische Äußerungen kommunaler Selbstverwaltungskörperschaften, Frankfurt a. M. 2000

Günther, Albert, Klausur: „Minderheitenrecht für fraktionslose Ratsmitglieder?", NWVBl. 2007 S. 33 ff.

Hahn, Dittmar, Die Beteiligtenfähigkeit von Fraktionen im Kommunalverfassungsstreit, DVBl 1974 S. 509 ff.

Hartmann, Bernd J./Engel, Karlheinz, Examensübungsklausur: Ausschluss aus der Ratsfraktion, NWVBl. 2013 S. 505 ff.

Hauenschild, Wolf-Dieter, Wesen und Rechtsnatur der parlamentarischen Fraktionen, Berlin 1968

Heintzen, Markus, Die Trennung von staatlicher Fraktions- und staatlicher Parteienfinanzierung, DVBl 2003 S. 706 ff.

Held, Friedrich Wilhelm/Becker, Ernst/Decker, Heinrich/Kirchhof, Roland/Krämer, Franz/Wansleben, Rudolf/Winkel, Johannes u. a., Kommentar zur Gemeindeordnung für Nordrhein-Westfalen, Stand: Juli 2015, in Kommunalverfassungsrecht Nordrhein-Westfalen, zit.: Bearbeiter in KVR NW

Held, Friedrich-Wilhelm/Winkel, Johannes(Hrsg.), Gemeindeordnung Nordrhein-Westfalen, Kommentar, 3. Aufl., 2014, zit.: Bearbeiter in Held/Winkel (Hrsg.), Gemeindeordnung NW

Hellermann, Johannes, Mitwirkungsrechte des fraktionslosen Ratsmitglieds, Jura 1995 S. 145 ff.

Hellwig, Hans-Jürgen, Der ehrenamtliche Stadtverordnete – ein Relikt aus der Stein-Zeit?, Der Städtetag 1984 S. 24 ff.

Henneke, Hans-Günter, Die Rolle der Fraktionen und Parteien in einem gewandelten Kommunalverfassungsrecht, Der Landkreis 1997 S. 1 ff.

Herrmann, Klaus, Bestenauslese durch Kommunalpolitik, LKV 2006 S. 535 ff.

Heuer, Ernst, Kontrollauftrag gegenüber den Fraktionen, in Wolfgang Böning/Albert von Mutius (Hrsg.), Finanzkontrolle im repräsentativ-demokratischen System, S. 107 ff., Heidelberg 1990

Heuvels, Klaus, Diäten für Ratsmitglieder?, Köln 1986

Hölscheidt, Sven, Das Recht der Parlamentsfraktionen, Rheinbreitbach 2001

Hölscheidt, Sven, Der Gruppenstatus als Zwitterstatus, DÖV 2015 S. 266 ff.

Hölscheidt, Sven, Die Finanzen der Bundestagsfraktionen, DÖV 2000 S. 712 ff.

Hölscheidt, Sven, Die Trennung des Abgeordneten von Partei und Fraktion, ZParl 1994 S. 353 ff.

Hohm, Karl-Heinz, Recht auf Chancengleichheit der Fraktionen und oppositioneller Minderheitenschutz, NJW 1985 S. 408 ff.

Hufen, Friedhelm, Fehler im Verwaltungsverfahren, 4. Aufl., Baden-Baden 2002

Ipsen, Jörn, Erwerb und Verlust des Fraktionsstatus im Deutschen Bundestag, NVwZ 2006 S. 176 ff.

Ipsen, Jörn, Niedersächsisches Kommunalrecht, 4. Aufl., Stuttgart/München/Hannover 2011

Ipsen, Jörn (Hrsg.), Niedersächsisches Kommunalverfassungsgesetz, Kom. 2011, zit.: Bearbeiter in Ipsen (Hrsg.), NKomVG

Ipsen, Jörn, Rechtsschutz gegen Fraktionsausschluss, NVwZ 2005 S. 361 ff.

Jahndel, Katrin, Kommunale Fraktionen, Stuttgart 1990

Janssen, Albert, Die zunehmende Parlamentarisierung der Gemeindeverfassung als Rechtsproblem, Göttingen 1988

Jekewitz, Jürgen, Fraktionszuschüsse in der Rechtsprechung des Bundesverfassungsgerichts, ZParl 1984 S. 14 ff.

Jekewitz, Jürgen, Politische Bedeutung, Rechtsstellung und Verfahren der Bundestagsfraktionen, in Hans-Peter Schneider/Wolfgang Zeh (Hrsg.), Parlamentsrecht und Parlamentspraxis S. 1021 ff., Berlin/New York 1989

Jutzi, Siegfried, Anmerkung zu BVerfG, Urt. vom 21.7.2000, NJ 2000 S. 590 f, NJ 2000 S. 591 f.

Kasten, Hans-Hermann, Ausschußorganisation und Ausschußrückruf, Berlin 1983

Kasten, Hans-Hermann, Freies kommunales Mandat in der Bewährung, Der Städtetag 1985 S. 181 ff.

Kasten, Hans-Hermann, Möglichkeiten und Grenzen der Disziplinierung des Abgeordneten durch seine Fraktion: Fraktionsdisziplin, Fraktionszwang und Fraktionsausschluß, ZParl 1985 S. 475

Kersten, Jens, Sicherung der Unabhängigkeit von Abgeordneten durch Transparenz und Sanktion, NWVBl. 2006 S. 46 ff.

Kese, Volkmar, Gefährdungen der Abgeordneten durch Partei und Fraktion, VR 1993 S. 266 ff.

Kim, Bongcheol, Die individuellen Mitwirkungsrechte der Gemeinderatsmitglieder – hinsichtlich der Gleichheit aller Gemeinderatsmitglieder und des Minderheitenschutzprinzips, DVBl 2011 S. 734 ff.

Kisker, Gunter, Der praktische Fall, Öffentliches Recht: Der Streit um den Fraktionsstatus, JuS 1980 S. 284 ff.

Klang, Klaus A./Gundlach, Ulf/Kirchmer, Manfred, Gemeindeordnung Sachsen-Anhalt, Kom., 3. Aufl., Magdeburg 2011

Klappstein, Walter, Die kommunale Finanzkontrolle in der Gesetzgebung des Bundes und der Länder, DVBl 1985 S. 363 ff.

Klappstein, Walter, Zuwendungen an Fraktionen kommunaler Vertretungskörperschaften in der Finanzkontrolle, Die Gemeinde 1989 S. 363 ff.

Kleerbaum, Klaus-Victor, Das Namensrecht von Parteien, KOPO 5/2015 S. I ff.

Kleerbaum, Klaus-Viktor, Der Partei- und Fraktionsausschluss in der Praxis, KOPO 5/2006 S. I ff. und 7/2006 S. I ff.

Kleerbaum, Klaus-Viktor, Fraktionszuwendungen nach Bedarf verteilen, KOPO 12/2012 S. I ff.

Kleerbaum, Klaus-Viktor, Gerechte Sitzverteilung – aber wie?, KOPO 6/2011 S. I ff.

Kleerbaum, Klaus-Viktor, Kommunalverfassungsreform in NRW auf dem Weg, KOPO 03/2007 S. I ff.

Kleerbaum, Klaus-Viktor, Von Rechten und Pflichten, KOPO 06/2007 S. I ff.

Kleerbaum, Klaus-Viktor, Zuwendung von Haushaltsmitteln an Fraktionen, KOPO 3/2014 S. I ff.

Kleerbaum, Klaus-Viktor/Klieve, Lars Martin, Die Fraktion und ihre Mitglieder, 1998

Klein, Hans Hugo, Austritt, Ausschluss, Rechte: Der fraktionslose Abgeordnete, ZParl 2004 S. 627 ff.

Knack, Hans-Joachim/Henneke, Hans-Günter, Verwaltungsverfahrensgesetz, Kom., 10. Aufl. 2014, zit.: Bearbeiter in Knack/Henneke

Knemeyer, Franz-Ludwig, Bayerisches Kommunalrecht, 12. Aufl., Stuttgart usw. 2007

Knemeyer, Franz-Ludwig, Diskussionsbeitrag in der Aussprache zu: Stolleis/Schäffer/Rhinow, Parteienstaatlichkeit – Krisensymptome des demokratischen Verfassungsstaats?, VVDStRL 44 (1986) S. 131 f.

Knemeyer, Franz-Ludwig, Parteien im kommunalen Raum, StGB 1985 S. 291 ff.

Knöpfle, Franz, Die Zuständigkeit der Rechnungshöfe für die Prüfung der Körperschaften des öffentlichen Rechts, Köln/Berlin/Bonn/München 1988

Koch, Michael H./Mohring, Mike, Zur Öffentlichkeitsarbeit von Parlamentsfraktionen – Zulässigkeit, Grenzen, Novellierungsbedarf, ThürVBl. 2010 S. 199 ff.

Koch, Sybille, Arbeitsverträge der Mitarbeiter von Fraktionen und Gruppen nach dem Ende der Wahlperiode aus parlamentsrechtlicher Sicht, NZA 1998 S. 1160 ff.

Köster, Bernd, Die Reform der Gemeindeordnung durch das Gesetz zur Stärkung der kommunalen Selbstverwaltung – GO-Reformgesetz, NWVBl. 2008 S. 49 ff.

Köstering, Heinz, Kommunale Selbstverwaltung zwischen Parteien, Verbänden, Vereinen und Bürgerinitiativen, StGR 1988 S. 121 ff.

Konzak, Olaf, Systeme zur Berechnung der Stellenanteile der Fraktionen für die Ausschußbesetzung, ZParl 1993 S. 596 ff.

Kopp, Ferdinand/Schenke, Wolf-Rüdiger, Verwaltungsgerichtsordnung, Kom., 21. Aufl., München 2015

Kottke, Joachim, Die Gemeindeordnung für den Freistaat Bayern und die Niedersächsische Gemeindeordnung im Praxisvergleich, AfK 1987 S. 226 ff.

Kottke, Joachim, Fraktionsstatus kommunaler Wahlbeamter, BayVBl. 1987 S. 417 ff.

Krah, Maximilian/Starke, Thomas, Kommunale Fraktionen und Beigeordnetenwahl in Sachsen, SächsVBl. 2004 S. 182 ff.

Kreiter, Franz M., Kommunale Entwicklungsplanung und politische Parteien, in Strukturprobleme des lokalen Parteiensystems, Bd. 6 der Schriftenreihe des Instituts für Kommunalwissenschaften, hrsg. von der Konrad-Adenauer-Stiftung, S. 65 ff., Bonn 1975

Kretschmer, Gerald, Das Diätenurteil des Bundesverfassungsgerichts (21. Juli 2000): Vom „fehlfinanzierten" zum „fehlverstandenen" Parlament?, ZParl 2000 S. 787 ff.

Kretschmer, Gerald, Die Öffentlichkeitsarbeit der Fraktionen im Spannungsbogen von Idealtypik und Realitätsdruck, ZParl 2003 S. 1 ff.

Kroll, Fritz, Fragen der Ausschußbesetzung und der Fraktionen im Gemeinderat, APF 1989 S. 225 ff.

Krüper, Julian, Ausschussbesetzung zwischen Politik, Mathematik und Demokratie, NWVBl. 2005 S. 97 ff.

Krumbein, Robert, Der Rat und seine Mitglieder, S. 33. ff., in Bernd Jürgen Schneider (Hrsg.), Handbuch Kommunalpolitik Nordrhein-Westfalen, 2004

Kürschner, Sylvia, Rechtliche Qualifikation von Fraktionsgeschäftsordnungen und Auswirkungen von Verstößen, DÖV 1995 S. 16 ff.

Kürschner, Sylvia, Rechtsschutz im Fraktionsrecht, JuS 1996 S. 306 ff.

Kuhn, Herbert, Fraktionsstatus kommunaler Wahlbeamter, BayVBl. 1987 S. 423 ff.

Kunig, Philip, Sondervotum zum Urt. des BVerfGH vom 19.10.1992, VerfGH 24/92, NVwZ 1993 S. 1093 ff., S. 1096 f.

Ladeur, Karl-Heinz, Zum Anspruch des fraktionslosen Gemeinderatsmitglieds auf Einräumung von Mitgliedschaftsrechten in Gemeinderatsausschüssen, BayVBl. 1992 S. 387

Lange, Gerhard, Umstrittene Beschlüsse im Kreistag, DVP 2006 S. 463 ff.

Lange, Klaus, Kontrollauftrag der Rechnungshöhe hinsichtlich demokratischer Institutionen, in Wolfgang Böning/Albert von Mutius (Hrsg.), Finanzkontrolle im repräsentativ-demokratischen System, S. 83 ff., Heidelberg 1990

Laubach, Birgit, Das 2. Diätenurteil des Bundesverfassungsgerichts, ZRP 2001 S. 159 ff.

Lavies, Ralf-Rainer, Können unsere lokalen Parlamente überhaupt ihre Aufgabe erfüllen?, HSGZ 1989 S. 191 ff.

Lehmann-Grube, Hinrich, Der Einfluß politischer Vertretungskörperschaften auf die Verwaltung, DÖV 1985 S. 1 ff.

Lehnguth, Gerold, Allgemeinpolitische Erklärungen und Beschlüsse von Gemeinden, DÖV 1989 S. 655 ff.

Lenski, Sophie-Charlotte, Regierungs- und Fraktionsarbeit als Parteiarbeit, DÖV 2014 S. 585 ff.

Lenz, Christofer, Der Fraktionsausschluss – Zwischenbilanz nach den Fällen Möllemann und Hohmann, NVwZ 2005 S. 364 ff.

Lepper, Markus, Die unmittelbare Grundrechtsbindung von Sparkassen – Gedanken zum Urteil des Bundesgerichtshofs vom 11.3.2003 betreffend die Kündigung eines NPD-Girokontos, BKR 2003 S. 346 ff.

Lesch, Heiko, Zweckwidrige Verwendung von Fraktionszuschüssen als Untreue?, ZRP 2002 S. 159 ff.

Lissack, Gernot, Bayerisches Kommunalrecht, 3. Aufl., 2009

Lunau, Ralf/Zieschang, Alexander, Der privatrechtliche Status sächsischer Gemeinderatsfraktionen, SächsVBl. 2008 S. 9 ff.

März, Wolfgang, Verwaltungsreform ohne Regionalkreise: zum Urteil des LVerfG Mecklenburg-Vorpommern, NJ 2007 S. 433 ff.

Martin, Helmut, Staatliche Fraktionsfinanzierung in Rheinland-Pfalz, Berlin 1995

Matzik, Dirk, Das Verfahren der geringsten relativen Abweichung – eine Alternative zu d'Hondt bei der Durchführung von Verhältniswahlen, LKV 2005 S. 242 ff.

Matzick, Dirk, Fraktionsfinanzierung aus kommunalen Haushaltsmitteln, KommP MO 1998 S. 335 ff.

Maunz, Theodor/Dürig, Günter, Grundgesetz, Kom., Stand: 573. Lieferung, Dezember 2014, zit.: Bearbeiter in Maunz/Dürig, GG

Maurer, Hartmut, Allgemeines Verwaltungsrecht, 18. Aufl. 2011

Mehde, Veith, Das Ende der Regionalkreise? Zur Entscheidung des Landesverfassungsgerichts Mecklenburg-Vorpommern, NordÖR 2007 S. 331 ff.

Meyer, Hans, Das fehlfinanzierte Parlament, KritV 1995 S. 231 ff.

Meyer, Hans, Liegt die Zukunft Mecklenburg-Vorpommerns im 19. Jahrhundert? Zum Neugliederungsurteil des Landesverfassungsgerichts, NVwZ 2008 S. 24 ff.

Meyer, Hans, Wahlsystem und Verfassungsordnung, Frankfurt am Main 1973

Meyer, Hubert, Aktuelle Rechtsprechung zum (niedersächsischen) Kommunalverfassungsrecht, NdsVBl. 2014 S. 33 ff.

Meyer, Hubert, Anmerkung zu LVerfG MV, Urt. vom 16.12.2004 – LVerfG 5/04, – Fraktionsmindeststärke – NordÖR 2005 S. 101 f.

Meyer, Hubert, Anmerkung zu VerfGH NW 14/98 und 15/98, DVBl 1999 S. 1271 ff. – Sperrklauseln im Kommunalwahlrecht –, DVBl 1999 S. 1276 ff.

Meyer, Hubert, Das Recht der Parlamentsfraktionen – Neue Ansätze und alte Irrtümer, ZParl 1998 S. 358 ff.

Meyer, Hubert, Die Entwicklung der Kreisverfassungssysteme, § 25, in Thomas Mann/Günter Püttner (Hrsg.), Handbuch der kommunalen Wissenschaft und Praxis, Bd. 1, 3. Aufl., 2007; zit.: Autor in HKWP, 3. Aufl., 2007

Meyer, Hubert, Ehrenamtliches Mandat und Urwahl des Hauptverwaltungsbeamten, LKV 1998 S. 85 ff.

Meyer, Hubert, Finanzierung der Rats- und Kreistagsfraktionen, NdsVBl. 2010 S. 62 ff.

Meyer, Hubert, Fraktionsassistenten – Fremdkörper im System der kommunalen Selbstverwaltung, DÖV 1991 S. 56 ff.

Meyer, Hubert, Grundlagen und Grenzen sächlicher Fraktionenfinanzierung in den Kommunen, NWVBl. 1991 S. 217 ff.

Meyer, Hubert, Kommunales Ehrenamt und die Verwaltungsreform, Der Landkreis 2004 S. 432 ff.

Meyer, Hubert, Kommunales Parteien- und Fraktionenrecht, Baden-Baden 1990

Meyer, Hubert, Kommunalrecht, 2. Aufl., Baden-Baden 2002

Meyer, Hubert, Kommunalverfassungs- und Wahlrecht in Niedersachsen, DVP 2013 S. 53 ff.

Meyer, Hubert, Künftige Ausgestaltung der Individualrechte von Kreistagsabgeordneten, Der Landkreis 1995 S. 268 ff.

Meyer, Hubert, Stärkung der kommunalen Selbstverwaltung durch „Professionalisierung" der Fraktionsarbeit?, VBlBW 1994 S. 337 ff.

Meyer, Hubert, Überschaubarkeit und Ehrenamt: Prägende Elemente kreislicher Selbstverwaltung, NdsVBl. 2007 S. 265 ff.

Meyer, Hubert, Ungleiche Behandlung von Parteien und Wählergruppen im kommunalen Fraktionsrecht, Die Gemeinde 1987 S. 5 ff.

Meyer, Hubert, Zukunftsfähige Gemeinde- und Ämterstrukturen in Mecklenburg-Vorpommern?, LKV 2004 S. 241 ff.

Miller, Manfred, Von der bürgerschaftlichen Mitwirkung zum Parteienprivileg?, DVBl 1986 S. 1131 ff.

Möstl, Markus, Normative Handlungsformen, S. 614 ff., in Hans-Uwe Erichsen/Dirk Ehlers (Hrsg.), Allgemeines Verwaltungsrecht, 14. Aufl., 2010

Morlok, Martin, Austritt, Ausschluss, Rechte: Der fraktionslose Abgeordnete, ZParl 2004 S. 633 ff.

Morlok, Martin, Parlamentarisches Geschäftsordnungsrecht zwischen Abgeordnetenrechten und politischer Praxis, JZ 1989 S. 1035 ff.

Mückl, Stefan, Rechtsschutz im Fraktionsrecht, JuS 1996 S. 760

Müller, Udo, Fraktionsfinanzierung unter Kontrolle der Rechnungshöfe, NJW 1990 S. 2046

Münning, Matthias, Die Anhörung von Sachverständigen und Einwohnern durch Ausschüsse von Räten und Kreistagen in NW, NWVBl. 1989 S. 125 ff.

von Mutius, Albert, Kommunalrecht, München 1996

von Mutius, Albert, Örtliche Aufgabenerfüllung – traditionelles, funktionales oder neues Selbstverwaltungsverständnis?, in ders. (Hrsg.), Selbstverwaltung im Staat der Industriegesellschaft, Festgabe zum 70. Geburtstag für Georg Christoph von Unruh, S. 227 ff., Heidelberg 1983

von Mutius, Albert, Sind weitere rechtliche Maßnahmen zu empfehlen, um den notwendigen Handlungs- und Entfaltungsspielraum der kommunalen Selbstverwaltung zu gewährleisten?, Gutachten E zum 53. DJT, München 1980

Nierhaus, Michael, Kommunalrecht für Brandenburg, Baden-Baden 2003

Oebbecke, Janbernd, Die neue Kommunalverfassung in Nordrhein-Westfalen, DÖV 1995, S. 701 ff.

Ogorek, Markus, Der Kommunalverfassungsstreit im Verwaltungsprozess, JuS 2009 S. 511 ff.

Osner, Andreas, Stellungnahme zur Anhörung des Ausschusses für Kommunalpolitik und Verwaltungsstrukturreform des Landtages Nordrhein-Westfalen vom 22.2.2009, zit.: Osner, Stellungnahme

Oster, Rudolf, Friedrich-Ebert-Stiftung (FES) (Hrsg.), Die Geschäftsordnung der Fraktion in der Gemeindevertretung, begründet von K.-H. Rothe, 3. Aufl., Bonn 1999

Otto, Franz, Streit um Fraktionsbüro im Rathaus, DVP 1998 S. 78

Papier, Hans-Jürgen, Zur Verfassungsmäßigkeit der Fraktionsfinanzierung, BayVBl. 1998 S. 513 ff.

Pestalozza, Christian, Die Wahl der Mitglieder der Berliner Bezirksämter: d'Hondt, das Los und der Verfassungsgerichtshof des Landes Berlin, NVwZ 1993 S. 1067 ff.

Petri, Marion, Gemeindevertretung contra Gemeindevorstand: Auskunft und Akteneinsicht bei personenbezogenen Daten, NVwZ 2005 S. 399 ff.

Pfeil, Hanno, Der Abgeordnete und die Fraktion, verfassungsrechtliche Vorgaben und gesetzliche sowie binnenrechtliche Ausgestaltung, Hamburg 2008

Pfründer, Rolf, Rechnungsprüfung, § 24, in Henneke/Strohl/Diemert (Hrsg.), Recht der kommunalen Haushaltswirtschaft, München 2008

Politik und kommunale Selbstverwaltung, Stellungnahme des Sachverständigenrates zur Neubestimmung der kommunalen Selbstverwaltung beim Institut für Kommunalwissenschaften der Konrad-Adenauer-Stiftung, Köln 1984

Püschner, Michael, Der Fraktionsreferent – ein politischer Akteur?, APuZ 38/2009 S. 33 ff.

Pukelsheim, Friedrich/Maier, Sebastian/Leutgäb, Peter, Zur Vollmandat-Sperrklausel im Kommunalwahlgesetz, NWVBl. 2009 S. 85 ff.

Rabeling, Esther, Die Öffentlichkeit von Gemeinderatssitzungen in der Rechtsprechung, NVwZ 2010 S. 411 ff.

Rau, Markus, Parlamentarische Funktionszulagen und der verfassungsrechtliche Status der Abgeordneten – BVerfGE 102, 224, JuS 2001 S. 755 ff.

Raum, Bertram, Das Prüfungsrecht des Vorsitzenden der Gemeindevertretung bei der Erstellung der Tagesordnung, DÖV 1985 S. 820 ff.

Reichert, Bernd/Baumann, Roland, Kommunalrecht, 2. Aufl., 2000

Röper, Erich, Gebundenes Wahlrecht zu Ratsausschüssen, VR 1988 S. 202 f.

Röper, Erich, Umwegfinanzierung der Fraktionshierachien, ZParl 2003 S. 419 ff.

Röper, Erich, Unzulässige Funktionszulagen für Fraktionshierachien, ThürVBl. 2005 S. 7 ff.

Röper, Erich, „Urwahl" von Ausschussmitgliedern, VR 1993 S. 331 ff.

Ronge, Volker, Der Zeitaspekt ehrenamtlichen Engagements in der Kommunalpolitik, ZParl 1994 S. 267 ff.

Rosenzweig, Klaus, Kommunalrecht, in Edmund Brandt/Manfred-Carl Schinkel (Hrsg.), Staats- und Verwaltungsrecht für Niedersachsen, Baden-Baden 2002

Rossa, Kurt, Stadtverwaltung zwischen Leistungskraft und Vasallentreue, StGR 1987 S. 239 ff.

Rothe, Karl-Heinz, Die Fraktion in den kommunalen Vertretungskörperschaften, Köln 1989

Rothe, Karl-Heinz, Die Rechte und Pflichten des Vorsitzenden des Gemeinderates, NVwZ 1992 S. 529 ff.

Rothe, Karl-Heinz, Sind die Fraktionen in Bayern keine Teile der kommunalen Vertretungskörperschaften?, BayVBl. 1989 S. 359 ff.

Rothe, Karl-Heinz, Sind hauptberufliche Mitarbeiter der Gemeinderatsfraktionen rechtlich zulässig und sachlich notwendig?, DVBl 1993 S. 1042 ff.

Rothe, Karl-Heinz, Über Begriff, Rechte und Pflichten der Ratsfraktionen, DVBl 1988 S. 382 ff.

Rothe, Karl-Heinz, Verpflichtung des Hauptverwaltungsbeamten einer Gemeinde zur schriftlichen Beantwortung aller Anfragen von Ratsfraktionen?, NVwZ 1990 S. 936 ff.

Sachs, Michael (Hrsg.), Grundgesetz, Kommentar, 7. Aufl., 20014, zit.: Autor in Sachs (Hrsg.)., GG

Sannwald, Rüdiger, Die Beratungen zur Reform des Parlamentsrechts in der Gemeinsamen Verfassungskommission, ZParl 1994 S. 15 ff.

Sauer, Herbert/Blasius, Hans, Politik und Finanzkontrolle durch Rechnungshöfe, DVBl 1985 S. 548 ff.

Schäfer, Rudolf/Volger, Gernot, Kommunale Vertretungskörperschaften, AfK 1977 S. 68 ff.

Schleberger, Erwin, Zur Reformbedürftigkeit des Kommunalverfassungsrechts in Nordrhein-Westfalen, NWVBl. 1988 S. 161 ff.

Schliesky, Utz, Fraktionsaustritt ohne Parteiaustritt?, Die Gemeinde SH 2000 S. 271 ff.

Schmidt, Corinna, Zum Hausrecht der Fraktionen an ihren Geschäftsräumen, DÖV 1990 S. 102 ff.

Schmidt, Helmut, Die Rechtsstellung von Ein-Personen-Fraktionen unter besonderer Berücksichtigung des Entschädigungsrechts, HSGZ 2003 S. 279 ff.

Schmidt, Thorsten Ingo, Das Abstandsgebot zwischen Fraktionen und parlamentarischen Gruppen, DÖV 2015 S. 261 ff.

Schmidt, Thorsten Ingo, Der Fraktionsausschluss als Eingriff in das freie Mandat des Abgeordneten, DÖV 2003 S. 846 ff.

Schmidt, Walter, Chancengleichheit der Fraktionen unter dem Grundgesetz, Der Staat, Bd. 9 (1970) S. 481 ff.

Schmidt-Bleibtreu, Bruno/Hofmann, Hans/Henneke, Hans-Günter (Hrsg.), GG, Kom., 13. Aufl. 2014.

Schmidt-De Caluwe, Reimund, Die Novellierung des Kommunalrechts in Hessen, NVwZ 2001 S. 270 ff.

Schmidt-Jortzig, Edzard, Gemeindliche Selbstverwaltung in der Bewährung, Göttingen 1982

Schmidt-Jortzig, Edzard, Kommunale Organisationshoheit, Göttingen 1979

Schmidt-Jortzig, Edzard, Kommunalrecht, Stuttgart/Berlin/Köln/ Mainz 1982

Schmidt-Jortzig, Edzard, Rechte der Ratsfraktionen gegenüber der Gemeindeverwaltung, DVBl 1980 S. 719 ff.

Schmidt-Jortzig, Edzard, Verfassungsmäßige und soziologische Legitimation gemeindlicher Selbstverwaltung im modernen Industriestaat, DVBl 1980 S. 1 ff.

Schmidt-Jortzig, Edzard/Hansen, Frank, Neue Rechtsgrundlage für die Bundestagsfraktionen, NVwZ 1994 S. 1145 ff.

Schmidt-Jortzig, Edzard/Hansen, Frank, Rechtsschutz gegen Fraktionsausschlüsse im Gemeinderat, NVwZ 1994 S. 116 ff.

Schneider, Georg Christoph, Die Finanzierung der Parlamentsfraktionen als staatliche Aufgabe, 1997

Schneider, Otmar, Der verfahrensfehlerhafte Ratsbeschluss – zur Dogmatik der Verfahrensfehlerfolgen, NWVBl. 1996 S. 89 ff.

Schnoor, Herbert, Die kommunale Selbstverwaltung im Spannungsfeld zwischen staatlicher und gesellschaftlicher Folgenabschätzung, in Hans-Uwe Erichsen (Hrsg.), Kommunalverfassung heute und morgen – Bilanz und Ausblick –, S. 13 ff., Köln/ Berlin/Bonn/München 1989

Schoch, Friedrich, Der Kommunalverfassungsstreit im System des verwaltungsgerichtlichen Rechtsschutzes, JuS 1987 S. 783

Schoch, Friedrich, Der verfassungsrechtliche Schutz der kommunalen Selbstverwaltung, Jura 2001 S. 121 ff.

Schoch, Friedrich, Prüfungsrecht des Vorsitzenden der Gemeindevertretung bei der Erstellung der Tagesordnung?, DÖV 1986 S. 132 ff.

Schoch, Friedrich, Übungsklausur Öffentliches Recht – Erklärung des Gemeindegebietes zur „atomwaffenfreien Zone", Jura 1984 S. 550 ff.

Schönfelder, Hermann, Rat und Verwaltung im kommunalen Spannungsfeld, 2. Aufl., Köln 1979

Scholtis, Norbert, Minderheitenschutz in kommunalen Vertretungskörperschaften, Siegburg 1986

Schreiber, Wolfgang, Handbuch des Wahlrechts zum Deutschen Bundestag, 7. Aufl., Köln/Berlin/Bonn/München 2002

Schröder, Dieter/Willner, Gert/Wollenteit, Hartmut/Skeries, Michael/ Vieweg, Marion/Bracker, Reimer/Freund, Thomas/Wellmann, Andreas/Bitto, Markus/Hill, Birgit/Meyer zu Schlochtern, Dominik/Schartow, Dirk/Ullrich, Franziska/Schütte, Dieter B./ Horstkotte, Michael, Kommunalverfassung für das Land Mecklenburg-Vorpommern, Gemeindeordnung, Kom., in Kommunalverfassungsrecht Mecklenburg-Vorpommern, Stand: März 2015, zit.: Bearbeiter in KVR MV

Schröder, Dirk, Kommunalpolitik in Deutschland 2009 – Ergebnisse eines bundesweiten Befragung von Kommunalpolitikerinnen und Kommunalpolitikern, NST-N 2009 S. 156 f.

Schröder, Jürgen, Zur Zulässigkeit der Öffentlichkeitsarbeit von Parlamentsfraktionen, NVwZ 2005 S. 1280 ff.

Schröder, Meinhard, Grundlagen und Anwendungsbereich des Parlamentsrechts, Baden-Baden 1979

Schuegraf, Elmar, Der Fraktionsausschluß im Kommunalrecht und seine rechtliche Kontrolle, BayVBl. 1969 S. 116 ff.

Schwanenflug, Noreen von/André, Tobias, „Einzelkämpfer" in der kommunalpolitischen Arena – Zur Rechtsstellung fraktionsloser Mandatsträger am Beispiel der Hessischen Gemeindeordnung, KommJur 2013 S. 441 ff.

Schwarz, Kyrill-Alexander, Zweckwidrige Verwendung von Fraktionsgeldern?, NdsVBl. 1996 S. 155 ff.

Schwerdtner, Eberhard, Chancengleichheit und Minderheitenschutz in der Kommunalpolitik, DÖV 1990 S. 14 ff.

Schweriner Kommentierung, Thomas Darsow/Sabine Gentner/Klaus-Michael Glaser/Hubert Meyer (Hrsg.), Schweriner Kommentierung der Kommunalverfassung des Landes Mecklenburg-Vorpommern, 4. Aufl., 2014, zit.: Autor in Schweriner Kommentierung

Singer, Reinhard, Der mitbestimmungsrechtliche Status der Parlamentsfraktionen, NZA 2008 S. 789 ff.

Sponer, Wolf-Uwe/Jacob, André/Musall, Helena/Musall, Peter/Sollondz, Frank/Hoffmann, Katrin/Ewert, Klaus-Peter, Kommunalverfassungsrecht Sachsen, Stand September 2014, zit.: Autor in KVR Sachsen.

Steiger, Reinhard, Organisationsrechtliche Grundlagen des parlamentarischen Regierungssystems, Berlin 1973

Stevens, Berthold, Die Rechtsstellung der Bundestagsfraktionen, Frankfurt am Main 2000

Stober, Rolf, Kommunalrecht in der Bundesrepublik Deutschland, 2. Aufl., 1992

Strauß-Zielbauer Rosemarie/Schnellbach, Dietrich, Hessisches Fraktionsgesetz – Mehr Transparenz der staatlichen Finanzierung parlamentarischer Arbeit?, ZParl 1993 S. 588 ff.

Strohmeyer, Jochen, Der öffentlich-rechtliche Fall für die Vorgerücktenübung: „Ärger im Rat", NdsVBl. 2002 S. 30 ff.

Stüer, Bernhard, Die Zukunft der kommunalen Selbstverwaltung, DVBl 1990 S. 518 ff.

Suerbaum, Joachim, Die Fraktionen in den kommunalen Vertretungskörperschaften, S. 535 ff., in Thomas Mann/Günter Püttner (Hrsg.), Handbuch der kommunalen Wissenschaft und Praxis, Bd. 1, 3. Aufl., 2007, zit.: Autor in HKWP, 3. Aufl., 2007

Thaysen, Uwe, „Fraktionenstaat": Oder was sonst?, in Peter Haungs/Eckhard Jesse (Hrsg.), Parteien in der Krise?, Köln 1987 S. 231 ff.

Thiele, Robert, Niedersächsische Gemeindeordnung, Kommentar, 7. Aufl., Hannover 2004

Thieme, Werner (Hrsg.), Niedersächsische Gemeindeordnung, Kom., 1997, zit.: Bearbeiter in Thieme (Hrsg.), Niedersächsische Gemeindeordnung

Thränhardt, Dietrich, Zehn Thesen zur Reform der Kommunalverfassung, in Dietrich Thränhardt/Herbert Uppendahl (Hrsg.), Alternativen lokaler Demokratie, S. 35 ff., Königstein/Ts. 1981

Trumpp, Eberhard/Pokrop, Rainer, Landkreisordnung für Baden-Württemberg, Handkommentar, 4. Aufl., 2004

von Unruh, Georg-Christoph, Anmerkung zu OVG Rheinland-Pfalz, Urt. vom 19.3.1985 – 7 A 41/84 – DVBl 1985 S. 906 ff., S. 910 ff.

Vetterlein, Thomas-Gunter, Der Rat muß stärker werden, Funktion des Fraktionsassistenten im Kommunalbereich, KOPO 1974 S. 27 ff.

Vetterlein, Thomas-Gunter, Parlamentarische Willensbildung auf Kommunalebene: Krise und Reform eines Verfassungsorgans, ZParl 1976 S. 531 ff.

Waechter, Kay, Kommunalrecht, 3. Aufl., Köln u. a. 1997

Wallerath, Maximilian, Landesverfassungsgerichtsbarkeit in den „neuen" Bundesländern, NdsVBl. 2005, Beilage zu Heft 8, S. 43 ff.

Wansleben, Rudolf, Kluft zwischen Verfassungswirklichkeit und Verfassungsvorgabe – erste Ergebnisse der Befragung zur Reform der Gemeindeordnung NW, EildLKTNW 1989 S. 162

Wassermann, Rudolf, Demokratiedefizite im Parteienstaat, in Ekkehard Stein/Heiko Faber (Hrsg.), Auf einem Dritten Weg, Festschrift für Helmut Ridder zum siebzigsten Geburtstag, S. 15 ff., Frankfurt a. M. 1989

Welti, Felix, Funktionszulagen im Konflikt mit Freiheit und Gleichheit der Abgeordneten?, DÖV 2001 S. 705 ff.

Widtmann, Julius/Grasser, Walter/Glaser, Erhard, Bayerische Gemeindeordnung, Kommentar, Stand: Dezember 2014

Wiegand, Bernd/Grimberg, Michael, Gemeindeordnung für das Land Sachsen-Anhalt, 3. Aufl., München 2003

Winands, Günter, Subventionsvergabe durch politische Parteien?, ZRP 1987 S. 185 ff.

Winkler, Michael, Die Parlamentsfraktionen im deutsch-spanischen Rechtsvergleich, 1997

Wittinger, Michaela/Herrmann, Dirk, Die Haftung bei Rückforderung von Geschäftsführungskosten – wer haftet bei Rückforderung der einer Gemeinderatsfraktion gewährten Geschäftsführungskosten für zweckwidrig verwendete Gelder?, KommJur 2006 S. 446 ff.

Wohlfahrt, Jürgen, Kommunalrecht, 3. Aufl., Baden-Baden, 2003

Wolters, Jürgen, Der Fraktions-Status, Eine verfassungsrechtliche Neubestimmung, Baden-Baden 1996

Wüstenberg, Dirk, Die kommunale Fraktionsmindeststärke in Hessen, KommJur 2006 S. 121 ff.

Zeh, Wolfgang, Gliederung und Organe des Bundestages, in Josef Isensee/Paul Kirchhof (Hrsg.), Handbuch des Staatsrechts der Bundesrepublik Deutschland, Bd. II, Demokratische Willensbildung – Die Staatsorgane des Bundes, S. 391 ff., Heidelberg 1987

Zender, Matthias, Die Minderheitsfraktion in der großstädtischen Vertretungskörperschaft, Diss. rer. pol. Trier 1982

Ziegler, Andreas, Das Ratsmitglied im Verfassungs- und Verwaltungsrecht, Wiesbaden 2014

Zöller, Thomas, Der praktische Fall: Mindeststärke von Ratsfraktionen, VR 1993 S. 316 ff.

Zuleeg, Manfred, Die Fraktionen in den kommunalen Vertretungskörperschaften, in Püttner, Günter (Hrsg.), Handbuch der kommunalen Wissenschaft und Praxis, Band 2, Kommunalverfassung, 2. Aufl., Berlin/Heidelberg/New York 1981

Vorwort

Die Fraktionen sind in den Gemeinden und Landkreisen (Kommunen) die politischen Machtzentren. Auch rechtlich sind sie anerkannt und haben Einzug in die Gesetzestexte gefunden. Dennoch finden sich relativ wenige länderübergreifende Arbeiten zu diesem Thema. Dies liegt sicherlich in erster Linie daran, dass kommunales „Fraktionenrecht" als Teil des Kommunalverfassungsrechts in die Gesetzgebungszuständigkeit der Länder fällt. Eine Betrachtung des kommunalen Fraktionenrechts über Landesgrenzen hinweg kann nur gewisse Leitlinien aufzeigen, soll der Umfang vertretbar bleiben.

Neben der Landesgesetzgebung ist dabei der Rechtsprechung Aufmerksamkeit zu widmen. Ihr kommt teilweise Bedeutung über das jeweilige Bundesland hinaus zu, soweit nämlich auf allgemeine Rechtsprinzipien abgestellt wird. Dagegen ist es nicht Sinn dieser Darstellung, jeder Verästelung und jedem Detailproblem in den einzelnen Bundesländern nachzugehen. Insoweit muss ergänzend auf die einschlägige Lehrbuch- und Kommentarliteratur verwiesen werden.

Die Stadtstaaten Berlin, Freie Hansestadt Bremen und Freie und Hansestadt Hamburg bleiben weitgehend außer Betracht. Von ihnen kennt zwar das Bundesland Bremen die Unterteilung in zwei selbstständige Städte (Bremen und Bremerhaven). Die dort anzutreffenden Probleme sind jedoch so spezifisch, dass sie sich einer verallgemeinernden Betrachtung entziehen.

Die Terminologie im Kommunalverfassungsrecht ist ebenfalls uneinheitlich. Die Volksvertretung auf Gemeindeebene wird in Brandenburg, Hessen, Mecklenburg-Vorpommern und Schleswig-Holstein „Gemeindevertretung", in Niedersachsen und Nordrhein-Westfalen „Rat" genannt. Außer bei der Darstellung spezifischen Landesrechts wird im Folgenden einheitlich vom Gemeinderat gesprochen. Dies entspricht der gesetzlichen Regelung in Baden-Württemberg, Bayern, Rheinland-Pfalz, Sachsen, Sachsen-Anhalt und dem Saarland. Der Ausdruck findet auch Verwendung für die Volksvertretungen der größeren Städte, die oftmals abweichende Bezeichnungen kennen.

Die Mitglieder des Gemeinderates werden abkürzend als „Ratsmitglieder" tituliert. Bei all dem versteht es sich, dass die Ausdrücke synonym für Damen und Herren gebraucht werden. Der Hauptverwaltungsbeamte wird, wie nunmehr in allen Flächenbundesländern üblich, als (Ober-)Bürgermeister auf der Gemeindeebene bzw. Landrat auf der Kreisebene bezeichnet. In der Regel wird zurückgegriffen auf die Normen der Gemeindeordnungen. Die Ausführungen zum jeweiligen Landesrecht sind grundsätzlich auf die Kreisebene übertragbar (zur Entwicklung der Kreisverfassungen vgl. *Hubert Meyer*, § 25 in HKWP, 3. Aufl., 2007).

Vorwort zur 8. Auflage

Für die 8. Auflage war zu berücksichtigen, dass Sachsen-Anhalt im Jahr 2014 dem Beispiel Niedersachsen folgend sein Kommunalverfassungsrecht für die Gemeinden, Landkreise und Verbandsgemeinden in ein einheitliches Kommunalverfassungsgesetz überführt hat. Der Freistaat Sachsen hat inhaltliche Veränderungen seines Kommunalverfassungsrechts vorgenommen, die sich auch auf die Vorschriften des Fraktionenrechts erstrecken. Rechtsprechung und Schrifttum wurden mit Stand 1. 7. 2015 aktualisiert. Streitigkeiten um Minderheitenrechte kleinerer Fraktionen oder fraktionsloser Ratsmitglieder sowie erneut diverse Fragen des sensiblen Themas Fraktionenfinanzierung standen dabei in den vergangenen zwei Jahren im Mittelpunkt. Eine Vertiefung einzelner Fragestellungen erfolgte aufgrund von Nachfragen und Hinweisen aus der Praxis, für die der Autor auch in Zukunft offen und dankbar ist. Dies gilt z. B. hinsichtlich der Beiträge von Fraktionen an kommunalpolitische Vereinigungen, die nunmehr grundsätzlich für zulässig erachtet werden. Eigenständige Gliederungspunkte sind den Themen Sitzerwerb für aus der Partei ausgeschiedene Nachrücker und die Benutzung öffentlicher Einrichtungen durch Fraktionen eingefügt worden. Als Anlage 4 wurde ein Auszug aus der Mustergeschäftsordnung des Niedersächsischen Landkreistages zu den Fraktionen und Gruppen angefügt.

Zur Verbesserung der Benutzerfreundlichkeit und zur inhaltlichen Orientierung für den „schnellen Leser" ist den einzelnen Kapiteln nunmehr jeweils eine Zusammenfassung der wesentlichen Ergebnisse vorangestellt.

1. ÜBERBLICK: GESETZLICHE REGELUNGEN

Fraktionen bestimmen auf staatlicher wie auf kommunaler Ebene weitgehend über die Auswahl des politischen Führungspersonals und die inhaltlichen Schwerpunkte der Arbeit in den Volksvertretungen. Sie bilden die Schaltstellen zwischen der vorrangig durch die Parteien zu leistenden politischen Willensbildung und der verbindlichen Entscheidung durch die unmittelbar vom Volk gewählten Vertreter in den Parlamenten und kommunalen Vertretungen. Dem geschriebenen Verfassungsrecht und den Regelungen in den Gemeinde- und Kreisordnungen der Länder lässt sich die zentrale Rolle der Fraktionen indes nicht vollständig entnehmen. Die tatsächliche Bedeutung wird normativ nur unzureichend abgebildet.

1.1 Erste Vorboten einer Fraktionsbildung

> Das Fraktionswesen kann zurück verfolgt werden bis zur Frankfurter Nationalversammlung 1848/49.

Die Bildung von Fraktionen lässt sich zurückverfolgen bis zu den ersten Versuchen parlamentarischer Demokratie (ausführlich zur Entstehung und Entwicklung des Fraktionswesens vgl. *Pfeil*, Der Abgeordnete und die Fraktion, S. 8 ff.). Die durch allgemeine und gleiche Wahlen 1848/49 gebildete **Frankfurter Nationalversammlung** war ein klassisches „Honoratioren-Parlament". Parteien im heutigen Sinne existierten nicht. Die Parlamentarier waren als Einzelpersönlichkeiten in die verfassungsgebende Versammlung gewählt worden. Um eine wirksame parlamentarische Arbeit zu ermöglichen, stellte sich jedoch alsbald die Notwendigkeit einer Bündelung der Einzelstimmen heraus. Herausragende Verfechter bestimmter für wichtig erachteter Sachfragen scharten ihre Anhänger in sogenannten „Clubbs" um sich. Praktisch waren damit Fraktionen konstituiert, auch wenn es keine ausgeformte Geschäftsordnung gab, die ihnen Rechte und Pflichten zugestand bzw. auferlegte. Bereits dieser kurze Ausflug zu den Anfängen parlamentarischer Arbeit deutet an, dass die Bildung von Fraktionen offenbar nicht als eine bloße Reflexwirkung der Arbeit politischer Parteien zu verstehen ist (näher zur Entwicklung der Fraktionen vgl. *Hauenschild*, Wesen und Rechtsnatur der parlamentarischen Fraktionen, S. 23 ff.).

1.2 Fraktionen im Grundgesetz und den Landesverfassungen

> Trotz ihrer großen Bedeutung in der parlamentarischen Demokratie verzichtet das Grundgesetz im Gegensatz zur Mehrzahl der Landesverfassungen bisher auf ausdrückliche Regelungen zu den Fraktionen.

Angesichts der eng mit der Entwicklung parlamentarischer Demokratie verbundenen wichtigen Rolle der Fraktionen muss die lang anhaltende Ignorierung ihrer staatsrechtlichen Stellung durch den Verfassungsgeber überraschen (umfassend zu den Rechtsgrundlagen *Höl-scheidt*, Das Recht der Parlamentsfraktionen, S. 154 ff.). Das **Grundgesetz** hat erst im Zuge der Novellierung vom 24.6.1968 beiläufig Notiz von den Fraktionen genommen. In dem damals eingefügten Art. 53 a GG wird ihre Existenz vorausgesetzt. Im rechtswissenschaftlichen Schrifttum besteht weitgehend Einigkeit darin, dass Art. 53 a GG indes für das Verständnis der Rolle der Fraktionen im Deutschen Bundestag wenig ergiebig ist.

Die Gemeinsame Verfassungskommission von Bundestag und Bundesrat, die gem. Art. 5 des Einigungsvertrages den Auftrag hatte, sich innerhalb von zwei Jahren mit den im Zusammenhang mit der deutschen Einheit aufgeworfenen Fragen zur Änderung oder Ergänzung des Grundgesetzes zu befassen, hat die Verankerung der Fraktionen in das GG beraten. Diskutiert wurden zwei Varianten. Die SPD stellte in ihrem Antrag zur Neubelebung des Art. 49 GG das Verhältnis der Rechte von Fraktionen zu den Rechten der Mitglieder der Fraktionen in den Vordergrund und betonte die Freiwilligkeit der Fraktionsbildung durch die Abgeordneten. Als Alternative wurde der Vorschlag einer vom Bundespräsidenten eingesetzten Kommission unabhängiger Sachverständiger zur Parteienfinanzierung erwogen. Dem Kommissionsauftrag entsprechend lag hierbei das Schwergewicht (einseitig) auf Fragen der Finanzierung und der Finanzkontrolle als selbstständige Organisationseinheit des Bundestages.

Im Hinblick auf ein in Vorbereitung befindliches Fraktionengesetz des Bundes und der Erwägung, eine deklaratorische Erwähnung der Fraktionen im Verfassungstext sei wenig weiterführend, hat die Gemeinsame Verfassungskommission trotz weitgehender Übereinstimmung in der Sache mehrheitlich auf eine Empfehlung zur Verankerung der Fraktionen im GG verzichtet (näher vgl. *Sannwald*, ZParl 1994 S. 15, 28 ff.).

In die **Landesverfassungen** haben Fraktionen weitgehend erst nach Hinzutreten der fünf östlichen Bundesländer Eingang gefunden. Die Verfassungen von Berlin (Art. 27), Brandenburg (Art. 67), Mecklenburg-Vorpommern (Art. 25), Rheinland-Pfalz (Art. 85 a) und Sachsen-Anhalt (Art. 47) enthalten dabei auch Skizzierungen der Aufgabe der Fraktionen, die in der Mehrzahl der genannten Länder mit der Mitwirkung an der parlamentarischen Willensbildung umschrieben wird. In anderen Ländern beschränken sich die Verfassungen auf die Absicherung der Voraussetzungen zur Fraktionsbildung, das Recht zur Chancengleichheit der Oppositionsfraktionen und gewähren einen Anspruch auf finanzielle Ausstattung, vgl. hierzu im Einzelnen die Regelungen in Niedersachsen (Art. 19), Sachsen (Art. 46 Abs. 2) und Thüringen (Art. 58). Die Verfassungen des Saarlandes und Schleswig-Holsteins widmen den Fraktionen keine eigenen Normen, setzen ihre Existenz aber voraus (vgl. nur Art. 70 Abs. 2 SaarlVerf; Art. 12, 18 Abs. 2 SHVerf).

1.3 Fraktionsgesetze des Bundes und der Länder

> Das Fraktionsgesetz des Bundes trägt wenig bei zur Klärung der Rechts-
> stellung der Fraktionen. Eine Definition enthält § 10 Abs. 1 Satz 1 der Ge-
> schäftsordnung des Deutschen Bundestages. Die Fraktionsgesetze der
> Länder regeln insbesondere die Finanzierung der Landtagssfraktionen.

Das in das Abgeordnetengesetz eingefügte **Fraktionsgesetz des Bundes** (BGBl. I 1994 S. 526), in Kraft getreten am 1. 1. 1995, definiert Fraktionen als rechtsfähige Vereinigung von Abgeordneten im Deutschen
Bundestag. Sie sind nicht Teil der öffentlichen Verwaltung und üben
keine öffentliche Gewalt aus (§ 46 AbgG). Diese Bestimmungen vermögen zur dogmatischen Aufhellung der Rechtsstellung der Fraktionen wenig beizutragen. J. *Ipsen* (NVwZ 2005 S. 361, 363) konstatiert
„eine gewisse Ratlosigkeit" hinsichtlich der Folgerungen, die aus der
Vorschrift zu ziehen sind. Äußerst knapp fällt auch die Funktions-
beschreibung aus, wenn es in § 47 Abs. 1 AbgG heißt, die Fraktionen
wirkten an der Erfüllung der Aufgaben des Deutschen Bundestages
mit. Trotz eines „Originalitätsmangels" wird dieser Feststellung mit
Recht insoweit normative Bedeutung zugeschrieben, als sich hierzu
Konsequenzen für die Finanzverhältnisse der Fraktionen ergeben
(vgl. *Schmidt-Jortzig/Hansen*, NVwZ 1994 S. 1145, 1146). Konkreter
wird § 10 Abs. 1 Satz 1 der Geschäftsordnung des Deutschen Bundestages, der Fraktionen definiert als Vereinigungen von mindestens 5 %
der Mitglieder des Bundestages, die derselben Partei oder solchen
Parteien angehören, die aufgrund gleichgerichteter politischer Ziele
in keinem Land miteinander im Wettbewerb stehen (vgl. dazu *J. Ipsen*, NVwZ 2006 S. 176 ff.; *Görlitz*, DÖV 2009 S. 261, 263 ff.).

Basierend auf einem Beschluss der Präsidentinnen und Präsidenten
der Landtage vom 11. 5. 1992 sind die Bundesländer ebenfalls erst relativ spät dazu übergegangen, die Rechtsverhältnisse der **Landtagsfraktionen** gesetzlich zu regeln. Vor dem Hintergrund zunehmender
Forderungen nach Transparenz der Parteien- und Fraktionenfinanzierung wurde neben der Rechtsstellung besonderes Augenmerk auf die
Finanzierung der Fraktionen gerichtet. Treffend sind die Fraktionsgesetze als Fraktionsfinanzierungsgesetze etikettiert worden (*Wolters*, Der Fraktions-Status, S. 140). Wie auf Bundesebene ging es in
erster Linie um die gesetzliche Fixierung der in der Staatspraxis he-
rausgebildeten tatsächlichen Verhältnisse.

Bayern (GVBl. S. 1992 S. 39), Sachsen-Anhalt (GVBl. 1992 S. 768),
Hessen (GVBl. 1993 S. 106), Berlin (GVBl. 1993 S. 591), Rheinland-
Pfalz (GVBl. 1993 S. 642), Brandenburg (GVBl. 1994, S. 85), Bremen
(Gesetzblatt der Freien Hansestadt Bremen 1994 S. 195), Baden-Würt-
temberg (GVBl. 1994 S. 639), Schleswig-Holstein (GVBl. 1995 S. 4),
das Saarland (AmtsBl. 1996 S. 1402), Hamburg (HmbGVBl. 1996
S. 295), Sachsen (GVBl. 1998 S. 459 ff.) und Nordrhein-Westfalen
(GVBl. 2001 S. 866) haben eigene Fraktionengesetze erlassen. Hin-

gegen entschieden sich Niedersachsen (GVBl. 1992 S. 311), Mecklenburg-Vorpommern (GVBl. 1993 S. 679) und Thüringen (GVBl. 1995
S. 109) ebenso wie der Bund zu einer Einfügung in das Abgeordnetengesetz (zu Einzelheiten der Regelungen vgl. *Pfeil*, Der Abgeordnete
und die Fraktion, S. 50 ff.).

Die mittlerweile erreichte gesetzliche Regulierung der Fraktionenfinanzierung wird als durchaus ambivalent charakterisiert. Neben der
erstrebten **Rechtssicherheit** einerseits machten sich die Fraktionen
auch rechtlich andererseits zu Institutionen mit immer **größeren
Handlungsspielräumen**. Die gesetzlichen Regelungen selbst wiesen
Unklarheiten auf, an deren Herstellung die Fraktionen aktiv beteiligt
seien (*Cancik*, ZG 2007 S. 349, 356 f.).

1.4 Regelungen zu den Fraktionen in den Gemeinde- und Kreis-
ordnungen

> Die gesetzliche Regelung des kommunalen Fraktionsrechts ist zu weiten
> Teilen verfassungsrechtlich vorgeprägt. Nur Baden-Württemberg und
> Bayern verzichten gänzlich auf Regelungen zu den Fraktionen in ihren
> Kommunalverfassungsgesetzen. Die Regelungsintensität in den elf an-
> deren Flächenbundesländern ist unterschiedlich. Eine Zurückhaltung
> des Gesetzgebers gewährleistet Freiräume für die Ausgestaltung vor Ort.

Die Gesetzgebungskompetenz für das Kommunalrecht obliegt den
Bundesländern. Sie haben sich dabei an den verfassungsrechtlichen
Vorgaben des Grundgesetzes, insbesondere des Art. 28 Abs. 2 GG zu
halten. Das Fraktionenrecht als spezifischer Teil des Kommunalverfassungsrechts weist aber nicht nur Bezüge zur Garantie der kommunalen Selbstverwaltung auf, sondern ruht auch auf anderen verfassungsrechtlichen Verankerungen, wie zu zeigen sein wird. Dies darf jedoch
nicht dazu verleiten, den Landesgesetzgeber zu eng an die Kette der
Bundesverfassung legen zu wollen. Vielmehr gilt es, den Gestaltungsspielraum des Landesgesetzgebers in einem föderativen Staat zu achten.

Erst nach dem Hinzutreten der fünf neuen Bundesländer kann man
von einer überwiegenden Berücksichtigung der Fraktionen in den
Kommunalverfassungen sprechen. Elf der dreizehn Flächenbundesländer kennen eigene Vorschriften über das Wirken der Fraktionen,
vgl. hierzu die entsprechenden Auszüge aus den Kommunalverfassungen für die Gemeindeebene in **Anlage 1 des Anhangs** sowie die
Übersicht auf S. 46 f. Lediglich die süddeutschen Länder Bayern
(durchaus symptomatisch mag erscheinen, dass in dem Standardlehr-
buch von *Knemeyer*, Bayerisches Kommunalrecht, Rz. 224 mit Fn. 86
ausdrücklich auf eine Wiedergabe des Rechts der Gemeinderatsfraktionen verzichtet wird) und Baden-Württemberg erwähnen die Fraktionen nicht ausdrücklich. In den meisten Bundesländern werden die

Normen zu den Fraktionen ergänzt durch Bestimmungen, die ausdrücklich oder konkludent Fraktionen voraussetzen.

Auch in denjenigen Bundesländern, die Vorschriften über Fraktionen kennen, ist die Regelungsintensität sehr unterschiedlich. Inhaltlich werden schwerpunktmäßig die Bildung und die Mitgliedschaft sowie die Mindeststärke einer Fraktion normiert. Die ergiebigsten Regelungen finden sich – bei unterschiedlicher Ausgestaltung im Einzelnen – in den Bundesländern Brandenburg, Hessen, Mecklenburg-Vorpommern, Niedersachsen, Nordrhein-Westfalen, Rheinland-Pfalz und Sachsen zu den Aufgaben, der inneren Ordnung und der Finanzierung. Eher formalen Charakter haben einzelne Hinweise auf Verschwiegenheits- und Mitteilungspflichten. Oftmals wird die nähere Ausgestaltung des Fraktionswesens innerhalb des landesrechtlich vorgezeichneten Rahmens unter ausdrücklichen Hinweis auf die Geschäftsordnungsautonomie den Fraktionen selbst überlassen.

Teilweise kann von fragmentarischen Regelungen gesprochen werden. In Einzelfällen werfen die gesetzgeberischen Aktivitäten eher Fragen auf, als sie zur Lösung bestehender Probleme beitragen würden. Auch in denjenigen Bundesländern, die keine ausdrückliche Regelung kennen, ist eine Fraktionsbildung möglich (zutr. vgl. nur OVG Bautzen, LKV 2006 S. 82 f. zur früheren Rechtslage in Sachsen). Eine gesetzgeberische Zurückhaltung sollte nicht von vornherein kritisch betrachtet werden. Selbstbeschränkung des Gesetzgebers ist vielmehr grundsätzlich als kommunalfreundlich zu charakterisieren, belässt sie doch selbstverwaltungskonform weitgehende Gestaltungsmöglichkeiten vor Ort.

2. BEDEUTUNG, RECHTSNATUR UND BEGRIFF DER FRAKTIONEN

Fraktionen werden oft verkürzend charakterisiert als „Parteien im Parlament". Außerhalb von Wahlkämpfen und der Berichterstattung von Parteitagen nimmt der politisch interessierte Bürger, der nicht selber Parteimitglied ist, das Wirken der Parteien weitgehend durch die Aktivitäten der Fraktionen und deren Mitglieder wahr.

Selbst Wählkämpfe und Parteitage werden für die Medien nur dann interessant, wenn Politiker auftreten, die bereits über eine gewisse Bekanntheit verfügen, in der Regel also bereits Erfahrungen als Abgeordnete besitzen. Dennoch kann die Fraktion allenfalls im politologischen Sinne als parlamentarischer Arm der Partei verstanden werden. Rechtlich ist zwischen Parteien einerseits und aus ihnen angehörenden bzw. nahestehenden Volksvertretern gebildeten Fraktionen streng zu trennen. Diese gebotene Unterscheidung entspringt nicht allein dem Streben nach dogmatischer Präzision. Vielmehr ist sie notwendige Voraussetzung, um eine Reihe von Konflikten zwischen dem einzelnen Mitglied einer Volksvertretung, „seiner" Partei und „seiner" Fraktion lösen zu können.

2.1 Funktionale Betrachtung der Fraktionen

Die Notwendigkeit der Bildung von Fraktionen lässt sich unter verschiedenen Blickwinkeln betrachten. Die Volksvertretungen auf staatlicher wie auf kommunaler Ebene benötigen sie zur Gewährleistung ihrer Arbeitsfähigkeit. Der einzelne Mandatsträger wird durch sie erst politisch handlungsfähig. Dem Wähler ermöglichen sie eine Zuordnung politischer Entscheidungen als Grundlage seines Wahlverhaltens. Für die Parteien spielen die Fraktionen eine wichtige Rolle in der internen Meinungsbildung. Sie sind insbesondere aber wichtig für die Umsetzung der politischen Programmatik gegenüber der Öffentlichkeit.

Als vorrangige Aufgabe der politischen Parteien legt Art. 21 Abs. 1 GG die Mitwirkung bei der politischen Willensbildung des Volkes fest. Die Rolle der Fraktionen besteht darin, diese Willensbildung auf parlamentarischer Ebene zu fördern und gleichzeitig den über die Parteien gebündelten Volkswillen in den Prozess staatlicher Entscheidungsfindung einfließen zu lassen. Wie die Parteien haben die Fraktionen einen aktiven Mitwirkungs- und Gestaltungsauftrag. Die Notwendigkeit der Arbeit von Fraktionen kann aus Sicht der Volksvertretung, des einzelnen Volksvertreters, des Wählers und der nominierenden Gruppierung, in der Regel also der Parteien, begründet werden (vgl. hierzu nur *Morlok*, ZParl 2004 S. 633, 634 f.; *Borchmann*, HKO, Nr. 7 zu § 26a, sieht die Fraktionen zunächst als funktionale Erscheinungsformen der Parteien legitimiert).

Die für die staatlichen Parlamente anzustellenden Überlegungen sind **grundsätzlich auf die kommunale Ebene übertragbar**, denn es handelt sich um ähnliche Strukturen und Problemstellungen. Dies gilt allerdings nicht vorbehaltlos. Die unterschiedliche Aufgabenzuweisung im Vergleich zu den Parlamenten und teilweise auch die Größe der kommunalen Volksvertretungen erfordern Berücksichtigung. Ferner darf nicht aus den Augen verloren werden, dass die Parteien auf kommunaler Ebene im gleichberechtigten Wettbewerb mit (freien) Wählervereinigungen treten. Anders als auf staatlicher Ebene haben zudem durch die Ausgestaltung des Wahlrechts und die überschaubaren Wahlbezirke jedenfalls in kleineren Gemeinden auch Einzelbewerber eine realistische Chance, in die Vertretungskörperschaft einzuziehen.

2.1.1 Aus Sicht der Volksvertretung

Parlamente und kommunale Volksvertretungen bestehen zunächst aus einer unterschiedlich großen Zahl gleichberechtigter einzelner Abgeordneter/Ratsmitglieder. Angesichts der Vielzahl der zu beratenden und entscheidenden Aufgaben sowie der Komplexität einzelner Fragestellungen bedarf eine moderne Volksvertretung zwingend einer Binnenstrukturierung. Dieser Notwendigkeit wird entsprochen durch zwei unterschiedliche Arbeitsebenen unterhalb des Plenums. Zum einen werden **Ausschüsse** gebildet, die bestimmte Themenfelder beraten, in der Regel vorbereitend, z. T. aber auch (endgültig) beschließend. Die Ausschüsse bilden in verkleinerter Größenordnung die politischen Kräfteverhältnisse des Plenums ab.

Zum anderen finden sich die Abgeordneten/Ratsmitglieder in **Fraktionen** zusammen. Diese bilden sich nach normativ-politischen Grundanschauungen, die sich in der Regel in der Zugehörigkeit zur selben Partei widerspiegeln. Indem sie einen wichtigen Beitrag zur Handlungs- und Entscheidungsfähigkeit des Parlaments leisten, nehmen sie eine **Strukturierungs- und Kanalisierungsfunktion** (*Schmidt-Jortzig/Hansen*, NVwZ 1994 S. 1145, 1146) wahr.

In gefestigter Rechtsprechung (vgl. BVerfGE 70, 324, 362; 80, 188, 217 f.; 83, 304, 321; 93, 195, 203; 102, 224, 235 ff.; 104, 310, 332; vgl. auch NWVerfGH, NVwZ-RR 2000 S. 265, 266), die an Deutlichkeit keine Wünsche offenlässt, hat das BVerfG entschieden, innerhalb des verfassungsrechtlich vorgezeichneten Rahmens obliege es dem Bundestag selbst, seine Arbeit und die Erledigung seiner Aufgaben auf der Grundlage des Prinzips der Beteiligung aller zu organisieren (Art. 40 Abs. 2 Satz 2 GG). Zu den sich daraus ergebenden Befugnissen des Abgeordneten rechne u. a. das Recht, sich mit anderen Abgeordneten zu einer Fraktion zusammenzuschließen. Die **Geschäftsordnung** diene der Erfüllung der Aufgaben des Bundestages. Sie zu erlassen und zu gestalten sei Ausdruck der in Art. 40 Abs. 1 Satz 2 GG verliehenen Autonomie. Das Recht des Parlaments zur Regelung der eigenen Angelegenheiten erstrecke sich traditionell auch auf die Bereiche „Geschäftsgang" und „Disziplin". Dazu gehöre die Befugnis, sich selbst zu organisieren und sich dadurch zur Erfüllung seiner Aufgaben in den Stand zu setzen. Durch die Vorschriften der Geschäftsordnung über die Fraktionen würden die Rechte des einzelnen Abgeordneten nicht erst begründet, sondern lediglich die Art und Weise ihrer Ausübung geregelt. Die Geschäftsordnung schaffe grundlegende Bedingungen für die geordnete Wahrnehmung dieser Rechte. Nur so werde dem Parlament eine sachgerechte Erfüllung seiner Aufgaben möglich.

Das BVerfG fährt fort, **politisches Gliederungsprinzip** für die Arbeit des Bundestages seien heute die Fraktionen. Im Zeichen der Entwicklung zur Parteiendemokratie seien sie notwendige Einrichtungen des Verfassungslebens und maßgebliche Faktoren der politischen Willensbildung. Ihre Konstituierung beruhe auf der in **Ausübung des freien Mandats** (Art. 38 Abs. 1 Satz 2 GG) getroffenen Entscheidung des Abgeordneten (vgl. BVerfG, NJW 2005 S. 203; NVwZ 2007 S. 916, 920; ebenso *Wallerath*, NdsVBl. 2005, Beilage zu Heft 8 S. 43 ff.; *Magiera* in Sachs (Hrsg.), GG, Kom., Rz. 67; *Kluth* in Schmidt-Bleibtreu/Hofmann/Henneke (Hrsg.), GG, Rz. 94; *Butzer* in Epping/Hillgruber (Hrsg.), GG, Rz. 90, jeweils zu Art. 38 m. w. N.). Davon geht auch das Fraktionsgesetz des Bundes aus, wenn es in § 45 AbgG heißt, dass Mitglieder des Bundestages sich zu Fraktionen zusammenschließen können (vgl. auch *Schmidt-Jortzig/Hansen*, NVwZ 1994 S. 1145, 1147; *Morlok* in Dreier [Hrsg.], GG, Art. 38 Rn. 164; *Görlitz*, DÖV 2009 S. 261, 262; wenig überzeugend a. A. hingegen *Martin*, Staatliche Fraktionsfinanzierung in Rheinland-Pfalz, der zur Rechtfertigung staatlicher Fraktionsfinanzierung auf Art. 48 Abs. 3 GG abstellen will).

Ausdrücklich betonen die Karlsruher Verfassungsrichter, andere als sich aus Art. 38 Abs. 1 Satz 2 und Art. 40 Abs. 1 Satz 2 GG ergebende Maßstäbe könnten nicht herangezogen werden. Weder das aus dem Demokratieprinzip folgende Gebot zum Schutz parlamentarischer Minderheiten noch das Prinzip der repräsentativen Demokratie könnten einen über Art. 38 Abs. 1 Satz 2 GG hinausgehenden Schutz vermitteln. Der aus dem Wahlrecht entwickelte formalisierte Gleichheitssatz sei auf die Wahl selbst beschränkt. Schließlich stellt das BVerfG (BVerfGE 83, 304, 324) ausdrücklich klar, dass auch der Grundsatz der Chancengleichheit der Parteien (Art. 21 Abs. 1 Satz 1 GG i. V. m. Art. 38 GG) den Status des Abgeordneten im Parlament nicht beeinflusst. Die Bildung von Fraktionen beruhe allein auf der in Ausübung des freien Mandats getroffenen Entscheidung des Abgeordneten. Fraktionen sind Gliederungen der Parlamente. Sie sind der organisierten Staatlichkeit eingefügt. Ihre Rechtsstellung leitet sich aus dem Abgeordnetenstatus ihrer Mitglieder ab. Das LVerfG MV will wegen der eigenständigen Verankerung der Fraktionen in Art. 25 Abs. 2 LV MV die Mitwirkungs- und Teilhaberechte allerdings nicht allein aus dem Status der Abgeordneten abgeleitet wissen, vgl. LKV 2001 S. 510,

511. Die rechtlichen Beziehungen zwischen den Fraktionen und den Parlamenten beurteilen sich aber jedenfalls nach Staatsorganisationsrecht, eine Berufung auf Grundrechte durch Fraktionen scheidet aus (vgl. BVerfG, NVwZ 1998 S. 387; OVG Bautzen, NVwZ-RR 2009 S. 774, 775).

Auch die Landesgesetzgeber berücksichtigen die verfassungsrechtlichen Prämissen bei der Formulierung ihrer Fraktionengesetze. Diese Entwicklung steht schließlich im Einklang mit den Diskussionen in der Gemeinsamen Verfassungskommission von Bundestag und Bundesrat (vgl. hierzu *Strauß-Zielbauer/Schnellbach*, ZParl 1993 S. 588, 590 f.).

Diese auf die staatlichen Parlamente zugeschnittene funktionale Argumentation kann grundsätzlich für die **kommunale Ebene** fruchtbar gemacht werden. Die Notwendigkeit der Bildung von Fraktionen im Interesse der Funktionsfähigkeit des Gemeinderates/Kreistages ist vergleichbar. Daran ändert die regelmäßig geringere Zahl der Mandatsträger nichts. Jedenfalls in größeren Städten und den Landkreisen hat sie eine solche Größenordnung erreicht, dass es einer Vorklärung der Willensbildung bedarf. Selbst in kleineren Gemeinden ist eine Bündelung der Meinung grundsätzlich politisch übereinstimmender Ratsmitglieder regelmäßig notwendig, jedenfalls aber legitim.

Bestimmungen zu den Fraktionen in den Gemeindeordnungen

	Bildung/ Mitgl.	Mindeststärke	Aufgaben	Innere Ordnung	Finanzie-rung	Datenschutz/ Verschwie-genheit	Mitteilungs-pflichten	GeschO des Gemein-derates
Baden-Württemb.								
Bayern								
Brandenburg	§ 32 Abs. 1 Sätze 1 u. 4 BbgKVerfG	§ 32 Abs. 1 Sätze 2 u. 3 BbgKVerfG 2 P.; mehr als 32: 3 P. in kf. Städten: 4 P.	§ 32 Abs. 2 Sätze 1 u. 2 BbgKVerfG	§ 32 Abs. 2 Satz 3 BbgKVerfG				§ 32 Abs. 3 BbgK-VerfG
Hessen	§ 36a Abs. 1 Satz 1 GO	§ 36a Abs. 1 Satz 4 GO: 2 P.; bis zu 23: 1 P. (§ 36b Abs. 1 GO)	§ 36a Abs. 3 GO		§ 36a Abs. 4 GO	vgl. § 36a Abs. 1 Sätze 6 u. 7 GO	§ 36a Abs. 2 GO	§ 36a Abs. 1 Satz 3 GO
Mecklenburg-Vorpommern	§ 23 Abs. 5 Satz 1 KV	§ 23 Abs. 5 Satz 2 KV: 2 P.; mehr als 25: 3 P.; mehr als 37: 4 P.		§ 23 Abs. 5 Satz 3 KV	§ 23 Abs. 5 Sätze 4 und 5 KV			§ 23 Abs. 5 Satz 6 KV
Niedersachsen	§ 57 Abs. 1 NKomVG*)	§ 57 Abs. 1 NKomVG: 2 P.	§ 57 Abs. 2 Satz 1 NKomVG	§ 57 Abs. 2 Satz 2 NKomVG	§ 57 Abs. 3 NKomVG	§ 57 Abs. 4 NKomVG		§ 57 Abs. 5 NKomVG
Nordrhein-Westfalen	§ 56 Abs. 1 Satz 1 GO	§ 56 Abs. 1 Satz 2 GO: 2 P.; in kf. Städten: 3 P.	§ 56 Abs. 2 Satz 1 GO	§ 56 Abs. 2 Satz 2 GO	§ 56 Abs. 3 GO	§ 56 Abs. 4 Satz 2 und Abs. 5 GO		§ 56 Abs. 4 Satz 2 GO

* Das NKomVG kennt Fraktionen und Gruppen

Besonderheit NW: Statut über Abstimmungsverfahren, Aufnahme und Ausschluss, § 56 Abs. 2 Satz 3 GO nähere Bestimmungen zu hauptberuflichen Mitarbeitern und Hospitanten, § 56 Abs. 4 GO

	Bildung/Mitgl.	Mindeststärke	Aufgaben	Innere Ordnung	Finanzierung	Datenschutz/Verschwiegenheit	Mitteilungspflichten	GeschO des Gemeinderates
Rheinland-Pfalz	§ 30a Abs. 1 Satz 1 GO	§ 30a Abs. 1 Satz 2 GO: 2 P.	§ 30a Abs. 3 GO				§ 30a Abs. 2 GO	
Saarland	§ 30 Abs. 5 Satz 1 KSVG	§ 30 Abs. 5 Satz 2 KSVG: 2 P.						§ 30 Abs. 5 Satz 3 KSVG
Sachsen	§ 35a Abs. 1 Satz 1 Sächs-GemO		§ 35a Abs. 2 SächsGemO		§ 35a Abs. 3 Sächs-GemO	§ 35a Abs. 4 SächsGemO		§ 35a Abs. 1 Satz 3 Sächs-GemO
Sachsen-Anhalt	§ 44 Satz 1 und 2 KVG	§ 44 Satz 3 KVG: 2 P.; mehr als 50 000 Ew. und LKe: 3 P.						
Schleswig-Holstein	§ 32a Abs. 1 Satz 1 und Abs. 2 GO	§ 32a Abs. 1 Satz 2: 2 P.			§ 32a Abs. 4 GO			
Thüringen	§ 25 Sätze 1 u. 2 ThürKO							§ 25 Satz 3 ThürKO

2.1.2 Aus Sicht des Gemeinderatsmitgliedes

Hieran schließt sich eine weitere Erwägung an, die auf kommunaler Ebene voll zum Tragen kommt. Das einzelne Gemeinderatsmitglied bedarf der Fraktion, um seine Vorstellungen umsetzen zu können. Als „Einzelkämpfer" ist er allenfalls bedingt handlungsfähig. Bereits rein tatsächlich wäre er nicht in der Lage, in allen Ausschüssen und Gremien mitzuarbeiten, um persönlich einen zur Entscheidung befähigenden Kenntnisstand zu erlangen. Die Fraktion erfüllt damit für den Mandatsträger eine wichtige **Integrationsfunktion** (*Schmidt-Jortzig/Hansen*, NVwZ 1994 S. 1145, 1146). Das Aufgabenspektrum ist zwar in der Gemeinde und dem Landkreis nicht so breit gefächert wie auf Staatsebene. Dieser Umstand wird aber dadurch aufgewogen, dass der Kommunalpolitiker ehrenamtlich tätig ist.

Somit sind seinem zeitlichen Engagement Grenzen gesetzt. Zudem steht ihm anders als den Abgeordneten in der Regel keinerlei persönliches Hilfspersonal zur Verfügung.

Will er seine politischen Vorstellungen verwirklichen, kann er deren Umsetzung nur arbeitsteilig mit gleichgesinnten Kollegen anstreben (aus der Rspr. nur OVG Lüneburg, NVwZ-RR 2006 S. 496, 497). Dabei dient die Fraktion zur Rückkopplung der Spezialisten. Für abweichende Vorstellungen über Einzelheiten eines konkreten Vorhabens muss in der Fraktion nach einem gemeinsamen Nenner gesucht werden. Nur dann wird es gelingen, zur Mehrzahl der Sachprobleme im Gemeinderat eine Position zu beziehen, an deren Formulierung das einzelne Ratsmitglied mitwirken kann, die sich insgesamt aber durch eine eigenständige Linie von den Vorstellungen anderer Fraktionen abhebt (*Morlok*, ZParl 2004 S. 633, 634, spricht von Tendenzgemeinschaften, die die Wertestimmigkeit der politischen Ziele herstellen).

Schließlich bietet die Fraktion dem Abgeordneten eine Art „politische Heimat". Dies ist nicht nur von psychologischer Bedeutung (vgl. hierzu *Hauenschild*, Wesen und Rechtsnatur parlamentarischer Fraktionen, S. 140). Gerade in der Kommunalpolitik, wo das Ratsmitglied sich oftmals täglich „seinen" Wählern stellen muss, erleichtert es der Hinweis auf die notwendige Solidarität mit der Fraktion, auch unpopuläre Entscheidungen mitzutragen.

2.1.3 Aus Sicht des Wählers

Für den Wähler kommt den Fraktionen ebenfalls erhebliche Bedeutung zu. Zwar wird mit Recht darauf hingewiesen, dass die zunehmend zu beobachtende Ergänzung der Verhältniswahl durch Elemente der Personenwahl, insbesondere durch die Möglichkeit des Kumulierens und des Panaschierens dazu führt, dass die Partei- und Fraktionsbindung des Gewählten tendenziell gelockert wird. Von hoher Bedeutung für die Wahlentscheidung sind die Beliebtheit und die berufsbedingte Zahl der sozialen Kontakte des Kandidaten, Berufsbilder mit einer „helfenden" oder „Kompetenz" vermittelnden Aura sowie die Möglichkeit freier Zeiteinteilung für die politische und ehrenamtliche Tätigkeit. Gleichwohl dürfte es überzogen sein, in diesem Zusammenhang von „Honoratiorenversammlungen" zu sprechen (vgl. aber *Schmidt-De Caluwe*, NVwZ 2001 S. 270, 272).

Um seine Wahlentscheidung zu treffen, muss der Wähler auch politische Entscheidungen zuordnen können. Dies wäre ihm nicht möglich, würden beispielsweise die Ratsmitglieder derselben Partei ständig unkoordiniert abstimmen. In den kommunalen Vertretungskörperschaften bilden die Fraktionen und nicht die einzelnen Mitglieder die dominierende Größe (zutr. *Henneke*, Der Landkreis 1997 S. 1, 2). Durch das Erarbeiten unterschiedlicher Entscheidungsalternativen ermöglichen die Fraktionen letztlich auch dem Wähler eine klare Orientierung. In der Öffentlichkeit wird nicht vorrangig der individuelle Einsatz des einzelnen Rats- oder Kreistagsmitglieds registriert, sondern das Wirken und Erscheinungsbild der Fraktionen. Dadurch wird der Wähler in die Lage versetzt, bei der nächsten Kommunalwahl der Partei oder Wählervereinigung sein Vertrauen zu schenken, deren Fraktion seinen Vorstellungen am ehesten entsprochen hat. Auch wenn sie sich als solche nicht zur Wahl stellen, können Fraktionen in diesem Sinne als **Wettbewerbsgemeinschaften** verstanden werden (*Morlok*, ZParl 2004 S. 633, 635). Die personenbedingten Sympathiewerte werden oftmals erst innerhalb eines Wahlvorschlags zum Tragen kommen, soweit das Wahlrecht eine Einflussnahme zulässt.

2.1.4 Aus Sicht der Parteien

Schließlich ist die Rolle der Fraktionen als **„parlamentarische" Repräsentanten der Parteien** nicht zu leugnen (für die staatliche Ebene vgl. *Zeh* in HdbStaatsR II, S. 391 ff. Rn. 14). In der öffentlichen Diskussion werden die Fraktionen oftmals als bloße Instrumente der Parteien betrachtet. Ein solches Verständnis wird deutlich, wenn die Fraktionen als „Parteien im Parlament" (statt vieler vgl. W. *Schmidt*, Der Staat 9 [1970] S. 481, 488) oder als „verlängerte Arme der Parteien" bezeichnet werden (so *Rothe*, BayVBl 1989 S. 359, 361). Tatsächlich beeinflussen sich Fraktion und Partei aber gegenseitig.

Die Fraktion spielt eine bedeutende Rolle bei der parteiinternen Meinungsbildung und hat eine Schlüsselstellung inne bei der Präsentation der Arbeit in der Öffentlichkeit. Diese Beobachtung lässt sich stützen durch empirisch-soziologische Untersuchungen über das Verhältnis von Mandatsträgern, Partei und Fraktion (vgl. *Zender*, Die Minderheitsfraktion in der großstädtischen Vertretungskörperschaft, S. 182, 197 ff.). Politologen sehen begründeten Anlass, den häufig benutzten Terminus „Parteienstaat" durch den Ausdruck **„Fraktionenstaat"** zu ersetzen (vgl. *Thaysen* in Haungs/Jesse [Hrsg.], Parteien in der Krise, S. 231 ff.).

Auf **kommunaler Ebene** ist die Tendenz zur Übernahme originärer Parteifunktionen durch die Fraktionen noch ausgeprägter als im staatlichen Bereich. Oftmals nehmen die Mitglieder in örtlichen Parteigremien gleichzeitig ein kommunales Mandat wahr. Durch die häufigen Sitzungen der Fraktionen, die durch die Gemeinderatsarbeit praktisch erzwungen werden, gewinnen die Gemeinderatsmitglieder einen erheblichen Informationsvorsprung. Die Neigung dieses Personenkreises ist wenig ausgeprägt, das in den Ausschüssen des Gemeinderates, der Fraktion und dem Gemeinderatsplenum behandelte Thema daneben auch noch in den örtlichen Parteigremien zu diskutieren. Damit geht die kommunalpolitische Führungsrolle in einer Vielzahl von Fällen von der Partei auf die Fraktion über. Etwas überzeichnend könnte man sagen, außerhalb der Nominierungsphase vor den Neuwahlen ist die Partei auf die Fraktion angewiesen, nicht umgekehrt.

Trotz der somit unzweifelhaft vorhandenen Verwobenheit zwischen Partei und Fraktion ist organisationsrechtlich streng zwischen ihnen zu trennen. Die Fraktionen vermögen sich **mittelbar** auch auf Art. 21 GG zu stützen, der den Parteien eine herausgehobene Bedeutung bei der politischen Willensbildung zumisst. (Nur) in diesem Sinne ist auch die Rechtsprechung des BVerfG zu verstehen, wenn dort davon gesprochen wird, die Fraktionen seien notwendige Einrichtungen des Verfasssungslebens, deren Anerkennung aus der der Parteien in Art. 21 GG folge (vgl. BVerfGE 10, 4, 14; 70, 324, 350). Aus der in Art. 38 Abs. 1 Satz 2 GG verbürgten Auftrags- und Weisungsfreiheit der Abgeordneten folgt aber die volle rechtliche Unabhängigkeit der Fraktionen (*Butzer*, Rz. 97 zu Art. 38 in Epping/Hillgruber (Hrsg.), GG, Kom., m. w. N.).

2.1.5 Zwischenergebnis

Als Zwischenergebnis ist festzuhalten, dass die Fraktionen ihre Rechte aus dem Abgeordnetenstatus ihrer Mitglieder herleiten, der auf Bundesebene seine Absicherung in Art. 38 Abs. 1 Satz 2 GG erfahren hat. Ohne die Problematik an dieser Stelle vertiefen zu können, ist darauf hinzuweisen, dass das **freie Mandat** der Gemeinderats- und Kreistagsmitglieder bundesweit durch das sogenannte Homogenitätsgebot des Art. 28 Abs. 1 Satz 1 GG verfassungsrechtlich garantiert ist. Diese Bestimmung gewährleistet das Repräsentationsprinzip für die kommunalen Volksvertretungen. Dieses wiederum beinhaltet das freie Mandat als funktionale Notwendigkeit.

Durch die Selbstverwaltungsgarantie des Art. 28 Abs. 2 GG erfährt das freie Mandat eine zusätzliche Absicherung, soweit es sich gegen die Einflussnahme politischer Parteien richtet.

Der ausdrücklichen Verankerung des freien Mandats in den meisten Gemeinde- und Kreisordnungen kommt nur klarstellende (deklaratorische) Bedeutung zu (aus der Rechtsprechung vgl. BVerwG, NVwZ-RR 1991 S. 157; ausführlich und mit weiteren Nachweisen vgl. *Hubert Meyer*, Kommunales Parteien- und Fraktionenrecht, S. 221 ff.) Auch auf kommunaler Ebene kann sich die Arbeit der Fraktionen also auf das freie Mandat stützen. In den Gemeinderäten und Kreistagen bedarf es ebenso wie in den Parlamenten einer an politisch-normativen Grundentscheidungen orientierten Gliederung des Gemeinderates/Kreistages. Die Fraktionen haben eine wichtige Scharnierfunktion bei der Umsetzung der über die Parteien initiierten politischen Willensbildung des Volkes in die Entscheidungsfindung. Die Geschäftsordnungsautonomie, auf Bundesebene in Art. 40 Abs. 1 Satz 2 GG angelegt und allen unmittelbar demokratisch legitimierten Gremien eigen (vgl. ausführlich *Klein* in Maunz/Dürig, GG, Kom., Rn. 1 ff. zu Art. 40) bietet die Möglichkeit, die Rechte und Pflichten der Fraktionen innerhalb bestimmter Grenzen zu formen, um die Handlungsfähigkeit des Gesamtorgans zu sichern. Die Geschäftsordnung flankiert das verfassungsrechtlich verbürgte Recht zur Fraktionsbildung. Jegliche Beschränkung bzw. Reglementierung dieses Rechtes bedarf ihrerseits grundsätzlich einer verfassungsrechtlichen Rechtfertigung dergestalt, dass sie sich auf den Schutz kollidierender Verfassungsrechtsgüter zurückführen lassen muss (*Görlitz*, DÖV 2009 S. 261, 262 f.).

Ein solches Verständnis der Fraktionen hindert nicht daran, in ihnen gleichwohl die legitimen Repräsentanten der politischen Parteien in den Volksvertretungen zu sehen, stellt aber die Prioritäten klar. Treffend hat *M. Schröder* (Grundlagen und Anwendungsbereich des Parlamentsrechts, S. 311 f.) den Begriff der **Doppelfunktionalität** der Fraktionen geprägt. Ihr Wirken ist einerseits durch die funktionsbezogene Arbeitsteilung im Plenum und den Ausschüssen, andererseits durch die parteipolitisch determinierte Willensbildung im Parlament bzw. Gemeinderat und der Öffentlichkeit gekennzeichnet. Immer allerdings begrenzt der Aufgabenbereich des Gemeinderates das Tätigkeitsfeld der Fraktion. Über die Gemeindeordnung hinausgehende, allein dem Parteiwesen zuzurechnende Aktivitäten der Fraktion sind unzulässig (a. A. offenbar *Birkenfeld-Pfeiffer/Gern*, Kommunalrecht, Rz. 463).

2.2 Rechtsnatur der Fraktionen

Die Rechtsnatur der Fraktionen ist in der Literatur umstritten. Nach zutreffender Ansicht der Rechtsprechung ist die Tätigkeit der Fraktionen grundsätzlich dem öffentlichen Recht zuzuordnen. Nur ergänzend kann auf das bürgerliche Vereinsrecht zurückgegriffen werden.

Angesichts der tatsächlichen Bedeutung der Fraktionen in der Praxis muss es überraschen, dass selbst zur Frage ihrer Rechtsnatur die unterschiedlichsten Auffassungen vertreten werden (ausführlich

m. w. N. vgl. *Hubert Meyer*, Kommunales Parteien- und Fraktionenrecht, S. 245 ff.). Kategorisierungen der Fraktionen als Körperschaften des öffentlichen Rechts, Staatsorgane oder juristische Personen sui generis (so zuletzt allerdings noch *J. Ipsen*, NVwZ 2005 S. 361, 363, der den Fraktionen eine Doppelnatur bescheinigt), öffentlich-rechtliche Vereine, freie Vereinigungen von Abgeordneten und Organe der Parteien kennzeichnen das Spektrum der vertretenen Auffassungen, können aber wohl als überholt angesehen werden.

2.2.1 Stimmen für Zuordnung zum bürgerlichen Recht

Der VGH München (NJW 1988 S. 2754 ff.; vgl. auch NVwZ-RR 1999 S. 602; ebenso LAG Hamm, NZA-RR 2003 S. 487, 488) neigt dazu, nach bayerischem Kommunalrecht die Fraktionen in den kommunalen Volksvertretungen als **nicht rechtsfähige Vereine des bürgerlichen Rechts** zu qualifizieren. In Anlehnung an § 2 Abs. 1 Vereinsgesetz handele es sich um Vereinigungen, zu denen sich eine Mehrheit natürlicher Personen für längere Zeit zu einem gemeinsamen Zweck freiwillig zusammengeschlossen und einer organisierten Willensbildung unterworfen hätte. Diese Betrachtungsweise hat Anhänger in der Literatur (vgl. nur *Achterberg*, Parlamentsrecht, S. 278; *Hahn*, DVBl 1974 S. 509 ff.; *Reichert/Baumann*, Kommunalrecht, Rz. 192; *Klang/Gundlach*, Gemeindeordnung und Landkreisordnung für das Land Sachsen-Anhalt, Rz. 1 zu § 43 GO, allerdings wenig konsequent, da später die Rechtsverhältnisse innerhalb der Fraktion als öffentlich-rechtlich bezeichnet und die Fraktionen als Teile des Hauptorgans der Gemeinde bezeichnet werden, a. a. O., Rz. 5 und 6; zuletzt *Singer*, NZA 2008 S. 789, 793: rechtsfähige Vereine bürgerlichen Rechts) und in der Judikatur (vgl. *ArbG Berlin*, NJW 1990 S. 534; – wenig überzeugend – für eine Landtagsfraktion OLG Schleswig, NVwZ-RR 1996 S. 103 f.; OLG Stuttgart, NJW-RR 2004 S. 619 ff.; LG Bonn, Urt. vom 7.12.2011, BeckRS 2012, 07261; eine „Zwitterstellung" erwägend, aber die grundsätzliche Zuordnung zum öffentlichen Recht betonend OVG Bautzen, NVwZ-RR 2009 S. 774, 775 f.). *Lunau/Zieschang*, SächVBl. 2008 S. 9, 10 ff. lehnen die Argumentation des VGH München als nicht überzeugend ab, konzedieren, dass die internen Beziehungen der Mitglieder einer Fraktion immer auch öffentlich-rechtliche Wirkungen haben, Fraktionen öffentlich-rechtliche Vereinigungen sind, plädieren aber für die Anwendung zivilrechtlicher Grundsätze zur Konstituierung von Personenmehrheiten, insbesondere diejenigen nicht rechtsfähiger Idealvereine. Zum mitbestimmungsrechtlichen Status der Parlamentsfraktionen vgl. *Singer*, NZA 2008 S. 789, der die Auffassung vertritt, die Fraktionen gehörten nicht zum Bereich der öffentlichen Gewalt, daher sei kein Personal-, sondern ein Betriebsrat zu wählen.

2.2.2 Stimmen für Zuordnung zu öffentlichen Recht

Von anderer Seite werden die Fraktionen als **Organe des Parlaments** (insbesondere *Hauenschild*, Wesen und Rechtsnatur der parlamentarischen Fraktionen, S. 167 ff.), **Organteile** (ausführlich *Stevens*, Die Rechtsstellung der Bundestagsfraktionen, S. 73 ff. „als verfassungsrechtliche Vereinigung sui generis ausgestalteter, selbstständiger Organteil des Deutschen Bundestages"; ähnlich *Kluth* in Schmidt-Bleibtreu/Hofmann/Henneke (Hrsg.), GG, Art. 40 Rz. 71; *Lenz*, NVwZ 2005 S. 364, 366; ähnlich *Butzer* in Epping/Hillgruber (Hrsg.) GG., Kom, Rz. 126 zu Art. 38; zum kommunalen Bereich *Bick*, Die Ratsfraktion, S. 56 ff.; *Gern*, Deutsches Kommunalrecht, Rz. 420; *ders.*, Kommunalrecht Baden-Württemberg, Rz. 219; *Kleerbaum/Klieve*, Die Fraktion und ihre Mitglieder, Rz. 16; *Sundermann/Miltkau*, DVP 1994 S. 491; *Schaaf*, 2.2 zu § 30 a GemO in KVR Rh-Pf; *Suerbaum*, § 22 Rz. 8 in HKWP, 3. Aufl., 2007; *Ziegler*, Das Ratsmitglied im Verfassungs- und Verwaltungsrecht, S. 81; ähnlich wohl *Koch*, Rz. 16 zu § 57 in Ipsen (Hrsg.), NKomVG, der von „öffentlich-rechtlichen Vereinigungen eigener Art" spricht), **Unterorgane** (*Aulehner*, JA 1989 S. 478 ff.) oder „unselbständige Gliederungen des Rates" (*Wohlfahrt*, Kommunalrecht, Rz. 132) angesehen. Das Bundesverfassungsgericht hat in einer frühen Entscheidung eine Landtagsfraktion ebenfalls als Organ des Parlaments bezeichnet (BVerfGE 1, 208, 229).

Es hat diese Etikettierung aber nicht wieder aufgenommen. In ständiger Rechtsprechung hat das Bundesverfassungsgericht die Fraktionen vielmehr als Teile bzw. ständige Gliederungen des Bundestages gekennzeichnet, die durch dessen Geschäftsordnung anerkannt und mit eigenen Rechten ausgestattet seien. Ihre Aufgabe bestehe darin, den technischen Ablauf des Parlamentsgeschehens in gewissem Grade zu steuern und zu erleichtern (vgl. z. B. BVerfGE 1, 208, 229; 20, 56, 103; 43, 142, 147; für eine kommunale Vertretungskörperschaft E 38, 258, 273 f.).

Zum Verhältnis zwischen Parteien und Fraktionen hat das Bundesverfassungsgericht ausdrücklich hervorgehoben, die enge Verbindung zwischen diesen ändere nichts daran, dass die Fraktionen im Gegensatz zu den im gesellschaftlichen Bereich wurzelnden Parteien zum staats-organschaftlichen Sektor gehörten. Sie sind mit den Worten der Karlsruher Verfassungsrichter der **„organisierten Staatlichkeit eingefügt"** (BVerfGE 20, 56, 104 f., bestätigt in E 70, 324, 350 f.; 80, 188, 231; BVerfG, NVwZ 1998 S. 397).

Der Ansatz des Bundesverfassungsgerichts wird von den **Verfassungsgerichten der Länder** weitgehend aufgegriffen. So attestiert der Staatsgerichtshof Bremen (DÖV 1970 S. 639 ff.) den Fraktionen einen ausschließlich durch Verfassungsrecht bestimmten Aufgabenbereich, der nach öffentlichem Recht zu beurteilen sei. Die Fraktion sei eine mit eigenen Rechten und Pflichten ausgestattete Gliederung des

Parlaments. Als solche nehme sie unmittelbar Verfassungsaufgaben wahr. Gleichzeitig wirke sie als Repräsentant der hinter ihr stehenden Partei im Parlament. Ähnlich argumentiert der Bayerische Verfassungsgerichtshof (VGHE [n. F.], 29, 62, 87), der ausdrücklich klarstellt, aus dieser Doppelstellung der Fraktionen dürfe nicht gefolgert werden, die Fraktion sei Partei im Parlament. Das LVerfG MV bezeichnet die Fraktionen ausdrücklich als Teilorgane des Landtages, die ihre verfassungsunmittelbare Legitimation in dem dortigen Art. 25 LV finden (DÖV 2003 S. 765, 766 = LKV 2003 S. 516 ff. = NordÖR 2003 S. 359 ff.). Die Fraktionen der Gemeindevertretungen und Kreistage werden als Teile organisierter Staatlichkeit qualifiziert (LVerfG MV, DVBl 2005 S. 244, 245). Anderer Ansicht ist offenbar die Mehrheit der Mitglieder des Berliner Verfassungsgerichtshofes, die die These vertritt, die Vertreter einer Partei in einer Berliner Bezirksverordnetenversammlung „firmierten" dort unter Bezeichnung Fraktion (vgl. NVwZ 1993 S. 1093, 1094; kritisch hierzu in ihren Sondervoten *Kunig*, NVwZ 1993 S. 1096, 1097 und *Dittrich*, NVwZ 1993 S. 1097, 1098).

2.2.3 Stellungnahme

Die von der überwiegenden Rechtsprechung vertretene Auffassung verdient Zustimmung. Da sich das Recht zur Fraktionsbildung ableitet aus dem im öffentlichen Recht verankertem freien Mandat der gewählten Volksvertreter, ist die Tätigkeit der Fraktionen insgesamt dem öffentlichen Recht zuzurechnen (auf den zugrunde liegenden Errichtungsakt stellt auch *Nierhaus*, Kommunalrecht für Brandenburg, Rz. 418 ab; im Ergebnis ebenso *Burgi*, Kommunalrecht, § 12 Rz. 14; *Ehlers*, § 21 Rz. 55 in HKWP, 3. Aufl., 2007; *Borchmann*, HKO, Nr. 7 zu § 26 a). Aufgrund der Freiwilligkeit des Zusammenschlusses ist ergänzend auf bürgerliches Vereinsrecht zurückzugreifen. Die Annahme des durch die Wahl vermittelten Mandates markiert den Übergang von der privatrechtlichen Sphäre der Partei in den öffentlichrechtlich geprägten Bereich der „organisierten Staatlichkeit", der Fraktion. Zutreffend insoweit warnt *J. Ipsen* (NVwZ 2005 S. 361, 362) davor, die Fraktionsbildung lediglich als Metamorphose politischer Parteien miss zu verstehen; aufgrund der Wahl errängen die Parteikandidaten vielmehr Ämter, die ihnen erst den Eingang in die staatliche Organisation und das Einwirken auf die staatliche Willensbildung erlaubten. Ob die Fraktion als Teilorgan der Vertretungskörperschaft zu qualifizieren ist – wofür manches spricht, wenn die jeweilige Kommunalverfassung der Fraktion eigene Rechte und Pflichten zur Wahrnehmung zuweist –, kann letztlich offen bleiben. Bemerkenswerterweise hat der Freistaat Sachsen im Gesetzestext (§ 35 a Abs. 1 Satz 2 GemO) ausdrücklich eine entsprechende klarstellende Regelung getroffen. Als öffentlich-rechtliche Vereinigungen unterliegen die Fraktionen auch ohne ausdrückliche Regelung jedenfalls dem Rechtsstaats- und Demokratieprinzip (ebenso vgl. *Waechter*, Kommunalrecht, Rz. 320). Die Qualifizierung der Fraktionen als öffentlich-rechtliche Vereinigungen hat Konsequenzen für ihr rechtliches Handeln, bspw. für den Rechtsweg, die innere Ordnung und die Finanzierung.

2.3 Begriff der Fraktion

Die vorstehend skizzierten verfassungsrechtlichen Vorgaben lassen (in Anlehnung an *Schmidt-Jortzig*, Kommunale Organisationshoheit, S. 242; ähnlich auch OVG Lüneburg, Urt. vom 16.3.2005 – Az. 10 LC 139/03 –, BeckRS 2005, 26697 S. 5; *Wefelmeier in* KVR Nds/NKomVG., Rz. 6 zu § 57; sich anschließend zur Vorgängerregelung *Bennemann* in KVR Hess, Rz. 2 zu § 36 a HGO) eine Eingrenzung zur Definition des Begriffes „Fraktion" zu.

> Eine Fraktion ist ein freiwilliger Zusammenschluss grundsätzlich gleichgesinnter Mandatsträger in der Regel derselben Partei zur abgestimmten Mitwirkung an der Arbeit sowie zur gemeinsamen Vorbereitung und Durchsetzung politischer Zielsetzungen in einer Volksvertretung für eine Wahlperiode.

Weitere verfassungsrechtliche Determinanten für den Fraktionsbegriff sind nicht zu erkennen. Die vorgenommene Definition ist für die staatliche wie für die kommunale Ebene tauglich. Da die Bündelungs-, Koordinierungs- und Organisationsfunktionen in Parlamenten und kommunalen Vertretungskörperschaften einander gleichen, spricht nach Auffassung des BVerfG nichts gegen eine dem Parlamentsrecht entlehnte Begriffsbildung auch im Kommunalverfassungsrecht (BVerfG, KommJur 2007 S. 257 f.).

Für die **kommunalen Volksvertretungen** ist allerdings zu beachten, dass neben den Parteien gleichberechtigt die **Wählergemeinschaften** treten (ausführlich hierzu vgl. *Hubert Meyer*, Kommunales Parteien- und Fraktionenrecht, S. 45 ff.). Mit dieser der verfassungsrechtlichen Prämissen Rechnung tragenden Begriffsbestimmung sind gleichzeitig Leitlinien für das kommunale Fraktionswesen abgesteckt. Unterverfassungsrechtliche Bestimmungen müssen sich innerhalb des beschriebenen Rahmens halten.

Daneben ist im Blick zu behalten, dass es gerade in ländlich strukturierten, kleineren Gemeinden oftmals **keine Fraktionsbildung gibt**. Exemplarisch verweist *Grünewald* (LKV 2008 S. 349, 351) auf den brandenburgischen Landkreis Uckermark, in dessen gemeindlichen Vertretungskörperschaften noch in der bis zum Jahr 2008 währenden Wahlperiode nur 181 von 316 Mandatsträgern einer Fraktion angehörten. Auch wenn dies eine eher untypische Konstellation darstellen dürfte, dürfen auch insoweit unterverfassungsrechtliche Normierungen keine unnötigen einengenden Reglementierungen des einzelnen Ratsmitgliedes unter Berufung auf das Fraktionsrecht vornehmen. Die der Fraktionsbildung zugrunde liegende Absicht einer funktionalen

Steuerung der Arbeit erfordert aber gerade **keine absolute Gleichbehandlung** fraktionsloser Gemeindevertreter mit fraktionsangehörigen
(relativ weitgehend daher die Kritik von *Grünewald*, LKV 2008 S. 349,
351).

2.4 Rechtsschutzfragen

> Aufgrund ihrer Zuordnung zum öffentlichen Recht ist für Klagen von und
> gegen Fraktionen grundsätzlich der Verwaltungsrechtsweg eröffnet.
> Soweit fraktionsspezifische Rechte betroffen sind, können Fraktionen
> Beteiligte im sog. Kommunalverfassungsstreitverfahren sein.

Auf spezielle Fragen des **Rechtsschutzes** wird in den folgenden Kapiteln bei Bedarf gesondert eingegangen. Bereits an dieser Stelle aber
ist darauf hinzuweisen, dass die Zuordnung der Fraktionen zum öffentlichen Recht auch Konsequenzen für den Rechtsschutz für und gegen Fraktionen, insbesondere für den Rechtsweg hat. Grundsätzlich
ist der Verwaltungsrechtsweg eröffnet. Entscheidend ist die Generalklausel des § 40 VwGO. Nach der herrschenden Sonderrechts- oder
modifizierten Subjektstheorie ist eine Streitigkeit öffentlich-rechtlich,
wenn die streitentscheidende Norm zwingend einen Träger öffentlicher Gewalt in seiner Funktion als Hoheitsträger berechtigt oder verpflichtet (vgl. *Maurer*, Allgemeines Verwaltungsrecht, § 3 Rz. 14 ff.).

*Möchte sich ein niedersächsischer Ratsherr gegen eine ihm vermeint-
lich drohende Abberufung aus dem Verwaltungsausschuss durch
seine Fraktion wehren, sieht das VG Hannover (NdsVBl. 2006 S. 260 f.)
hierfür den Verwaltungsrechtsweg als nicht eröffnet, weil es sich um
eine (parteipolitische) innerfraktionelle Streitigkeit handelt. Diese Begründung überzeugt nicht. Für die Klärung innerfraktioneller Streitigkeiten ist grundsätzlich sehr wohl der Verwaltungsrechtsweg eröffnet,
wie die zahlreichen Verfahren um die Zulässigkeit eines Fraktionsausschlusses belegen (ausf. dazu unten 4.4.4.1). Das Benennungsrecht
der Fraktionen nach dem NKomVG berechtigt die Fraktion in ihrer
Funktion als Teil der Gemeindevertretung.*

*Die Rechtsprechung geht davon aus, für einen **Unterlassungsanspruch
wegen Äußerungen** einer Gemeinderatsfraktion in der Rubrik des nicht-
amtlichen Teils eines Amtsblattes, die Fraktionen des Gemeinderates
vorbehalten ist, sei der Verwaltungsrechtsweg nicht eröffnet. Öffentlich-rechtlicher Natur seien nur solche Klagen entsprechend § 1004
BGB auf unterlassen ehrverletzender Äußerungen, die von einem Träger öffentlicher Verwaltung bei der Erfüllung öffentlicher Aufgaben
gestützt auf vorhandene oder vermeintliche öffentlich-rechtliche Befugnisse gegenüber einem außerhalb der Verwaltung stehenden Bürger abgegeben würden. Hingegen sei der Zivilrechtsweg eröffnet,
wenn die beanstandeten Äußerungen nicht in amtlicher Eigenschaft,
sondern nur gelegentlich einer nach öffentlichem Recht zu beurteilen-*

den Tätigkeit gemacht würden, wenn sie allein Ausdruck ihrer persönlichen Meinung oder Einstellung seien (VGH Mannheim, NVwZ-RR 2002 S. 525 f. = HSGZ 2002 S. 132 f.; im Erg. ebenso bereits OLG Köln, NVwZ 2000 S. 351).

Unabhängig von dem gesondert zu erörternden Problem der Zulässigkeit von Öffentlichkeitsarbeit der Fraktionen (vgl. dazu unten 6.3.6) erscheint zweifelhaft, ob diese Beurteilung zutreffend ist. Fraktionen sind in die organisierte Staatlichkeit eingefügt und nehmen – abgesehen von fiskalischen Hilfsgeschäften – nur in dieser Eigenschaft am politischen Leben teil. Alle Meinungsäußerungen der Fraktionen müssen sich an deren Funktion in der Gemeindevertretung messen lassen. Entweder es handelt sich um zulässige politische Äußerungen in Ausübung der einer Fraktion zustehenden Rechte, oder sie sind unzulässig. Der Fraktionsstatus verleiht keine weitere Hülle, beispielsweise um im Wahrnehmung grundrechtlicher Kompetenzen am politischen Diskurs teilnehmen zu können.

Geklärt ist die Beteiligtenfähigkeit einer Gemeinderatsfraktion zum Schutz ihrer Rechtsposition im Kommunalverfassungsstreitverfahren (grundsätzlich zum Kommunalverfassungsstreit vgl. aus jüngerer Zeit *Franz*, Jura 2005 S. 156 ff.; *Bethge*, § 28 Rz. 1 ff. in HKWP, 3. Aufl., 2007; *Ogorek*, JuS 2009 S. 511 ff.). Das Kommunalverfassungsrecht begrenzt aber auch den Umfang der Fehlerkontrolle im Verwaltungsprozess. Es muss sich um ein **fraktionsspezifisches Recht** handeln. Ein Klagerecht gegen vermeintlich rechtswidrige Ratsbeschlüsse hingegen steht der Fraktion so wenig wie jedem einzelnen Mitglied des Rates zu, auch nicht unter Berufung auf das Demokratieprinzip.

So räumt das brandenburgische Kommunalverfassungsrecht in Bezug auf den Vorschlag des Landrates zur Wahl eines Ersten Beigeordneten einer Fraktion so wenig wie einem einzelnen Kreistagsmitglied organschaftliche Rechte zur eigenständigen Wahrnehmung ein (OVG Berlin-Brandenburg, LKV 2006 S. 565 f.).

Das in § 56 Abs. 2 GO NW allgemein zugewiesene Recht der Fraktionen auf Mitwirkung an der Willensbildung und Entscheidungsfindung im Rat begründet keinen organschaftlichen Anspruch einer Fraktion auf Einhaltung der Regelungen über das Abstimmungsverfahren. Die GO NW sieht weder die einheitliche Abgabe der Stimmen von Ratsmitgliedern, die in Fraktionen zusammengeschlossen sind, durch die Fraktion, noch Abstimmungen vor, in denen das Stimmrecht den Fraktionen selber zusteht (VG Düsseldorf, Urt. vom 2.12.2005 – Az. 1 K 2396/05 – BeckRS 2006, 20347, S. 8).

Die von der Kommunalaufsichtsbehörde nach § 70 Abs. 1 Satz 2 NKomVG vorzunehmende Feststellung der Auflösung der Vertretung ist durch einzelne Mandatsträger oder durch eine in der Vertretung vertretene Fraktion nicht angreifbar (VG Osnabrück, NVwZ-RR 2006 S. 278, 280, zu § 54 NGO).

Es geht um das Wahren und Durchsetzen von Beteiligungs- und Verfahrensrechten, nicht um die durch politische Mehrheiten bestimmte materielle Entscheidung (vgl. auch Überblick bei *Herrmann*, LKV 2006 S. 535, 539 f.).

3. BILDUNG, MITGLIEDSCHAFT UND BEENDIGUNG

3.1 Öffentliches Amt und freies Mandat

> Durch die Wahl erhält der Abgeordnete ein öffentliches Amt. Das im Grundgesetz verankerte freie Mandat stellt die Basis der Fraktionsbildung dar. Dies gilt auch für die kommunale Ebene. Eine gewisse Fraktionsdisziplin ist im Interesse der Handlungsfähigkeit der Vertretungen unverzichtbar. Einem Fraktionszwang braucht sich der Abgeordnete aber nicht zu beugen.

3.1.1 Wahlentscheidung als Zäsur

Es gehört zu den vordringlichen Aufgaben der politischen Parteien, Vorschläge für die Besetzung der Abgeordnetenmandate in den staatlichen Parlamenten und den Sitzen in den kommunalen Vertretungskörperschaften zu unterbreiten. Die den Parteien in Art. 21 GG überantwortete „Mitwirkung bei der politischen Willensbildung des Volkes" weist ihnen eine tragende Rolle bei der Durchführung von Wahlen zu (*Morlok* in Dreier [Hrsg.], GG, Rn. 20 ff. zu Art. 21). Auf Gemeinde- und Landkreisebene stehen sie hierbei im Wettbewerb mit lokalen Wählergemeinschaften. Sowohl Parteien als auch Wählergemeinschaften entstammen dem gesellschaftlichen Bereich und sind nach vereinsrechtlichen Grundsätzen organisiert.

Hat der Wähler seine Entscheidung getroffen, haben die erfolgreichen Wahlbewerber – vorausgesetzt sie nehmen ihr Mandat an – ein **öffentliches Amt** inne (näher zuletzt *Ziegler*, Das Ratsmitglied im Verfassungs- und Verwaltungsrecht, S. 85 ff.). Der Mandatsinhaber löst sich rechtlich mehr oder weniger von der ihn nominierenden Vereinigung, wird aber gleichzeitig neuen rechtlichen Bindungen unterworfen. Tritt er einer Fraktion bei, sieht er sich mit vielfachen Versuchen und Notwendigkeiten konfrontiert, sich der Mehrheitsmeinung der Fraktion zu fügen.

3.1.2 Grundgesetzliche Absicherung des freien Mandates

In der staatsrechtlichen Literatur manifestiert sich die Auseinandersetzung um das freie Mandat des Abgeordneten zwischen Art. 38 Abs. 1 Satz 2 GG einerseits und dem Parteieinflüssen legitimen Raum schaffenden Art. 21 GG andererseits (ausführlich zu den dogmatischen Hintergründen vgl. *Hubert Meyer*, Kommunales Parteien- und Fraktionenrecht, S. 221 ff. m. w. N.). In einer auf Repräsentation des Volkes durch seine parlamentarischen Vertreter angelegten Demokratie besteht für das freie Mandat eine funktionale Notwendigkeit.

Es gewährleistet einen Ausgleich politisch kontroverser Interessen im Kompromisswege und stellt gleichzeitig eine Entscheidung nach oftmals streng formalisierten und langwierigen Erörterungen sicher. Ferner ist das freie Mandat Garant für ein Mindestmaß an Bürgernähe. Es ermöglichst eine lebendige Kommunikation zwischen Wähler und Gewählten ohne Zwischenschaltung der Partei. Der Abgeordnete ist nicht statischen – dem Wähler in der Regel kaum bekannten – Wahlprogrammen verpflichtet, sondern allein dem Wohl des (gesamten) Volkes. Dessen Wille ist nicht gleichsam auf Knopfdruck abrufbar, sondern bietet sich dar als ein sich ständig im Fluss befindlicher Komplex von Meinungen, Argumenten, Wünschen, Ängsten und Kritik. Letztlich orientiert der Wähler seine Entscheidung weniger an Programmen, sondern sein Votum wird getragen durch einen Akt des Vertrauens zu den handelnden Personen.

Schließlich garantiert das freie Mandat das Einbringen neuer, noch nicht mehrheitsfähiger Gedanken in die Partei und fördert damit die angestrebte Offenheit der politischen Willensbildung.

Die Notwendigkeit und die Gewährleistung des freien Mandats in der vom GG ausgestalteten parlamentarisch-repräsentativen Demokratie ist daher weitgehend unstreitig (näher vgl. nur *Morlok* in Dreier [Hrsg.], GG, Rn. 136 ff. zu Art. 38 m. w. N.).

Seine eigentliche Bedeutung liegt nicht in den wenigen spektakulären Fällen begründet, in denen sich ein Abgeordneter ausdrücklich auf das freie Mandat beruft, was im Übrigen weder begründungspflichtig noch gerichtlich überprüfbar ist (zutreffend *Butzer*, Rz. 86 zu Art. 38 in Epping/Hillgruber (Hrsg.), GG, Kom., m. w. N.). Grundlegend für das freie Mandat ist vielmehr schon seine verfassungsrechtliche Existenz und die damit potenziell eröffnete Möglichkeit für den Abgeordneten, sich in Konfliktfällen auf sein individuelles Entscheidungsrecht zurückziehen zu können.

3.1.3 Freies Mandat als Basis der Fraktionsbildung

Das BVerfG hat in gefestigter Rechtsprechung den durch Art. 38 Abs. 1 Satz 2 GG gewährleisteten repräsentativen Status des Abgeordneten als Basis der Fraktionsbildung herausgestellt. Das freie Mandat umfasse das Recht der gleichen Teilhabe am Prozess der parlamentarischen Willensbildung. Dazu gehöre auch das gleiche Recht, sich mit anderen Abgeordneten zu einer Fraktion zusammenzuschließen (BVerfGE 43, 142, 149; 70, 324, 354; 80, 188, 218; 93, 195, 203 f.; 96, 264, 278). Art. 38 Abs. 1 GG als Grundlage des freien Mandats betonend, gleichzeitig aber auch die damit einhergehenden Pflichten herausarbeitend, deren Reichweite durch das Gebot, die Repräsentations- und Funktionsfähigkeit des Parlaments zu wahren, bestimmt und begrenzt werden, vgl. zuletzt BVerfGE 118 S. 277 ff. = NVwZ 2007 S. 916, 919; aus den vom BVerfG gebilligten Einschränkungen wenig überzeugend eine weitgehende Übereinstimmung der Pflichtenstellung der Mandatsträger in staatlichen Parlamenten und kommunalen Vertretungen herleiten wollend *Dolderer*, DÖV 2009

S. 146 ff.; für die Landesparlamente vgl. nur NWVerfGH, NVwZ-RR 2000 S. 265, 266; LVerfG MV, DÖV 2003 S. 765, 767; HessStGH, DVBl 2014 S. 40; verkürzend einseitig auf Art. 21 Abs. 1 GG abstellend hingegen BVerfGE 102 S. 224, 239 f.; ohne nähere Begründung behaupten *Reichert/Baumann*, Kommunalrecht, Rz. 190, die Legitimation der Fraktionen in den Kommunen in BW ergebe sich aus Art. 21 Abs. 1 GG.

Der „Fraktionsstatus" ist mithin ein Bündel von letztlich im Abgeordnetenstatus wurzelnden Rechten (zutr. *Morlok* in Dreier (Hrsg.), GG, Kom, Rz. 164 zu Art. 38; ausf. *Hölscheidt*, Das Recht der Parlamentsfraktionen, S. 247; *Stevens*, Die Rechtsstellung der Bundestagsfraktionen, S. 81 ff., jew. m. w. N.; *Welti*, DÖV 2001 S. 705, 707; für den kommunalen Bereich ebenso *Schliesky*, Die Gemeinde (SH) 2000 S. 271, 276 f.; *Burgi*, Kommunalrecht, § 12 Rz. 13; *Wansleben* in Held/Winkel (Hrsg.), Gemeindeordnung NW, zu § 56 S. 317; *Ziegler*, Das Ratsmitglied im Verfassungs- und Verwaltungsrecht, S. 96; nicht ansatzweise überzeugend das freie Mandat für „überholt" erklärend *Burghart*, NdsVBl. 2004 S. 226, 227). Wer hingegen unter ausdrücklicher Ablehnung einer Fundierung der Fraktionsrechte in Art. 38 Abs. 1 Satz 2 und Art. 40 Abs. 1 Satz 2 GG die verfassungsrechtliche Legitimation der Existenz und des Wirkens der Fraktionen innerhalb des staatlichen Willensbildungsprozesses unmittelbar aus ihrer Bedeutung für die Herstellung und den Erhalt der Funktionsfähigkeit der Parlamente herleiten will (vgl. in diesem Sinne *G. Chr. Schneider*, Die Finanzierung der Parlamentsfraktionen als staatliche Aufgabe, S. 52 ff.; indifferent *Winkler*, Die Parlamentsfraktionen im deutsch-spanischen Rechtsvergleich, S. 154 f.), bleibt die Antwort auf die normative Rückkopplung seiner Gedankenführung schuldig. Dabei ist unzweifelhaft, dass die Fraktionen nicht mit einer bloßen Addition der Einzelrechte ihrer Mitglieder zu umschreiben sind. Erst aus dem auf dem freien Mandat beruhenden Zusammenschluss erwachsen aber diese gemeinsamen Rechte der Abgeordneten, für die auch aus Sicht des Parlaments eine funktionale Notwendigkeit anzuerkennen ist. Keineswegs zugestimmt werden kann hingegen der These, die Fraktionen selbst seien Trägerin des freien Mandates im Sinne von Art. 38 Abs. 1 Satz 2 GG (vgl. *Wolters*, Der Fraktions-Status, S. 212 ff.; krit. hierzu bereits *Hubert M*eyer, ZParl 1998 S. 358 S. 361 ff.).

3.1.4 Geltung des freien Mandats für die kommunale Ebene

Durch die sog. Homogenitätsklausel des Art. 28 Abs. 1 Satz 1 GG muss die verfassungsmäßige Ordnung in den Ländern den für die Bundesebene angelegten strukturellen Grundsätzen entsprechen. Zur verfassungsmäßigen Ordnung in diesem Sinne gehört auch der Aufbau der Kommunen als „organisatorisches Binnengefüge" der Länder; als **„wesensmäßiges Kernstück des Repräsentationsprinzips"** wird das freie Mandat dadurch mit übertragen (*Schmidt-Jortzig*, Kommunalrecht, Rz. 68 f.; ausführlich *Demmler*, Der Abgeordnete im Parlament der Fraktionen, S. 141 ff.; *Schliesky*, Die Gemeinde (SH) 2000 S. 271, 275 f.; *Suerbaum*, § 22 Rz. 9 in HKWP, 3. Aufl., 2007; im Ergebnis ebenso *Pfeil*, Der Abgeordnete und die Fraktion, S. 160; OVG Schleswig, Die Gemeinde SH 2004 S. 121, 122 = NordÖR 2004 S. 390 f.). Dies gilt jedenfalls im Hinblick auf den Schutz des Mandatsträgers gegen Wähler- und Parteieinflüsse, während gegenüber staatlichen Eingriffen auf Grund der Besonderheit des Kommunalrechts Abweichungen möglich scheinen.

Ferner ist daran zu erinnern, dass das BVerfG als eine Aufgabe des Art. 28 Abs. 2 GG die Begrenzung des Parteieneinflusses angesehen hat (vgl. bereits BVerfGE 11, 266, 273; 11, 351, 365). Selbstverständlich können und sollen sich Parteien in den Kommunen engagieren. Art. 28 Abs. 2 GG hat dennoch den Charakter einer Schutznorm gegen spezifisch parteipolitisch motivierte Einwirkungsversuche zentral organisierter Parteigremien auf kommunale Entscheidungen (vgl. *Kasten*, Der Städtetag 1985 S. 181, 182). Diese Überlegung gewinnt an Überzeugungskraft, wenn man das im Vergleich zur staatlichen Ebene stark personenorientierte Wahlrecht und das Wahlverhalten jedenfalls in den kleineren Gemeinden berücksichtigt. Die selbstständige Legitimation eines solchermaßen Gewählten verlangt eine Unabhängigkeit gegenüber der nominierenden Vereinigung und dem Einfluss überregionaler Parteihierarchien.

Das freie Mandat erfährt mithin durch die Selbstverwaltungsgarantie des Art. 28 Abs. 2 GG eine **zusätzliche verfassungsrechtliche Verankerung**, soweit es sich gegen die Einflussnahme von Parteigremien richtet. Folgerichtig enthalten mit Ausnahme Bayerns die Gemeindeordnungen aller Bundesländer Bestimmungen über das freie Mandat der Gemeindevertreter, die in der Formulierung Art. 38 Abs. 1 Satz 2 GG ähneln (vgl. 32 Abs. 3 GO BW; § 30 Abs. 1 BbgKVerf; § 35 Abs. 1 HGO; § 23 Abs. 3 Sätze 1 u. 2 KV MV; § 54 Abs. 1 NKomVG; § 43 Abs. 1 GO NW; § 30 Abs. 1 GemO RhPf; § 30 Abs. 1 Sätze 2 u. 3 KSVG Saarl.; § 35 Abs. 3 SächsGemO; § 43 Abs. 1 KVG LSA; § 32 Abs. 1 GO SH; § 24 Abs. 1 ThürKO).

Die Nichterwähnung des freien Mandats für die Gemeindevertreter in Bayern im Gesetz ist unschädlich, da den genannten Bestimmungen in den Gemeindeordnungen der übrigen Länder lediglich deklaratorische Bedeutung zukommt (vgl. auch BayVerfGH, NVwZ 1985 S. 823; VGH München, NJW 1988 S. 2754, 2756; *Schliesky*, Die Gemeinde [SH] 2000 S. 271, 276 m. w. N.).

3.1.5 Freies Mandat und Fraktionsbindung

Nach dem Wortlaut der zitierten Bestimmungen sowie Sinn und Zweck soll das freie Mandat das Ratsmitglied freistellen von Einwirkungen aller Richtungen, also auch seiner Fraktion. Auch im Prozess der Meinungsbildung innerhalb der Fraktion entfaltet es seine Wirkung, denn den zu Grunde liegenden Normen lässt sich kein Hinweis auf die Beschränkung auf die abschließende Plenarentscheidung entnehmen (zutreffend *Kasten*, ZParl 1985 S. 475, 479).

Allerdings bedeutet die Freistellung von Aufträgen und Weisungen keine Verpflichtung zur Bindungslosigkeit für das Ratsmitglied. Vielmehr ist der Zusammenschluss politisch gleichgesinnter Mandatsträger gerade – wie oben bereits dargestellt – Ausfluss des freien Mandats. Die politische Einbindung des Abgeordneten in Partei und Fraktion ist verfassungsrechtlich erlaubt und gewollt (BVerfGE 118, 227, 329 = NVwZ 2009 S. 916, 920). Entschließt sich das Ratsmitglied nicht zuletzt im eigenen Interesse zur Mitarbeit in einer Fraktion, geht es damit notwendigerweise gewisse Bindungen ein, die sein Tätigkeitsfeld einengen können. Der einer Fraktion immanente Zweck der Verwirklichung gemeinsamer politischer Ziele bedingt ein Einfügen des einzelnen Ratsmitglieds in „seine" Fraktion. Im Sinne der Doppelfunktionalität der Fraktionen kommt insoweit der verfassungsrechtlich legitime Parteiaspekt zum Tragen.

Im Interesse der Handlungsfähigkeit der Fraktion ist ein Anspruch dieser gegenüber ihrem Mitglied auf Solidarität im Hinblick auf abschließende Entscheidungen der Gesamtfraktion grundsätzlich anzuerkennen. Eine gewisse **Fraktionsdisziplin** (*Butzer*, Rz. 92 zu Art. 38 in Epping/Hillgruber (Hrsg.), GG, Kom., plädiert für die klareren Synonyme **„Fraktionssolidarität"** oder **„Fraktionsloyalität"**) ist für das Funktionieren der Vertretungskörperschaft sogar unverzichtbar.

Die Grenze zulässiger Einflussnahme der Fraktion gegenüber ihrem Mitglied wird überschritten, wenn ein **Fraktionszwang** ausgeübt wird. Unter Fraktionszwang ist die durch Mehrheit oder den Vorstand der Fraktion gegenüber einem Fraktionsmitglied auferlegte Verpflichtung einer bestimmten Ausübung seines Mandates unter Androhung einer Sanktion für den Fall des Nichtbefolgens zu verstehen (zutreffend *Kasten*, ZParl 1985 S. 475, 483; ebenso *Schaaf*, 9.4 zu § 30a GemO in KVR RhPf; *Pfeil*, Der Abgeordnete und die Fraktion, S. 173). Einem solchen Zwang braucht sich das Ratsmitglied nicht zu beugen.

Die Fraktion kann einen Mehrheitsbeschluss gegenüber einem abweichenden Mitglied nicht durchsetzen (Ausnahme: Ausschluss, s. u. Erl. zu 4.4), der Mandatsträger kann seine durch das freie Mandat gesicherte Rechtsposition bei der Beschneidung von Rechten auch gegen seine Fraktion gerichtlich verteidigen.

Keinen Schutz vermag das freie Mandat demgegenüber im Hinblick auf das künftige politische Schicksal des Mandatsinhabers zu bieten (zutr. vgl. *Kese*, VR 1993 S. 266, 268). Bei der Entscheidung über eine erneute Nominierung für die bisher ausgeübte Funktion ist sowohl die Partei als auch die (Rest-)Fraktion frei, die bisherige Mitarbeit kritisch zu bewerten. Die Kandidatennominierung für die Wahl obliegt allein

den Parteien bzw. Wählergruppen. Sie müssen dabei allein die formalen und rechtsstaatlichen Grundsätze einfordernden verfahrensrecht-
lichen Aspekte beachten (vgl. hierzu grundlegend HbgVerfG, NVwZ
1993 S. 1083 ff.). Die Berücksichtigung bisheriger politischer Solidarität und anhaltende Übereinstimmung mit der Gesamtlinie der Partei
sind hingegen legitime Erwägungen (sich dem anschließend *Pfeil*,
Der Abgeordnete und die Fraktion, S. 186). Einen Bonus für eine er-
leichterte Wiederaufstellung vermag das freie Mandat nicht zu begründen.

3.2 Partei- und Fraktionszugehörigkeit

Partei- und Fraktionsmitgliedschaft werden oft übereinstimmen. Aufgrund des freien Mandats gibt es aber weder einen Anspruch der Partei
auf Beitritt ihres Mitglieds zu „ihrer" Fraktion, noch einen Anspruch eines parteiangehörenden Mandatsträgers, dort aufgenommen zu werden.
Weder Bestimmungen des Kommunalverfassungsrechts der Länder,
noch Geschäftsordnungen kommunaler Vertretungen oder der Fraktionen selbst dürfen das freie Mandat insoweit einschränken. Durchgreifende verfassungsrechtliche Bedenken bestehen gegen wahlrechtliche
Regelungen, die den Fortbestand der Mitgliedschaft in der Partei zur
Voraussetzung eines Mandatserwerbs erklären. Eine Doppelmitglied-
schaft in verschiedenen Fraktionen ist mit der Zielstellung der Fraktionsbildung unvereinbar. Nach zutreffender Auffassung darf es nicht mehrere Fraktionen geben, die in Anspruch nehmen, dieselbe Partei zu repräsentieren. Das identitätsstiftende Namensrecht liegt bei der Partei.
Ein Ausscheiden aus der Fraktion lässt den Bestand des kommunalen
Mandates unberührt. Das Verbot einer politischen Partei durch das Bundesverfassungsgericht kann zum Verlust der kommunalen Mandate führen, die entsprechenden landesrechtlichen Regelungen unterliegen jedoch erheblichen verfassungsrechtlichen Zweifeln; es handelt sich im
Kern um eine parteienrechtliche Frage, die der Gesetzgebungskompetenz des Bundes unterfällt.

3.2.1 Kein Anspruch auf Beitritt durch die Partei

Fraktionen können zwar auch als Repräsentanten der Parteien in den
Gemeinderäten gelten, das Recht zur Fraktionsbildung beruht aber
auf dem freien Mandat (Art. 38 Abs. 1 Satz 2 GG), das auf kommunaler in gleicher Weise gilt wie auf staatlicher Ebene. Dabei bietet sich
ein Zusammenwirken derjenigen Ratsmitglieder an, die derselben
Partei oder Wählergemeinschaft angehören, denn die Mitgliedschaft
bildet in der Regel die Basis für die Wahl in den Gemeinderat.

Einen Anspruch auf Beitritt zur Fraktion hat die Partei gegenüber ihren Mitgliedern jedoch nicht (vgl. VGH München, NJW 1988 S. 2754,
2755; *Zuleeg* in HdKWP Bd. 2 S. 145, 153; *Bick*, Die Ratsfraktion,
S. 89 f.; *Koch*, Rz. 18 zu § 57 in Ipsen (Hrsg.), NKomVG; insoweit zu-

stimmend auch *Lunau/Zieschang*, SächsVBl. 2008 S. 9, 10; *Benne-mann* in KVR Hess, Rz. 19 zu § 36a HGO; a. A. VG Schleswig, SchlHAnz. 1977 S. 105). Das „Koalitionsrecht" steht ausschließlich den gewählten Mitgliedern des Gemeinderates zu, nicht den Parteien. Deren Hauptfunktion hat sich insoweit mit Vorbereitung und Durch-führung der Wahl erschöpft (ausdrückl. zustimmend *Borchmann*, HKO, Nr. 11 zu § 26a).

Die Zäsur des Wahlaktes mindert die Einwirkungsmöglichkeit der Partei entscheidend. Das von ihr nominierte und somit „vor-aus-gewählte" Ratsmitglied unterliegt nunmehr den in erster Linie am Ge-meindewohl orientierten Rechten und Pflichten. Das freie Mandat ist weniger ein Instrument zur (negativen) Abwehr äußerer Einflüsse, sondern wird gekennzeichnet durch die damit eröffnete positive Kon-stituierung von Entscheidungsmöglichkeiten (vgl. *Steiger*, Organisa-torische Grundlagen des parlamentarischen Regierungssystems, S. 190; *Kasten*, Ausschussorganisation und Ausschussrückruf, S. 103). Ausdruck dessen ist die prinzipielle Freiheit des Ratsmitglieds zu ent-scheiden, ob es sich an einer Fraktionsbildung beteiligt oder freiwillig die mit dem Verzicht darauf verbundenen möglichen Nachteile zu tra-gen bereit ist. Andererseits ist die Partei nicht gehindert, im Falle ei-nes Nichtbeitritts „ihres" Ratsmitglieds zur „eigenen" Fraktion partei-enrechtliche Konsequenzen zu ziehen. Dabei gelten die generell in ei-nem Parteiordnungsverfahren zu beachtenden Grundsätze (Beispiele aus Entscheidungen des CDU-Bundesparteigerichts bei *Kleerbaum*, KOPO 7/2006 S. I, IV f.).

Der Austritt einer gewählten Bewerberin um das Mandat einer Abge-ordneten aus der sie aufstellenden politischen Partei vor Zusammen-tritt des Parlaments führt nicht dazu, dass sie das Mandat nicht wirk-sam erworben hat (SaarlVerfGH. Urt. vom 16.4.2013, BeckRS 2013, 49713 = DÖV 2013, 607 [LS]).

3.2.2 Kein Anspruch des Ratsmitglieds auf Beitritt

Auf der anderen Seite besteht grundsätzlich keine Verpflichtung, bei der Fraktionsbildung alle Ratsmitglieder zu berücksichtigen, die der-selben Partei angehören oder aufgrund desselben Wahlvorschlages gewählt worden sind.

Auch dies ist Ausdruck des freien Mandats der Gewählten. Niemand unter den Ratsmitgliedern kann gezwungen werden, eine Koope-ration wider Willen einzugehen. Aus der Parteizugehörigkeit kann so-mit **kein automatisches Recht auf Fraktionsmitgliedschaft** hergeleitet werden (zutreffend bereits *Zuleeg*, JuS 1979 S. 240, 242, *Aulehner*, JA 1989 S. 478, 483; *Wiegand* in ders./Grimberg, Gemeindeordnung Sachsen-Anhalt, Rn. 3 zu § 43; *Bennemann* in KVR Hess, Rz. 20 zu § 36a HGO; *Koch*, Rz. 20 zu § 57 in Ipsen (Hrsg.), NKomVG; weit-gehend wörtlich wie hier nunmehr auch *Kleerbaum/Klieve*, Die Fraktion und ihre Mitglieder, Rn. 21; im staatlichen Bereich zuletzt *Stevens*, Die Rechtsstellung der Bundestagsfraktionen, S. 162 ff.).

Damit steht das einzelne Ratsmitglied in der Phase der Konstituierung einer Fraktion theoretisch schutzloser dar als später, denn die Rechtsprechung fordert für einen Ausschluss gewisse Mindestvoraussetzungen (vgl. nur OVG Münster, NJW 1989 S. 1105 ff.; Näheres hierzu unten, 4.4). Dieses Phänomen findet jedoch durchaus Entsprechungen beispielsweise im Vereinsrecht oder aber bei den politischen Parteien. Dort besteht ebenfalls kein Anspruch auf Aufnahme, für den Ausschluss fordert aber beispielsweise das Parteiengesetz bestimmte materielle und verfahrensrechtliche Voraussetzungen.

Ausnahmsweise kann allerdings ein Anspruch auf Aufnahme in einen Verein bestehen. Die zivilrechtliche Rechtsprechung bejaht einen solchen Aufnahmeanspruch, wenn der Verein oder Verband im sozialen Bereich eine überragende Machtstellung innehat und ein wesentliches oder grundlegendes Interesse am Erwerb der Mitgliedschaft besteht (vgl. nur BGHZ 93, 151, 152; 105, 306, 317 f.). Im Einzelfall wird in Anlehnung an die Generalklauseln der §§ 826 BGB und 27 GWB für entscheidend erachtet, dass die Ablehnung der Aufnahme nicht zu einer – im Verhältnis zu bereits aufgenommenen Mitgliedern – sachlich nicht gerechtfertigten ungleichen Behandlung und unbilligen Benachteiligung eines die Aufnahme beantragenden Bewerbers führen darf.

Diese Grundsätze mögen auch im öffentlichen Recht anwendbar sein. Ob sie auch im Verhältnis zwischen Gemeindeorganen anwendbar sind, wie dies vereinzelt angenommen wird (vgl. VG Hannover, NdsVBl. 1997 S. 209, 210 = NVwZ-RR 1998 S. 580), erscheint schon weniger zwingend. Zu weitgehend ist es jedenfalls, allein aus dem Umstand, dass eine Fraktion einen Zusammenschluss von Mandatsträgern mit gemeinsamen politischen Grundanschauungen darstellt, ihr einen monopolähnlichen Charakter im Sinne der Rechtsprechung des BGH zu attestieren (so aber VG Hannover, NdsVBl. 1997 S. 209, 210). Ein solches Verständnis überstrapaziert die Schutzrichtung der zivilrechtlichen Rechtsprechung, verkennt die Spezifika des Kommunalverfassungsrechts und entwertet letztlich die durch das freie Mandat gewährleistete „Koalitionsfreiheit", in dem praktisch jeder aufgenommen werden müsste, der sich verbal die gemeinsamen politischen Grundanschauungen zu eigen machte (im Erg. wie hier *Wefelmeier* in KVR Nds NKomVG, Rz. 22 zu § 57; *Blum*, Rz. 1 zu § 57 in Blum/Häusler/Meyer [Hrsg.], NKomVG). Zu beachten ist, das ein Recht des Einzelnen auf Fraktionsbildung nur gegenüber dem Staat besteht, nicht gegen die anderen Abgeordneten (zutr. *Morlok*, ZParl 2004 S. 633, 639, für die staatlichen Parlamente).

Im konkret durch das VG Hannover entschiedenen Fall ging es um die verweigerte Aufnahme von drei CDU-Mitgliedern durch die CDU-

*Fraktion. Die Betroffenen hatten nach Differenzen mit dem Fraktions-
vorsitzenden zunächst aus eigenem Antrieb die CDU-Fraktion verlassen und eine eigene Fraktion gegründet. Nachdem es in einem zunächst angestrengten Parteiausschlussverfahren zu einer Einigung
mit den Parteigremien kam, lösten die drei „Abweichler" ihre Fraktion
wieder auf und vertraten die Auffassung, sie seien wieder Mitglied ihrer „alten" Fraktion. Dem trat das VG zwar nicht bei, verpflichtete die
CDU-Fraktion jedoch, die ehemaligen „Dissidenten" so zu stellen, als
ob sie die volle Rechtsstellung von Fraktionsmitgliedern hätten. Dies
kann nicht überzeugen, weil allein aus einer Einigung mit den Parteigremien keine Rückwirkungen auf die Fraktionsrechte folgen können.
Die hergestellte Parallele zum zivilrechtlichen Monopolmissbrauch
kann schon deswegen nicht tragen, weil die drei Betroffenen nicht gehindert wären, die gebildete Drei-Mann-Fraktion fortzuführen und damit alle fraktionsspezifischen Rechte in Anspruch zu nehmen. Tatsächlich ging es offenbar um die Mitwirkung in einer großen Fraktion und
die damit eröffneten politischen Möglichkeiten. Hierzu kann das letztlich einen Minderheitenschutz bewirken sollende Missbrauchsverbot
des Vereinrechts nichts beitragen.*

3.2.3 Parteimitgliedschaft keine notwendige Bedingung

Trotz des anerkannten Zusammenspiels zwischen Parteien und Frak-
tionen im Regelfall wäre es verfassungsrechtlich bedenklich, wenn
Normen unterhalb des Verfassungsrechts die Parteimitgliedschaft zur
Bedingung der Mitgliedschaft in der Fraktion erklärten, wie § 10
GOBT dies vornimmt (krit. dazu bereits *Hubert* Meyer, Kommunales
Parteien- und Fraktionenrecht, S. 266 f.; *Stevens*, Die Rechtsstellung
der Bundestagsfraktionen, S. 92 f. hält die Notwendigkeit der gleichen
Parteizugehörigkeit zwar grundsätzlich für gerechtfertigt, will aber –
wenig konsequent – Ausnahmen zulassen). Dem steht erneut das in
Art. 38 Abs. 1 Satz 2 GG fundierte freie Mandat bzw. dessen Ausprä-
gung auf kommunaler Ebene entgegen.

Auf Ebene des staatlichen Parlamentsrechts kennzeichnet z. B. § 1
Abs. 1 Satz 1 BbgFrakG Fraktionen als Vereinigungen von Mitgliedern des Landtages, die derselben politischen Partei, politischen Vereinigung oder Listenvereinigung angehören oder von derselben Partei, politischen Vereinigung oder Listenvereinigung als Wahlbewerber aufgestellt worden sind. Durchgreifende verfassungsrechtliche
Bedenken dagegen sieht das BbgVerfG (DVBl 1995 S. 299, 300 f.)
nicht (mit eher krit. Diktion vgl. hingegen *Dyllick/Neubauer/Geh-
ricke*, NJ 2008 S. 481, 482, wenig konsequent allerdings nicht bezüglich der kommunalen Ebene, a. a. O. S. 485). Die verfassungsrechtliche Garantie der Mandatsfreiheit des Abgeordneten schließe nicht
das Recht zur voraussetzungslosen Fraktionsbildung ein. Die dafür
angeführte Begründung, dem einzelnen Abgeordneten stehe keine
eigene „Definitionskompetenz" für den Fraktionsbegriff und kein un-

eingeschränktes Selbstbestimmungsrecht zu, soweit es um die Frage gehe, ob eine Gruppierung im Landtag den Fraktionsstatus erhalte, vermag nicht zu überzeugen. Ein Abgeordneter, der von seinem Recht zum Fraktionsbeitritt Gebrauch macht, beansprucht damit keinerlei „Definitionsmacht" über den Fraktionsbegriff. Da das BbgFrakG in § 1 Abs. 1 Satz 3 eine Öffnungsklausel für abweichende Regelungen enthält, bedarf es jedoch keines näheren Eingehens auf das Problem.

Auf kommunaler Ebene wäre es bereits schwer nachvollziehbar, dass die Kommunalwahlgesetze vieler Bundesländer die Kandidatur Parteiloser auf Parteilisten zulassen, das Fraktionsrecht aber strengere Anforderungen stellen wollte. Auf kommunaler Ebene besteht auf Grund der überschaubaren Verhältnisse ein engerer unmittelbarer Kontakt zwischen Wähler und Gewählten. Jedenfalls in kleineren Gemeinden ist die Wahlentscheidung eher von der Persönlichkeit denn von der Parteizugehörigkeit des Wahlbewerbers abhängig (zustimmend offenbar *Schliesky*, Die Gemeinde [SH] 2000 S. 271, 274). Dies gilt im besonderen Maße, wenn das Wahlrecht dem Wähler die Möglichkeit zum Kumulieren und Panaschieren einräumt, wie dies zunehmend geschieht (vgl. *Deubert*, LKV 1993 S. 331 ff.). Es besteht also noch weniger Anlass als in den staatlichen Parlamenten, einen Gleichklang zwischen Parteimitgliedschaft und Fraktionszugehörigkeit zwingend zu fordern.

3.2.3.1 Unproblematische landesrechtliche Regelungen

Keine Probleme werfen in dieser Frage diejenigen Bundesländer auf, in denen das Fraktionenrecht (bisher) keine eigenständige Regelung erfahren hat oder aber in den Bestimmungen über das Fraktionswesen hierzu keine Aussage getroffen wird.

In Baden-Württemberg, Bayern, Brandenburg, Mecklenburg-Vorpommern, Niedersachsen, Nordrhein-Westfalen, Sachsen und Thüringen waren und sind der Fraktionsbildung insoweit keine Grenzen gesetzt. Es ist lediglich darauf hinzuweisen, dass der Geschäftsordnungsgeber die Freiheit der Ratsherren zum Zusammenschluss ebenfalls nicht in verfassungswidriger Weise einengen darf. Sachsen-Anhalt (§ 44 Satz 2 KVG LSA) hat die hier vertretene Rechtsauffassung sogar ausdrücklich berücksichtigt, wenn es dort heißt, eine Fraktion könne auch aus Mitgliedern mehrerer Parteien, politischer Vereinigungen oder politischer Gruppierungen gebildet werden. Damit ist gleichzeitig klar, dass auch Parteilose bzw. keiner Wählervereinigung angehörende Ratsmitglieder sich einer Fraktion anschließen können. Thüringen hat eine entsprechende Regelung 2002 mit dem Hinweis in der Gesetzesbegründung abgeschafft, dass die Bildung von Fraktionen grundsätzlich keinen Einschränkungen hinsichtlich der Zugehörigkeit zu einer Partei oder Wählergruppe unterliegt (vgl. LT-Drs. 3/2206 S. 35).

3.2.3.2 Saarland

Im Saarland ist seit 1989 nicht mehr die Wahl über denselben Wahl-vorschlag Voraussetzung für den Zusammenschluss in einer Fraktion. Vielmehr eröffnet § 30 Abs. 5 Satz 1 KSVG Gemeinderatsmitgliedern, die derselben Partei oder politischen Gruppierung mit im Wesentlichen gleicher politischer Zielsetzung angehören, die Möglichkeit einer Fraktionsbildung. Soll der Norm nicht nur deklaratorische Bedeutung zukommen, die die Möglichkeiten anderer Fraktionsbildungen unberührt lässt, ist die Wendung „derselben ... politischen Zielsetzung angehören" weit auszulegen. Darunter ist der notwendige Grundkonsens zu verstehen, der für eine Fraktionsbildung in der Tat konstitutiv ist, sich aber in der Regel einer Nachprüfung von außen entzieht (enger wohl *Wittinger/Herrmann*, KommJur 2006 S. 446, 448).

3.2.3.3 Schleswig-Holstein

Frühere **verfassungsrechtliche Bedenken** gegenüber der Rechtslage in Schleswig-Holstein, wonach gemäß der damaligen Fassung des § 32a Abs. 1 GO SH diejenigen Gemeindevertreterinnen und -vertreter eine Fraktion bildeten, die auf Vorschlag derselben Partei oder Wählergruppe gewählt wurden (vgl. dazu die Nachweise bis zur 6. Aufl.; näher bereits *Hubert Meyer*, Kommunales Parteien- und Fraktionenrecht, S. 273 ff. m. w. N. der älteren Rspr. und Lit.) sind ausgeräumt. Durch das Gesetz zur Änderung Kommunalverfassungs- und wahlrechtlicher Vorschriften vom 22.3.2012 (GVOBl. S. 371) hat der Gesetzgeber reagiert auf die kritische Bewertung der früheren Verknüpfung von Partei- und Fraktionszugehörigkeit auch durch das OVG Schleswig (Die Gemeinde SH 2004 S. 121 ff.; vgl. dazu die Hinweise zum Gesetz zur Änderung kommunalverfassungs- und wahlrechtlicher Vorschriften vom 22.3.2012, GVOBl. SH S. 371). Der früher vorgesehene Fraktionszusammenschluss kraft Gesetzes aufgrund der Parteizugehörigkeit ist nunmehr entfallen (vgl. auch Begründung zu § 32a, LT-Drs. 17/1663 S. 55).

3.2.3.4 Geschäftsordnungen dürfen freies Mandat nicht einschränken

Die für den Gesetzgeber geltenden verfassungsrechtlichen Prämissen erfordern erst recht Beachtung durch die Fraktionen selbst. Geschäfts-ordnungsregelungen dürfen daher ebenfalls keinen „Automatismus" zwischen Partei- und Fraktionsmitgliedschaft vorsehen, sondern können lediglich eine „Regelvermutung" aufstellen, die im Einzelfall ge-prüft werden muss. Sieht eine Geschäftsordnung vor, dass die der X-Partei angehörenden, in den Gemeinderat gewählten Mitglieder der Partei während der Wahlperiode die X-Fraktion bilden, so können die Beteiligten Mandatsträger dies für sich zur Geschäftsgrundlage ma-chen. Erklärt ein Vertreter der X-Partei, der X-Fraktion nicht angehören zu wollen, entfaltet die Geschäftsordnung für ihn jedoch keinerlei rechtliche Bindungswirkung.

Unwirksam wegen Verstoßes gegen höherrangiges Recht ist eine Geschäftsordnungsbestimmung, die an den Austritt oder den Ausschluss aus der Partei automatisch den Verlust der Mitgliedschaft in der Fraktion knüpft (im Erg. ebenso für BT-Fraktion *Th. Schmidt*, DÖV 2003 S. 846, 850; a. A. *Oster* in FES [Hrsg.], Die Geschäftsordnung der Fraktion in der Gemeindevertretung, Rz. 104). Erst recht kann nicht eine Partei durch Satzungsbestimmungen über die weitere Mitgliedschaft befinden, bspw. durch Anordnen des automatischen Ausschlusses aus einer der Partei nahestehenden Fraktion bei erfolgtem Parteiausschluss (ebenso *Wallerath*, NdsVBl. 2005, Beilage zu Heft 8 S. 43 ff.). Die Zulässigkeit eines Fraktionsausschlusses ist an eigene materiellrechtliche Kriterien geknüpft, vgl. unten 4.4.

3.2.3.5 Sitzerwerb für aus Partei ausgeschiedene Nachrücker

Wahlrechtliche Normen können verhindern, dass ein an sich erfolgreicher Bewerber überhaupt in die Situation gelangt, sein Mandat anzutreten. So enthalten die Kommunalwahlgesetze von Hessen (§ 32 Abs. 2), Niedersachsen (§ 44 Abs. 2) und Nordrhein-Westfalen (§ 45 Abs. 1 Satz 2) dem § 48 Abs. 1 Satz 1 BWahlG entsprechende Bestimmungen, wonach bei der Nachfolge für aus dem Gemeinderat ausgeschiedene Mandatsträger jene Listenbewerber unberücksichtigt bleiben, die seit dem Zeitpunkt der Aufstellung des Wahlvorschlags aus der Partei oder der Wählergruppe ausgeschieden sind, für die sie bei der Wahl angetreten waren.

Zwar handelt es sich um keine fraktionsspezifische Fragestellung, weil um den Erwerb des Mandates gestritten wird. Politische Zusammenhänge sind aber oftmals unverkennbar. So wurde aus der Landeshauptstadt Hannover von einem Fall berichtet, in dem „Die Piraten" wenige Stunden vor der Ratssitzung, in der ein Nachrücker sein Mandat antreten sollte, diesen wegen Beitragsrückständen aus der Partei ausschlossen. In der Presse wurde spekuliert über einen Zusammenhang mit kritischen Äußerungen des Nachrückers gegenüber der Arbeit der Fraktion, deren Fraktionsstatus davon abhing, dass der Nachrücker ihr beitreten würde (vgl. Hannoversche Allgemeine Zeitung v. 22. 2. 2014, S. 17).

Gegen wahlrechtliche Regelungen dieser Art bestehen **durchgreifende verfassungsrechtliche Bedenken**. Die Möglichkeit zum Nachrücken eines Ersatzbewerbers an die fortdauernde Mitgliedschaft in der ihn nominierenden Partei zu binden, verstößt ohne rechtfertigenden Grund gegen den Grundsatz der Unmittelbarkeit der Wahl, der sich aus Art. 28 Abs. 1 Satz 2 GG ergibt. Nach der Wahlentscheidung darf es nicht von Gremien der Partei abhängig sein, ob jemand ein Mandat übernehmen darf oder nicht. Eine Differenzierung zwischen

Parteiausschluss und -austritt ist schwer praktikabel und sachlich nicht gerechtfertigt. Auch ist die Ungleichbehandlung parteiangehöriger und parteiloser Bewerber auf einer Parteiliste ebenso verfassungsrechtlich zweifelhaft wie die Ungleichbehandlung von Bewerbern, die einer Partei bzw. einer Wählergruppe angehören (ausf. und m. w. N. vgl. bereits *H. Meyer*, Kommunales Parteien- und Fraktionenrecht, S. 291 ff.; *dens*, DVP 2013 S. 53, 55 f.).

3.2.4 Verbot der Doppelmitgliedschaft

Aufgabe der Fraktion ist die Bündelung politischer Vorstellungen zur Gewährleistung einer effektiven Arbeit des Gemeinderats. Damit scheidet eine Mitgliedschaft eines Ratsmitglieds in mehreren Fraktionen aus (ebenso VG Darmstadt, NVwZ 1983 S. 494; *Zuleeg*, HKWP 2 2. Aufl. S. 145, 154; *Bick*, Die Ratsfraktion, S. 90; *Sommer* in Bogner [Hrsg.], Beratungs- und Beschlussfassungsverfahren, S. 115). Diese würde dem Konzentrationsbemühen, das der Fraktionsbildung immanent ist, diametral entgegenstehen.

Auch kann eine gewisse politische Homogenität nicht preisgegeben werden. Als „Diener zweier Herren" stünde das Ratsmitglied aber stets in einem Spannungsverhältnis. Schließlich könnte eine Mehrfachmitgliedschaft zu Kräfteverzerrungen innerhalb des Gemeinderates führen, die nicht mehr als Ausdruck des Wählerwillens verstanden werden könnten, denn teilweise hat die Größe einer Fraktion unmittelbare Auswirkungen, beispielsweise für die Besetzung von Gremien.

3.2.5 Mehrere Fraktionen derselben Partei?

In der Literatur wird unter Hinweis auf die Bedeutung des freien Mandats und der Effektivität die Bildung mehrerer Fraktionen derselben Partei grundsätzlich für zulässig erachtet (vgl. *Schlempp/Schlempp*, Kommentar zur HGO, Anm. 2 zu § 36a; *Klang/Gundlach*, Gemeindeordnung und Landkreisordnung für das Land Sachsen-Anhalt, Rz. 1 zu § 43 GO; *Bick*, Die Ratsfraktion, S. 91; *Kleerbaum/Klieve*, Die Fraktion und ihre Mitglieder, Rz. 24; *Wefelmeier* in KVR Nds/NKomVG, Rz. 18 zu § 57, unter strikter Betonung des Verbots der „Fraktionenmehrung", wenn keine unterscheidbaren politischen Grundanschauungen vorhanden sind; a. A. *Franz*, Kommunalrecht S.-A., 3. Teil, Rz. 92). Zur Begründung wird u. a. ausgeführt, auf diese Weise könnten unterschiedliche Strömungen innerhalb einer Partei durch Zuerkennen eines eigenen Status Rechnung getragen werden.

Dem ist entgegenzuhalten, dass es nicht Aufgabe des Gemeinderates ist, solchen innerparteilichen Auseinandersetzungen ein angemessenes Forum zu verschaffen. Vielmehr liegt dem Gedanken der Fraktionsbildung gerade das Bemühen um Bündelung der Argumente innerhalb einer politischen Strömung zugrunde. Funktionaler Zweck des Fraktionenwesens ist die Erleichterung der Arbeitsfähigkeit des Plenums und seiner Ausschüsse. Daneben sollen die Fraktionen aber auch Orientierung für den Wähler vermitteln. Beides wird durch das Zulassen mehrerer Fraktionen derselben Partei erschwert (ähnlich VG Oldenburg, Beschl. vom 22.11.2006, BeckRS 2007, 20973 S. 3). Selbst die Befürworter eines Doppelauftretens müssen die Gefahr des Missbrauchs eines solchen Gestaltungsrechts zugestehen. Denkbar sei es zwar, dass größere Fraktionen sich spalten, um so ihrer Mitwirkungsrechte in Ausschüssen oder Möglichkeiten der Finanzierung zu erhöhen. In solcher Konstellation müsse die Motivation überprüft werden, was schwierig, aber nicht undurchführbar scheine (*Bick*, Die Ratsfraktion, S. 91). Maßstäbe für eine „Motivationserforschung" werden indes nicht geliefert.

In der Praxis stellen sich entsprechende Fragen oft nach internen Verwerfungen innerhalb einer Fraktion. Das VG Arnsberg (vgl. hierzu die Darstellung durch *Kleerbaum/Klieve*, Die Fraktion und ihre Mitglieder, Rn. 24 und *Otto*, DVP 1998 S. 78) hatte folgende Konstellationen zu beurteilen:

Vier Mitglieder einer zunächst aus acht Personen bestehenden Gemeinderatsfraktion traten aus der Fraktion aus und bildeten eine neue Fraktion. Die Mitgliederversammlung des Ortsverbandes beschloss, (nur noch) diese neue Fraktion als „ihre" Fraktion anzuerkennen. Die Rechtsstreitigkeiten um den Zugang zum Fraktionsbüro und das Namensrecht entschied das VG Arnsberg gegen das Votum des Ortsverbandes zu Gunsten der „alten" Fraktion. Durch einen Beschluss der Partei könne nur zum Ausdruck gebracht werden, durch welche Fraktion die Partei sich vertreten fühle. Die frühere Konstituierung der ursprünglichen Fraktion können jedoch hierdurch nicht nachträglich beseitigt werden, denn die Parteien hätten im Zusammenhang mit der Bildung von Fraktionen keine Mitwirkungsbefugnisse. Fraktionen seien freiwillige Vereinigungen von Gemeinderatsmitgliedern, die ihre Entscheidungen auf der Grundlage des freien Mandats träfen (zustimmend wohl *Buhren*, VR 2001 S. 73, 74).

Es ist zuzugeben, dass eine wirksame Eingrenzung des Problems unter Beachtung des freien Mandats nicht einfach ist. Wie bereits ausgeführt, bleibt es jedem Ratsherrn grundsätzlich unbenommen, welcher Fraktion er sich anschließt. Es muss aber nach außen deutlich werden, welche Fraktion für eine Partei oder Wählervereinigung autorisiert ist aufzutreten. Insoweit ist die Funktion der Fraktion als Repräsentant der Partei im Gemeinderat zu erinnern. In diesem Punkt vermag die Entscheidung des VG Arnsberg jedenfalls bezüglich des Namens nicht zu überzeugen: Das **Namensrecht** in § 12 BGB bringt einen allgemeinen, auch im öffentlichen Recht geltenden Grundsatz zum Ausdruck. Gerade politische Parteien, die unter dem Namen und dessen Abkürzung an die Öffentlichkeit treten und um Unterstützung für ihre Ziele werben, müssen verlangen können, den unbefugten Gebrauch des Namens zu unterlassen (vgl. zum Namensschutz politischer Parteien bereits BGH, NJW 1981 S. 914, OLG Karlsruhe, NJW 1972 S. 1810). Das Bestimmungsrecht über den Parteinamen haben die zuständigen Parteigremien, nicht eine Fraktion, deren Rechte zur Mitwirkung innerhalb des Gemeinderates unabhängig von der Bezeichnung bestehen (im Ergebnis wie hier auch *Sommer* in Bogner [Hrsg.], Beratungs- und Beschlussfassungsverfahren, S. 113; *Kleerbaum*, KOPO 2015 S. I, IV). Der Namen hat evtl. Bedeutung für die Außenwirkung und die verbesserte Chance einer Wiederwahl: Zur Wahl stellt sich aber nicht die Fraktion, sondern Wahlvorschläge werden durch Parteien oder Wählergemeinschaften eingereicht.

Das Verbot des Doppelauftretens ist im Übrigen keine Besonderheit des Fraktionenrechts.

Vielmehr ist es aus dem kommunalen Wahlrecht geläufig, dessen Bestimmungen nicht im Nachhinein ausgehöhlt werden dürfen (instruktiv zu den dortigen Abgrenzungsschwierigkeiten vgl. BayVerfGH, DÖV 1993 S. 954 ff.; ferner VGH Kassel, DVBl 2005 S. 992).

3.2.6 Kein Mandatsverlust durch Ausscheiden aus der Fraktion

Verlässt ein Ratsmitglied seine bisherige Fraktion, wird der Mandatsträger vonseiten der Partei oder seiner bisherigen Fraktion oftmals mit der Forderung konfrontiert, sein Mandat niederzulegen. Selten fehlt dabei der Hinweis, schließlich „verdanke" das Ratsmitglied sein Mandat nur der Partei. Dem liegt indes die unzulässige Prämisse zugrunde, es bestehe eine Identität von Volk und Parteien und die Ratsmitglieder hätten nur eine dienende Funktion gegenüber den das Volk verkörpernden Parteien und „ihren" Fraktionen inne. Eine solche Sichtweise ist mit den in Art. 38 Abs. 1 Satz 2, 28 Abs. 1 und 2 GG begründeten freien Mandat nicht vereinbar (ganz h. M. vgl. nur *Säcker*, DVBl 1970 S. 567 ff., 579; *Kasten*, Ausschussorganisation und Auschussrückruf, S. 120; *Grimm* in HdbVerfR, S. 317, 354; ausführlich *Klein* in Maunz/Dürig, GG, Kom., Rn. 188 ff. zu Art. 38; *Baltzer*, VR 1989 S. 1, 2; *Kese*, VR 1993 S. 266, 270; *Hölscheidt*, ZParl. 1994 S. 353, 357 f.). Das im GG verkörperte Prinzip der repräsentativen Demokratie sieht keine plebiszitäre Abhängigkeit des gewählten Volksvertreters vom Volk und schon gar nicht von der Partei vor. Vielmehr ist der Mandatsinhaber durch den Wahlakt hinreichend legitimiert für die gesamte Wahlperiode. Insbesondere aus diesem Grunde gehen auch alle Überlegungen fehl, de lege ferenda den Verlust des Mandats bei Austritt aus der Partei oder Fraktion durch Gesetz anordnen zu können (näher hierzu m. w. N. vgl. *Hubert Meyer*, Kommunales Parteien- und Fraktionenrecht, S. 277 ff.).

3.2.7 Auswirkungen eines Parteiverbots auf das Mandat

Art. 21 Abs. 2 GG eröffnet die Möglichkeit zum Verbot verfassungswidriger Parteien durch das BVerfG. Bereits in dem ersten Verbotsverfahren stellten die Karlsruher Richter 1952 nicht nur die Verfassungswidrigkeit der damaligen Sozialistischen Reichspartei fest, sondern ordneten auch den Fortfall aller Bundestags- und Landtagsmandate an, die auf einen Wahlvorschlag dieser Partei hin gewählt worden waren (vgl. BVerfGE 2, 1, 72 ff.). Zur Begründung wurde darauf abgestellt, es sei Sinn des Parteiverbots, die Ideen dieser Partei aus dem Prozess der politischen Willensbildung auszuscheiden. Dieses Ziel werde verfehlt, wenn die Abgeordneten als die wichtigsten Exponenten der Partei im Parlament als der zentralen politischen Entscheidungsstätte weiterhin ihre Ideen vertreten und bei Abstimmungen zur Geltung bringen könnten. Diese Rechtsfolge soll aber nur für die staatlichen Parlamente gelten. Welche Maßnahmen in den Kommunen aufgrund einer Entscheidung des Gerichts nach Art. 21 Abs. 2 GG zu treffen seien, bestimme sich nach dem Recht für die Gebietskörperschaften (BVerfGE 2, 1 ff., 76).

Im Ergebnis kann dem Bundesverfassungsgericht zugestimmt werden, denn das freie Mandat schützt (nur) die Unabhängigkeit des Volksvertreters auch gegenüber der Partei und verbietet in diesem Zusammenhang Beeinflussungsversuche über die Partei- und Fraktionszugehörigkeit. Ein Parteiverbot liegt vom Regelungszweck her aber außerhalb der zu schützenden Unabhängigkeit des Volksvertreters gegen unerlaubte Pressionsversuche. Da das freie Mandat nicht betroffen ist, und weitere verfassungsrechtliche Bedenken nicht erkennbar sind, erscheint die gesetzliche Anordnung des Mandatsverlustes in den kommunalen Volksvertretungen bei einem Parteiverbot grundsätzlich möglich (ähnlich zur staatlichen Ebene im Ergebnis mit einer allerdings abweichenden Begründung *Stevens*, Die Rechtsstellung der Bundestagsfraktionen, S. 97 ff. m. w. N. zum Streitstand).

Inzwischen enthalten die Kommunalwahlgesetze, vereinzelt auch die Gemeinde- und Kreisordnungen, nahezu aller Bundesländer entsprechende Bestimmungen. Insoweit sind allerdings aus Kompetenzgründen erhebliche verfassungsrechtliche Zweifel anzumelden. Soweit überhaupt eine Auseinandersetzung mit dieser Frage erfolgt, wird die Gesetzgebungskompetenz für die Anordnung eines Mandatsverlusts bei Parteiverbot auf der Ebene der Gemeinden und Landkreise auf Art. 70 Abs. 1 GG gestützt. Es handele sich um eine Materie des Kommunalverfassungs- bzw. des -wahlrechts (vgl. Sächsischer Landtag, Drs. 3/5057 vom 17.10.2001 S. 9, Begründung zu § 34 Abs. 3 SächsGemO). Ein aus Art. 21 Abs. 2 GG resultierender Mandatsverlust ist im Kern jedoch ein parteienrechtliches Phänomen. Die Gesetzgebungskompetenz für das Parteienrecht steht aber nach Art. 21 Abs. 3 GG ausschließlich dem Bund zu. Dieser hat hiervon aber keinen Gebrauch gemacht, die Regelungen der Bundesländer entfalten

mangels Gesetzgebungskompetenz keine Bindungswirkung. Nur
wenn der Bund eine entsprechende Ergänzung des Parteiengesetzes
vornähme, würden die Mandate der Ratsmitglieder entfallen, die auf
Vorschlag einer vom Bundesverfassungsgericht verbotenen Partei gewählt wurden (näher hierzu vgl. *Hubert Meyer*, Kommunales Partei-
en- und Fraktionenrecht, S. 284 ff.).

3.3 Erfordernis grundsätzlicher politischer Übereinstimmung

Der einer Fraktionsbildung zu Grunde liegende Zweck erfordert eine
grundsätzliche politische Übereinstimmung der Mitglieder einer Fraktion. Ein lediglich formaler Zusammenschluss zur Erlangung finanzieller
Vorteile oder einer stärkeren Einflussnahme ist untersagt.

Wie gezeigt lässt das freie Mandat einen weiten Spielraum für die
Fraktionsbildung. Insbesondere ist die Mitgliedschaft in der gleichen
Partei nicht Voraussetzung für den Zusammenschluss. Allerdings besteht auch keine grenzenlose Kombinationsmöglichkeit. Zu beachten
ist der einer Fraktionsbildung zugrunde liegende Zweck der abgestimmten Mitwirkung an der politischen Entscheidungsfindung. Hieraus folgt die verfassungsrechtlich notwendige **grundsätzliche politische Übereinstimmung** der Mitglieder einer Fraktion (zutr. OVG
Münster, DÖV 2005 S. 432 f. = DVBl 2005 S. 651 f. m. w. N.; ebenso bereits *Schaaf*, 2.2 zu § 30a GemO in KVR RhPf; vgl. den Begriff der
Fraktion oben unter 2.3).

Zwar können auch Mitglieder unterschiedlicher Parteien in der (kommunalpolitischen) Wirklichkeit eine grundsätzliche politische Übereinstimmung in vielen Fragen erzielen. Allerdings besteht in Fällen
extrem heterogener Zusammensetzung besonderer Anlass festzustellen, ob die erforderliche grundsätzliche politische Übereinstimmung
besteht oder ob lediglich ein formaler Zusammenschluss zur Erlangung finanzieller Vorteile oder einer stärkeren Rechtsposition für die
Verfolgung der uneinheitlichen individuellen politischen Ziele der
einzelnen Mitglieder vorliegt. Für die Beurteilung dieser Frage ist abzustellen auf – wenn vorhanden – das Statut des Zusammenschlusses,
dessen tatsächliche Anwendung sowie die Bekundungen der poten-
tiellen Mitglieder, soweit sie sich als glaubhaft erweisen (OVG Münster, DÖV 2005 S. 432).

Das OVG Münster hat vorliegend die Voraussetzungen einer Fraktionsbildung von drei Kreistagsmitgliedern in Nordrhein-Westfalen,
die auf Listen der PDS, der NPD und einer Wählergruppe gewählt waren und sich unter dem Namen „Technische Fraktion" konstituieren
wollten, als nicht erfüllt angesehen. Das Statut sah u. a. vor, dass alle
Entscheidungen der Fraktion einstimmig getroffen werden mussten
und die Zuwendungen der Fraktion zu gleichen Teilen auf die Mitglieder aufgeteilt werden sollten. In Zusammenhang mit der die politi-

sche Meinungsvielfalt dokumentierenden Präambel sah das OVG es als sicher an, dass der Zusammenschluss allein dem Ziel diene, eine den einzelnen Mitgliedern nicht zustehenden Vergrößerung der Finanzzuwendungen und Mitwirkungsrechte herbeizuführen (vgl. auch die daran anknüpfende fiktive Fallkonstellation bei *Lange*, DVP 2006 S. 463, 466).

Das BVerfG hat eine hiergegen erhobene Verfassungsbeschwerde nicht zur Entscheidung angenommen. Es sei nicht evident sachfremd und daher nicht willkürlich anzunehmen, dass eine Fraktion nur von Kreistagsmitgliedern mit in wesentlicher Hinsicht übereinstimmender politischer Überzeugung gebildet werden könnte. Dies entspreche dem im deutschen Parlamentsrecht verwandten einheitlichen Begriff der Fraktion. Da die Bündelungs-, Koordinierungs- und Organisationsfunktionen in Parlamenten und kommunalen Vertretungskörperschaften einander glichen, spreche gegen eine dem Parlamentsrecht entlehnte Begriffsbildung auch im Kommunalverfassungsrecht (BVerfG, NVwZ-RR 2005 S. 494 = KommJur 2007 S. 257 f.; ebenso *Suerbaum*, § 22 Rz. 5 in HKWP, 3. Aufl., 2007).

Der Landesgesetzgeber in Nordrhein Westfalen hat aus der zitierten Rechtsprechung im Jahr 2007 rechtspolitische Konsequenzen gezogen und in § 56 Abs. 1 Satz 1 GO fixiert, *„Fraktionen sind freiwillige Vereinigungen von Ratsmitgliedern ..., die sich auf der Grundlage grundsätzlicher politischer Übereinstimmung zu möglichst gleichgerichtetem Wirken zusammengeschlossen haben"*.

Das **Bestehen einer Fraktion** muss, um die mit dem Fraktionsstatus verbundenen Rechte in Anspruch nehmen zu können, positiv feststehen. Hierfür tragen diejenigen, die sich auf das Bestehen einer Fraktion berufen, die materielle Beweislast. Wird das längere Bestehen einer Fraktion behauptet, kann ein gleichgerichtetes Wirken auf der Grundlage grundsätzlicher politischer Übereinstimmung nur dann als glaubhaft angesehen werden, wenn sich der Zweck des Zusammenschlusses nicht nur aus einer politischen Absichtserklärung ergibt, sondern er darüber hinaus auch sichtbaren praktischen Ausdruck gefunden hat (zutreffend OVG Münster, NWVBl. 2013 S. 447 f.). Bei einem neueren Zusammenschluss muss sich aus den Gesamtumständen des jeweiligen Einzelfalles der zuverlässige Schluss ergeben, dass dieser nachhaltig auf das gleichgerichtete Zusammenwirken gerichtet ist (vgl. OVG Münster, NWVBl. 2015 S. 232, 233).

3.4 Mitgliedschaft und Mitwirkung

Nur kommunale Mandatsträger können Mitglied einer Fraktion sein. Die Fraktion kann in bestimmten Grenzen Nichtmitglieder an den Beratungen beteiligen. Entgegen einer in der Rechtsprechung vertretenen Auffassung dürfen diese aber jedenfalls nicht an Abstimmungen teilnehmen. Soweit landesrechtliche Regelungen ausdrücklich die stimmberechtigte

Mitwirkung sog. bürgerlicher Ausschussmitglieder in den Fraktionen erlauben, sind diese verfassungskonform auf die Themen der jeweils betroffenen Ausschüsse zu begrenzen. Ordnet das Kommunalverfassungsrecht das Ruhen eines Mandates an, lässt das die Mitgliedschaft in der
Fraktion unberührt, schließt aber die aktive Mitwirkung während dieses
Zeitraumes aus.

3.4.1 Problemstellung

Voraussetzung für die Mitgliedschaft in einer Fraktion ist das Innehaben eines Mandats in der Volksvertretung (vgl. nur *Schaaf*, 4.1 zu
§ 30a GemO in KVR RhPf. m. w. N.). Dies ist eine Selbstverständlichkeit angesichts dessen, dass es sich bei den Fraktionen um **Teile** der
Gemeindevertretung handelt.

Soweit die Kommunalverfassungen die Rechte der Fraktionen regeln,
gehen sie von diesem Verständnis aus.

Die Fraktionen sollen das politische Kräfteverhältnis derjenigen widerspiegeln, die aufgrund der allgemeinen Wahl im Rat vertreten
sind. Auch wenn der hauptamtliche Bürgermeister stimmberechtigtes
Mitglied des Rates ist, wie dies in einigen Bundesländern vorgesehen
ist, hat er eine abweichende Sonderstellung inne. Er kann nicht Mitglied einer Fraktion sein. § 32 Abs. 1 Satz 4 BbgKVerfG stellt dies ausdrücklich klar.

Nach § 56 Abs. 4 Satz 1 GO NW können auch hauptamtliche Beschäf-
tigte der Fraktion Mitglied im Rat sein. Damit wollte der Gesetzgeber
Zweifel ausräumen, ob solche Beschäftigungsverhältnisse mit dem
Prinzip der Ehrenamtlichkeit vereinbar seien. Verfassungsrechtlichen
Bedenken sollen nicht durchgreifen, solange die Hauptberuflichkeit
die Ausnahme bleibt (*Oebbecke*, DÖV 2002 S. 701, 707; mit Recht
skeptisch *Suerbaum*, § 22 Rz. 33 in HKWP, 3. Aufl., 2007; *Ehlers*, § 21
Rz. 60 in HKWP, 3. Aufl., 2007: „zumindest rechtspolitisch bedenklich").

Hessen (§ 36a Abs. 1 Satz 2 HGO) und Nordrhein-Westfalen (§ 56
Abs. 4 Satz 3 GO NW) räumen den Fraktionen die Möglichkeit ein,
Hospitanten aufzunehmen. Dabei handelt es sich um Gemeindevertreter, die keiner anderer Fraktion angehören und quasi ständige
Gäste der Fraktion sind. In Nordrhein-Westfalen wird durch die Gemeindeordnung klargestellt, dass die Hospitanten bei der Feststellung
der Mindeststärke nicht mitzählen (§ 56 Abs. 4 Satz 4). Kritikwürdig
ist allerdings die Regelung in Nordrhein-Westfalen insoweit, als sie
die Entscheidung über die Möglichkeit des Hospitantenstatus der Geschäftsordnung des Rates vorbehält, was sich nicht mit dem Selbstbestimmungsrecht der in der Fraktion zusammengeschlossenen Ratsmitglieder vereinbaren lässt (zutr. *Buhren*, VR 2001 S. 73). Nicht zu
überzeugen vermag auch die Auffassung, es der Fraktion zu überlas-

sen, ob die Hospitanten Stimmrecht in der Fraktion haben und sie in diesem Fall für die Berechnung der Ausschusssitze mitzuzählen (so aber KPV Hessenbrief 01/2015 S. 17). Eine fraktionsinterne Praxis kann nicht ausschlaggebend sein für Rechte, die andere Fraktionen betreffen.

Einen Sonderweg beschreitet Schleswig-Holstein. Nach § 32a Abs. 2 GO SH kann eine Fraktion dort beschließen, dass Bürgerinnen und Bürger, die zu sog. **bürgerlichen Ausschussmitgliedern** gewählt wurden (§ 46 Abs. 3 GO SH), **Stimmrecht** in den Fraktionssitzungen erhalten. Der Fraktion wird die Möglichkeit eingeräumt, das Stimmrecht auf Angelegenheiten ihres Ausschusses zu beschränken und/oder es für Wahlen und Wahlvorschläge auszuschließen.

Die Rechtslage scheint auf den ersten Blick eindeutig und nur in Schleswig-Holstein einer näheren Prüfung bedürftig. Indes vermittelt der Wortlaut des Gesetzes allein kein zureichendes Bild der Wirklichkeit. In der Praxis wird die Frage der Mitgliedschaft „flexibel" gehandhabt.

Es ist weithin üblich, Fraktionsfremden die Teilnahme an Sitzungen zu ermöglichen. Das Spektrum der Gäste reicht von Parteimitgliedern mit bestimmten Funktionen über potentielle Nachrücker aus der Reserveliste, sachkundigen Bürgern, Mitarbeitern der Fraktion bis zu ständigen Gästen aus den Reihen der hauptamtlichen Verwaltung. Eine von *Ulrike Bick* bereits im Jahr 1987 durchgeführte Umfrage belegt darüber hinaus, dass in einem beachtlichen Umfang Nichtmitgliedern der Fraktion Stimmrecht eingeräumt wird (vgl. *Bick*, Die Ratsfraktion, S. 212 f.; einen aufschlussreichen Einblick in die Beratungspraxis bietend vgl. *Pühl*, SGK-Niedersachsen Extra, 10/2007 S. 4 f.). Dabei ist eine gewisse parteipolitische Präferenz zu erkennen, was den Umfang des stimmberechtigten Personenkreises betrifft. Er reicht bis zu „allen Anwesenden" bei „basisdemokratisch" geprägten Parteien. Das Problem ist jedoch keineswegs auf Parteien dieses Spektrums beschränkt. Die Enquete-Kommission zur Überprüfung des Niedersächsischen Kommunalverfassungsrechts hat mit großer Mehrheit eine Empfehlung für geboten erachtet, die seinerzeitigen §§ 39b NGO, 35b NLO (heute § 57 NKomVG) um eine Bestimmung zu ergänzen, nach der an Fraktions- und Gruppensitzungen teilnehmende Personen, die nicht Mitglied der Volksvertretung sind, kein Stimmrecht haben (Nds. Landtag, Drucksache 12/6260 S. 47). Mit der Gewährung des Stimmrechts für Nichtmitglieder gewinnt die Fragestellung des zulässigen Mitwirkens Fraktionsfremder eine neue rechtliche Qualität.

3.4.2 Auffassung des BVerwG

Das BVerwG hat die Auffassung vertreten, eine gemeindliche Satzung sei nicht deswegen ungültig, weil an der dem Satzungsbeschluss des Gemeinderates vorangehenden Beschlussfassung in der Mehrheitsfraktion des Rates kommunale Wahlbeamte (hier: bayerische berufsmäßige Gemeinderatsmitglieder, näher dazu *Lissack*, Bayerisches Kommunalrecht, § 4 Rn. 83 ff.) als stimmberechtigte Fraktionsmitglieder beteiligt gewesen sind (Der Landkreis 1993 S. 519 ff. = Die Gemeinde SH 1993 S. 177 ff.). Zwar stellt das BVerwG fest, die bayerischen berufsmäßigen Gemeinderatsmitglieder hätten die Stellung von Mittlern zwischen dem primär politisch bestimmten Gemeinderat und dem auf die fachliche Aufgabenerledigung konzentrierten gemeindlichen Verwaltungsapparat inne. Sie verletzten die dieser Mittlerstellung innewohnende beamtenrechtliche Neutralitätspflicht gegenüber dem Gemeinderat insgesamt, wenn sie einer Fraktion beiträten und sich an den dortigen Abstimmungen beteiligten. Dies führe aber nicht zur Nichtigkeit der zur Prüfung vorgelegten Satzung. Das BVerwG argumentierte, das freie Mandat verbleibe bei den einzelnen Fraktionsmitgliedern. Fraktionsbeschlüsse hätten daher, auch wenn sie die nachfolgende Abstimmung im Rat tatsächlich präjudizierten, rechtlich nur den Charakter unverbindlicher Empfehlungen. Mit der Letztentscheidungskompetenz des Rates sei den Anforderungen des freien Mandates Genüge getan. An vorbereitende Tätigkeiten seien wie im staatlichen Bereich (vgl. BVerfGE 83, 60, 71) nicht die gleichen Legitimationsanforderungen zu stellen wie an die endgültige Willensbildung. Allerdings lässt es das BVerwG dahinstehen, ob dann die Hinzuziehung von Nichtmitgliedern in Widerspruch zum freien Mandat gerät, wenn in den Fraktionen nicht nur beraten, sondern (gemeint ist wohl: endgültig) entschieden werde.

3.4.3 Stellungnahme

Das Sonderproblem der Fraktionszugehörigkeit von kommunalen Wahlbeamten nach bayerischem Landesrecht und daraus resultierende beamtenrechtliche Pflichten soll hier nicht vertieft werden (vgl. hierzu die Beiträge von *Kottke*, BayVBl 1987 S. 417 ff., und *Kuhn*, BayVBl 1987 S. 423 ff.). Einer näheren Prüfung bedürfen jedoch die Ausführungen des BVerwG zur grundsätzlichen Frage der Einbindung von Fraktionsfremden in die Arbeit der Fraktion. Der zugrunde liegenden Auffassung, weil die Letztentscheidung stets beim Gemeinderatsmitglied verbleibe, begegne die beschließende Mitwirkung von Nichtratsmitgliedern bei der „fraktionsinternen" Meinungsbildung keinen Bedenken, vermag in dieser Form nicht gefolgt zu werden (im Erg. ebenso vgl. *Bick*, Die Ratsfraktion, S. 85 ff.).

Erste **Bedenken resultieren aus dem** für die kommunale Ebene in Art. 28 Abs. 1 Satz 1 und 2 GG verbürgten **Demokratieprinzip**. Daraus folgt zunächst die Notwendigkeit einer demokratischen Legitimation der Volksvertretungen in den Gemeinden und Landkreisen. Nach der Rechtsprechung des BVerfG (BVerfGE 47, 253, 272) gilt dieses Erfordernis darüber hinaus für „weitere Untergliederungen wie Stadt- und Gemeindebezirke und deren Vertretungen, soweit ihnen die selbständige Ausübung von Staatsgewalt übertragen wird". Unter Berufung auf diese Entscheidung hat das BVerwG (NVwZ 1987 S. 211 ff.) ausgeführt, eine demokratische Legitimation sei nur gewährleistet, wenn eine vom Volk oder von einer gewählten Volksvertretung ausgehende ununterbrochene Legitimationskette aller mit Staatsgewalt betrauten Amtswalter vorhanden sei. Dabei sei der Begriff „Staatsgewalt" umfassend zu verstehen. In dem zugrunde liegenden Fall wurde die Erstreckung des Demokratieprinzips auf die Sparkassen festgestellt. Kommunale Fraktionen sind Untergliederungen der gewählten Volksvertretungen. Sie erfüllen einen bestimmten Zweck zum Gewährleisten der Funktionsfähigkeit des Gemeinderates und seiner Ausschüsse. Schon dieser demokratische Aspekt setzt einer beliebigen Erweiterung der Fraktionen durch Nichtratsmitglieder Schranken.

Ferner vermag die Argumentation des BVerwG zum ungefährdeten **Fortbestand des freien Mandats nicht zu überzeugen.** Sicherlich ist rechtlich das Ratsmitglied nicht gezwungen, einem Votum der Fraktion im Plenum zu folgen. Die Durchsetzungsfähigkeit der Politik der Fraktion beruht aber auf dem Konsens, nach erfolgter Meinungsbildung in der Fraktion im Regelfall deren (Mehrheits-)Auffassung im Gemeinderat oder dessen Ausschüssen mit zu tragen. Solche Vorklärungen herbeizuführen ist eine wesentliche Funktion von Fraktionen. Das Ratsmitglied unterwirft sich – abgesehen von einigen zentralen Fragestellungen – freiwillig dieser Fraktionsdisziplin, weil er damit seine eigene Handlungsfähigkeit insgesamt erhöht.

Es ist durchaus Ausdruck des freien Mandats, in einer Einzelfrage im Plenum im Interesse der Fraktion gegen die persönliche Überzeugung abzustimmen. Dieser Vorgang erhält jedoch eine andere Qualität, wenn in der Fraktion Personen an der Willensbildung beteiligt sind, die nicht über die gleiche unmittelbare demokratische Legitimation wie das Ratsmitglied selber verfügen. Diese sind bei ihrer Entscheidung nicht dem Gemeinwohl verpflichtet, sondern anderen (in der Regel Partei-)Interessen. Bei der teilweise verbürgten inflationären Anzahl der an der Abstimmung Teilnehmenden verliert der Ratsherr u. U. jede Orientierung an den anderen Mandatsinhabern – was allein Sinn der Fraktionsarbeit ist – und wird in eine Parteiveranstaltung integriert, die dezidiert Einfluss auf Einzelentscheidungen nimmt. Es liegt mithin jedenfalls eine mittelbare Beeinträchtigung des freien Mandats vor (im Erg. ebenso *Rosenzweig* in Brandt/Schinkel (Hrsg.), Staats- und Verwaltungsrecht für Niedersachsen, S. 265, 311; für unzulässig hält auch *Wohlfahrt*, Kommunalrecht, Rz. 133, die ständige personelle Ausweitung der Fraktionsversammlungen).

3.4.4 Rechtslage in Schleswig-Holstein

Die Rechtslage in Schleswig-Holstein hebt sich dadurch ab, dass eine Erweiterung des Kreises der stimmberechtigten Personen im Gesetz selbst vorgesehen ist und damit gleichzeitig eingegrenzt wird. Eine Gewährung des Stimmrechts an andere ist hierdurch von vornherein ausgeschlossen (ebenso *Dehn* in KVR SH, Rz. 18 zu § 27 a KrO). Aber auch die landesgesetzliche Regelung muss sich an die oben skizzierten verfassungsrechtlichen Vorgaben halten.

Die sog. **bürgerlichen Ausschussmitglieder** nach § 46 Abs. 2 GO SH haben innerhalb des Ausschusses die gleichen Rechte wie die Mitglieder der Gemeindevertretung. Sie können auch zum Ausschussvorsitzenden gewählt werden. Zwar verfügen die bürgerlichen Ausschussmitglieder nicht über eine unmittelbare demokratische Legitimation. Sie werden aber von der Gemeindevertretung gewählt, und zwar nach dem gleichen Verfahren wie die Ausschussmitglieder, die der Vertretungskörperschaft angehören (vgl. *Dehn* in KVR SH, Rz. 7 zu § 41KrO SH).

Das BVerfG (vgl. BVerfGE 47, 253, 257) hat auch nicht unbedingt eine unmittelbare Wahl für die verfassungsrechtlich notwendige demokratische Legitimation gefordert, wohl aber eine ununterbrochene Legitimationskette vom Volk zu den mit staatlichen Aufgaben betrauten Organen und Amtswaltern. Eine unmittelbare Volkswahl schreibe das Grundgesetz nur für den Rat als zentrale Führungsinstanz der Gemeinde vor.

Die bürgerlichen Ausschussmitglieder in Schleswig-Holstein als von der Gemeindevertretung Gewählte verfügen somit über eine hinreichende demokratische Legitimation. Von daher begegnet es unter diesem Blickwinkel zunächst keinen Bedenken, ihnen eine stimmberechtigte Mitwirkung in den Fraktionen zu ermöglichen. Es bleiben die Vorbehalte im Hinblick auf die mittelbare Beeinträchtigung des freien Mandats der „ordentlichen" Fraktionsmitglieder.

Selbst wenn man diese Bedenken wegen der gesetzlich vorgenommenen Ausformung des Stimmrechts zurückstellt, bedarf allerdings § 32a Abs. 2 Satz 2 GO SH näherer Betrachtung, wonach die Geschäftsordnung der Fraktion bestimmen **kann**, dass das Stimmrecht auf Angelegenheiten ihres Ausschusses beschränkt wird und das Stimmrecht für Wahlen und Wahlvorschläge ausgeschlossen werden **kann**. Diese Norm kann verfassungsrechtlich nur Bestand haben, wenn man die Kann-Bestimmungen des Satzes 2 als Muss-Vorschriften interpretiert für den Fall, dass den bürgerlichen Mitgliedern überhaupt ein Stimmrecht nach § 32a Abs. 2 Satz 1 GO SH eingeräumt wird (ohne verfassungsrechtliche Problematisierung a. A. offenbar *Dehn* in KVR SH, Rn. 19 zu § 27 a KrO, der sogar bezweifelt, ob es sinnvoll sei, eine Beschränkung des Stimmrechts vorzunehmen, da es damit zu zwei Kategorien von Fraktionsmitgliedern komme). Die demokratische Legitimation der bürgerlichen Ausschussmitglieder ist nämlich beschränkt auf das Aufgabengebiet des Ausschusses. Die Gemeindevertretung ist durch den Gesetzgeber nicht befugt worden, mittels der Wahl nach § 46 Abs. 3 GO SH eine Selbstergänzung des Plenums vorzunehmen und damit die Wahlentscheidung der Gemeindebürger zu korrigieren. Dies schließt auch aus, das Stimmrecht auf stellvertretende bürgerliche Ausschussmitglieder zu erstrecken (zutr. insoweit auch *Dehn* in KVR SH, Rn. 18 zu § 27a KrO).

Das hier vertretene Verständnis der Norm ist insbesondere auch wegen der Ausgestaltung des Schleswig-Holsteinischen Kommunalverfassungsrechts im Übrigen geboten. Es gewährt den Fraktionen eine bundesweit einmalige Mitwirkungsmöglichkeit bei einer Vielzahl von Angelegenheiten, beispielsweise bei der Wahl des Vorsitzenden der Gemeindevertretung oder den Wahlen durch die Gemeindevertretung generell (§ 40 Abs. 4 GO SH). In allen Fragen außerhalb des Fachausschusses gelten deshalb für das bürgerliche Ausschussmitglied keinerlei Besonderheiten gegenüber sonstigen „Fraktionsfremden". Sein Sonderstatus liegt allein in seiner gleichberechtigten Mitwirkung nach § 46 Abs. 3 GO SH begründet.

3.4.5 Keine Sonderstellung sachkundiger Bürger in anderen Bundesländern

Auch in anderen Bundesländern arbeiten vom Rat berufene sachkundige Bürger gleichberechtigt in den Fachausschüssen mit. Sie können einer Fraktion nicht angehören. Dennoch wird vereinzelt für eine differenzierte Sichtweise plädiert: Während es ihnen auf Grund der fehlenden Rechtsstellung als Fraktionsmitglied insbesondere verwehrt sei, über fraktionsinterne Angelegenheiten mitzubestimmen, sei ihnen jedoch ein Stimmrecht zuzubilligen, wenn über Angelegenheiten ihres Aufgabenbereiches beraten und beschlossen werde. Es sei nicht einleuchtend, in der Fraktion, die sie für die Tätigkeit vorgeschlagen habe, das Stimmrecht zu verweigern, während sie im Ausschuss volles Stimmrecht hätten (*Kleerbaum/Klieve*, Die Fraktion und ihre Mitglieder, Rn. 39).

Diese Argumentation erscheint nicht überzeugend (ebenso im Ergebnis VG Düsseldorf, NVwZ-RR 2012 S. 364, 365). Selbst dem Vereinsrecht ist das Stimmrecht von Nichtmitgliedern fremd. Für das den Regeln des öffentlichen Rechts unterfallende Fraktionenrecht müssen noch strengere Maßstäbe gelten, weil es um die Vorbereitung (teil)organschaftlicher Kompetenzen geht. Ferner ist zu bedenken, dass die Hinzuwahl der sachkundigen Bürger durch den Gemeinderat durchaus nach anderen, eher fachlich determinierten Kriterien erfolgt, während die Zusammensetzung des Gemeinderates auf einer an politischen Entscheidungen orientierten Wahl der Bürger beruht.

3.4.6 Ruhen des Mandats berührt Mitgliedschaft nicht

In bestimmten Konstellationen sehen die Gemeinde- und Kreisordnungen das **Ruhen des Mandats** vor. Dies ist z. B. nach § 53 Satz 1

NKomVG der Fall, wenn gegen Abgeordnete der Vertretung wegen eines Verbrechens die öffentliche Klage erhoben wird. In diesem Fall ruht seine Mitgliedschaft in der Vertretung bis zur rechtskräftigen Entscheidung. Nach § 25 Abs. 4 Satz 2 KV MV ruht die Mitgliedschaft in der Gemeindevertretung von dem Zeitpunkt an, in dem der Vorsitzende der Gemeindevertretung einen Gemeindevertreter in Fällen der Unvereinbarkeit von Amt und Mandat auffordert, sich zwischen diesen beiden Alternativen zu entscheiden. Im Ergebnis Ähnliches gilt für das Stadium des **vorläufigen Ausschlusses** eines Mitglieds aus dem Gemeinderat gemäß § 31 Abs. 3 GemO RhPf.

Das Ruhen des Mandats **beendet nicht die Mitgliedschaft** in der Fraktion. Es tritt mithin auch keine Veränderung der Stärkeverhältnisse zwischen den Fraktionen mit der Folge ein, dass Auswirkungen auf die Ausschussbesetzung zu beachten wären (vgl. hierzu unten 5.3.4). Für die Ruhensdauer tritt allerdings ein Vertretungsfall ein, der entsprechend den Vertretungsregelungen zu lösen ist. Die Mitarbeit in den Fraktionsgremien während der Ruhenszeit ist nicht unproblematisch. Sie ist allenfalls in dem Maße zulässig, in dem auch sog. Fraktionsgäste mitwirken dürfen. Eine Teilnahme an Abstimmungen ist auszuschließen, soll der Sinn der Ruhensbestimmungen nicht unterlaufen werden (ebenso *Blum*, Rz. 2 zu § 57 in Blum/Häusler/Meyer [Hrsg.], NKomVG, mit beachtlichen verfassungsrechtlichen Argumenten).

3.5 Abgrenzung zu anderen Zusammenschlüssen

Soweit die Kommunalverfassungen anderen Gruppierungen fraktionsgleiche oder -ähnliche Rechte zubilligen, liegt kein einheitliches Verständnis zu Grunde. Dies gilt namentlich für „Gruppen" in Niedersachsen und Nordrhein-Westfalen. In Niedersachsen ist hierunter ein Zusammenschluss mehrerer Fraktionen zu verstehen, in Nordrhein-Westfalen ermöglicht die Differenzierung insbesondere eine unterschiedliche finanzielle Förderung von „normalen" Fraktionen und als Gruppen bezeichneter „Kleinstfraktionen".

3.5.1 Gruppen in Niedersachsen

Fraglich ist, ob es neben Fraktionen weitere relevante Zusammenschlüsse im Gemeinderat geben kann, denen fraktionsähnliche Rechte und Pflichten zukommen. § 57 Abs. 1 NKomVG erlaubt den Zusammenschluss zu einer Fraktion oder einer **Gruppe**. Ein einheitliches Verständnis dieser Differenzierung ist nicht erkennbar. Zum Teil werden als Fraktionen nur Zusammenschlüsse von Mitgliedern derselben Partei oder Wählergruppe verstanden, alle anderen Zusammenschlüsse hingegen als Gruppen (VG Oldenburg, Beschl. vom 31.8.2004 – Az. 2 B 2197/04 –, BeckRS 2004, 24748 S. 3; *Koch*, Rz. 4 f. zu § 57 in Ipsen [Hrsg.], NKomVG). Ähnlich hierzu wird die Auffassung vertreten, die Bezeichnung eines Zusammenschlusses von Ratsmitgliedern sei frei wählbar. Es sei jedoch üblich, als Fraktionen nur diejenigen Zusammenschlüsse anzusprechen, die ihr Mandat aufgrund desselben Wahlvorschlages erhalten haben. Alle anderen Kombinationen würden als Gruppen bezeichnet, z. B. Zusammenschlüsse von Einzelmitgliedern, von Ratsmitgliedern verschiedener Parteien, von Fraktionen sowie von Fraktionen und Gruppen (vgl. *Hoffmann* in Thieme [Hrsg.], Niedersächsische Gemeindeordnung, Rz. 6 f. zu § 39 b; *Ipsen*, Niedersächsisches Kommunalrecht, Rz. 290; *R. Thiele*, Niedersächsische Gemeindeordnung, Anm. 1 zu § 39 b; *Oster* in FES [Hrsg.], Die Geschäftsordnung der Fraktion in der Gemeindevertretung, Rz. 2; *Rosenzweig* in Brandt/Schinkel [Hrsg.], Staats- und Verwaltungsrecht für Niedersachsen, S. 265, 310; wohl auch *Blum*, Rz. 5 zu § 57 in Blum/Häusler/Meyer [Hrsg.], NKomVG, der die fehlende rechtliche Relevanz des Meinungsstreites betont).

Einer solchen Auslegung von § 57 Abs. 1 NKomVG kann nicht gefolgt werden. Vielmehr wurde bereits dargelegt, dass die Wahl über den gleichen Wahlvorschlag eben nicht konstitutive Voraussetzung (so aber *Burghart*, NdsVBl. 2004 S. 226, 227; *Koch*, Rz. 4 zu § 57 in Ipsen [Hrsg.], NKomVG) für eine Fraktionsbildung ist (im Erg. für Niedersachsen ebenso *Strohmeyer*, NdsVBl. 2002 S. 30, 31).

Daher kann unter einer Gruppe i. S. von § 57 Abs. 1 NKomVG nur der Zusammenschluss mehrerer Fraktionen verstanden werden (ausdrücklich a. A. *Wefelmeier* in KVR Nds/NKomVG, Rz. 2 und 19 zu § 57, der die Begriffe Fraktion und Gruppe synonym verwenden will, gleichzeitig aber betont, bei einem Zusammenschluss der Mitglieder einer Fraktion mit den Mitgliedern anderer Fraktionen gingen sämtliche aus dem Fraktionsstatus abzuleitenden Rechte auf die Gruppe über, was der hier vertretenen Position entspricht; auch *Koch*, Rz. 9 zu § 57 in Ipsen [Hrsg.], NKomVG, hält es ausgehend von seinem abweichenden Grundverständnis für möglich, den Zusammenschluss mehrerer Fraktionen als Gruppe zu bezeichnen). Von einer bloßen „Zählgemeinschaft" unterscheidet sich eine Gruppe dadurch, dass sie im Sinne einer „Koalition" auf eine bestimmte Dauer angelegt ist und gemeinsame politische Zielsetzungen verfolgt. Für den Zeitraum des Bestandes der Gruppe treten die Rechte der Mitgliedsfraktionen zurück. Rechtliche Bedeutung kann dies beispielsweise bei der Besetzung der Ausschüsse nach § 71 NKomVG gewinnen (vgl. hierzu auch angesichts der Rechtsprechung des BVerwG zur sog. „Spiegelbildlichkeit" zutr. OVG Lüneburg, NdsVBl. 2005 S. 236 ff. = NST-N 2005 S. 91 f.). Politisch hingegen können die in der Gruppe zusammengeschlossenen Fraktionen möglicherweise eigenständige Bedeutung behalten.

3.5.2 Gruppen in Nordrhein-Westfalen

Die Gemeindeordnung in Nordrhein-Westfalen kennt seit dem Jahr 2007 ebenfalls den Begriff einer **Gruppe**. Er hat einen gänzlich anderen Bedeutungsinhalt als in Niedersachsen. Gemäß § 56 Abs. 1 Satz 4 GO NW besteht eine Gruppe im Rat oder einer Bezirksvertretung aus mindestens zwei Mitgliedern. Bemerkenswerterweise gilt § 56 Abs. 1 Satz 1 GO NW, der definiert, was unter Fraktionen zu verstehen ist und ausdrücklich die Notwendigkeit der Grundlage grundsätzlich politischer Übereinstimmung betont, gemäß § 56 Abs. 1 Satz 3 GO NW für Gruppen entsprechend. Der Gesetzgeber wollte damit einem Missbrauch durch Bildung rein „technischer" Vereinigungen entgegenwirken (vgl. *Köster*, NWVBl. 2008 S. 49, 51).

Der qualitative Unterschied zwischen Fraktionen und Gruppen erschließt sich daher nur schwer. Praktische Bedeutung dürfte die Norm in denjenigen größeren Kommunen erhalten, in denen für die Fraktionsbildung eine über zwei Ratsmitglieder hinausgehende Mindeststärke besteht. Der Gesetzgeber hat für das Kommunalverfassungsrecht offenbar angeknüpft an die auf Ebene des formellen Parlamentsrechts eröffnete Differenzierung zwischen Fraktionen und Gruppen im Deutschen Bundestag und etlichen Landesparlamenten (Überblick dazu bei *Hölscheidt*, DÖV 2015 S. 266 ff.; *Thorsten-Ingo Schmidt*, DÖV 2015 S. 261 ff, insb. S. 265 f. zum sog. Abstandsgebot). Faktisch eröffnet die Regelung in Nordrhein-Westfalen die gesetzliche Legitimation zur unterschiedlichen finanziellen Förderung von „normalen" Fraktionen und als Gruppen bezeichnete **„Kleinstfraktionen"** (ebenso *Sommer* in Bogner [Hrsg.], Beratungs- und Beschlussfassungsverfahren, S. 114).

Die in Nordrhein-Westfalen getroffene Differenzierung zwischen Fraktionen und als Gruppen bezeichnete „Fraktionen-light" erscheint **verfassungsrechtlich problematisch**. Wenn den Gruppen ganz oder weitgehend die gleichen Rechte eingeräumt werden wie Fraktionen, diese sich an denselben Kriterien wie Fraktionen messen lassen müssen, fehlt es offenbar an einer verfassungsrechtlich geforderten, tragfähigen Legitimation für das Festsetzen einer Fraktionsmindeststärke über zwei Ratsmitglieder hinaus (ausführlich dazu unten unter 4.1), denn der Landesgesetzgeber akzeptiert in generell-abstrakter Weise, dass die Funktionsfähigkeit der Räte durch als Gruppen bezeichnete Zusammenschlüsse von zwei Ratsmitgliedern eben nicht gefährdet ist. Die vom Gesetzgeber möglicherweise wohlwollend gedachte Förderung der Gruppen erweist sich im Ergebnis als finanzielle Diskriminierung kleiner Fraktionen, die nur anders betitelt werden (verfassungsrechtliche Bedenken verneinend, die entscheidenden Gesichtspunkte aber vernachlässigend VG Arnsberg, Beschl. vom 14.1.2009, BeckRS 2009, 31800 S. 3).

Das OVG Münster hat im Rahmen eines Verfahrens des einstweiligen Rechtsschutzes keine verfassungsrechtlichen Erwägungen angestellt, aber eine **eingrenzende Konkretisierung** der Annahme des Bildens einer Gruppe vorgenommen. Um Ansprüche auf Zuwendungen aus Haushaltsmitteln nach § 56 Abs. 3 Satz 1 GO NW zu begründen, liege eine Gruppe im Sinne des § 56 Abs. 1 GO NW danach nur vor, wenn der im Gesetz beschriebene Zweck eines möglichst gleichgerichteten Zusammenwirkens auf der Grundlage grundsätzlicher politischer Übereinstimmung positiv feststehe. Dafür trügen diejenigen, die den Zuwendungsanspruch begründen, die materielle Beweislast. Der Zweck des Zusammenschlusses stehe ohne Weiteres fest, wenn er aus Personen bestehe, die für ein und dieselbe Partei oder Wählergruppe bei der Wahl angetreten seien. Bei anderen, während der Wahlperiode gebildeten Zusammenschlüssen müsse sich aus den Gesamtumständen des jeweiligen Einzelfalls der zuverlässige Schluss ergeben, dass der Zusammenschluss nachhaltig auf das gleichgerichtete Zusammenwirken ausgerichtet sei. Die bloße Bekundung der Absicht gleichgerichteten Wirkens reiche ebenso wenig aus wie vereinzelte gemeinschaftliche Aktionen (OVG Münster, Beschl. vom 20. 6. 2008, BeckRS 2008, 36461; bestätigend Beschl. vom 19. 6. 2013, BeckRS 2013, 52551).

§ 56 Abs. 3 Satz 1 GO NW differenziert für die Gewährung von Zuwendungen dem Grunde nach nicht zwischen Fraktionen und Gruppen. § 56 Abs. 3 Satz 4 GO NW garantiert einer Gruppe mindestens eine proportionale Ausstattung, die zwei Dritteln der Zuwendungen entspricht, die die kleinste Fraktion nach Absatz 1 Satz 2 der Norm erhält oder erhalten würde. Dies wird man dahingehend verstehen müssen, dass die Zuwendungshöhe, die die kleinste Fraktion nach Absatz 1 Satz 2 erhält, gleichzeitig die Obergrenze bildet. Unter diesen Umständen erscheint es **problematisch**, über das Vehikel des Zuwendungsrechtes **unterschiedliche materielle Parameter** an die Voraussetzungen der Bildung einer Fraktion einerseits und einer Gruppe andererseits anzulegen. Zwar kann sich bei lebensnaher Betrachtung im Einzelfall (so in den Gründen des Beschlusses auch das OVG Münster, NWVBl. 2009 S. 28 = BeckRS 2008, 36461 S. 2) ergeben, dass ein Zusammenschluss nicht um des Verfolgens gemeinsamer politischer Zielsetzungen, sondern um des Ziehens finanzieller Vorteile erfolgt. Dies ist aber kein „Gruppen"spezifikum, wie gerade die Rechtsprechung des OVG Münster zum Erfordernis grundsätzlicher politischer Übereinstimmung der Mitglieder einer Fraktion (DÖV 2005 S. 432 f.; vgl. dazu oben 3.3) verdeutlicht. Dieses Erfordernis hat der Gesetzgeber klargestellt, ohne Differenzierungen zwischen Fraktionen und Gruppen vorzunehmen. Gleichzeitig ist es schwer mit dem streng zu handhabenden Grundsatz der Chancengleichheit (zum Streitstand vgl. ausführlich 6.5.2) vereinbar, die Entscheidung über die Höhe der Förderung von Kleinstfraktionen – wenn auch in einem sehr beschränkten Rahmen – in die Hände des Rates zu legen.

3.5.3 Ausschussgemeinschaft in Bayern

Die Bayerische Gemeindeordnung kennt keine eigenen Bestimmungen über die Fraktionen. Bei der Zusammensetzung der Ausschüsse hat der Gemeinderat gem. Art. 33 Abs. 1 Satz 2 BayGO dem Stärkeverhältnis der in ihm vertretenen Parteien und Wählergruppen Rechnung zu tragen. Nach Satz 5 der genannten Norm können sich Gemeinderatsmitglieder zur Entsendung gemeinsamer Vertreter in die Ausschüsse zusammenschließen. Eine solche **„Ausschussgemeinschaft"** ist nach ständiger Rechtsprechung des VGH München (vgl. nur BayVBl 1986 S. 466, 467 f.) jedoch nur Einzelvertretern und solchen Gruppierungen vorbehalten, die ohne Zusammenschluss keinen Ausschusssitz erlangten. Der Ausschussgemeinschaft kommt also allein Bedeutung zu für eine Minderheiteninteressen berücksichtigende Ausschussbesetzung. Eine gemeinsame politische Zielsetzung, die kennzeichnend ist für eine Fraktion, fehlt diesem „Zweckbündnis" mit enger Aufgabenstellung.

3.6 Dauer der Fraktionsexistenz

> Fraktionen existieren nur für die Dauer einer Wahlperiode. Sie bestehen nur insoweit darüber hinaus, als sie mit dem Ziel einer vollständigen Beendigung abgewickelt werden müssen. Dies gilt insbesondere für Vermögens- und Haftungsfragen. Ausnahmsweise kann es sachdienlich sein, dass eine neue Fraktion in ein verwaltungsgerichtliches Verfahren ihrer „Vorgängerin" eintritt.

Fraktionen sind Zusammenschlüsse von Mandatsträgern zu dem Zweck, ihre übereinstimmenden politischen Überzeugungen durch abgestimmte Mitwirkung in der Volksvertretung durchzusetzen. Aus dieser Zweckbestimmung und der oben (vgl. Ziff. 2.3) vorgenommenen Definition ergibt sich, dass Fraktionen von vornherein auf die **Dauer der Wahlzeit** angelegt sind, denn nur für diesen Zeitraum haben ihre Mitglieder das legitimierende Mandat inne. Mit Ablauf der Wahlzeit endet ihre rechtliche Existenz. Fraktionen als Gliederungen des Gemeinderates können nicht „das Ganze" überleben (OVG Bautzen, LKV 2006 S. 82, 83; OVG Koblenz, Beschl. vom 4.2.2010, BeckRS 2010, 46559; LG Bonn, Urt. vom 1.12.2011, BeckRS 07261; *Oster* in FES [Hrsg.], Die Geschäftsordnung der Fraktion in der Gemeindevertretung, Rz. 58). Sie verlieren damit auch die Fähigkeit, nach § 61 Nr. 2 VwGO an einem verwaltungsgerichtlichen Verfahren beteiligt zu sein. Die erneute Konstituierung einer gleichnamigen Fraktion nach der Kommunalwahl hat darauf keinen Einfluss. Die neue Fraktion beruht auf einem eigenständigen Errichtungsakt ihrer jetzigen Mitglieder und ist keinesfalls mit der alten Fraktion gleichzusetzen, auch wenn zufälligerweise eine Identität der Mitglieder vorliegen sollte. Die ehemalige Fraktion besteht nur insoweit in eingeschränktem Umfang fort, als sie mit dem Ziel der vollständigen Beendigung abgewickelt werden muss.

Diese Vorgang schließt nach herrschender Auffassung entsprechend den zivilrechtlichen Bestimmungen über die **vermögensrechtliche Liquidation** aufgelöster Vereine und Gesellschaften auch das Geltendmachen noch ausstehender Forderungen gegenüber der Gemeinde ein (vgl. OVG Münster, DVBl 1992 S. 444 ff. = NWVBl. 1992 S. 163 ff.; OVG Bautzen, Urt. vom 16.4.2013, BeckRS 2013, 54103 S. 7 ff.).

Nicht verbrauchte Geld- und Sachmittel sind an die Kommune zurückzugeben (ausführlich dazu unten 6.2.6; vgl. klarstellend § 19 Abs. 6 Satz 1 DVO-KV MV [Anlage 3]). Für **Verbindlichkeiten** von Fraktionen besteht nach Auffassung des OLG Schleswig (NVwZ-RR 1996 S. 103 ff.; im Erg. ebenso LAG Hamm, NZA-RR 2003 S. 487, 488; VG Hannover, Beschl. vom 21.1.2009 – Az. 1 B 4702/08 –; *Lunau/Zieschang*, SächsVBl. 2008 S. 9, 12) nur deren eigene Haftung. Insbesondere haftet nicht die Kommune für die von Fraktionen eingegangenen Verbindlichkeiten (OVG Lüneburg, NdsVBl. 2009 S. 258, 260 = DÖV 2009 S. 634 [nur LS]).

Eine **persönliche Haftung der Fraktionsmitglieder** allein aufgrund ihrer Mitgliedschaft komme nicht in Betracht. Das OLG Schleswig begründet seine Auffassung aus der Einschätzung der Fraktionen als nichtrechtsfähige Idealvereine. § 54 Satz 1 BGB könne wegen des rechtspolitisch nicht mehr vertretbaren Zwecks keine Gültigkeit beanspruchen, die Anwendung des § 54 Satz 2 BGB verbiete sich in analoger Anwendung des § 37 PartG (ebenso LAG Hamm, NZA-RR 2003 S. 487, 488). Dieser Einschätzung ist nur im Ergebnis, nicht aber in der Begründung zu folgen, die irrig auf den privatrechtlichen Charakter einer Fraktion abstellt (*R. Thiele*, Niedersächsische Gemeindeordnung, Anm. 4 zu § 39 b, will § 54 BGB in analoger Anwendung sogar durchgreifen lassen; eine „doppelte Analogie" befürwortend, ohne deren Voraussetzungen überzeugend darzulegen vgl. *Wittinger/Herrmann*, KommJur 2006 S. 446, 448).

Nach der hier vertretenen Auffassung sind Fraktionen Organteile des Gemeinderates. Es gelten die allgemeinen Regelungen des **kommunalen Haftungsrechts** (zutr. *Kleerbaum/Klieve*, Die Fraktion und ihre Mitglieder, Rn. 193 ff.; allgemein hierzu *Hubert Meyer*, Kommunalrecht, Rn. 742 ff. und *B. Rothe/K.-H. Rothe*, Die Entschädigungsregelungen im Kommunalrecht, Rn. 91 ff. m.w.N.). Verletzen Fraktionsmitglieder als Mitglieder des Gemeinderates bei Ausübung ihres Amtes die einem Dritten gegenüber obliegende Amtspflicht, müssen sie dem Dritten den daraus entstehenden Schaden ersetzen. Da Gemeindevertreter als Beamte im haftungsrechtlichen Sinne anzusehen sind, wird eine solche Schadensersatzpflicht aus § 839 BGB im Außenverhältnis allerdings gemäß Art. 34 GG auf die Körperschaft übergeleitet. Ein Rückgriff der Gemeinde gegenüber dem einzelnen Fraktionsmitglied im Innenverhältnis ist bei Vorsatz und grober Fahrlässigkeit jedenfalls dann möglich, wenn das Landesrecht eine entsprechende Rückgriffshaftung normiert (näher vgl. *Hubert Meyer*, a.a.O., Rn. 760 m.w.N.).

Hat eine Fraktion ein verwaltungsgerichtliches Verfahren angestrengt, kann es nach Ende der Wahlzeit sachdienlich i.S. von § 91

Abs. 1 VwGO sein, wenn eine amtierende gleichnamige Fraktion für die mit dem Ablauf der Wahlzeit aufgelöste Fraktion **in das Verfahren eintritt** und das Begehren weiterverfolgt; die übrigen Voraussetzungen bspw. einer Fortsetzungsfeststellungsklage bleiben unberührt (vgl. *VGH Kassel*, NVwZ 1986 S. 326; *OVG Münster*, NWVBl. 1990 S. 265 f.; VG Düsseldorf, KOPO 5/2006 S. VII; ebenso zur Beteiligtenfähigkeit im verfassungsrechtlichen Organstreitverfahren LVerfG MV, DÖV 2003 S. 765, 766). Dauert ein Kommunalverfassungsstreitverfahren über den Zeitraum einer Wahlperiode hinaus, so kann die Fraktion der gleichen politischen Gruppierung den Rechtsstreit fortsetzen.

Das Verfahren endet nach Auffassung des OVG Weimar (LKV 2000 S. 358 = DVBl 2000 S. 935 [mit ungenauer Terminologie]) ausnahmsweise nur wegen Wegfalls der Beteiligtenfähigkeit der Fraktion, wenn die Partei oder Gruppierung im neuen Gemeinderat nicht mehr vertreten ist oder eine Fraktion nicht mehr zu bilden vermag oder wenn die neu gebildete Fraktion erklärt, sie wolle das Verfahren nicht mehr fortsetzen. Das OVG Bautzen (LKV 2006 S. 82, 83 f.) lässt die Beteiligtenfähigkeit in einer solchen Konstellation offen (mit zweifelhaften Gründen ablehnend hierzu *Krah/Starke*, SächsVBl. 2004 S. 182, 183 f.), verneint aber jedenfalls das Feststellungsinteresse (bezogen auf eine Beigeordnetenwahl). Dasselbe Gericht erachtet eine allgemeine Leistungsklage für zulässig, wenn eine in Abwicklung befindliche Fraktion mit der Kommune um die Auszahlung von Fraktionsmittel streitet (vgl. OVG Bautzen, Urt. vom 16.4.2013, BecKRS 2013, 54103 S. 8 f.).

4. PFLICHTEN UND RECHTE DER FRAKTIONEN

4.1 Fraktionsmindeststärke

Jede Einschränkung der Handlungsfähigkeit eines Ratsmitglieds ist verfassungsrechtlich rechtfertigungsbedürftig. Dies gilt auch hinsichtlich der in der Mehrzahl der Bundesländer gesetzlich vorgesehenenen Mindeststärke für die Bildung von Fraktionen. Allein die Gewährleistung einer effektiven Arbeit des Gemeinderates vermag die grundsätzlich zu wahrende Chancengleichheit aller Ratsmitglieder durch Mindestquoren für eine Fraktionsbildung zu rechtfertigen. Maßgebliches Kriterium für die Zulässigkeit eines Quorums überhaupt und dessen Höhe bildet die Mitgliederzahl des jeweiligen Gemeinderates. Trifft der Gesetzgeber Regelungen zur Mindeststärke, ist es den Kommunen nicht gestattet, in den Geschäftsordnungen der Vertretungen abweichende Regelungen festzusetzen. Landesrechtliche Regelungen, die für größere Kommunen mehr als zwei Mitglieder für die Bildung einer Fraktion vorsehen, sind im Einzelfall verfassungsrechtlich kritisch zu hinterfragen. In Bundesländern ohne gesetzliche Regelung bedarf die Festsetzung einer Fraktionsmindeststärke durch die Geschäftsordnung einer Rechtfertigung, die sich an verfassungsrechtlichen Grundsätzen wie dem Verhältnismäßigkeitsgrundsatz und dem Willkürverbot messen lassen muss. Die Festsetzung einer Fraktionsmindeststärke in der Geschäftsordnung unterliegt auf Antrag eines Gemeindevertreters der verwaltungsgerichtlichen Normenkontrolle.

Die Gemeindeordnungen der Flächenbundesländer legen oftmals fest, dass die Mindeststärke einer Fraktion zwei Mitglieder beträgt (vgl. § 36 Abs. 1 Satz 4 HGO; § 57 Abs. 1 Abs. 1 Satz 1 NKomVG; § 30 a Abs. 1 Satz 2 GemO RhPf; § 30 Abs. 5 Satz 2 SaarlKSVG; § 32 a Abs. 1 Satz 2 GO SH). In Nordrhein-Westfalen muss eine Fraktion im Rat einer kreisangehörigen Gemeinde ebenfalls aus mindestens zwei Mitgliedern, im Rat einer kreisfreien Stadt aus drei Mitgliedern bestehen (§ 56 Abs. 1 Satz 2 GO). In Mecklenburg-Vorpommern muss eine Fraktion in Städten mit mehr als 25 Mitgliedern der Stadtvertretung aus mindestens drei und in Städten mit mehr als 37 Mitgliedern der Stadtvertretung aus mindestens vier Mitgliedern bestehen (§ 23 Abs. 5 Satz 2 KV). Eine ähnlich differenzierte Lösung gilt nach dem Kommunalrechtsreformgesetz seit dem Jahr 2008 auch in Brandenburg. Nach § 32 Abs. 1 Sätze 2 und 3 BbgKVerf muss eine Fraktion aus mindestens zwei Mitgliedern bestehen. Die weitergehenden Regelungen dieser Norm, wonach in Gemeindevertretungen mit 32 Gemeindevertretern oder mehr eine Fraktion mindestens drei Mitglieder, in kreisfreien Städten mindestens vier Mitglieder haben muss, sind durch das BbgLVerf durch Urt. vom 15.4.2011 für nichtig erklärt worden (LKV 2011 S. 411 ff. = KommJur 2011 S. 415, 417 f.; zur Umsetzung der Entscheidung vgl. Landtag Brandenburg, Drs. 6/840). In Sachsen-Anhalt besteht nach dem Inkrafttreten des Kommunalverfassungsgesetzes im Jahr 2014 eine Fraktion aus mindestens zwei, in Landkreisen und Gemeinden mit mehr als 50 000 Einwohnern aus mindestens drei ehrenamtlichen Mitgliedern der Vertretung.

Baden-Württemberg, Bayern, Sachsen und Thüringen verzichten auf jede gesetzliche Bestimmung zu dieser Frage. Daraus wird in der Literatur teilweise gefolgert, hier sei die Festlegung einer Fraktionsmindeststärke durch den Gemeinderat verboten (für Bayern vgl. *Widtmann/Grasser*, Bayerische Gemeindeordnung, Anm. 3 b zu § 33), teilweise ist man bereit, den Gemeinden in dieser Konstellation einen weiten Ermessensspielraum zuzubilligen (*Fröhlinger*, DVBl 1982 S. 682 ff. hält eine Quote bis zu 25 % der Gesamtmitgliederzahl des Gemeinderates für vertretbar). Die Enquete-Kommission zur Überprüfung des Niedersächsischen Kommunalverfassungsrechts hat in ihrem Abschlussbericht vom 6. 5. 1994 mehrheitlich empfohlen, die für die Bildung einer Fraktion oder Gruppe erforderliche Mindestzahl von zwei Ratsmitgliedern oder Kreistagsabgeordneten beizubehalten und den Vertretungskörperschaften der Landkreise und denen der Gemeinden mit mehr als 100 000 Einwohnern die Möglichkeit einzuräumen, in der Hauptsatzung oder in der Geschäftsordnung zu bestimmen, dass zur Bildung einer Fraktion oder Gruppe mindestens drei Mandatsträger erforderlich sind (Nds. Landtag, LT-Drs. 12/6260 S. 46).

Die unterschiedliche Herangehensweise der Bundesländer und die Spannbreite der in der Literatur vertretenen Auffassungen werfen die Frage nach verfassungsrechtlichen Vorgaben für die Festsetzung einer Fraktionsmindeststärke sowie den Handlungsspielraum für den Landesgesetzgeber bzw. den einzelnen Gemeinderat auf.

4.1.1 Zulässigkeit und Maßstäbe der Festsetzung einer Mindeststärke

4.1.1.1 Organisationshoheit der Kommunen

Das BgbLVerfG hat auf eine kommunale Verfassungsbeschwerde hin die Zulässigkeit des Festsetzens einer Fraktionsmindeststärke am Maßstab der **Organisationshoheit der Kommune** gemessen. Die Organisationshoheit sei zwar nicht absolut gewährleistet. Sie sei aber Bestandteil des in Art. 97 Abs. 1 BbgLVerf geschützten Rechts auf kommunale Selbstverwaltung. Die Organisationshoheit sei zwar in der vom Landesverfassungsgeber rezipierten historischen Tradition des Grundgesetzes als eigenes Element der Selbstverwaltungsgarantie nur eingeschränkt belegt (BVerfGE 91, 228, 236). Es sei jedoch eine Differenzierung geboten. Während die äußeren Grundstrukturen der Regelungskompetenz des Landes unterfielen, müsse den Kommunen hinsichtlich ihres inneren Verwaltungsaufbaus ein Spielraum vorbehalten bleiben.

Die Festsetzung einer Fraktionsmindeststärke sei der **inneren Organisation** zuzuordnen. Mit der gesetzlichen Festlegung einer Mindest-

größe der Fraktionen treffe der Gesetzgeber zugleich eine abschließende Regelung, die eine Berücksichtigung besonderer örtlicher Ge-
gebenheiten wie auch der möglicherweise bestehenden lokalen Partikularinteressen ausschließe. Dies sei verfassungsrechtlich nur zulässig, wenn die Regelung von hinreichend gewichtigen Gründen
getragen werde. Unabhängig von der Fragestellung, ob die Effektivität der Willenbildung innerhalb der Stadtverordnetenversammlung
eine Fraktionsmindeststärke überhaupt zu rechtfertigen vermöge und
gegebenenfalls in welchem Maße, bedürfe der Gesetzgeber einer
Rechtfertigung dafür, dass er die entsprechende Vorgabe eigenständig selbst und abschließend treffe, statt diese den Kommunen in eigener Verantwortung zu überlassen. Dass in den größeren Kommunen Brandenburgs Gründe dafür beständen, die Mindeststärke
über die auch zuvor bestehende Mindeststärke von zwei Personen zu
erhöhen, sei nicht erkennbar (BgbLVerf, LKV 2011 S. 411 = KommJur
2011 S. 415, 417 f.).

Es ist zu begrüßen, dass die Brandenburger Verfassungsrichter an dieser zentralen Stelle dem Trend zu Relativierung der kommunalen Organisationshoheit wirkungsvoll entgegengetreten sind. Es handelt
sich um eine vorrangig zu prüfende Frage. Wie das Gericht zutreffend
herausgestellt hat, lässt sie die Prüfung offen, ob überhaupt materiell
rechtfertigende Gründe für die Festsetzung einer Fraktionsmindeststärke bestehen. Nicht zu überzeugen vermag allerdings der Hinweis
an späterer Stelle des Urteils, jede Heraufsetzung der Fraktionsstärke
hätte einer Mehrheitsentscheidung in der Stadtverordnetenversammlung bzw. dem Kreistag bedurft und wäre daher demokratisch legitimiert gewesen. Er steht im Widerspruch zu der eigenen Feststellung
des Gerichts, dass der Gesetzgeber mit der Festsetzung einer Mindestgröße zugleich eine **abschließende Festlegung** trifft, die jede andere abweichende Regelung durch die Gemeinde ausschließt. Dies
gilt auch für Brandenburg, weil das Landesverfassungsgericht die
Festsetzung einer landesweiten Mindeststärke von zwei Mitgliedern
einer Fraktion nicht aufgehoben hat; a. A. aber OVG Berlin-Brandenburg (Beschl. vom 13. 3. 2015 – 12 N 33.13 –), das die Festsetzung einer
Fraktionsmindeststärke von vier Mitgliedern in der Hauptsatzung eines Landkreises unbeanstandet gelassen hat.

4.1.1.2 Wahlrechtliche Sperrklausel als Hindernis

Soweit in der rechtswissenschaftlichen Literatur grundsätzliche Bedenken gegen die Festsetzung einer Fraktionsmindeststärke durch
den Gesetzgeber oder mittels Regelung in der Geschäftsordnung erhoben werden, wird dabei oftmals argumentiert, zusätzlich zur wahlrechtlichen 5%-Klausel, die in einigen Bundesländern noch existiert
(zur Entwicklung der Verfassungsrechtsprechung und daraus resultierenden rechtspolitischen Konsequenzen vgl. *Hubert Meyer*, DVBl
1999 S. 1276 ff.; überzeugend zuletzt BVerfG, NVwZ 2008 S. 407;

ThürVerfGH, NVwZ-RR 2009 S. 1 ff.; mit Recht die verbliebenen rechtspolitischen Spielräume für eine verfassungskonforme Implementierung einer Sperrklausel im Kommunalwahlrecht des Landes Nordrhein-Westfalen für extrem gering erachtend *Dietlein*, Gutachten, S. 64 ff.), werde eine zweite Sperrklausel errichtet. Dies sei mit der Rechtsprechung des BVerfG nicht vereinbar, denn die Durchbrechung der Wahlgleichheit sei nur bis zur Maximalgrenze von 5 % der Wählerstimmen gedeckt (vgl. u. a. *W. Schmidt*, Der Staat Bd. 9 [1970], S. 481, 494; *Kisker*, JuS 1980 S. 284, 286; *Schmidt-Jortzig*, Kommunalrecht, Rn. 209). Die Überlegungen seien verdeutlicht an einem vereinfachenden Rechenbeispiel. In allen Gemeinderäten mit weniger als 40 Mitgliedern müssen selbst bei einer Fraktionsmindeststärke von nur zwei Gemeinderatsmitgliedern diejenigen Mandatsinhaber auf die Vorteile des Fraktionsstatus verzichten, die allein für ihre Partei oder Wählervereinigung den Sprung in den Gemeinderat geschafft haben. Alle diese Parteien und Wählervereinigungen haben aber die 5 %-Sperrklausel (z. T. deutlich) überwunden, die nach herrschender Auffassung die Funktionsfähigkeit des Gemeinderates sichern soll (kritisch hierzu *Hubert Meyer*, Kommunales Parteien- und Fraktionenrecht, S. 206 ff.; *ders.*, DVBl 1999 S. 1276 ff., jeweils m. w. N.).

Die angedeuteten Bedenken vermögen letztlich aber nicht zu überzeugen. Von einer „doppelten Sperrklausel" könnte nur gesprochen werden, wenn jeweils derselbe Rechtsträger betroffen wäre. Dies kann aber nur annehmen, wer die Fraktionen auch rechtlich als Parteien im Parlament begreift. Nach der hier vertretenen Auffassung handelt es sich bei den Fraktionen um freiwillige Zusammenschlüsse von gewählten Ratsmitgliedern. Eine möglicherweise gleiche Parteizugehörigkeit ist lediglich ein leitender Gesichtspunkt der Fraktionsbildung. Unmissverständlich hat auch das BVerfG klargestellt, aus dem Grundsatz der Wahlrechtsgleichheit lasse sich für die Bestimmung der Fraktionsmindeststärke nichts herleiten. Der Wahlrechtsgrundsatz betreffe weder die Stellung des Abgeordneten im Parlament, noch den Status von Gruppen von Abgeordneten derselben Partei (BVerfGE 96, 264, 279; ebenso OVG Münster, NWVBl. 2007 S. 25).

4.1.1.3 Gebot der Chancengleichheit

Von anderer Seite wird auf das Gebot der Chancengleichheit abgestellt. Dieses Prinzip gelte auch für Fraktionen. Damit sei ein normativer Maßstab gesetzt, der nur durch höherrangige Rechtsgüter zurückgedrängt werden könne (vgl. *Scholtis*, Minderheitenschutz in kommunalen Vertretungskörperschaften, S. 221 ff.).

Ein möglicher Anspruch auf Durchsetzung der Chancengleichheit wäre gegen das Land zu richten, soweit eine Fraktionsmindeststärke gesetzlich normiert ist bzw. gegen die jeweilige Kommune, soweit Geschäftsordnungen beeinträchtigende Reglementierungen enthalten. Fraglich ist indes, wer mögliches Subjekt eines solchen Anspruchs

auf Gleichbehandlung sein könnte. Eine potenzielle Fraktion käme jedenfalls nicht in Betracht, da um deren mögliche Konstituierung ja gerade gestritten wird.

Auszugehen ist vielmehr vom Status des Ratsmitglieds. Durch das
Vorenthalten des Fraktionsstatus werden seine Rechte zur effektiven
Mitarbeit im Gemeinderat beschnitten. In dem sog. Diäten-Urteil hat
das BVerfG festgestellt, die grundgesetzliche Ausgestaltung des
Wahlrechts auch in den Gemeinden habe eine strikt formale Ausformung nicht nur für das aktive und passive Wahlrecht im engeren
Sinne erfahren. Vielmehr erstrecke sich die strenge Anwendung des
Gleichheitssatzes auch auf die Ausübung des Mandates. Das Wahl-
und das Parlamentsrecht böten keine Ansatzpunkte für eine Differenzierung im Status zwischen den Abgeordneten (vgl. BVerfGE 40, 296,
319; bestätigend E 80, 188, 220 f. und 84, 304, 321: „Gleiche Mitwir-
kungsbefugnis aller"). Hiervon ausgehend ist nach einer Rechtfertigung für die Einschränkung der Aktionsmöglichkeiten des einzelnen Gemeinderatsmitgliedes zu fragen.

4.1.1.4 Funktionsfähigkeit des Gemeinderates als Schranke

Für den staatlichen Bereich hat das BVerfG hervorgehoben, ein verfassungsrechtlich tragfähiger Grund für die Festsetzung einer Fraktionsmindeststärke liege (nur) in der Autonomie des Deutschen Bundestages, durch seine Geschäftsordnung die **Funktionsfähigkeit des
Parlaments** zu gewährleisten (BVerfGE 96, 264, 278; hierzu *Sachs*,
JuS 1999 S. 601 f.). Für das Europäische Parlament erachtet das
BVerfG weder den schwerwiegenden Eingriff durch eine 5 %-Klausel
(BVerfGE 129, 300 ff. = DVBl 2011 S. 1540 ff. mit abweichender Meinung der Richter *Di Fabio* und *Mellinghoff* zur gebotenen Sicherung
der Funktionsfähigkeit) noch durch eine moderatere 3 %-Sperrklausel
(NVwZ 2014 S. 439 ff. mit abweichender Meinung des Richters Müller) in die Grundsätze der Wahlrechtsgleichheit und der Chancengleichheit der Parteien für gerechtfertigt. Die Sicherung der Funktionsfähigkeit darf aber nicht mit „Reibungslosigkeit" gleichgesetzt
werden. Wirkt in einer Kommunalvertretung ein erweiterter Kreis von
Fraktionen oder Gruppen mit, kann dies zweifelsohne zu einer
schwerfälligeren Meinungsbildung führen. Es bedarf aber weiterer
Feststellungen, bevor von einer „Funktionsstörung" oder gar Funk-
tionsunfähigkeit gesprochen werden kann. Demokratie setzt das Auf-
einandertreffen verschiedener Positionen und das Finden von Kom-
promissen voraus. Nicht jeder Konflikt und nicht jede Auseinandersetzung in den Kommunalvertretungen kann als Störung der
Funktionsfähigkeit angesehen werden (vgl. auch BVerfG, NVwZ
2008 S. 407, 410; ThürVerfGH, NVwZ-RR 2009 S. 1, 2 ff.; VerfGH NW,
NWVBl. 2009 S. 98, 100 f.).

Die Festlegung der Fraktionsstärke bei 5 % der Mitglieder des Hauses
wird für sachlich gerechtfertigt gehalten, um die fraktionstypischen

Leistungen erbringen zu können (*Morlok* in Dreier [Hrsg.], GG, Rn. 166 zu Art. 38). Fordert bereits die Landesverfassung eine Mindeststärke für Fraktionen in Höhe von 5% der Mitglieder des Parlaments, begegnet auch eine entsprechende Festlegung in der Geschäftsordnung keinen verfassungsrechtlichen Bedenken. Ein Verstoß gegen andere verfassungsrechtliche Prinzipien scheidet schon wegen der prinzipiellen Gleichwertigkeit der Verfassungsnormen aus (BerlVerfGH, LKV 1995 S. 154).

Auch der Tätigkeit des einzelnen Ratsmitglieds können bestimmte Grenzen gesetzt werden. Die Wahrnehmung seines Mandats ist kein Selbstzweck, sondern funktionell auf den Gemeinderat als Ganzes bezogen. Die Handlungsfähigkeit des Plenums muss gewahrt bleiben. Das Bilden von Fraktionen und das Voraussetzen einer gewissen Mindeststärke dieser Zusammenschlüsse sind gerechtfertigt, soweit sie im Interesse einer effektiven Arbeit des Gemeinderates notwendig sind.

Nicht erst bei der Bestimmung der zulässigen Höhe der Fraktionsmindeststärke, sondern bereits bei Prüfung der Zulässigkeit ist den **Besonderheiten der kommunalen Volksvertretungen** Rechnung zu tragen. Im Vergleich mit den staatlichen Parlamenten haben die Gemeinderäte nur eingeschränkte Entscheidungsbefugnisse. Insbesondere kennen sie weder ein Gesetzgebungsrecht, noch müssen sie eine Regierung wählen. Nach der flächendeckenden Einführung der Urwahl der hauptamtlichen Bürgermeister und – mit Ausnahme Baden-Württembergs und seit 2009 wieder Schleswig-Holsteins – der Landräte haben sie auch ihre wichtigste Wahlfunktion eingebüßt. Nahezu alle Bundesländer kennen inzwischen für die Kommunen auch sehr viel weitreichendere Formen unmittelbarer Bürgerbeteiligung als für die eigenen Angelegenheiten des Bundeslandes (zu den Auswirkungen der beiden letztgenannten Entwicklungen auf die Rolle der Fraktionen vgl. *Henneke*, Der Landkreis 1997 S. 1 ff.). Ferner enthalten die Gemeinde- und Kreisordnungen durchweg „entscheidungsfördernde" Mechanismen. Beispielsweise reicht bei Wahlvorgängen im dritten Durchgang in der Regel die einfache Mehrheit der Stimmen.

Schließlich ist auf die relativ kleine Anzahl der Ratsmitglieder in einer beachtenswerten Zahl der Kommunen hinzuweisen. Besonders in den dünner besiedelten Flächenbundesländern gibt es eine Vielzahl kleiner Gemeinden. Die Gemeindeordnungen bzw. Wahlgesetze tragen diesem Umstand dadurch Rechnung, dass die Mindestzahl der Gemeinderatsmitglieder weniger als zehn beträgt. Dort spitzt sich das Problem einer Fraktionsmindeststärke jedoch zu: Immerhin vertritt in diesen Kommunen jedes Ratsmitglied statistisch über 10% der Wählerschaft, vernachlässigt man der Übersichtlichkeit halber einmal die nicht zum Zuge gekommenen Wählerstimmen. Im Schrifttum wird es in dieser Konstellation für notwendig erachtet, auch einer **„Ein-Mann-Fraktion"** den Fraktionsstatus zuzuerkennen (vgl. *Schmidt-*

Jortzig, Kommunalrecht, Rn. 209; *Stober*, Kommunalrecht, § 15 VII 1). Allerdings wird in solch kleinen Gemeinderäten angesichts der überschaubaren örtlichen Verhältnisse und Aufgaben das Bedürfnis zur Bildung von Fraktionen gering sein, vor allem wenn der Gemeinderat – wie in einigen Ländern möglich – nicht auf Grund von Wahlvorschlägen der Parteien, sondern durch Mehrheitswahl (Personenwahl) gebildet worden ist, weil keine Wahlvorschläge eingegangen sind. Wenn dem von verschiedener Stelle entgegengehalten wird, eine Ein-Mann-Fraktion sei schon begrifflich nicht vorstellbar (vgl. nur *Janitschek*, GdeT 1975 S. 307, 313), ist darauf hinzuweisen, dass es insoweit zunächst nur um die statusrechtliche Gleichstellung geht.

Auch weitere Bedenken überzeugen nicht. So wird behauptet, selbst **Zwei-Personen-Fraktionen** seien zu einer wirksamen Vorklärung und -formung des Meinungs- und Willensbildungsprozesses nicht in der Lage. Insbesondere sei bei Meinungsverschiedenheiten eine innerfraktionelle Mehrheitsbildung nicht möglich (vgl. *M. Schröder*, Grundlagen und Anwendungsbereich des Parlamentsrechts, S. 424; *Fröhlinger*, DVBl 1982 S. 682, 684; *Scholtis*, Minderheitenschutz in kommunalen Vertretungskörperschaften, S. 293). Es ist nicht nachvollziehbar, warum eine aus zwei Personen bestehende Fraktion in einer kleinen Gemeinde nicht zur wirkungsvollen Vor- und Nachbereitung von Gremienarbeit in der Lage sein soll. Die Berufung auf eine nicht mögliche Mehrheitsentscheidung bei unterschiedlichen Auffassungen verkürzt die Arbeitsmöglichkeiten einer Fraktion unzulässigerweise auf eine technische Variante der Meinungsbildung. Zudem wird übersehen, dass selbst eine Mehrheitsentscheidung in der Fraktion für das überstimmte Mitglied wegen des Grundsatzes des freien Mandats ohnehin keinerlei rechtliche Bindungswirkung für das Abstimmungsverhalten im Gemeinderat oder seinen Ausschüssen entfaltet.

Neben der Gewährleistung einer effektiven Arbeit des Gemeinderates sind also keine stichhaltigen Argumente erkennbar, die eine Durchbrechung der grundsätzlich zu wahrenden Chancengleichheit aller Ratsmitglieder durch die Statuierung einer Fraktionsmindeststärke rechtfertigen.

4.1.2 Höhe und Regelungen der einzelnen Bundesländer

Bestehen mithin hohe Anforderungen an die Festsetzung einer Fraktionsmindeststärke, bleibt zu untersuchen, welche allgemeinen Aussagen zur Fixierung eines bestimmten Quorums getroffen werden können. Anschließend ist die gegenwärtige Praxis in den einzelnen Bundesländern an dem ermittelten Maßstab zu messen.

4.1.2.1 Höhe einer Mindeststärke

Ein maßgebliches Kriterium bei der Prüfung hat die **Mitgliederzahl** des jeweiligen Gemeinderates zu sein. Dies ist auch in der Rechtsprechung durchweg anerkannt (vgl. BVerwG, DÖV 1979 S. 790, 791; OVG Koblenz, NVwZ 1982 S. 694; DÖV 1986 S. 800, 801). Nur unter Beachten der Gesamtzahl der Ratsmitglieder lässt sich eine Prognose treffen, ob und ggf. in welcher Höhe die Effektivität der Arbeit des Gremiums eine Fraktionsmindeststärke erfordert.

Entgegen der von der Judikatur vertretenen Auffassung (vgl. BVerwG, DÖV 1979 S. 790, 791; VGH Mannheim, BWGZ 1989 S. 155) sind dabei **allgemeine Erfahrungsgrundsätze** aus vergleichbar großen Volksvertretungen zu berücksichtigen (zutreffend insoweit *Fröhlinger*, DVBl 1982 S. 682, 686, die im Übrigen aber zu unvertretbaren Ergebnissen gelangt; *Scholtis*, Minderheitenschutz in kommunalen Vertretungskörperschaften, S. 297; *von Mutius*, Kommunalrecht, Rn. 721).

Um zu einer Konkretisierung für die Höhe eines zulässigen Mindestquorums zu gelangen, ist ein Rückgriff auf den **Rechtsgedanken** hilfreich, der von der herrschenden Auffassung zur Rechtfertigung der **wahlrechtlichen Sperrklausel** angeführt wird. Wie bereits ausgeführt, scheidet eine Automatik aus, wonach den Mitgliedern jeder Partei oder Wählervereinigung der Fraktionsstatus zu verleihen wäre, die die 5%-Hürde überwunden hat. Der Rechtsgedanke ist jedoch vergleichbar: Ausnahmsweise wird eine Durchbrechung eines an sich streng formal ausgeprägten Gleichheitsprinzips mit der Gewährleistung der Arbeitsfähigkeit der Volksvertretung begründet. Dabei hat das BVerfG in ständiger Rechtsprechung entschieden, die Durchbrechung des Grundsatzes der gleichen Wahl sei höchstens bis zu einer Marge von 5 % der Stimmen zulässig (vgl. BVerfGE 1, 208, 256; 6, 104, 113 ff.; 11, 266, 277; 13, 1, 19; 13, 243, 246 f.; 34, 81, 99; 41, 399, 421; 51, 222, 237; 71, 81, 102).

Unter Beachtung der modifizierten Arbeitsbedingungen der im Vergleich zu den staatlichen Parlamenten in der Regel zudem deutlich kleineren Gemeinderäte und Kreistage wird man bei Übertragen des Rechtsgedankens im Wege eines Erst-recht-Schlusses allen Gemeinderatsmitgliedern den Fraktionsstatus zubilligen müssen, die wenigstens 5 % der Gesamtmitgliederzahl erreichen (a. A. OVG Bautzen, Urt. vom 19.4.2011, BeckRS 2011, 51105 S. 12, das Fraktionsmindeststärken von bis zu 10 % der Mitgliederzahl des Organs (!) für regelmäßig nicht zu beanstanden erachtet). Im Grundsatz anerkennt ausdrücklich auch der VGH Kassel (Urt. vom 22.3.2007, BeckRS 2007, 23222 S. 7 ff.), die zugunsten politischer Minderheiten abgeschaffte 5 %-Sperrklausel und die Einführung des Panaschierens und des Kumulierens im hessischen Kommunalwahlrecht stellten neben der Größe der Vertretungskörperschaften einen wesentlichen Gesichtspunkt für die Beurteilung der Fraktionsmindeststärke im kommunalen Bereich dar, leitet daraus aber rechtfertigende Elemente für die Festsetzung höherer Fraktionsmindeststärken ab (dem VGH Kassel zustimmend *Sommer* in Bogner [Hrsg.], Beratungs- und Beschlussfassungsverfahren, S. 117).

Bei **kleineren Gemeinderäten** bedeutet die hier vertretene Auffassung ein Plädoyer für eine Ein-Personen-Fraktion. Hiergegen teilweise vorgetragene Bedenken eines völlig „atomisierten" Gemeinderates scheinen wenig praxisnah. Einzelne kleine Fraktionen sind hingegen als Ausdruck des Wählerwillens zu respektieren, der eben nur aufgrund ganz besonderer zwingender verfassungsrechtlicher Gründe zurückgedrängt werden darf. Gleichzeitig ist daran zu erinnern, dass damit noch keine Aussage darüber getroffen ist, ob allen Fraktionen gleiche Rechte zustehen. Aus der Rechtsprechung des BVerfG (vgl. BVerfGE 80, 188 ff.; 83, 304 ff.) ist die Möglichkeit einer differenzierten Behandlung bekannt. Unabhängig von der noch zu prüfenden Zulässigkeit einzelner Aspekte eines solchen Vorgehens handelt es sich dabei jedenfalls gegenüber der Versagung des Fraktionsstatus im Ganzen um den geringeren Eingriff in die Rechte des einzelnen Ratsmitglieds.

4.1.2.2 Überprüfung der landesrechtlichen Regelungen

4.1.2.2.1 Hessen

Die dogmatisch stringente Konsequenz aus diesem Befund hat im Ansatz der Landesgesetzgeber in Hessen durch den mit Wirkung zum 1.4.2011 neu in die Hessische Gemeindeordnung eingefügtem § 36 b gezogen. Entfällt in einer Gemeinde mit bis zu 23 Gemeindevertretern nach dem Wahlergebnis auf eine Partei oder Wählergruppe nur ein Sitz in der Gemeindevertretung, so hat der entsprechende Gemeindevertreter auch dann die Rechte und Pflichten einer Fraktion, wenn es nicht zu einem Zusammenschluss nach § 36 a HGO kommt **(Ein-Personen-Fraktion)**. Von den 170 Einzelmandatsträgern in den hessischen Gemeindevertretungen nach den Kommunalwahlen 2006 hatten 35 einen Stimmanteil von 5 % oder mehr errungen und hätten nach dem früheren Recht die wahlrechtliche Sperrklausel überwunden. Von diesen 35 sind wiederum 27 in Gemeindevertretungen mit nicht mehr als 23 Mandatsträgern eingezogen. Unter Berücksichtigung des Umstandes, dass es in Gemeinden mit bis zu 5 000 Einwohnern insgesamt nur 34 Einzelmandatsträger gab, hielt es der Gesetzgeber bei generalisierender Betrachtung für erlaubt und angezeigt, in diesen kleineren Gemeinden die Ein-Personen-Fraktion wieder einzuführen (vgl. Hessischer Landtag, Drs. 18/1626 S. 9).

Der in Absatz 2 der Norm vorgenommene Ausschluss vom Recht, die Bildung eines Akteneinsichtsausschusses nach § 50 Abs. 2 Satz 2 HGO verlangen zu können, beschreitet genau den soeben als vorzugswürdig beschriebenen Weg einer zulässigen **differenzierten Behandlung** im Einzelfall (Kritik übend an der „halbherzigen Kehrtwende" hingegen *Bennemann* in KVR Hess, Rz. 2 zu § 36 b HGO).

Konsequenterweise wird entgegen der Regelung in Hessen, wo ausdrücklich auf das **„Wahlergebnis"** abgestellt wird für die Zulässigkeit

der Bildung einer Ein-Personen-Fraktion, aber nicht allein darauf ab-
gehoben werden dürfen, ob ein Wahlvorschlag nur mit einem Sitz in
der Gemeindevertretung vertreten ist. Es ist verfehlt, für die Binnen-
organisation der Gemeindevertretung auf Wahlvorschlagsträger abzustellen (so aber die Gesetzesbegründung hierzu, vgl. Hessischer
Landtag, Drs. 18/1626 S. 11). In Gemeinden bis zu 23 Gemeindevertretern muss vielmehr aus Gründen der Gleichbehandlung der Fraktionsstatus auch denjenigen Gemeindevertretern zugebilligt werden,
die sich einer Fraktionsbildung eines erfolgreicheren Wahlvorschlags
nicht anschließen oder zu einem späteren Zeitpunkt durch Austritt
oder Ausschluss aus einer Fraktion wieder ausscheiden.

4.1.2.2.2 Mindeststärke zwei Personen

Eine Aussage über die zulässige Höhe der Fraktionsmindeststärke
lässt sich somit nur für die einzelne Gemeinde oder allenfalls für Gemeinden mit einer vergleichbaren Zahl von Ratsmitgliedern treffen.
Eine Reihe von Landesgesetzgebern ist diesen Weg indes nicht ge-
gangen. Stattdessen wird in Hessen (außer in kleineren Gemeinden, vgl. 4.1.2.2.1), Niedersachsen, Rheinland-Pfalz, dem Saarland
und Schleswig-Holstein die Mindestmitgliederzahl einer Fraktion
auf zwei festgesetzt. Eine solche Vorgehensweise wird mit Recht
als **problematisch** eingestuft (vgl. M. *Schröder*, Grundlagen und Anwendungsbereich des Parlamentsrechts, S. 296). Sie vermag der verfassungsrechtlich gebotenen Ausdifferenzierung nicht gerecht zu
werden.

Jedenfalls aber haben in den genannten Ländern zwei Ratsherren einen **Anspruch auf Fraktionsgründung**, auch wenn die Kommunalverfassungen lediglich von einer Mindeststärke sprechen und die nähere
Ausgestaltung des Fraktionswesens den Geschäftsordnungen der einzelnen Kommunen überlassen. Die gesetzlichen Bestimmungen sind
als abschließend zu bewerten, eine höhere Festlegung der Fraktionsmindeststärke durch Regelung in der Geschäftsordnung oder Hauptsatzung scheidet aus (ausdrücklich für RhPf. *OVG Koblenz*, NVwZ-
RR 1997 S. 310; offener noch der Senat im vorgeschalteten Verfahren
des vorläufigen Rechtsschutzes – 7 B 13092/94 –, RS S 42/95 LKT
RhPf.; vgl. nunmehr auch BbgVerfG, LKV 2011 S. 411 ff. = KommJur
2011 S. 415, 417; im Erg. ebenso vgl. auch *von Mutius*, Kommunalrecht, Rz. 718; *Oster* in FES [Hrsg.], Die Geschäftsordnung der Fraktion in der Gemeindevertretung, Rz. 49, *Kleerbaum/Klieve*, Die Fraktion und ihre Mitglieder, Rz. 46; *Strohmeyer*, NdsVBl. 2002 S. 30, 31;
Wefelmeier in KVR Nds/NKomVG, Rz. 14 zu § 57; krit. unter Hinweis
auf den Wortlaut auch *Erlenkämper*, NVwZ 1998 S. 354, 364). Soweit
Wortlaut, Systematik und Entstehungsgeschichte der jeweiligen
Norm nicht bereits zu einem eindeutigen Ergebnis in diesem Sinne
führen, ist eine dahingehende verfassungskonforme Auslegung geboten (im Ergebnis ebenso, allerdings von einer Nichtigkeit der Tat-

bestandsmerkmale „Fraktionsstärke" und „mindestens" ausgehend *Wüstenberg*, KommJur 2006 S. 121 ff.).

Nach Auffassung des VGH Kassel verbietet indes weder die Fixierung der Mindestfraktionsstärke auf zwei Kreistagsabgeordnete in § 26a Abs. 1 Satz 4 HKO die Bestimmung einer höheren Fraktionsmindeststärke, noch begegne die Festsetzung der Fraktionsmindestgröße auf vier Kreistagsabgeordnete bei insgesamt 71 Kreistagsabgeordneten (Urt. vom 22. 3. 2007 – Az. 8 N 2359/06 –, BeckRS 2007, 23222 S. 7 ff. = DÖV 2007 S. 848 [LS]; ähnlich bereits VGH Kassel, NVwZ 2007 S. 107 f. – vorl. Rechtsschutz) oder drei Stadtverordnete in der Stadt Frankfurt am Main (Urt. vom 3. 5. 2007 – Az. 8 N 2474/06 –, BeckRS2007, 25879 S. 4 ff. = DÖV 2007 S. 848 [LS]; im Erg. ebenso *Ehlers*, § 21 Rz. 56 in HKWP, 3. Aufl., 2007; *Bennemann* in KVR Hess, Rz. 7 zu § 36a HGO, der allerdings eine „nachvollziehbare Begründung" fordert) Bedenken. Der VGH Kassel fragt fehlerhafter Weise nicht nach einer Rechtfertigung für die Durchbrechung des streng zu handhabenden formalen Gleichheitssatzes, sondern legt als verfassungsrechtliche Messlatte (nur) den allgemeinen Gleichheitssatz sowie das Übermaßverbot, das Demokratieprinzip und den Minderheitenschutz an. Spätestens nach der gesetzgeberischen Entscheidung zur Ein-Personen-Fraktion in § 36b HGO dürfte diese Rechtsprechung nicht mehr haltbar sein.

Eine unzulässige **Einschränkung der verfassungsrechtlich garantierten Selbstverwaltung** gegenüber der Gemeinde ist in der Zulassung der Fraktionsbildung durch bereits zwei Gemeinderatsmitglieder hingegen nicht zu sehen (BVerwG, Buchholz 415.1 Allg. KommR. Nr. 138). Eine gegen diese Entscheidung erhobene Verfassungsbeschwerde hat das BVerfG (BvR 2005/96) nicht zur Entscheidung angenommen.

4.1.2.2.3 Differenzierte Quoren

Vier Bundesländer sehen differenzierte Quoren vor. In **Nordrhein-Westfalen** muss nach § 56 Abs. 1 Satz 2 GO i. d. F. von 2007 eine Fraktion im Rat einer kreisangehörigen Gemeinde aus mindestens zwei Mitgliedern, im Rat einer kreisfreien Stadt aus mindestens drei Mitgliedern und in einer Bezirksvertretung aus mindestens zwei Mitgliedern bestehen. Hierbei ist zu bedenken, dass die einwohnerstarken Städte im größten Bundesland eine Zahl von Ratsmitgliedern aufweisen, die der Anzahl der Landtagsabgeordneten in anderen Bundesländern entspricht.

Auch der Wegfall der 5 %-Sperrklausel im nordrhein-westfälischen Kommunalwahlrecht begründet keine verfassungsrechtlichen Bedenken gegen die Regelung in § 56 Abs. 1 Satz 2 GO NW a. F., die eine differenzierte Regelung zwischen mindestens zwei und vier Mitglie-

dern vorsah (OVG Münster, Beschl. vom 1.8.2006, Az. 15 A 2611/06, BeckRS 2006, 24877).

Rechtsdogmatisch interessanter erscheint die Regelung im einwohnerschwachen Flächenbundesland **Mecklenburg-Vorpommern** mit relativ kleinen Gemeinden und Städten. Die Gemeindeordnung sieht eine nach der Zahl der Mitglieder der Gemeindevertretung differenzierte Lösung vor. Maßgebend ist nach § 23 Abs. 5 Satz 2 2. Halbsatz KV MV die Anzahl der am Tag der Wahl der Gemeindevertretung zu wählenden Gemeindevertreter. Dadurch sollen Veränderungen durch während der Wahlperiode freiwerdende und nicht neu zu besetzende Mandate vermieden und somit kleineren Fraktionen Bestandsschutz gewährt werden (*Gentner*, Rz. 17 zu § 23 in Schweriner Kommentierung). Nicht immer zeigt sich der dortige Landesgesetzgeber so fürsorglich gegenüber kleineren Fraktionen. Seit 2004 muss in Mecklenburg-Vorpommern eine Fraktion in Städten mit mehr als 25 Stadtvertretern aus mindestens drei und in Städten mit mehr als 37 Stadtvertretern aus mindestens vier Mitgliedern bestehen. Zwar ist ein Beschwerdeführer gegen diese Neuregelung vor dem Landesverfassungsgericht MV gescheitert (DVBl 2005 S. 244 f. = DÖV 2005 S. 255 f. = NordÖR 2005 S. 61 ff. = LKV 2005 S. 217 f.). Dies hatte aber ausschließlich prozessuale Gründe. Mit Recht haben die Greifswalder Verfassungshüter das Organstreitverfahren einer politischen Partei gegen die Neuregelung als unzulässig verworfen. Die Festsetzung der Fraktionsmindeststärke sei keine Maßnahme, welche der der Antragstellerin obliegenden Mitwirkung an der politischen Willensbildung betreffe. Damit hat das LVerfG MV die Trennlinie zwischen den Parteien und den in die organisierte Staatlichkeit eingefügten Fraktionen deutlich markiert.

In der Sache verbleiben aber gleichwohl erhebliche verfassungsrechtliche Bedenken gegen die „kurvenreich" eingefügten neuen Mindeststärken für die größeren Stadtvertretungen und Kreistage, in denen nunmehr vier Kreistagsmitglieder für die Fraktionsbildung erforderlich sind (zum Gesetzgebungsverfahren vgl. *Hubert Meyer*, LKV 2004 S. 241, 244). Die vorherige Praxis in Mecklenburg-Vorpommern, die in der überwiegenden Zahl der anderen Bundesländer geltenden geringeren Quoren und nicht zuletzt der Zeitraum seit der Kommunalwahl im Juni 2004 bis zur Entscheidung am 16.12.2004, währenddessen die Geltung der verschärften Regelungen der neuen Kommunalverfassung des Landes Mecklenburg-Vorpommern aufgrund einer einstweiligen Anordnung des Landesverfassungsgerichts ausgesetzt waren (vgl. LVerfG MV, NordÖR 2004 S. 340 ff.) lassen erhebliche Zweifel daran aufkommen, ob eine 3- bzw. 4-Personen-Hürde zur Fraktionsbildung für die Gewährung der Funktionsfähigkeit der Stadtvertretungen und Kreistage überhaupt erforderlich, jedenfalls der Höhe nach aber angemessen ist. In den Erwägungen zur summarischen Prüfung im Wege des einstweiligen Rechtsschutzes findet sich der bemerkenswerte Satz der Greifswalder Verfassungsrichter, es sei nicht ersichtlich, dass die Funktionsfähigkeit der Stadtvertretungen und Kreistage wesentlich beeinträchtigt würde (LVerfG MV, NordÖR 2004 S. 340, 341). Es bleibt abzuwarten, ob das Landesverfassungs- gericht auf anderem Wege, bspw. im Rahmen eines konkreten Nor- menkontrollverfahrens, Gelegenheit erhält, sich inhaltlich mit den neuen Normen auseinander zu setzen (vgl. auch bereits *H. Meyer*, NordÖR 2005 S. 101 f.).

Diese Vorbehalte werden gestärkt durch die Verfassungsrechtspre- chung in dem strukturell dem Bundesland Mecklenburg-Vorpom- mern vergleichbaren Bundesland **Brandenburg** zu den dortigen, sei- nerzeit weitgehend an die Regelungen in Mecklenburg-Vorpommern angelehnten Bestimmungen (krit. auch bereits *Grünewald*, LKV 2008 S. 349, 351, Fn. 21; ausf. und insoweit überzeugend *Dyllick/Neubauer/ Gehricke*, NJ 2008 S. 481, 484 f.). Nach dem Urt. des BgbLVerfG vom 15.4.2011 (LKV 2011 S. 411 = KommJur 2011 S. 415, 417 f. ausführlich dazu bereits unter 4.1.1.1) gilt dort nunmehr generell bis zu einer eventuellen Modifizierung der Rechtslage durch den Gesetzgeber eine Mindeststärke von zwei Personen. Gesetzliche Regelungen zur Fraktionsstärke und zu Abstimmungsmodalitäten betreffen allerdings die Ausgestaltung des bereits erlangten Mandats der Mitglieder einer Kommunalvertretung; diese sind hierdurch nicht als Bürger, sondern als Stadtverordnete und damit als kommunale Mandatsträger betrof- fen; in dieser Konstellation ist eine Individualverfassungsbeschwerde nicht statthaft (zutr. BbgVerfG, LKV 2009 S. 27). Auch eine Verfas- sungsbeschwerde zum Bundesverfassungsgericht scheidet mangels Beschwerdebefugnis aus; eine solche lässt sich auch nicht auf eine eventuelle Verletzung von Wahlrechtsgrundsätzen stützen, denn die Länder gewährleisten den subjektivrechtlichen Schutz des Wahl- rechts in ihrem Verfassungsraum allein und abschließend (BVerfG, Beschl. vom 5.9.2011, NVwZ-RR 2012 S. 2 f.).

Auch die in der Begründung zum Entwurf eines Zweiten Gesetzes zur Fortentwicklung des Kommunalverfassungsrechts in Sachsen-Anhalt (LT-Drs. 5/1569) angeführten Gründe einer Verbesserung der Funk- tionsfähigkeit großer Vertretungskörperschaften halten kaum einer verfassungsrechtlichen Nachprüfung stand: Gefordert ist der Nach- weis einer nachhaltigen Beeinträchtigung.

4.1.2.2.4 Lage in Bundesländern ohne gesetzliche Regelung

In den süddeutschen Bundesländern Baden-Württemberg, Bayern, Sachsen und Thüringen enthält das Kommunalverfassungsrecht nach wie vor keine Festsetzung einer Fraktionsmindeststärke. In diesen Bundesländern bleibt die Ausgestaltung daher den Geschäftsordnun- gen der Gemeinderäte vorbehalten. Diese sind dabei jedoch nicht völ- lig frei.

Die Rechtsprechung neigt allerdings dazu, ein weites „Ermessen" einzuräumen. Das BVerwG hat festgestellt, es verstoße nicht gegen das Grundgesetz, wenn ein aus 32 Mitgliedern bestehender Gemeinderat (in Baden-Württemberg) in seiner Geschäftsordnung bestimme, dass eine Fraktion wenigstens drei Gemeinderatsmitglieder umfassen müsse. Wenn eine generelle landesrechtliche Regelung fehle, lasse sich das zulässige Quorum nur für den jeweiligen Einzelfall beurteilen. Dabei könne auch die Gesamtzahl der Mitglieder der Volksvertretung Berücksichtigung finden. Der Umstand, dass Vertretungen anderer Gemeinden gleicher Größe eine Fraktionsbildung bei nur zwei Gemeinderatsmitgliedern zuließen, sage nichts über eine verfassungsrechtliche Unzulässigkeit aus. Insbesondere liege darin kein Verstoß gegen Art. 3 Abs. 1 GG. Die Gemeindevertretung habe eine weitgehende Gestaltungsfreiheit bei der Regelung ihrer inneren Angelegenheiten (DÖV 1979 S. 790 f.). Die obergerichtliche Judikatur ergänzt die Begründung um Überlegungen zum Minderheitenschutz (vgl. OVG Koblenz, NVwZ 1982 S. 694, zur damaligen Rechtslage in Rheinland-Pfalz), des Willkürverbots und der Chancengleichheit (vgl. OVG Koblenz, VZ GStB RP 1988 S. 111; VGH Mannheim, NVwZ-RR 1989 S. 425 ff.; NVwZ-RR 2003 S. 56 ff. = DÖV 2002 S. 912 ff.; ebenso *Zöller*, VR 1993 S. 316 ff., mit völlig unbefriedigenden Erwägungen) sowie des Übermaßverbots (VGH München, NVwZ-RR 2000 S. 811, 812; zuletzt OVG Bautzen, Urt. vom 19.4.2011, BeckRS 2011, 51105 S. 11 f.), gelangt aber zu ähnlichen Ergebnissen.

Die angeführten Überlegungen sind nach der hier vertretenen Auffassung teilweise falsch. Die Beschränkung von Mitwirkungsbefugnissen eines Gemeinderatsmitglieds kann schon allgemein nicht an der Willkürgrenze gemessen werden, denn es geht um die Begrenzung von Statusrechten.

So erreicht die Gestaltungsfreiheit des Gemeinderates keineswegs ihre Grenzen erst dann, wenn keine vernünftigen Gründe mehr für die gefundene Regelung sprechen (so aber *Geiger*, JuS 1997 S. 64, 68, der im Ergebnis zu Recht eine Festsetzung der Fraktionsmindeststärke auf vier Personen in einem Gemeinderat mit 16 Mitgliedern ablehnt).

Angesichts des Eingriffs in das grundsätzlich gewährleistete Recht jedes Mandatsträgers zur Fraktionsbildung kann es zur Rechtfertigung der Festlegung einer Mindestfraktionsstärke von vier Personen in einer Geschäftsordnung auch nicht darauf ankommen, dass der Abstand zwischen der kleinsten Gruppierung mit drei Mitgliedern und der nächst größeren mit sieben Mitgliedern besonders deutlich ausfällt und sich so die Zäsur zwischen drei und sieben Mitgliedern arithmetisch anbiete (so aber VGH München, NVwZ-RR 2000 S. 811, 812). Die genannten Zahlen bieten bei einer Gesamtmitgliederzahl von 40 eher einen Hinweis darauf, dass eine Beeinträchtigung der Arbeitsfähigkeit des Gemeinderates auch bei Zuerkennen des Fraktionsstatus an die kleinere Gruppierung nicht droht.

Für die Einführung einer Fraktionsmindeststärke ist ein bloßer Hinweis auf eine Straffung der Arbeit des Gemeinderates nicht genügend. Vielmehr muss die Gefährdung der Arbeit der Gemeindevertretung plausibel nachgewiesen werden. Man kann von einer Umkehr der Beweislast sprechen: Die Festsetzung einer Fraktionsmindeststärke bedarf der Rechtfertigung. Das Willkür- und Missbrauchsverbot sind in diesem Zusammenhang nicht geeignet, wirksame Eingrenzungen vorzunehmen. Abzustellen ist vielmehr auf den **Grundsatz der Verhältnismäßigkeit** (die rechtliche Handhabbarkeit dieses Maßstabes betonend auch *von Mutius*, Kommunalrecht, Rn. 721). Die Erschwerung der gleichberechtigten Wahrnehmung der Rechte eines Gemeinderatsmitglieds durch Vorenthalten des Fraktionsstatus muss geeignet, erforderlich und angemessen sein. Besondere Bedeutung kommt dem Prinzip der Erforderlichkeit zu (im Ergebnis ähnlich vgl. *Scholtis*, Minderheitenschutz in kommunalen Vertretungskörperschaften, S. 295 f.). Unter Anlegen dieser Maßstäbe begegnet die Festlegung einer Fraktionsstärke auf fünf Kreisräte in der Geschäftsordnung eines Kreistages mit 80 Kreisräten auch unter Berücksichtigung des Umstandes, dass im sächsischen Kommunalverfassungsrecht den Fraktionen keine wesentlichen Befugnisse eingeräumt sind (so OVG Bautzen, Urt. vom 19.4.2011, BeckRS 2011, 51105 S. 11 f. = NVwZ-RR 2011 S. 701 [LS]), durchgreifenden Bedenken, zumal § 31 a Abs. 3 Satz 1 SächsLKrO den Fraktionen im Kreistag dem Grunde nach einen Anspruch auf finanzielle Unterstützung gewährt und damit erheblich Einfluss auf die tatsächlichen Mitwirkungsmöglichkeiten des einzelnen Kreisrates ausgeübt wird (vgl. dazu unten Ziff. 6.2.1.2). Das BVerwG (Beschl. vom 11.6.2011, BeckRS 2011, 52981) hat die Beschwerde gegen die Nichtzulassung der Revision gegen das Urteil indes zurückgewiesen.

Entgegen der in der Rechtsprechung vertretenen Auffassung ist es insoweit auch sehr wohl ein relevantes Indiz gegen die Zulässigkeit der Festsetzung einer Fraktionsmindeststärke auf drei Gemeinderatsmitglieder, wenn im gleichen Bundesland Vertretungen anderer Gemeinden gleicher Größe mit einer Fraktionsmindeststärke von zwei Gemeinderatsmitgliedern auskommen, ohne dass eine Gefährdung der Arbeitsfähigkeit eingetreten wäre.

Konsequent ist es hingegen, eine grundsätzlich gerechtfertigte Bestimmung der Fraktionsmindeststärke auch während der Wahlperiode zuzulassen (vgl. VGH Mannheim, NVwZ-RR 1989 S. 425, 427). Dies ist auch Ausdruck der Geschäftsordnungsautonomie. Es ist sogar zu begrüßen, wenn zunächst der Versuch unternommen wird, ohne eine solche Reglementierung auszukommen und diese erst dann eingeführt wird, wenn sich die Notwendigkeit dazu herausgestellt hat.

Grundsätzlich kann auch eine durch Herabsetzung der Sperrklausel im Kommunalwahlrecht herbeigeführte Erhöhung der Zahl der im Gemeinderat vertretenen politischen Gruppen eine Erhöhung der

Fraktionsmindeststärke in der Geschäftsordnung des Gemeinderates rechtfertigen (vgl. OVG Koblenz, DÖV 1992 S. 228).

4.1.2.2.5 Rechtsschutz gegen Geschäftsordnungsbestimmungen zur Mindeststärke

Lange Zeit offen war die Frage, ob das einzelne Ratsmitglied die Möglichkeit hat, eine von der Gemeinde festgesetzte Fraktionsmindeststärke gerichtlich überprüfen zu lassen. Probleme bereitete der ungeklärte Rechtscharakter der Geschäftsordnung, die sich in die üblichen Rechtsformen des Verwaltungshandelns nur schwer einpasst. Besondere Schwierigkeiten resultieren daraus, dass die Geschäftsordnung lediglich organinterne Rechtsbeziehungen regelt.

In einem Grundsatzbeschluss hat das Bundesverwaltungsgericht (DVBl 1988 S. 790 f. = NVwZ 1988 S. 1119) aber klargestellt, eine Bestimmung über die Fraktionsmindeststärke in der Geschäftsordnung eines kommunalen Vertretungsorgans unterliege auf Antrag eines Mitglieds der Vertretung als „andere im Rang unter dem Landesgesetz stehende Rechtsvorschrift" i. S. von § 47 Abs. 1 Nr. 2 VwGO der **verwaltungsgerichtlichen Normenkontrolle**. Ebenso wie bei einer abstrakt-generellen Regelung durch Rechtsverordnung oder Satzung gegenüber dem Bürger handele es sich für den Mandatsinhaber um einen Rechtssatz im materiellen Sinne. Das Normenkontrollverfahren nach § 47 VwGO verbinde Elemente eines objektiven Beanstandungsverfahrens mit solchen der Gewährung individuellen Rechtsschutzes. Es diene der Rechtsklarheit und der ökonomischen Gestaltung des Prozessrechts, indem es zahlreichen Einzelprozessen vorbeuge. Dieser Zielsetzung müsse auch bei der Verfolgung von Rechten entsprochen werden, die aus einer innerorganisatorischen Rechtsstellung als Mitglied eines kommunalen Vertretungsorgans resultieren (ebenso VGH Kassel, Urt. vom 22.3.2007 – Az. 8 N 2359/06 –, BeckRS 2007, 23222 S. 5 f.; Urt. vom 23.5.2007 – Az. 8 N 2474/06 –, BeckRS 2007, 25879 S. 4).

Für ein potenziell klagewilliges Ratsmitglied bietet das Normenkontrollverfahren Vorteile. Durch die erstinstanzliche Zuständigkeit des OVG/VGH bekommt er schnell eine endgültige Entscheidung. Ferner ist weder ein Vorverfahren notwendig, noch sind Antragsfristen zu wahren.

4.2 Formelle Erfordernisse

> Um die mit dem Fraktionsstatus verbundenen Rechte in Anspruch nehmen zu können, muss die Bildung einer Fraktion positiv feststehen. Einzelne Bundesländer sehen gesetzliche Mitteilungs- und Anzeigepflichten für die Fraktionsbildung vor, überwiegend ist die Regelung dieser Belange den Geschäftsordnungen der Vertretungen vorbehalten. Die innere Ordnung einer Fraktion muss demokratischen und rechtsstaatlichen Grundsätzen entsprechen.

4.2.1 Konstituierung der Fraktion

Die **Bildung einer Fraktion** ist frühestens nach dem Feststehen des Ergebnisses der Kommunalwahl möglich. Es sollte die schriftliche Bestätigung der Wahl der Ratsmitglieder durch den Gemeindewahlleiter abgewartet werden (ebenso VG Potsdam, LKV 2004 S. 478).

Einen nennenswert weiteren Aufschub duldet die Fraktionsbildung aber nicht, da sie vor der konstituierenden Sitzung des Gemeinderates erfolgen muss, denn dort werden zahlreiche Entscheidungen getroffen, die die Existenz der Fraktionen voraussetzen. So sind umfangreiche personalpolitische Weichenstellungen im Hinblick auf die erste Sitzung des Gemeinderates vorzunehmen. Die Besetzung von Führungspositionen, Ausschussmitgliedschaft und -vorsitz usw. sind vorzuklären. Unter diesen Umständen begegnet es keinen Bedenken, denjenigen Wahlbewerbern, die eine nicht entziehbare Anwartschaft auf ein Mandat im künftigen Gemeinderat haben, die Durchführung einer „Fraktionssitzung" zu gestatten, auch wenn die Wahlperiode noch nicht begonnen haben sollte. Die Rechtswirkungen, einschließlich der Zahlung evtl. Sitzungsgelder, treten ein, wenn die neue Fraktion erstmals im Gemeinderat in Erscheinung tritt.

Die Fraktionsbildung erfolgt im Einverständnis aller beteiligten Ratsmitglieder. Sie unterliegt keiner bestimmten Form. Der Beitritt zur Fraktion kann beispielsweise durch Teilnahme und Mitwirkung im Rahmen der konstituierenden Fraktionssitzung zum Ausdruck kommen. Es darf bezweifelt werden, dass es sich um einen Vertragsschluss handelt (so aber *Zuleeg* in HKWP Bd. 2, 2. Aufl., S. 145, 153: zustimmend offenbar *Jahndel*, Kommunale Fraktionen, S. 25), das Problem bedarf hier aber keiner Vertiefung.

Das Bestehen einer Fraktion muss, um die mit dem Fraktionsstatus verbundenen Rechte in Anspruch nehmen zu können, positiv feststehen. Die materielle Beweislast hierfür tragen diejenigen, die sich auf das Bestehen einer Fraktion berufen (OVG Münster, Beschl. vom 19. 6. 2013, BeckRS 2013, 52551).

4.2.2 Mitteilungs- und Anzeigepflichten

Nur Hessen (§ 36a Abs. 2 HGO) und Rheinland-Pfalz (§ 30a Abs. 2 GemO RhPf) verpflichten die Ratsmitglieder, den Zusammenschluss zu einer Fraktion, die Bezeichnung, die Namen der Mitglieder sowie den Vorsitzenden und seinen Stellvertreter (in Hessen auch der Hospitanten) **anzuzeigen**. Soweit die übrigen Gemeindeordnungen Bestimmungen über die Fraktionen enthalten, verweisen sie zu näheren Einzelheiten über die Bildung der Fraktionen sowie ihre Rechte und Pflichten regelmäßig auf die Geschäftsordnung. Ein exemplarischer Auszug aus der Mustergeschäftsordnung des Niedersächsischen Landkreistages für die Fraktionen und Gruppen findet sich als **Anhang 4**.

Fallen die Funktionen des Hauptverwaltungsbeamten und des Ratsvorsitzenden auseinander, sollten beiden die genannten Angaben
übermittelt werden. Wird eine eigene Geschäftsstelle errichtet, ist deren Anschrift mitzuteilen.

Hinsichtlich der **Bezeichnung** wird sich die Fraktion in aller Regel auf
die Partei stützen, der die Mitglieder in den meisten Fällen gemeinsam angehören.

Wegen des freien Mandates gibt es jedenfalls in den Ländern ohne
gesetzliche Regelung keine entsprechende Verpflichtung. Sie darf in
der Geschäftsordnung auch nicht auferlegt werden.

Verboten ist der Gebrauch einer irreführenden Bezeichnung; insbesondere ist bei der Namenswahl das Recht anderer Fraktionen zu
respektieren, Beeinträchtigungen des Namensrechts können entsprechend § 12 BGB abgewehrt werden, der im öffentlichen Recht analog
gilt (vgl. auch oben zu Erl. 3.2.5 und *Bick*, Die Ratsfraktion, S. 94 f.).

4.2.3 Innere Ordnung

Die angeführten Anzeigepflichten verdeutlichen bereits, dass die
Fraktion in ihrer ersten Sitzung die notwendigen Entscheidungen zu
ihrer Selbstorganisation treffen muss. Insbesondere sind eine Reihe
von Wahlen durchzuführen.

Neben dem Vorsitzenden und seinem(n) Stellvertreter(n) kommen in
größeren Fraktionen weitere Vorstandspositionen und der Geschäftsführer hinzu. Über die Modalitäten der Wahl enthalten die Gemeindeordnungen keine Vorschriften. In Brandenburg (§ 32 Abs. 2 Satz 3
BbgKVerf), Mecklenburg-Vorpommern (§ 23 Abs. 5 Satz 3 KV MV),
Niedersachsen (§ 57 Abs. 2 Satz 2 NKomVG) und Nordrhein-Westfalen (§ 56 Abs. 2 Satz 2 GO NW) ist aber ausdrücklich festgehalten,
dass die innere Ordnung der Fraktionen **demokratischen und rechtsstaatlichen Grundsätzen** entsprechen muss. Diese an Art. 21 Abs. 1
Satz 3 GG anknüpfende Klarstellung ist zu begrüßen. Die Fraktionen
sind Teile einer demokratischen legitimierten Volksvertretung, die öffentliche Gewalt ausübt. Sie treffen wesentliche Vorklärungen für die
Arbeit des Gemeinderates. Von daher ist es angebracht, ihre innere
Organisation den grundlegenden Strukturprinzipien einer rechtsstaatlichen Demokratie zu unterwerfen (im Ergebnis auch *Aulehner*,
JA 1989 S. 478, 484).

4.3 Geschäftsordnungsrecht

Wesentliche Inhalte der Zusammenarbeit in der Fraktion sind in einer
Fraktionsgeschäftsordnung zu regeln, auch wenn eine solche nur in
Nordrhein-Westfalen gesetzlich gefordert ist. Bei ihnen handelt es sich
um einen Regelungstyp eigener Art, die Selbstbindung entfalten. Trotz

> ihres Charakters als Binnenrecht können bestimmte Normen einer Frak-
> tionsgeschäftsordnung auf Antrag eines Mitglieds im Rahmen eines Nor-
> menkontrollverfahrens auf die Vereinbarkeit mit höherrangigem Recht
> überprüft werden.

4.3.1 Notwendigkeit und typischer Regelungsgehalt einer Geschäftsordnung

Notwendig ist jedenfalls bei größeren Fraktionen eine Fraktionsgeschäftsordnung. Die Geschäftsordnung dient der Aufgabenverteilung in funktionaler wie in sachpolitischer Weise. Sie regelt, welche
Funktionsträger/Organe die Fraktion kennt, welche Aufgaben von
diesen wahrzunehmen sind und wie sich die Zusammenarbeit praktisch darzustellen hat (*Kleerbaum/Klieve*, Die Fraktion und ihre Mitglieder, Rn. 52).

Die Notwendigkeit einer Geschäftsordnung hat nunmehr auch Eingang in den Gesetzestext gefunden. § 56 Abs. 2 Satz 3 GO NW verpflichtet die Fraktionen, sich ein „Statut" zu geben. Der unübliche
Begriff ist vermutlich gewählt worden, um Verwechslungen mit der
Geschäftsordnung der Gemeindevertretung auszuschließen. Als Min-
destinhalt werden Regelungen zum Abstimmungsverfahren, zur Aufnahme und zum Ausschluss aus der Fraktion gefordert.

Die Geschäftsordnungen der meisten Fraktionen gehen in der Praxis
deutlich über diese Minimalanforderungen, deren Nichtbefolgung
auch nach nordrhein-westfälischem Recht im Übrigen keinerlei Sanktionen nach sich zieht, hinaus. In den Geschäftsordnungen größerer
Fraktionen finden sich Festlegungen zu folgenden Bereichen (vgl.
Kleerbaum/Klieve, Die Fraktion und ihre Mitglieder, Rn. 230, mit näherer Spezifizierung):

- Ziele und Aufgaben der Fraktion;
- Mitgliedschaft in der Fraktion;
- Bestimmen der Organe;
- Fraktionsversammlung und ihre Aufgaben;
- Zusammensetzung des Vorstandes und seiner Aufgaben;
- Stellung und Aufgaben des Fraktionsvorsitzenden;
- Rechte und Pflichten der Fraktionsmitglieder;
- Modalitäten der Abstimmung und Beschlussfassung;
- Anträge und Anfragen von Fraktionsmitgliedern;
- Arbeit in den Ausschüssen;
- Einbindung der sachkundigen Bürger;
- Grundlagen interfraktioneller Zusammenarbeit;
- Ordnungsmaßnahmen gegen Fraktionsmitglieder;

- Grundlagen der Fraktionsfinanzierung;
- Führen eines Fraktionsarchivs und einer -bibliothek;
- Berücksichtigung datenschutzrechtlicher Regelungen;
- Öffentlichkeitsarbeit und
- Bestimmungen zur Änderung der Geschäftsordnung.

Für die Ausgestaltung im Einzelnen kann regelmäßig auf Mustergeschäftsordnungen zurückgegriffen werden, beispielsweise der kommunalpolitischen Vereinigungen der großen Parteien (vgl. exemplarisch das **Muster** in **Anhang 2**). Auch insoweit sind die Ratsmitglieder aber selbstverständlich frei, abweichende Bestimmungen zu treffen. Oftmals ist dies zur Anpassung an die Verhältnisse am Ort sogar geboten. Je kleiner eine Fraktion ist, umso geringer ist das Bedürfnis nach detaillierten Vorgaben, die sich in der Praxis auch als erschwerend für das ehrenamtliche Engagement herausstellen können. Alle in der Geschäftsordnung vorgenommenen Einschränkungen der Freiheit des einzelnen Mandatsträgers sind auf ihre Erforderlichkeit hin zu überprüfen (zutreffend *Bick*, Die Ratsfraktion, S. 93).

4.3.2 Rechtsnatur und rechtliche Bindungswirkung

Die **Rechtsnatur** der Fraktionsgeschäftsordnungen ist ebenso wenig geklärt, wie die Geschäftsordnung der Gemeinderäte. Nach überwiegender Auffassung handelt es sich bei den Geschäftsordnungen der Gemeinderäte zwar um Rechtsquellen, nicht aber um Satzungen, sondern nur organitäre wirkende Rechtsnormen des Innenbereichs (vgl. BVerwG, NVwZ 1988 S. 1119, 1120; VGH Mannheim, VBlBW 1972 S. 40; *Schmidt-Jortzig*, Kommunalrecht, Rz. 417; *Möstl* in Erichsen/Ehlers [Hrsg.], Allgemeines Verwaltungsrecht, § 18 Rz. 13; *Wohlfahrt*, Kommunalrecht, Rz. 133; *von Mutius*, Kommunalrecht, Rz. 714 m. w. N.). Im Gegensatz zu Verwaltungsvorschriften begründen sie jedoch keine heteronome Bindung, sondern eine Selbstbindung. Die Geschäftsordnungen entziehen sich den Versuchen, sie in die überkommene Formentypik des Verwaltungsrechts einzufangen. Sie sind vielmehr als **Regelungstyp eigener Art** zu betrachten (zutr. *Maurer*, Allgemeines Verwaltungsrecht, § 24 Rz. 12). Dies gilt auch für die Fraktionsgeschäftsordnungen.

Die Bestimmungen der Geschäftsordnung müssen mit höherrangigem Recht (Verfassung, Gesetze, Rechtsverordnungen, Satzungen) vereinbar sein. Weder die Geschäftsordnung des Gemeinderates, noch solche der Fraktion dürfen daher Mitgliedschaftsrechte des Mandatsträgers verkürzen (vgl. *Waechter*, Kommunalrecht, Rn. 300); erlaubt ist insoweit lediglich die Konkretisierung ihrer Ausübung.

Fraglich ist die Wirksamkeit einer unter Verstoß gegen die Fraktionsgeschäftsordnung getroffenen Entscheidung. Im Grundsatz gilt: Ein **Verstoß gegen die Geschäftsordnung** ist innenrechtlich, aber nicht außenrechtlich relevant. Etwas anderes gilt nur dann, wenn und soweit die Geschäftsordnung zwingende gesetzliche, d. h. in formellen Gesetzen oder Rechtsvorschriften enthaltene Vorschriften wörtlich oder der Sache nach wiedergibt (vgl. nur OVG Münster, NVwZ-RR 1997 S. 184, 185 zur Geschäftsordnung des Gemeinderates). Es handelt sich um keine echte Ausnahme von der Regel, denn der Grund für Beachtlichkeit des Verstoßes liegt allein im Verstoß gegen das Gesetz (zutr. *O. Schneider*, NWVBl. 1996 S. 89, 91 ff.).

Im **Parlamentsrecht** wird davon ausgegangen, eine alleinige Verletzung der Geschäftsordnung berühre nicht die Wirksamkeit oder Gültigkeit eines parlamentarischen Beschlusses im Außenverhältnis. Abgestellt wird auf gravierende Verstöße, also die Verletzung wesentlicher oder wichtiger Vorschriften. Bloße geschäftsregelnde, technische Bestimmungen könnten dieses Kriterium nicht erfüllen. Die Wesentlichkeit oder Wichtigkeit einer Geschäftsordnungsvorschrift könne nur unter Bezugnahme auf die Verfassung begründet werden. Soweit die Geschäftsordnung Vorschriften des Grundgesetzes wörtlich oder sinngemäß wiederhole, liege in einem Geschäftsordnungsverstoß gleichzeitig ein Verfassungsverstoß. Unter Hinweis auf Art. 38 Abs. 1 Satz 2 GG und Art. 21 Abs. 1 Satz 3 GG wird die Nichtigkeit einer Entscheidung u. a. bei geschäftsordnungswidrigem Ausschluss eines Fraktionsmitgliedes von der Beschlussfassung, bei der Ausübung von Fraktionszwang, bei Entscheidungen anderer über Angelegenheiten, die der Fraktionsvollversammlung vorbehalten seien sowie bei Beschlussfassung trotz fehlender Beschlussfähigkeit angenommen (vgl. *Kürschner*, DÖV 1995 S. 16, 18 f. m. w. N.).

Diese Überlegungen können in behutsamer Form auf die Arbeit von **Fraktionen in kommunalen Vertretungen** übertragen werden. Auch insoweit kann darauf abgestellt werden, ob es sich um wesentliche Verfahrens- oder um bloße Ordnungsvorschriften handelt (vgl. *OVG Münster*, DÖV 1997 S. 344; *Hufen*, Fehler im Verwaltungsverfahren, Rn. 470; ähnlich im Erg. wohl *Waechter*, Kommunalrecht, Rn. 305, der auf den Zweck der einzelnen Geschäftsordnungsnormen abstellen will). Wichtig sind insoweit indes nicht nur verfassungsrechtliche Bestimmungen aufgreifende Geschäftsordnungsregeln, insbesondere die dem freien Mandat Geltung verschaffenden Bestimmungen. Vielmehr ist auch das einfache Gesetzesrecht, insbesondere die jeweilige Kommunalverfassung zu beachten. Hervorzuheben ist die nunmehr in etlichen Ländern explizit geregelte Verpflichtung, dass die innere Ordnung demokratischen und rechtsstaatlichen Grundsätzen entsprechen muss. Hierbei dürfte es sich um die deklaratorische Wiederholung eines in Art. 21 Abs. 1 Satz 3 GG verfassungsrechtlich angelegten allgemeinen Rechtsgedankens handeln, der trotz der gebotenen Unterscheidung zwischen Partei und Fraktion für die Fraktion als Teil der organisierten Staatlichkeit erst recht Geltung beanspruchen muss.

Auf der anderen Seite dürfen die Anforderungen nicht überstrapaziert werden. Soweit es sich um lediglich vorbereitende Beratung in der Sache handelt, würde es z. B. zu weit führen, aus der fehlenden Beschlussfähigkeit in einer Fraktionssitzung rechtliche Konsequenzen für das Schicksal einer Sachentscheidung im Gemeinderat abzuleiten. Die Kommunalverfassungen enthalten insoweit grundsätzlich abschließende Regelungen, die nicht zur Disposition einzelner Fraktionen gestellt werden können.

Ob ein Hinweis auf die für das öffentliche Recht als grundlegend apostrophierten §§ 43 ff. VwVfG vorliegend weiterzuführen vermag (vgl. in diesem Sinne *Kürschner*, DÖV 1995 S. 16, 20), kann nicht abschließend beurteilt werden. Zweifel sind aber angebracht. Die durch das VwVfG als klassisches Recht der Verwaltung gegenüber dem Bürger geprägten Sachverhalte lassen sich kaum mit dem Binnenrecht von Fraktionen vergleichen. Die auf die Handlungsform des Verwaltungsakts zugeschnittenen Regelungen sind zu dem für Rechtsnormen im Zweifel nicht anwendbar, abgesehen von den rechtspolitischen Bedenken gegen die dort im Einzelnen getroffenen Bestimmungen (vgl. näher nur *Hubert Meyer* in Knack/Henneke, VwVfG, 9. Aufl., § 46 Rn. 10 ff.).

4.3.3 Rechtsschutz gegen beeinträchtigende Geschäftsordnungs- normen

Soweit Geschäftsordnungen Bestimmungen enthalten, die die Rechte von Mitgliedern kommunaler Vertretungsorgane in generell-abstrakter Weise regeln, können solche Normen trotz ihres Charakters als bloßes Binnenrecht in den Anwendungsbereich des § 47 VwGO einbezogen und auf Antrag eines Mitglieds vom Gericht im Wege eines **Normenkontrollverfahrens** auf ihre Gültigkeit überprüft werden (BVerwG, NVwZ 1988 S. 1119, 1120). Diese auf die Geschäftsordnung eines Kreistages zugeschnittene höchstrichterliche Aussage muss in gleicher Weise für die Geschäftsordnung einer Fraktion Gültigkeit beanspruchen können (zum Rechtsschutz im Fraktionsrecht der staatlichen Parlamente vgl. *Kürschner*, JuS 1996 S. 306 ff., und hierzu *Mückl*, JuS 1996 S. 760).

4.4 Fraktionsausschluss

Eine Fraktion hat das Recht, ein Mitglied auszuschließen. Wegen der damit einhergehenden Eingriffsintensität für die Mitwirkungsbefugnisse des Betroffenen unterliegt die Zulässigkeit eines solchen Schrittes strengen Anforderungen. Verfahrensrechtlich muss die Fraktion in ihrer Gesamtheit nach fristgerechter Einladung mit genauer Bezeichnung des Tagesordnungspunktes beraten. Dem Betroffenen ist die Möglichkeit zur Anhörung zu gewähren. Die Notwendigkeit eines bestimmten Quorums für den Ausschluss ist umstritten, zutreffend ist auf die Mehrheit der Mitglieder der Fraktion abzustellen. Die Form der Abstimmung sollte sich

nach überzeugender Ansicht an dem gesetzlich vorgesehenen Abstim-
mungsprozedere für die Vertretung orientieren. Dem Ausgeschlossenen
sind die hierfür maßgeblichen Gründe mitzuteilen. Materiell ist ein Fraktionsausschluss nur bei vorliegen eines wichtigen Grundes zulässig. Ob
ein wichtiger Grund vorliegt, kann nur unter Berücksichtigung der Umstände des Einzelfalls beurteilt werden. Hierfür ist den Fraktionen ein
Beurteilungsspielraum zuzubilligen, der nur einer eingeschränkten gerichtlichen Kontrolle unterliegt. Zu beachten sind der Grundsatz der Verhältnismäßigkeit und das Willkürverbot. Für die Überprüfung des Ausschlusses ist der Verwaltungsrechtsweg eröffnet.

4.4.1 Bedeutung

Das stärkste Sanktionsmittel der Fraktion gegenüber ihrem Mitglied,
das zudem kurzfristig und unmittelbar wirkt, ist der Ausschluss. Die
grundsätzliche Befugnis hierzu resultiert aus dem autonomen Recht
der Fraktionen selbst. Soll an dem Wesen der Fraktionen als Gesin-
nungs- und Konsensgemeinschaft zum Verwirklichen politischer Ziele
in den Vertretungskörperschaften festgehalten werden, ist ein Recht
zum Ausschluss von Mitgliedern, die die gemeinsamen Positionen
nicht mehr vertreten, letztlich unverzichtbar. Die Machtbalance zwischen Fraktion und Ratsmitglied bleibt nur gewahrt, wenn beiden beteiligten Partnern eigene Sanktionsmittel verfügbar sind. Die Möglichkeit zum Fraktionsausschluss bildet das Gegengewicht zum Recht
des Ratsmitglieds, die Fraktion aus eigenem Entschluss zu verlassen.
Zu weitgehend dürfte es daher sein, einen Fraktionsausschluss nur
durch kollidierende Verfassungsrechtsgüter Dritter, insbesondere das
freie Mandat der übrigen Fraktionsmitglieder und die Funktionsfähigkeit der Fraktion als Teil des Parlaments gerechtfertigt zu sehen (so
Th. Schmidt, DÖV 2003 S. 846, 847 f.).

Der politische Willensbildungsprozess in den staatlichen Parlamenten
wie in den kommunalen Vertretungskörperschaften vollzieht sich sowohl in der Plenums-, als auch in der Ausschuss- und Fraktionsmit-
arbeit. Wird durch eine vorläufige Untersagung aller Mitwirkungsrechte durch den Fraktionsvorstand oder durch einen Ausschluss die
Möglichkeit zur Mitarbeit in der Fraktion abgeschnitten, verändert
dies die Mitwirkungsmöglichkeit des einzelnen erheblich (vgl.
BbgLVerfG, NVwZ-RR 1997 S. 377, 378 m. w. N.). Zwar räumen die
Gemeinde- und Landkreisordnungen auch dem einzelnen Mandatsträger eine Vielzahl von Informations- und Kontrollrechten ein (vgl.
nur *Hubert Meyer*, Der Landkreis 1995 S. 265 ff.). Gleichwohl handelt
es sich um einen gravierenden Einschnitt bei den Einwirkungsmöglichkeiten, bspw. durch Ausschluss von der Mitwirkung fraktionsgebundener Vorschlagsrechte oder der Teilhabe an der arbeitsteiligen
Vorbereitung der Sitzungen des Gemeinderates.

Schon aus Selbsterhaltungsinteresse wird eine Fraktion sparsam mit
dem Instrument des Ausschlusses umgehen. Macht sie aber davon

Gebrauch, sind wegen der damit verbundenen „Eingriffsintensität" strenge Anforderungen aus demokratisch-rechtsstaatlichen Erwägungen an die Zulässigkeit zu stellen.

Für die Parteien als im gesellschaftlichen Bereich wurzelnde und in die organisierte Staatlichkeit hineinragende Institutionen statuiert Art. 21 Abs. 1 Satz GG ausdrücklich das Gebot einer demokratischen Grundsätzen entsprechenden inneren Ordnung. Fraktionen sind (auch) funktionelle Erscheinungen der Partei in den Parlamenten und Kommunalvertretungen. Die Fraktionen sind aber vollends dem staatlichen Bereich zuzurechnen.

Ihre Mitglieder zeichnen sich durch einen verfassungsrechtlich verbürgten Status der Freiheit und Gleichheit aus. Das für die politischen Parteien geltende innerparteiliche Demokratiegebot muss für die Fraktionen somit erst recht gelten (ähnlich hierzu und zum Folgenden vgl. auch *Erdmann*, DÖV 1988 S. 907 ff.; *Aulehner*, JA 1989 S. 478 ff.).

Als öffentlich-rechtliche Vereinigungen unterliegen die Fraktionen wie alle öffentliche Gewalt dem Rechtsstaats- und Demokratieprinzip (ebenso *Waechter*, Kommunalrecht, Rn. 320). In einigen Ländern (vgl. § 32 Abs. 2 Satz 3 BbgKVerf; § 57 Abs. 2 Satz 2 NKomVG; § 56 Abs. 2 Satz 2 GO NW; § 23 Abs. 5 Satz 3 KV MV) hat der Gesetzgeber die Fraktionen klarstellend ausdrücklich dazu verpflichtet, dass ihre innere Ordnung demokratischen und rechtsstaatlichen Grundsätzen entsprechen muss. Unabhängig davon muss ein Fraktionsausschluss verfahrens- wie materiellrechtlich bestimmten Mindestanforderungen entsprechen.

4.4.2 Verfahrensrechtliche Voraussetzungen

4.4.2.1 Zuständigkeit

Zuständig für einen zu fassenden Beschluss über den Ausschluss eines Mitgliedes ist die **Fraktion als Gesamtheit**, nicht also etwa der Fraktionsvorstand (ebenso *Th. Schmidt*, DÖV 2003 S. 846, 848, m. w. N.; *Wallerath*, NdsVBl. 2005, Beilage zu Heft 8 S. 43 ff.). Denkbar erscheint indes eine vorläufige Untersagung der Ausübung der Rechte als Fraktionsmitglied durch den gewählten Fraktionsvorstand bis zur Herbeiführung einer Entscheidung der Gesamtfraktion im Sinne der Wahrnehmung einer „Eilkompetenz" (vgl. für eine Landtagsfraktion BbgLVerfG, NVwZ-RR 1997 S. 577 ff.).

Auch bei der Entscheidung über die fortdauernde Mitgliedschaft eines Fraktionsangehörigen kann sich die Fraktion zunächst von anderen beraten und informieren lassen. Um eine wirklich freie Entscheidung der Gemeindevertreter sicherzustellen, dürfen an der Aussprache und Beratung selbst sowie – selbstverständlich – an der Abstimmung nur Fraktionsmitglieder teilnehmen (vgl. VGH Kassel,

NVwZ 1992 S. 506; im Erg. auch VG Greifswald, Der Überblick 2001 S. 145, 146; VG Braunschweig, Urt. vom 12.9.2007 – Az. 1 A 37/07 –, BeckRS 2007, 27589 S. 4; a. A. zur Teilnahme Externer an der Beratung z. B. VG Lüneburg, Beschl. vom 8.8.2005 – Az. 5 B 34/05 –, BeckRS 2005, 29190 S. 4). Angesichts der in § 36a Abs. 1 Satz 5 HGO enthaltenen Regelung, wonach eine Fraktion Mitglieder des Gemeindevorstands oder sonstige Personen beratend zu ihren Sitzungen hinzuziehen kann, dürfen an der vor der Beschlussfassung stattfindenden Beratung auch Magistratsmitglieder teilnehmen (VGH Kassel, NVwZ 1999 S. 1369, 1370; die Zweckmäßigkeit betonend *Bennemann* in KVR Hess, Rz. 4 zu § 36a HGO). Eine **beratende Mitwirkung Dritter** steht auch nach Auffassung des OVG Münster (DVBl 1993 S. 213, 214; ebenso *Kleerbaum*, KOPO 5/2006 S. I, IV; ders., KOPO 6/2007, S. I, III; auch VG Greifswald, Der Überblick 2001 S. 145 für sachkundige Einwohner) einem Fraktionsausschluss nicht entgegen (ebenso *Wiegand in* ders./Grimberg, Gemeindeordnung Sachsen-Anhalt, Rz. 8 zu § 43). Diese Wertung erscheint jedenfalls für diejenigen Bundesländer problematisch, in denen es im Unterschied zur hessischen Rechtslage an einer gesetzlichen Regelung zur Teilnahmeberechtigung fehlt (ebenso vgl. *Lenz*, NVwZ 2005 S. 364, 366). Die Erwägung des OVG Münster (a. a. O.), es gebe nicht selten ein sachliches Bedürfnis für die Teilnahme Fraktionsfremder an deren Sitzungen, dessen Erfüllung auch im Interesse der Gemeinde liege, dürfte gerade für die Konstellation eines Fraktionsausschlusses kaum tragfähig sein.

4.4.2.2 Verfahren

Im Hinblick auf die oftmals geringe Größe kommunaler Fraktionen und dem engen Kontakt zwischen den Mitgliedern dürfen keine überspannten Formalitäten an den Ablauf von Fraktionssitzungen gestellt werden. Gleichwohl sind rechtsstaatliche wie demokratische Verfahrensregeln bei einem beabsichtigten Fraktionsausschluss zu beachten. Gefordert ist ein auf vollständiger Erkenntnisgrundlage beruhender, willkürfreier Entschluss der Fraktionsversammlung (so zutr. für Landtagsfraktion LVerfG MV, DÖV 2003 S. 765, 767 = LKV 2003 S. 516 ff.; „Ablaufschema" der formellen Voraussetzungen von Ordnungsmaßnahmen bei *Kleerbaum*, KOPO 6/2007 S. I, IV f.).

Notwendig ist eine **fristgerechte Einladung aller Fraktionsmitglieder** (*OVG Münster*, DÖV 1993 S. 208; *Lange*, JuS 1994 S. 295, 299). Enthält die Fraktionsgeschäftsordnung hierzu keine Regelungen, ist auf den Maßstab der Üblichkeit abzustellen.

– *Eine telefonische Einladung am Sitzungstage wahrt insbesondere die Rechte des vom Ausschluss bedrohten Mitglieds nicht, da dieses sich nicht in rechtsstaatlich gebotener Weise auf die ihm gemachten Vorwürfe einstellen und angemessen vorbereiten kann (VG Potsdam, LKV 2004 S. 478, 479).*

– *Die maßgeblichen Gründe für den beabsichtigten Ausschluss müssen dem betroffenen Fraktionsmitglied vollständig, hinreichend konkret und so rechtzeitig vor der Fraktionssitzung mitgeteilt werden, dass er sich hiermit auseinandersetzen und die Fraktionssitzung angemessen vorbereiten kann. Die den Ausschluss tragenden Gründe müssen ihm in einer Weise mitgeteilt werden, dass er allein durch die Lektüre der Mitteilung über seinen beabsichtigten Fraktionsausschluss in die Lage versetzt wird zu entscheiden, ob er den Beschluss hinnehmen oder aber hiergegen gerichtlichen Rechtsschutz in Anspruch nehmen will. Eine Verletzung des Begründungserfordernisses ist nicht heilbar (so VG Osnabrück, Beschl. vom 17.10.2008, BeckRS 2008, 40322 S.3 = NVwZ-RR 2009 S.260 (LS) = KOPO 5/2009 S.VI). Rechtsschutz kann der Betroffene indes nicht gegen die beabsichtigte Anhörung, sondern erst gegen einen evtl. Ausschluss in Anspruch nehmen. Die Mitteilung muss ihn in den Stand versetzten, sich auf die Anhörung vorzubereiten.*

– *Eine kurzfristige schriftliche Einladung (im vorliegenden Fall mit einer Frist von zwei Tagen) führt nicht zwingend zur Rechtswidrigkeit eines in der Sitzung gefassten Beschlusses; dies gilt jedenfalls, wenn per e-mail langfristig eine Sondersitzung der Fraktion zum möglichen Fraktionsausschluss angekündigt und der Betroffene mit dem konkreten Termin der Sitzung einverstanden ist (vgl. OVG Lüneburg, Rathaus & Recht Nr. 21/2010 S.9, 12).*

– *Selbst einer schriftlichen Ladung bedarf es nicht in jedem Fall. Entspricht es der üblichen Verfahrensweise, sich – in einer Fraktion mit vier Mitgliedern – jeweils in der vorherigen Sitzung mündlich über Ort und Zeit der nächsten Sitzung zu verständigen, und stand als Ergebnis der Diskussion, an der der möglicherweise Auszuschließende teilgenommen hat, hinlänglich erkennbar fest, dass sich die nächste Sitzung mit der Frage eines Fraktionsausschlusses beschäftigen werde, genügt dies rechtsstaatlichen Erfordernissen (VG Lüneburg, Beschl. vom 8.8.2005 – Az. 5 B 34/05 – BeckRS 2005, 29190, S. 3).*

In wichtigen Dingen wie dem Ausschluss eines Gemeinderatsmitgliedes aus einer relativ kleinen Gemeinschaft und den damit einhergehenden gravierenden Folgen für das Ratsmitglied wie die Fraktion muss bei der Einberufung der Fraktion der **Tagesordnungspunkt hinreichend genau bestimmt** sein. „Verschiedenes" genügt nicht, wohl aber „Ausschluss eines Mitglieds" ohne die konkrete namentliche Nennung (zutreffend VGH München, NVwZ 1989 S.494, 495 f.; VG Darmstadt, NVwZ-RR 1990 S.104). Sinn ist es, allen Mitgliedern die Bedeutung vor Sitzungsbeginn bewusst zu machen und ihnen die Möglichkeit zur Mitwirkung an der Meinungsbildung und an der Abstimmung zu geben. Für die weniger weit reichende „Sanktion" der Abwahl aus dem Fraktionsvorstand erachtet es das VG Düsseldorf

(Beschl. vom 25.5.2011, BeckRS 2011, 50889 S. 2) hingegen als nicht hinreichend bestimmt, wenn nur die Abwahl einzelner, jedoch nicht namentlich benannter Vorstandsmitglieder beantragt wird.

Wird gegen dieses Verfahren verstoßen, ist der Mangel auch dann beachtlich, wenn die Stimme eines nicht formgerecht informierten Fraktionsmitgliedes offenbar ohne Einfluss auf das Stimmergebnis gewesen wäre. Es ist nicht auszuschließen, dass seine Argumente auch andere Fraktionsmitglieder überzeugt hätten (dieser Überlegung grundsätzlich zustimmend OVG Lüneburg, Rathaus & Recht Nr. 21/2010 S. 9, 13). Eine Fraktion kann eine rechtlich zweifelhafte Entscheidung über den Ausschluss eines Mitglieds unter Einhalten der ursprünglich möglicherweise missachteten Verfahrenserfordernisse später wiederholen (vgl. OVG Münster, DVBl 1993 S. 213, 214).

Zu einem rechtsstaatlich fairen Verhalten gehört es weiterhin, dem Betroffenen Gelegenheit zur Äußerung zu geben (LVerfG MV, DÖV 2003, 765, 768, zu einer Landtagsfraktion; *VGH Kassel*, NVwZ 1999 S. 1369, 1379; VG Frankfurt [Oder], Beschl. vom 17.6.2005 – Az. 4 L 234/05 –, BeckRS 2005, 27437 S. 4; *Lange*, JuS 1994 S. 295, 299). Die Pflicht zur **Anhörung des Beteiligten** ist als Ausprägung des Rechtsstaatsprinzips verfassungsrechtlich verankert (vgl. *Ritgen* in Knack/Henneke, VwVfG, § 28 Rz. 4 m. w. N.). Zu Art, Inhalt, Zeitpunkt und Form der Anhörung kann ergänzend auf § 28 VwVfG und die entsprechenden Parallelvorschriften in den Verfahrensgesetzen der Länder zurückgegriffen werden. Es reicht nicht aus, sich auf evtl. streitige Auseinandersetzungen in der Vergangenheit zu beziehen. Der vom Ausschluss Bedrohte muss konkret zu der zur Beschlussfassung anstehenden Sanktion Stellung nehmen können.

Zu weitgehend ist es aber, die **Anwesenheit des Betroffenen** zur Voraussetzung eines zulässigen Fraktionsausschlusses zu erklären (in diesem Sinne aber BbgLVerfG, NVwZ-RR 2004 S. 161; dagegen mit Recht *Lenz*, NVwZ 2005 S. 364, 367). Es kann nicht im Belieben des Betroffenen liegen, durch bloße Nichtteilnahme eine ihn belastende Beschlussfassung zu verhindern. Die FDP-Bundestagsfraktion ist nach den Erfahrungen im Fall Möllemann dazu übergegangen, in ihrer Geschäftsordnung eine Mitwirkungspflicht zu statuieren und hat in Anlehnung an den „amicus curiae" in den Prozessordnungen internationaler Gerichte die Figur des Interessenvertreters des Betroffenen geschaffen, der bei Untätigkeit des Betroffenen vom Fraktionsjustitiar bestellt wird (vgl. § 16 Abs. 2 Sätze 5 bis 8 und § 1 Abs. 5 Sätze 1 bis 4 der Geschäftsordnung).

Fraglich ist, ob der Beschluss einer **qualifizierten Mehrheit** bedarf. Im Parlamentsrecht ist es für verfassungsrechtlich unbedenklich erachtet worden, wenn nach der Fraktionssatzung über den Ausschluss eines Mitglieds die Fraktionsversammlung auf Antrag des Fraktionsvorstandes mit einer Mehrheit von zwei Dritteln der ordentlichen Mitglieder entscheidet (BerlVerfGH, NVwZ-RR 2006 S. 441 ff. = KommJur 2006 S. 141). In der obergerichtlichen Rechtsprechung wird erwogen, bei Fehlen einer abweichenden Regelung im Fraktionsstatut könne für den Ausschluss eine einstimmige Entscheidung aller verbleibenden Mitglieder notwendig sein (vgl. OVG Münster, NJW 1989 S. 1105 ff. = DÖV 1989 S. 592 ff. = DVBl 1989 S. 940 ff. = NWVBl. 1989 S. 130 ff.). Dies hieße zu hohe und unpraktikable Anforderungen zu stellen (zust. *Borchmann*, HKO, Nr. 18 zu § 26 a; im Erg. ebenso *Lenz*, NVwZ 2005 S. 364, 367 f.). In größeren Fraktionen könnten zwei Mitglieder auf Dauer eine Trennung verhindern. Keine tragfähigen normativen Ansatzpunkte finden sich im Staats- wie im Kommunalrecht für die Forderung nach eine Zweidrittelmehrheit (in diesem Sinne aber *Th. Schmidt*, DÖV 2003 S. 846, 848 f., für die staatlichen Parlamente). Hinreichend, aber auch notwendig ist ein Mehrheitsbeschluss der Fraktionsversammlung (vgl. StGH Bremen, DÖV 1970 S. 639, 640; VGH München, NVwZ 1989 S. 494, 495; ausdrücklich zustimmend insoweit *Borchmann*, HSGZ 2000 S. 360). Wegen der einschneidenden Bedeutung ist aber in Anlehnung an die kommunalverfassungsrechtlichen Regelungen über die Abstimmung in wichtigen Personalfragen der meisten Bundesländer die Mehrheit der Mitglieder der Fraktion zu verlangen, wobei das auszuschließende Mitglied mitzurechnen ist (im Erg. ebenso *Aulehner*, JA 1989 S. 478, 483; *Kleerbaum*, KOPO 5/2006 S. I, IV; a. A. insoweit *Borchmann*, HKO, Nr. 18 zu § 26 a, der eine einfache Stimmenmehrheit für hinreichend erachtet).

4.4.2.3 Form

Formale Bedenken gegen einen Fraktionsausschluss bestehen auch dann, wenn eine Abstimmung über einen Fraktionsausschluss geheim durchgeführt wurde, obwohl die Gemeindeordnung für die Gemeindevertretung den Grundsatz der offenen Abstimmung vorsieht (vgl. VGH Kassel, HSGZ 1998 S. 237; VG Darmstadt, NVwZ-RR 1990 S. 104; a. A. VG Gießen, NVwZ-RR 2004 S. 204 ff., allerdings unter Betonung des Einverständnisses aller Beteiligter mit der geheimen Abstimmung; jeweils zur hessischen Rechtslage). Es liege nahe, für die Fraktion als Organteil dasselbe Abstimmungsverfahren zu verlangen, das für das Vertretungsverfahren verbindlich sei, insbesondere wenn die Fraktionsgeschäftsordnung keine entgegengesetzten Bestimmungen enthalte und wenn einzelne Fraktionsmitglieder einer geheimen Abstimmung widersprochen hätten. Dieser Rückgriff auf das für das „Gesamtorgan" in der jeweiligen Gemeindeordnung geregelte Verfahren ist überzeugend. Sieht die Gemeindeordnung für Personalentscheidungen grundsätzlich geheime Abstimmungen vor, gilt dies mithin auch für die Fraktion als Teilorgan, die sich nicht auf vereinsrechtliche Grundsätze zurückziehen darf (a. A. VGH Kassel, NVwZ 1999 S. 1369, 1370; *Borchmann*, HSGZ 2000 S. 300, 361; *ders.*, HKO, Nr. 18 zu § 26 a). Der VGH Kassel (Beschl. vom 26. 6. 2009, BeckRS 2010, 49071 S. 2) geht davon aus, eine von der Geschäftsordnung der Fraktion abweichende geheime Abstimmung genüge höheren demokratischen Anforderungen und könne daher nicht zu einer Verletzung subjektiver Verfahrensrechte führen. Ermächtigt die Geschäftsordnung wie in § 47 Abs. 2 NGO (nunmehr § 66 Abs. 2 NKomVG) den Rat, in der Geschäftsordnung abweichend von der Regel auch geheime Abstimmungen vorzusehen, leitet die Rechsprechung daraus ab, dass der Gesetzgeber zu Gunsten der Freiheit des Mandats jedenfalls in Ausnahmefällen auch geheime Abstimmungen für zulässig ansieht und hat keine Bedenken, wenn in Abstimmungen über den Fraktionsausschluss entsprechend verfahren wird (vgl. OVG Lüneburg, Rathaus & Recht Nr. 21/2010 S. 9, 12; a. A. unter Hinweis auf § 66 Abs. 2 NKomVG *Wefelmeier*, KVR Nds/NKomVG Rz. 48 zu § 57: Nur wenn in der Geschäftsordnung vorgesehen).

Dem Ausgeschlossenen sind die Gründe für den Ausschluss mitzuteilen (vgl. auch *Rothe*, DVBl 1988 S. 382, 385; *Aulehner*, JA 1989 S. 478, 483; *Borchmann*, HSGZ 2000 S. 360, 361 f.). Dies ist geboten, um dem Betroffenen die Möglichkeit zu eröffnen, die Entscheidung ggf. gerichtlich überprüfen zu lassen.

Jedenfalls in den Fällen, in denen das betroffene Fraktionsmitglied unter Beachtung eines rechtsstaatlichen Verfahrens, insbesondere der Gewährung rechtlichen Gehörs, in das Verfahren eingebunden war und ihm zuvor Äußerungs- und Verteidigungsmöglichkeiten eingeräumt worden sind, soll es aber nicht zwingend erforderlich sein, dass ihm im Nachgang unaufgefordert mit Blick auf mögliche Rechtsbehelfsverfahren noch einmal die „Gründe" für die Maßnahme schriftlich mitgeteilt werden (vgl. OVG Saarlouis, NVwZ-RR 2012 S. 613, 615).

4.4.3 Materielle Voraussetzungen

Ein Ausschluss ist in der Sache nur zulässig bei Vorliegen bestimmter materieller Voraussetzungen. Die früher vertretene Auffassung, ein Fraktionsausschluss dürfe nur nicht offenbar gesetzwidrig, sittenwidrig oder grob unbillig sein (vgl. *Schuegraf*, BayVBl 1969 S. 116, 118), hat mit Recht in der Judikatur und im neueren Schrifttum keine Anhänger gefunden. Auch ist es rechtsstaatlich zu unbestimmt, auf die Notwendigkeit vertrauensvoller Sachdiskussion abzustellen, die nachlassen, wenn die Fraktion sich auf eines ihrer Mitglieder nicht mehr in jeder Hinsicht verlassen könne (vgl. jedenfalls missverständlich in diesem Sinne BbgLVerfG, NVwZ-RR 1997 S. 577, 579).

4.4.3.1 Ausdrückliche Regelung

Da es sich bei einer Fraktion um einen freiwilligen Zusammenschluss Gleichgesinnter handelt ist zunächst und vorrangig zu prüfen, ob für den Ausschluss spezielle Voraussetzungen getroffen wurden, beispielsweise in der Fraktionsgeschäftsordnung (vgl. in diesem Sinne

VG Oldenburg, NdsVBl. 2003 S. 163, 164; VG Potsdam, LKV 2004 S. 478, 479). Selbst wenn dies der Fall sein sollte, rechtfertigt aber nicht jeder Bagatellverstoß eine solch einschneidende Maßnahme wie den Ausschluss aus der Fraktion. Die Fraktion ist jedoch nicht gehindert, sich in dem verfassungsrechtlich vorgezeichneten Rahmen des freien Mandats einerseits und der notwendigen Fraktionsdisziplin andererseits strengere Maßstäbe zu setzen.

Für einen Ausschluss hinreichend wurde ein Verstoß gegen die in der Geschäftsordnung niedergelegte Pflicht erachtet, die abweichende Auffassung rechtzeitig mitzuteilen, wenn das Fraktionsmitglied sich in wesentlichen Fragen Mehrheitsbeschlüssen nicht anschließen will (VGH Kassel, NVwZ 1999 S. 1369, 1370). Ob eine solch weitgehende „Anzeigepflicht" in der Geschäftsordnung mit dem Grundsatz des freien Mandats vereinbar ist, erscheint indes fraglich, weil sie dem einzelnen Mandatsträger praktisch der Möglichkeit beraubt, seine Entscheidungsfindung während der Aussprache im Gemeinderat von sachlichen Argumenten außerhalb der vorgefassten Fraktionsmeinung beeinflussen zu lassen („recht weitgehend" findet die Auffassung des VGH auch Borchmann, HSGZ 2000 S. 360, 363).

4.4.3.2 Wichtiger Grund

In der Regel wird es an ausdrücklichen Regelungen fehlen. In diesen Fällen ist auf allgemeine Rechtsgrundsätze zurückzugreifen. Der Beitritt zu einer Fraktion begründet ein Dauerrechtsverhältnis. Dies ist von der persönlichen Zusammenarbeit der Beteiligten geprägt. Bei derartigen Verhältnissen ist aus dem Zivilrecht für eine nicht einvernehmliche Trennung in der Regel das Erfordernis eines wichtigen Grundes geläufig. Wegen der gravierenden Rechtsfolgen ist heute weitgehend unstreitig, dass auch ein Fraktionsausschluss nur bei Vorliegen eines **wichtigen Grundes** möglich ist. Nicht jedes abweichende Verhalten rechtfertigt den Entzug wesentlicher Teilhabemöglichkeiten. Vielmehr muss eine nachhaltige Störung des Vertrauensverhältnisses vorliegen, die einer weiteren Zusammenarbeit den Boden entzieht.

Dies kann der Fall sein, wenn der Gemeindevertreter in wichtigen politischen Fragen abweicht, auf die sich der politische Konsens bezieht. Auch eine grobe Schädigung der Fraktion im Einzelfall kann als wichtiger Grund in diesem Sinne zu qualifizieren sein. Auf ein Verschulden seitens des Auszuschließenden kommt es dabei nicht an (vgl. *Erdmann*, DÖV 1988 S. 907, 912; *Klein*, ZParl 2004 S. 627, 631 f.; *Lenz*, NVwZ 2005 S. 364, 368; instruktiv mit Beispielen aus den Landtagen vgl. *Hölscheidt*, ZParl 1994 S. 353, 366 ff.; OVG Münster, NJW 1989 S. 1105, 1006; DVBl 1993 S. 213, 214; VGH München, NVwZ 1989 S. 494, 495; VGH Kassel, NVwZ 1990 S. 391, 392; NVwZ 1999 S. 1369, 1370; OVG Lüneburg, NVwZ 1994 S. 506 f.; OVG Berlin, NVwZ 1998 S. 197, 199; OVG Saarlouis, NVwZ-RR 2012 S. 613, 615).

Bei einer Fraktion als einem Zusammenschluss zum Erreichen kommunalpolitischer Ziele dürfen bei der gerichtlichen Nachprüfung des wichtigen Grundes keinesfalls die fraktionsspezifischen, auch politisch mitgeprägten Wertungsmaßstäbe durch gemeindliche oder gar staatliche ersetzt werden. Den Fraktionen ist ein **Beurteilungsspielraum** zuzubilligen, der mit einer eingeschränkten gerichtlichen Kontrolldichte korrespondiert (ebenso BerlVerfGH, NVwZ-RR 2006 S. 441, 444; VGH Kassel, Beschl. vom 26.6.2009, BeckRS 2010, 49071 S. 3; OVG Lüneburg, Rathaus & Recht Nr. 21/2010 S. 9, 13 f.; OVG Saarlouis, NVwZ-RR 2012 S. 613, 615; *Schmidt-Jortzig/Hansen*, NVwZ 1994 S. 116, 119; *Wiegand* in ders./Grimberg, Gemeindeordnung Sachsen-Anhalt, Rz. 8 zu § 43; *Kleerbaum*, KOPO 5/2006 S. I, VI; a. A. *Gern*, Deutsches Kommunalrecht, Rz. 423; *Suerbaum*, § 22 Rz. 21 in HKWP, 3. Aufl., 2007; *Wefelmeier* in KVR Nds/NKomVG, Rz. 65 zu § 57 mit dem zutreffenden Hinweis, dass materiell kein wirklicher Dissens bestehe; *Blum*, Rz. 36 zu § 57 in Blum/Häusler/Meyer [Hrsg.], NKomVG; *Borchmann*, HKO, Nr. 28 zu § 26a; *Hartmann/Engel*, NWVBl. 2013 S. 505, 507). Grundsätzlich erstreckt sich die Überprüfungskompetenz aber auf die zutreffende Tatsachenermittlung und rechtliche Würdigung durch die Fraktion (vgl. VGH München, NVwZ 1989 S. 494, 495).

In dem Verlust der Parteizugehörigkeit wie auch in dem dazu führenden Verfahren können ausreichende Gründe für den Ausschluss aus einer Fraktion liegen (LVerfG MV, DÖV 2003 S. 765, 768 für eine Landtagsfraktion; ausf. hierzu *Edinger*, ZParl 2003 S. 764 ff.; wohl weitergehend ("regelmäßig") *Koch*, Rz. 28 zu § 57 in Ipsen [Hrsg.], NKomVG). Keineswegs ist ein Fraktionsausschluss aber abhängig von einem vorherigen Parteiausschluss (die Frage nunmehr offen lassend *Ipsen*, Niedersächsisches Kommunalrecht, Rz. 295) oder der Zustimmung von Parteigremien (zutreffend vgl. *Bick*, Die Ratsfraktion, S. 164; OVG Lüneburg, NVwZ 1994 S. 506 f.; OVG Berlin, NVwZ 1998 S. 197, 199; zu den Voraussetzungen des Parteiausschlusses eines Bundestagsabgeordneten vgl. Bundesparteigericht der CDU, NVwZ 2005 S. 480 ff. – Fall Hohmann). Zwischen Parteien und Fraktionen ist streng zu trennen, eine notwendige Übereinstimmung der Mitgliedschaft besteht nicht. Nicht durch allgemeine Wahlen legitimierte Personen wie Parteivorstandsmitglieder sind in keiner Weise befugt, Einfluss auf autonome Entscheidungen unmittelbar demokratisch gewählter Mandatsträger zu nehmen.

Ob ein wichtiger Grund vorliegt, kann nur unter Berücksichtigung der **Umstände des Einzelfalls** beurteilt werden. Beispiele aus der Rechtsprechung und dem Schrifttum:

– Aufkündigen der Grundidentifikation mit dem politischen Programm und dadurch auf Dauer schwerer Schaden für die Handlungs- und Entscheidungsfähigkeit der Fraktion (*Klein*, ZParl 2005 S. 627, 631; vgl. auch OVG Lüneburg, Rathaus & Recht Nr. 21/2010 S. 9, 14 f.).

- Erschweren der Gremienarbeit der Fraktion bis zur Ineffektivität, wobei abweichendes Stimmverhalten in Einzelfragen kein ausreichendes Indiz ist (OVG Berlin, NVwZ 1998 S. 197, 199; ähnlich wohl OVG Lüneburg, Rathaus & Recht Nr. 21/2010 S. 9, 15 unter Hinweis auf 400 e-mails in etwa zwei Jahren).

- Äußerungen angeblich unseriöser Geschäftspraktiken einer Firma gegenüber einem Amt der Stadt, die die Fraktion in der Öffentlichkeit und der Stadtverordnetenversammlung in erheblichem Maße in Misskredit gebracht haben; abweichendes Abstimmungsverhalten zu einem Bauvorhaben, das Bestandteil des Parteiprogramms im Kommunalwahlkampf gewesen ist und Androhen von „Schlägen vor dem Rathaus" gegenüber dem Fraktionsvorsitzenden (VG Gießen, NVwZ-RR 2004 S. 204, 206).

- Nicht nur Abweichungen in inhaltlichen, sachpolitischen Fragen, sondern auch ernste atmosphärische Störungen können als wichtiger Grund ausreichen, wenn sie ein Ausmaß erreichen, das das Vertrauensverhältnis zwischen dem Betroffenen und den weiteren Mitgliedern untergräbt. Dies kann der Fall sein, wenn ein Fraktionsmitglied den sachlich nicht substantiierten Vorwurf erhebt, die Fraktionsvorsitzende habe ihn im Wahlkampf „gemobbt" (VG Braunschweig, Urt. vom 12.9.2007 – Az. 1 A 37/07 –, BeckRS 2007, 27589 S. 5 f.; zustimmend *Hartmann/Engel*, NWVBl. 2013 S. 505, 508).

- Beschimpfen einer Arbeitsgruppe der Senioren des Bürgervereins in der Öffentlichkeit als „SS-Gruppe" (OVG Lüneburg, Rathaus & Recht Nr. 21/2010 S. 9, 14).

- Kontinuierliches nicht Einhalten der in der Fraktion getroffenen Abrede, Kritik an den Hartz-IV-Gesetzen nicht nach außen zu tragen (VGH Kassel, Beschl. vom 26.6.2009, BeckRS 2010, 49071 S. 3 f.).

- Strafgerichtliche Verurteilung eines Fraktionsmitglieds als wichtigsten „parlamentsexternen" Ausschließungsgrund nennt *Th. Schmidt*, DÖV 2003 S. 846, 850; dabei spielen Schwere des Delikts, sein politischer Einschlag und der erhobene Schuldvorwurf eine entscheidende Rolle.

Die Arbeit in einer Fraktion bedingt ein anhaltendes persönliches Vertrauensverhältnis der Fraktionsmitglieder untereinander. Dies spricht dafür, die Schwelle für einen Fraktionsausschluss bezüglich der materiellen Voraussetzungen niedriger anzusetzen als die für einen Parteiausschluss nach § 10 Abs. 4 PartG maßgebliche (zutr. *Klein*, ZParl 2004 S. 627, 631; *Morlok*, ZParl 2004 S. 633, 635).

Als nicht hinreichend für einen Fraktionsausschluss wurden erachtet:

- Die nicht erwiesene Annahme der anderen Fraktionsmitglieder, das betreffende Fraktionsmitglied habe bei der Wahl eines haupt-

amtlichen Wahlbeamten gegen den Fraktionskandidaten ge-
stimmt (VGH Kassel, DVBl 1990 S. 830 f.).

– Abweichendes Stimmverhalten in einzelnen Fragen, z. B. in einer
Kindergarten- oder Kindergartengebührenfrage (OVG Lüneburg,
NVwZ 1994 S. 506 f.).

– Das Begehren eines Fraktionsmitgliedes – einer CDU-Fraktion –,
ein Kreuz aus dem Fraktionszimmer zu entfernen (OVG Berlin,
NVwZ 1998 S. 197, 199).

– Konkurrenz-Kandidatur eines Fraktionsmitgliedes bei der Direktwahl des kommunalen Hauptverwaltungsbeamten gegen den
„parteiamtlichen" Bewerber; erst hinzutreten weiterer gegen die
eigenen Parteifreunde gerichteter Verhaltensweisen während des
Wahlkampfes könnten eine weitere vertrauensvolle Zusammenarbeit unzumutbar erscheinen lassen (OVG Saarlouis, NVwZ-RR
1996 S. 462 f.: Vorwurf „selbstherrlicher Methoden" und eines
„miesen Stils"; vgl. auch OVG Saarlouis, NVwZ-RR 2012 S. 613,
616, wo aber andere Umstände hinzutraten). Angesichts der Bedeutung des Hauptverwaltungsbeamten für die kommunale Praxis und eines nach außen deutlich werdenden Bruchs zwischen
dem Einzelnen und „seiner" Fraktion in wesentlichen politischen
Fragen erscheint im Einzelfall auch eine andere Bewertung vertretbar. Zu bedenken ist allerdings, dass nach den versorgungs-
und kommunalverfassungsrechtlichen Bestimmungen in einigen
Ländern die jeweiligen Amtsinhaber sich unabhängig vom Votum
ihrer Partei einmal einer Wiederwahl stellen müssen.

– Zutreffende öffentliche Kritik eines Mitglieds einer Fraktion einer
Gemeindevertretung an einem Bundestagsabgeordneten, zumal
wenn die Kritik nicht in Diffamierungsabsicht geäußert wurde,
sondern um Lösungen für das zugrunde liegende Problem zu finden (VG Wiesbaden, Urt. vom 25.9.2007 – Az. 3 E 980/07 –,
BeckRS 2007, 27275 S. 5).

– Die nicht substantiierte Behauptung der zögerlichen oder auch
gänzlich verweigerten Erfüllung zivilrechtlicher Verbindlichkeiten
durch das betreffende Fraktionsmitglied (VG Frankfurt [Oder],
Urt. vom 17.6.2005 – Az. 4 L 234/05 –, BeckRS 2005, 27437, S. 4 f.).

– Grundrechtlich geschütztes Verhalten wie das Gebrauchmachen
von der Baufreiheit, auch wenn das von ihm privat verfolgte Pro-
jekt in der betroffenen Kommune auf breite Ablehnung stößt
und die rechtlichen Möglichkeiten der Kommune zur Verhinderung des Vorhabens begrenzt sind (VG Osnabrück, Beschl.
vom 17.10.2008, BeckRS 2008, 40322 S. 4 = NVwZ-RR 2009 S. 260
[LS] = KOPO 5/2009 S. VI). Beeinträchtigt dieses Vorhaben städte-
baulich oder für die weitere wirtschaftliche Entwicklung der Kommune bedeutsame Positionen der Fraktion, könnte dies anders zu
bewerten sein. Dabei ist unbestritten, dass für den Mandatsträger

ein Freiraum privater Dispositionen und beruflicher Lebensplanung unter Einbeziehen von Gesichtspunkten wie der Existenzsicherung zuzubilligen ist (so VG Osnabrück, a. a. O.). Stehen die privaten bzw. geschäftlichen Ambitionen aber konträr zu den politischen Zielsetzungen der Mehrheit in der Fraktion, kann dies dem notwendigen Grundvertrauensverhältnis innerhalb einer Fraktion entgegenstehen.

4.4.3.3 Grundsatz der Verhältnismäßigkeit

Ein Fraktionsausschluss muss ferner dem das gesamte öffentliche Recht prägenden Grundsatz der Verhältnismäßigkeit standhalten, der aus dem Rechtsstaatsprinzip folgt. Der Fraktionsausschluss kommt also nur als „ultima-ratio" zum Tragen, wenn mildere Einwirkungsmöglichkeiten nicht zum Erfolg führen (ausdrücklich zustimmend OVG Lüneburg, Rathaus & Recht Nr. 21/2010 S. 9, 15; vgl. ferner OVG Saarlouis, NVwZ-RR 2012 S. 613, 615). Als mildere Mittel kommen z. B. eine Rüge oder eine Ausschlussandrohung in Betracht. Zu erwägen sind zudem eine zeitlich begrenzte Ausschließung oder eine vorläufige Suspendierung (vgl. *Schmidt-Jortzig/Hansen*, NVwZ 1994 S. 116, 119 m. w. N.). Dies gilt auch, wenn es keine Geschäftsordnung mit einem abgestuften Sanktionssystem gibt (vgl. VG Osnabrück, Beschl. vom 17.10.2008, BeckRS 2008, 40322 S. 4 = NVwZ-RR 2009 S. 260 (LS) = KOPO 5/2009 S. VI).

Auch wenn „nur" eine Rüge oder eine Missbilligung ausgesprochen werden, muss das Verfahren jedenfalls dann den oben skizzierten rechtsstaatlichen Anforderungen entsprechen, wenn die Missbilligung nicht als bloße politische Mahnung anzusehen ist, sondern die freie Mandatsausübung in rechtlich relevanter Weise berührt (vgl. VG Potsdam, Beschl. vom 12.6.2008 – Az. 6 K 445/05 –). Dies wird schon dann anzunehmen sein, wenn im Fall eines wiederholten zu missbilligenden Verhaltens im Sinne einer Eskalation schärfere Maßnahmen in Betracht gezogen werden sollen und dürfen.

Nur bei Vorliegen eines besonders schweren Verstoßes gegen die Prinzipien der Fraktionsarbeit oder einer tiefen Zerrüttung des Vertrauensverhältnisses kommt ein sofortiger Ausschluss in Betracht (vgl. OVG Lüneburg, DÖV 1993 S. 1101, 1102 = NVwZ 1994 S. 506; VG Potsdam, LKV 2004 S. 478, 480). Das Vorliegen eines wichtigen Grundes ist bedeutendes Indiz dafür, dass ein Fraktionsausschluss auch unter dem Gesichtspunkt der Verhältnismäßigkeit nicht zu beanstanden ist. Gleichwohl rechtfertigt nicht jedes einmalige Vorkommnis, das für sich betrachtet als schwerwiegender Grund einzustufen ist, den Fraktionsausschluss, wenn das Verhalten des betreffenden Gemeinderatsmitgliedes zur Fraktion im übrigen loyal und mildere Mittel wie eine förmliche Ermahnung bisher nicht angewendet wurden (indifferent insoweit OVG Berlin, NVwZ 1998 S. 197, 198 f.).

4.4.3.4 Willkürverbot

Der Fraktionsausschluss darf schließlich nicht gegen das ebenfalls das gesamte öffentliche Recht prägende Willkürverbot verstoßen. Werden zwei Fraktionsmitgliedern ähnlich gelagerte Verstöße vorgeworfen, kann nicht das Verhalten des einen Mitglieds lediglich missbilligt, das andere Mitglied hingegen mit einem Ausschluss konfrontiert werden (zutr. *Borchmann*, HSGZ 2000 S. 360, 364; vgl. auch OVG Lüneburg, NVwZ 1994 S. 506, 507).

Verfehlt wäre es unter dem Blickwinkel des Willkürverbotes auch, jemanden aus der Fraktion auszuschließen, obwohl ein anderes Fraktionsmitglied die Ursache für das Zerwürfnis geboten hat, dieser aber aus (macht)politischen Gründen weniger leicht „verzichtbar" erscheint.

4.4.4 Rechtsschutz

4.4.4.1 Rechtsweg und Klageart

Zuständig für Streitigkeiten zwischen der Fraktion und einem vom Ausschluss bedrohten Mitglied sind nach dem hier vertretenen Verständnis der Fraktionen als mit eigenen Rechten ausgestatteten Gliederungen der kommunalen Volksvertretungen die Verwaltungsgerichte. Es wird um Rechte und Pflichten aus dem kommunalen Verfassungsrecht gestritten, das allein den Staat bzw. die Kommunen als dessen Untergliederungen berechtigt oder verpflichtet. Da es sich zudem um eine nichtverfassungsrechtliche Streitigkeit handelt, ist gem. § 40 Abs. 1 VwGO der **Verwaltungsrechtsweg** eröffnet. Mangels Verwaltungsakts-Charakters des Ausschlusses ist richtige Klageart die **Feststellungsklage** gem. § 43 VwGO (ebenso *Kleerbaum*, KOPO 5/2006 S. I, VI f.; *Hartmann/Engel*, NWVBl. 2013 S. 505, 506).

Vorläufiger Rechtsschutz ist gem. § 123 VwGO Abs. 1 Satz 2 durch einstweilige Anordnung in Form einer Regelungsanordnung zu gewähren (vgl. OVG Münster, NJW 1989 S. 1105; VGH Kassel, NVwZ 1990 S. 391; OVG Lüneburg, NVwZ 1994 S. 506 f.; VG Oldenburg, NdsVBl. 2003 S. 163 ff.; *Bick*, Die Ratsfraktion, S. 907, 910; *Borchmann*, HSGZ 2000 S. 360, 365; *Franz*, Jura 2005 S. 156, 157 f.; *Sommer* in Bogner [Hrsg.], Beratungs- und Beschlussfassungsverfahren, S. 123; a. A. VGH München, NJW 1988 S. 2753; *Hahn*, DVBl 1974 S. 509)

Der Ausschluss aus der Fraktion in einem staatlichen Parlament kann im Wege eines Organstreitverfahrens gemäß § 93 Abs. 1 Nr. 1 GG bzw. den entsprechenden landesverfassungsrechtlichen Bestimmungen überprüft werden (LVerfG MV, DÖV 2003 S. 765; *Lenz*, NVwZ 2005 S. 364, 370; a. A. *J. Ipsen*, NVwZ 2005 S. 361, 364).

4.4.4.2 Beteiligtenfähigkeit und Rechtsschutzinteresse

Fraktionen sind freiwillige Zusammenschlüsse für die Dauer einer Wahlperiode. Mit Ablauf der Wahlperiode verlieren sie grundsätzlich die Möglichkeit, Beteiligte an einem gerichtlichen Verfahren zu sein. Das OVG Lüneburg (NdsVBl. 2002 S. 135 f.) verneint aus diesem Grund ein Rechtsschutzbedürfnis für die Zulassung der Berufung gegen ein Urteil, das den Ausschluss aus einer Fraktion bestätigt hat, wenn in dem Zeitpunkt des Berufungsverfahrens die Wahlperiode abgelaufen ist. Die Klägerin hätte die sich daraus ergebenden Nachteile durch vorläufigen Rechtsschutz nach § 123 VwGO oder durch eine rechtzeitige Erhebung der Klage in der Hauptsache vermeiden können (vgl. auch OVG Bautzen, LKV 2006 S. 82 f.).

Dem ist (nur) insoweit zuzustimmen, als die Klägerin es offenbar vorwerfbar unterlassen hatte, den effektivsten Rechtsschutz zu wählen. Andernfalls ist dem betroffenen Mandatsträger auch über die Wahlperiode hinaus ein Fortsetzungsfeststellungsinteresse in Form eines Rehabilitierungsinteresses zuzubilligen, sodass die Klage nach § 113 Abs. 1 Satz 4 VwGO fortgeführt werden kann. Ein Ausschluss aus der Fraktion ist mit einer öffentlichen Berichterstattung verbunden. Der betroffene Mandatsträger als gewählter Repräsentant hat regelmäßig ein schützenswertes Interesse, die Rechtmäßigkeit der gegen ihn erhobenen Vorwürfe klären zu lassen (im Erg. ebenso für das verfassungsrechtliche Organstreitverfahren LVerfG MV, DÖV 2003 S. 765, 766).

4.4.4.3 Passivlegitimation

Passivlegitimiert ist die Fraktion. Der für den korrekten Sitzungsverlauf verantwortliche Vorsitzende des Gemeinderates hat, selbst wenn das Gesetz wie in Hessen (§ 36a Abs. 2 HGO) und Rheinland-Pfalz (§ 30a Abs. 2 GO) Mitteilungspflichten der Fraktion ihm gegenüber vorsieht, keinerlei Einwirkungs- oder Kontrollrechte gegenüber der Fraktion, was den Status ihrer Mitglieder betrifft, sondern nimmt die Erklärungen in einer Art „Notarfunktion" entgegen, um daraus die gebotenen Konsequenzen für das Beteiligungsverfahren der Fraktion im Gemeinderat zu ziehen (im Ansatz wie in der Begründung im einzelnen verfehlt daher VG Greifswald, Der Überblick 2001 S. 145, 146; zutr. hierzu *Glaser*, Der Überblick 2001 S. 146, 147).

Ist in einem **kommunalverfassungsrechtlichen Organstreit** die Handlung eines Fraktionsvorsitzenden Anlass der Auseinandersetzung, so ist die Klage ebenfalls gegen die Fraktion zu richten, wenn feststeht, dass der Fraktionsvorsitzende für die Fraktion gehandelt hat. Ist das nicht klar, kann die Klage gegen den Fraktionsvorsitzenden gerichtet werden (VGH Kassel vom 18.8.1999 – Az. 8 UZ 2200/99 –).

4.4.4.4 Maßgeblicher Zeitpunkt für die gerichtliche Beurteilung

Erst im gerichtlichen Verfahren geäußerte Vorwürfe gegen den Betroffenen können durch das Gericht nicht nachträglich in das Ausschlussverfahren einbezogen werden. Maßgeblicher Zeitpunkt für die gerichtliche Beurteilung der Wirksamkeit des Fraktionsbeschlusses hinsichtlich der für das Vorliegen eines wichtigen Grundes sprechenden Anhaltspunkte ist der Zeitpunkt der Beschlussfassung über den Fraktionsausschluss. Andernfalls wäre der verantwortlichen Fraktionsversammlung die von ihr zu treffende Entscheidung aus der Hand genommen (zutr. VG Oldenburg, NdsVBl. 2003 S. 163, 165; VG Frankfurt (Oder), Urt. vom 17.6.2005 – Az. 4 L 234/05 –, BeckRS 2005, 27437 S. 5; VG Wiesbaden, Urt. vom 25.9.2007 – Az. 3 E 980/07 –, BeckRS 2007, 27275 S. 5).

4.4.4.5 Streitwert

Der Streitwert bei einer Streitigkeit um die Rechtmäßigkeit eines Fraktionsausschlusses hat sich an dem im sog. Streitwertkatalog aufgeführten Betrag für einen Kommunalverfassungsstreit zu orientieren (VGH Kassel, Beschl. vom 26.6.2009, BeckRS 2010, 49071 S. 4; OVG Münster, Beschl. vom 1.2.2011, BeckRS 2011,46705, unter ausdrücklicher Aufgabe der früher vertretenen Auffassung, der Streitwert orientiere sich an dem Regelstreitwert).

4.5 Recht auf Girokonto

> Fraktionen haben das Recht zum Führen eines Girokontos. Kreditinstitute müssen Fraktionen gegenüber den Gleichheitsgrundsatz beachten. Hinsichtlich des Anspruchs auf Eröffnung eines Kontos kann es zwischen öffentlich-rechtlichen Kreditinstituten und privaten Banken Unterschiede geben.

4.5.1 Problemstellung

Etliche Bundesländer enthalten in den Gemeinde- und Kreisordnungen Vorschriften über die Gewährung öffentlicher Gelder an die Fraktionen. Auch in den Bundesländern, in denen eine ausdrückliche Regelung fehlt, ist die Zulässigkeit der Fraktionsfinanzierung mittels öffentlicher Gelder dem Grunde nach unbestritten (vgl. dazu unten 6.1). Schon um die gebotene Transparenz für die Verwendung dieser Gelder zu sichern, aber auch aus Gründen praktischer Arbeit unabhängig von der Zuweisung öffentlicher Mittel ist ein **Bedürfnis** der Fraktionen **zum Führen eines Girokontos** anzuerkennen.

In den vergangenen Jahren sind eine Reihe von Rechtsstreitigkeiten um die Frage bekannt geworden, ob einzelne Kreditinstitute verpflichtet sind, **politischen Parteien** unabhängig von deren politischer Ausrichtung und Überzeugung ein Girokonto zur Verfügung zu stellen. Insbesondere Parteien mit rechtsradikalem Hintergrund wurde die Eröffnung eines Kontos verweigert oder bestehende Geschäftsbeziehungen gekündigt, um öffentlich Distanz zu den politischen Zielsetzungen der Partei zu demonstrieren. Die Rechtsprechung hat, differenziert zwischen privaten und öffentlich-rechtlichen Kreditinstituten, die Zulässigkeit einer solchen Vorgehensweise eingegrenzt.

In jüngerer Zeit sind nunmehr vereinzelt auch Streitigkeiten um das Führen von **Fraktionskonten** bekannt geworden. Zwar ist zwischen Partei und Fraktion strikt zu trennen. Da die Ablehnung der Eröffnung eines Kontos für die Fraktion aber nicht mit deren kommunalverfassungsrechtlichem Wirken, sondern ihrer parteipolitischen Ausrichtung begründet wird, bedarf es zunächst einer Klärung der Rechtslage zu den Streitigkeiten um die Parteikonten, bevor auf das Recht der Fraktionen in diesem Zusammenhang eingegangen werden kann.

4.5.2 Recht auf Girokonto für Parteien

Oftmals vor dem Hintergrund rechtsextremistischer und/oder ausländerfeindlicher Gewalttaten haben Kreditinstitute Kontoverbindungen rechtsextremer Parteien gekündigt. In der obergerichtlichen Judikatur gab es ein widerstreitendes Meinungsbild. Teilweise wurde den Anträgen der gegen die Kündigung klagenden Parteien stattgeben (OLG Dresden, NJW 2001 S. 1433 ff.; NJW 2002 S. 757 ff.; BKR 2003 S. 131 ff.), teilweise wurde die ausgesprochene Kündigung für wirksam erachtet (OLG Köln, NJW 2001 S. 452; OLG Brandenburg, NJW 2001 S. 450 f.).

Jedenfalls für die **Kreditinstitute in öffentlich-rechtlicher Trägerschaft** hat der Bundesgerichtshof im Jahr 2003 eine Klärung der Rechtslage herbeigeführt. Der BGH entschied zunächst, Sparkassen seien als Anstalten des öffentlichen Rechts im Bereich staatlicher Daseinsvorsorge unmittelbar an die Grundrechte (Art. 1 bis 19 GG) gebunden. Eine ohne sachgerechten Grund erklärte **Kündigung eines Girovertrages** durch eine Sparkasse gemäß § 26 Abs. 1 der Allgemeinen Geschäftsbedingungen der Sparkassen verstoße gegen das in Art. 3 Abs. 1 GG zum Ausdruck kommende Willkürverbot und sei **gemäß § 134 BGB nichtig**. Eine Sparkasse könne ihren Girovertrag mit einer politischen Partei nicht mit der Begründung kündigen, diese verfolge verfassungsfeindliche Ziele, solange das BVerfG die Verfassungswidrigkeit der Partei nicht festgestellt habe (BGHZ 154 S. 146 ff. = NJW 2003 S. 1658 = BKR 2003 S. 346 ff. = NVwZ 2003 S. 1151 [LS]; umfassend hierzu und teilweise krit. unter dem Gesichtspunkt möglicher Wettbewerbsnachteile der Sparkassen *Lepper*, BKR 2004 S. 175, 179). In der Sache gleichlautend hat der BGH wenig später hinsichtlich einer Kündigung der seinerzeit zu 100 % staatlichen Postbank entschieden. Die Karlsruher Richter haben betont, auf eine Abwägung widerstreitender, durch das GG geschützter Interessen komme es bei einer Nichtigkeit nach § 134 BGB anders als bei der vom OLG herangezogenen Generalklausel des § 242 BGB nicht an. Das sog. Parteienprivileg des Art. 21 Abs. 1 GG verbiete es, bis zu einer Entscheidung des BVerfG die Verfassungswidrigkeit einer Partei rechtlich geltend zu machen. Erst recht könne demnach die politische Zielsetzung einer nicht verfassungswidrigen Partei eine ihr rechtlich nachteilige Handlung nicht rechtfertigen (NJW 2004 S. 1031 = DÖV 2004 S. 439 f.; zuvor auf § 138 BGB abstellend und damit eine Abwägung verfassungsrechtlich geschützter Güter ermöglichend *Boemke*, JuS 2001 S. 444 ff.). Dem ist zuzustimmen. Die das verfassungsrechtlich verbürgte Recht auf Chancengleichheit einschränkenden Differenzierungen bedürfen eines besonderen zwingenden Grundes. Materielle Kriterien stellen niemals zwingende Gründe in diesem Sinne dar (vgl. BVerfGE 111 S. 382, 410; *Epping*, Gutachten, S. 10, der de lege ferenda u. a. den Ausschluss extremistischer Parteien von der staatlichen Parteienfinanzierung für zulässig erachtet, vgl. S. 21 ff.).

Die vorstehenden Erwägungen beziehen sich auf öffentlich-rechtliche Kreditinstitute mit einem öffentlichen Auftrag. Für Rechtsstreitigkeiten zwischen einem solchen Institut und einer Partei über die Eröffnung oder Fortführung eines Kontos kann der **Verwaltungsrechtsweg** eröffnet sein. Führt ein solches Kreditinstitut für mindestens eine andere politische Partei ein Girokonto, kann eine nach **§ 5 Abs. 1 PartG unzulässige Ungleichbehandlung** vorliegen. § 5 Abs. 1 PartG enthält eine einseitige Verpflichtung von Trägern öffentlicher Gewalt und ist somit dem öffentlichen Recht zuzuordnen (vgl. OVG Münster, NVwZ-RR 2004 S. 795 f.; VG Düsseldorf, BKR 2007 S. 385 f.; VG Saarlouis, Beschl. vom 30.7.2008, BeckRS 2008, 39363; VG Hannover, Urt. vom 13.5.2015 – 1 A 6549/13 – unter ausdrücklicher Aufgabe der früher abweichenden Auffassung; jew. zu Sparkassen; OVG Berlin-Brandenburg, Urt. vom 14.12.2007, BeckRS 2008, 35069, zur Landesbank Berlin AG als Trägerin und Betreiberin der Berliner Sparkasse).

Private Banken haben größere Freiräume bei der Gestaltung ihrer Geschäftsbeziehungen. Allerdings kann jedenfalls dann, wenn einer privaten Bank gegenüber einer politischen Partei quasi eine „**Monopolstellung**" zukommt, weil diese nicht in der Lage ist, bei einer anderen Bank ein Konto zu eröffnen, die nach **§ 242 BGB** durchzuführende Interessenabwägung zur Unwirksamkeit der ordentlichen Kündigung eines Girokontos führen (OLG Saarbrücken, NJW-RR 2008 S. 1632 = BeckRS 2008, 17563, dort keine Monopolstellung erkennbar).

4.5.3 Recht auf Girokonto für Fraktionen

Führt eine Sparkasse Girokonten einer Kreistagsfraktion, hat auch jede andere Fraktion einen **Anspruch auf Eröffnung eines Girokontos**. Dies ergibt sich zwar nicht aus Art. 21 Abs. 1 GG i. V. m. § 5 Abs. 1 PartG, weil beide Vorschriften lediglich politische Parteien berechtigen. Fraktionen sind aber nicht Untergliederungen politischer Parteien, sondern Untergliederungen einer kommunalen Vertretungskörperschaft. Der Anspruch auf Kontoeröffnung folgt aber aus dem **aus Art. 3 Abs. 1 GG abgeleiteten Gleichbehandlungsgebot**, wonach es dem Gesetzgeber, der Verwaltung und sonstigen Trägern öffentlicher Gewalt untersagt ist, vergleichbare Sachverhalte unterschiedlich oder im Wesentlichen ungleiche Sachverhalte gleich zu behandeln (vgl. zutr. VG Frankfurt/Oder, NVwZ-RR 2009 S. 259 f. = KPBl. 5/2009 S. VI). Die politische Ausrichtung jedenfalls darf nicht zum Anlass unterschiedlicher Behandlung genommen werden. Das Recht kennt keine Fraktionen unterschiedlicher Qualität. Die Bewertung politischer Absichten obliegt allein dem Wähler. Ist schon eine unterschiedliche Behandlung politischer Parteien aufgrund des Parteienprivilegs des Art. 21 Abs. 1 GG untersagt, darf erst recht Fraktionen unter Hinweis auf ihre parteipolitische Affinität keine unterschiedliche rechtliche Behandlung durch die öffentliche Gewalt zu Teil werden. Die Bildung der Fraktionen beruht auf einer freien Willensentscheidung ihrer Mitglieder (vgl. dazu oben 3.1 und 3.2). Sie sind nach dem hier vertretenen Verständnis ihrerseits Teil der öffentlichen Verwaltung im weiteren Sinne (vgl. dazu oben 2.2.3).

Über den Gleichbehandlungsanspruch hinaus dürfte den Fraktionen daher auch ein **Recht auf Eröffnung eines Kontos** zustehen. Hinsichtlich der Differenzierung zwischen öffentlich-rechtlichen und privaten Kreditinstituten kann auf die Ausführungen unter 4.5.2 verwiesen werden. Es ergeben sich in der Herleitung des Anspruchs, nicht aber im Ergebnis Unterschiede.

5. RECHTE DER FRAKTIONEN IM KOMMUNALVERFASSUNGS-RECHT

Die Gemeindeordnungen gewähren den Fraktionen eine Reihe von Rechten. Bei aller Vielfalt der Ausgestaltung im Einzelnen sind Grundlinien erkennbar, die durch die Rechtsprechung an Konturen gewonnen haben. Oftmals handelt es sich um Minderheitenrechte, die (auch) Fraktionen in Anspruch nehmen können, vgl. die Übersicht auf S. 132 f.

Die den Fraktionen eingeräumten Rechte führen jedoch nicht dazu, dass das einzelne Ratsmitglied dieser Rechte „verlustig" geht. Wenn das Landesrecht z. B. das Akteneinsichtsrecht nicht nur Fraktionen, sondern auch einzelnen Ratsmitgliedern eröffnet, ist dieses nicht an entsprechende Initiativen der Fraktion gebunden. Vielmehr kann der Einzelne mit anderen Mandatsträgern eigene Minderheitenrechte auch unabhängig von seiner Fraktion wahrnehmen. Es wäre mit dem freien Mandat nicht vereinbar, wenn das bei einer Fraktionsabstimmung unterlegenen Fraktionsmitglied sich insoweit dem Beschluss der Fraktion beugen muss (so aber *Dehn*, Rz. 2 zu § 27a in KVR SH, Kreisordnung für Schleswig-Holstein). Handelt es sich um wiederholtes Abweichen oder in einer politisch bedeutsamen Frage, kann die Fraktion daraus allerdings unter Umständen Konsequenzen für die weitere Zusammenarbeit ziehen.

5.1 Antrags-, Initiativ- und Zugangsrechte der Fraktionen

In Mecklenburg-Vorpommern, Nordrhein-Westfalen und im Saarland können Fraktionen das Einberufen einer Sitzung des Gemeinderates beantragen. In sieben Bundesländern können auch Fraktionen die Aufnahme eines Beratungspunktes in die Tagesordnung verlangen; der Ratsvorsitzende hat in diesen Fällen kein inhaltliches Vorprüfungsrecht. Die beantragende Fraktion muss die Möglichkeit zur Antragserläuterung erhalten, ein Recht auf sachliche Beschlussfassung der Vertretung hat sie ebensowenig wie ein Recht auf vorrangige Behandlung dieses Tagesordnungspunktes. Überlässt eine Kommune Räumlichkeiten für politische Veranstaltungen, kann der Fraktionsstatus einen Ansatzpunkt für sachliche Differenzierungen bieten.

5.1.1 Einberufen einer Sitzung des Gemeinderates

Der Gemeinderat handelt durch Abstimmungen und Wahlen, über die er in Sitzungen entscheidet. Er kommt zu den Sitzungen nicht aufgrund eigener Initiative der Mitglieder zusammen, sondern wird nach den Kommunalverfassungen aller Bundesländer durch den Vorsitzenden einberufen. Dieser hat dabei bestimmte Formen, Fristen und sonstige Erfordernisse zu beachten, auf die vorliegend nicht weiter einzugehen ist.

Durchweg räumen die Gemeindeordnungen (auch) einer qualifizierten Minderheit der Ratsmitglieder das Recht gegenüber dem Vorsitzenden der Volksvertretung ein, den **Zusammentritt des Gemeinderates** verlangen zu können.

Das Quorum beträgt in Brandenburg, Nordrhein-Westfalen und nunmehr auch im Freistaat Sachsen ein Fünftel (vgl. § 34 Abs. 2 BbgKVerf; § 47 Abs. 1 Satz 4 GO NW; § 36 Abs. 3 Satz 4 SächsGemO), in der Mehrzahl der Flächenländer jeweils ein Viertel (vgl. § 34 Abs. 1 Satz 3 GO BW; Art. 46 Abs. 2 Satz 2 BayGO; § 56 Abs. 1 Satz 2 HGO; § 29 Abs. 2 Satz 3 KV MV; § 34 Abs. 1 Satz 4 GemO RhPf; § 41 Abs. 1 Satz 2 KSVG Saarl.; § 53 Abs. 5 Satz 1 KVG LSA und § 35 Abs. 1 Satz 4 Thür-KO) und in Niedersachsen und Schleswig-Holstein ein Drittel (vgl. § 59 Abs. 2 Satz 3 NKomVG; § 34 Abs. 1 Satz 4 GO SH) der Mitglieder des Gemeinderats. Nur in Mecklenburg-Vorpommern, Nordrhein-Westfalen und im Saarland ist daneben den Fraktionen das gleiche Recht gewährt. In Niedersachsen kann der Hauptausschuss und nach der Novellierung aus dem Jahr 2001 auch jede Abgeordnete/jeder Abgeordneter die Einberufung verlangen, letztere allerdings nur, wenn die letzte Sitzung länger als drei Monate zurückliegt.

Stellt eine Fraktion bereits das geforderte Quorum aller Gemeinderatsmitglieder, so kann für diese auch der Fraktionsvorsitzende einen entsprechenden Antrag stellen, ohne dass es der Unterschriften aller Fraktionsmitglieder bedarf (zutreffend vgl. *Borchert* in KVR SH, Gemeindeordnung für Schleswig-Holstein, Anm. 3 b zu § 34). Erreicht sie die jeweils geforderte Zahl der Gemeinderatsmitglieder nicht, bleibt einer Fraktion außerhalb der genannten drei Bundesländer diese Möglichkeit freilich versagt. In der Praxis scheint dies kaum zu Problemen zu führen.

Es erscheint unbedenklich, wenn der Gesetzgeber darauf verzichtet, den Fraktionen ein Recht auf Einberufen von Sitzungen zu gewähren. Es handelt sich nicht um ein Recht des Organs Gemeinderat, sondern steht durchweg dem Ratsvorsitzenden zu. Das einzelne Ratsmitglied kann somit keine mitgliedschaftlichen Rechte geltend machen, die wiederum von der Fraktion wahrgenommen werden könnten (insoweit zutreffend vgl. auch *Scholtis*, Minderheitenschutz in kommunalen Vertretungskörperschaften, S. 318 f.).

5.1.2 Initiativrecht zur Tagesordnung

5.1.2.1 Ausgestaltung in den Gemeindeordnungen

Von ungleich größerer Bedeutung in der Praxis ist die Möglichkeit zur Einflussnahme auf die Tagesordnung der Gemeindevertretung. Das **Aufstellen der Tagesordnung** obliegt grundsätzlich dem Vorsitzenden der Volksvertretung. Ist der Hauptverwaltungsbeamte nicht Vorsitzender, wird dieser aber durch Benehmensregelungen regelmäßig eingebunden in das Erstellen der Tagesordnung. Teilweise sind auch die übrigen hauptamtlichen Beigeordneten oder der kollegiale Gemeindevorstand (Hessen) zu beteiligen.

Ausgewählte Minderheitenrechte in den Gemeindeordnungen

	Einberufen einer Sitzung des Gemeinderates	Tagesordnungsinitiative von Gemeinderatsmitgliedern	Auskunftsrecht als Minderheitenrecht	Akteneinsicht als Minderheitenrecht
Baden-Württemberg	§ 34 Abs. 1 Satz 3 GO ein Viertel der Mitglieder	§ 34 Abs. 1 Satz 4 GO ein Viertel der Mitglieder	§ 24 Abs. 4 GO jedes Ratsmitglied	§ 24 Abs. 3 Satz 1 GO ein Viertel der Mitglieder
Bayern	Art. 46 Abs. 2 Satz 2 GO ein Viertel der Mitglieder			
Brandenburg	§ 34 Abs. 2 Ziff. 1 BbgKVerf ein Fünftel der Mitglieder; § 34 Abs. 2 Ziff. 2 BbgKVerf ein Zehntel oder eine Fraktion frühestens 3 Monate nach letzter Sitzung	§ 35 Abs. 1 Satz 2 BbgKVerf ein Zehntel der Mitglieder oder eine Fraktion	§ 29 Abs. 1 Satz 1 BbgKVerf jedes Ratsmitglied	§ 29 Abs. 1 Satz 1 BbgKVerf jedes Ratsmitglied
Hessen	§ 56 Abs. 1 Satz 2 HGO ein Viertel der Mitglieder	§ 58 Abs. 5 Satz 2 HGO ein Viertel der Mitglieder	§ 50 Abs. 2 Sätze 4 u. 5 HGO jedes Ratsmitglied	§ 50 Abs. 2 Satz 2 HGO ein Viertel der Mitglieder oder eine Fraktion
Mecklenburg-Vorpommern	§ 29 Abs. 2 Satz 3 KV ein Viertel der Mitglieder oder eine Fraktion	Jeder Gemeindevertreter oder eine Ortsteilvertretung	§§ 34 II, 23 Abs. 5 Satz 7 KV** ein Viertel der Mitglieder oder eine Fraktion	§§ 34 IV S. 1 KV**; jedes Mitglied der Gemeindevertretung
Niedersachsen	§ 59 Abs. 1 Satz 3 NKomVG ein Drittel der Mitglieder oder Hauptausschuss*	§ 56 Satz 1 NKomVG jedes Mitglied der Vertretung	§ 56 Satz 2 NKomVG jedes Mitglied der Vertretung	§ 58 Abs. 4 Satz 3 NKomVG ein Viertel der Mitglieder oder eine Fraktion
Nordrhein-Westfalen	§ 47 Abs. 1 Satz 4 GO ein Fünftel der Mitglieder oder eine Fraktion	§ 48 Abs. 1 Satz 2 GO ein Fünftel der Mitglieder oder eine Fraktion	§ 69 Abs. 1 Satz 2 GO ein Fünftel der Mitglieder oder eine Fraktion	§ 55 Abs. 4 Satz 1 GO ein Fünftel der Mitglieder oder eine Fraktion

* Liegt die letzte Sitzung der Vertretung länger als drei Monate zurück, kann auch jede Abgeordnete/jeder Abgeordneter die Einberufung verlangen.

** In Gemeindevertretungen mit bis zu elf Gemeindevertretern stehen u. a. die Rechte nach § 34 II auch jedem einzelnen Gemeindevertreter zu.

	Einberufen einer Sitzung des Gemeinderates	Tagesordnungsinitiative von Gemeinderatsmitgliedern	Auskunftsrecht als Minderheitenrecht	Akteneinsicht als Minderheitenrecht
Rheinland-Pfalz	§ 34 Abs. 1 Satz 4 GO ein Viertel der Mitglieder	§ 34 Abs. 5 Satz 2 GO ein Viertel der Mitglieder oder eine Fraktion	§ 33 Abs. 3 Satz GO ein Viertel der Mitglieder oder eine Fraktion	§ 33 Abs. 3 Satz GO ein Viertel der Mitglieder oder eine Fraktion
Saarland	§ 41 Abs. 1 Satz 2 KSVG ein Viertel der Mitglieder oder eine Fraktion	§ 41 Abs. 1 Satz 3 KSVG ein Viertel der Mitglieder oder eine Fraktion	§ 37 Abs. 1 Satz 2 KSVG jedes Ratsmitglied	§ 37 Abs. 1 Satz 3 KSVG ein Viertel der Mitglieder
Sachsen	§ 36 Abs. 3 Satz 4 GO ein Fünftel der Mitglieder	§ 36 Abs. 5 Satz 1 GO ein Fünftel der Mitglieder oder eine Fraktion	§ 28 Abs. 5 Satz GO jedes Ratsmitglied	§ 28 Abs. 5 Satz 1 GO ein Fünftel der Mitglieder
Sachsen-Anhalt	§ 53 Abs. 5 Satz 1 KVG ein Viertel der ehrenamtl. Mitglieder	§ 53 Abs. 5 Satz 2 KVG ein Viertel der ehrenamtl. Mitglieder oder eine Fraktion	§ 43 Abs. 3 Satz 2 KVG jedes Ratsmitglied	§ 45 Abs. 6 Satz 2 kVf ein Zehntel der ehrenamtl. Mitglieder, mind. aber 2 Ratsmitglieder oder eine Fraktion
Schleswig-Holstein	§ 34 Abs. 1 Satz 2 GO ein Drittel der Mitglieder	§ 34 Abs. 4 Satz 2 GO ein Drittel der Mitglieder oder eine Fraktion	§ 30 Abs. 1 Satz GO jedes Ratsmitglied	§ 30 Abs. 1 Satz GO jedes Ratsmitglied
Thüringen	§ 35 Abs. 1 Satz 4 ThürKO ein Viertel der Mitglieder	§ 35 Abs. 4 Satz 2 ThürKO ein Viertel der Mitglieder oder eine Fraktion		§ 22 Abs. 3 Satz 4 ThürKO ein Viertel der Mitglieder

Bayern (vgl. Art. 46 Abs. 2 Satz 1 BayGO) lässt es bei dieser Verfahrensweise bewenden. In Niedersachsen (§ 59 Abs. 3 NKomVG) stellt der Hauptverwaltungsbeamte die Tagesordnung im Benehmen mit dem Vorsitzenden der Vertretung auf; der Vorsitzende kann verlangen, dass die Tagesordnung um einen Beratungsgegenstand ergänzt wird.

In Niedersachsen hat aber nicht nur der Vorsitzende, sondern jedes Mitglied der Vertretung das Recht, die Aufnahme eines Tagesordnungspunktes zu verlangen. Dies folgt aus dem in § 56 Satz 1 NKomVG verbürgten Recht, in der Vertretung Anträge zu stellen, ohne die Unterstützung durch andere Mitglieder der Vertretung zu benötigen. Das niedersächsische Kommunalverfassungsrecht gewährt damit ein subjektiv-öffentliches Teilhaberecht, das als Ausfluss der in Art. 28 Abs. 1 Satz 2 GG fundierten unmittelbaren demokratischen Legitimation des kommunalen Mandats verstanden werden muss (näher *Wefelmeier*, KVR Nds/NKomVG Rz. 1 f. zu § 56 m. w. N.).

Die übrigen Bundesländer haben dagegen das Initiativrecht zur Tagesordnung an die Unterstützung weiterer Mandatsträger geknüpft, was verfassungsrechtlich unbedenklich ist (vgl. BVerfG, dng 1985 S. 95). Auch sie aber gestehen einer **qualifizierten Minderheit** der Mitglieder des Gemeinderates einen Anspruch zu, die Aufnahme eines Tagesordnungspunktes verlangen zu können. Das notwendige Quorum hierfür beträgt in Brandenburg ein Zehntel (vgl. § 35 Abs. 1 Satz 2 BbgKVerf), in Nordrhein-Westfalen und Sachsen ein Fünftel (vgl. §§ 48 Abs. 1 Satz 2 GO NW, 36 Abs. 5 Satz 1 SächsGemO), in Baden-Württemberg, Hessen, Rheinland-Pfalz, dem Saarland, in Sachsen-Anhalt und Thüringen jeweils ein Viertel (vgl. §§ 34 Abs. 1 Satz 4 GO BW, 58 Abs. 5 Satz 2 i. V. m. 56 Abs. 1 Satz 2 HGO, 34 Abs. 5 Satz 2 GemO RhPf, 41 Abs. 1 Satz 3 KSVG Saarl., 53 Abs. 5 Satz 2 KVG LSA, 35 Abs. 4 Satz 2 ThürKO) sowie in Schleswig-Holstein ein Drittel (vgl. § 34 Abs. 4 Satz 3 GO SH) der Mitglieder des Gemeinderates.

Daneben werden in Brandenburg, Nordrhein-Westfalen, Rheinland-Pfalz, im Saarland, in Sachsen, Sachsen-Anhalt, Schleswig-Holstein und Thüringen auch die **Fraktionen** genannt, die die Aufnahme eines Beratungsgegenstandes in die Tagesordnung verlangen können. Ihnen wird damit ein subjektives Recht verliehen, dass sie nötigenfalls im Wege eines Kommunalverfassungsstreitverfahrens gerichtlich durchsetzen können.

Zweifel an der Verfassungsmäßigkeit der Beschränkung des Initiativrechts auf Fraktionen bzw. ein bestimmtes Quorum von Ratsmitgliedern durch § 48 Abs. 1 GO NW bestehen nicht (vgl. OVG Münster, NWVBl. 2012 S. 152 ff.). Der Rat ist aber befugt, das Initiativrecht nach § 48 Abs. 1 Satz GO NW zu erweitern (OVG Münster, NVwZ-RR 2013 S. 239, 240). Eine Gemeinde ist allerdings nicht verpflichtet, eine geschäftsordnungsrechtlich einmal gewährte, über die in der Gemein-

deordnung geregelten Mindestanforderungen hinausgehende Erweiterung von Minderheitenrechten aufrechtzuerhalten (OVG Münster, NWVBl. 2007 S. 25 f.).

Wie in Niedersachsen steht in Mecklenburg-Vorpommern das Recht zur Tagesordnungsinitiative seit 1997 **jedem Gemeindevertreter** – und einer Ortsteilvertretung – zu (§ 29 Abs. 4 Satz 1 KV MV). Es kann daher auch von einer Fraktion für die fraktionsangehörigen Mitglieder geltend gemacht werden. Trotz der davon deutlich abweichenden Rechtslage in Schleswig-Holstein soll nach der wenig überzeugenden Auffassung des OVG Schleswig (Die Gemeinde [SH] 1994 S. 88, 90) ein fraktionsloser Gemeindevertreter zwar keinen Rechtsanspruch auf Aufnahme eines von ihm vorgeschlagenen Tagesordnungspunktes haben, gleichwohl müsse der Bürgervorsteher die Möglichkeit seiner Berücksichtigung bei der Erstellung der Tagesordnung in Betracht ziehen und dürfe ihn nicht willkürlich übergehen. Die Schleswiger Richter gehen davon aus, die Stellung eines einzelnen Gemeindevertreters hinsichtlich einer Tagesordnungsinitiative müsse stärker als die eines Bürgers, aber schwächer als die einer Fraktion sein. Woraus sich die „gewisse Rechtswirkung" im konkreten ableiten soll, bleibt offen.

5.1.2.2 Vorprüfungsrecht des Ratsvorsitzenden?

Unstreitig kommt dem Ratsvorsitzenden ein formelles Prüfungsrecht hinsichtlich der zur Beratung vorgeschlagenen Tagesordnungspunkte zu. Er hat also zu prüfen, ob eine Antragsberechtigung vorliegt und Form und Fristen eingehalten sind.

Insbesondere anlässlich von Ratsbeschlüssen zur Erklärung von Gemeinden zu sog. atomwaffenfreien Zonen der Nachrüstungsdiskussion Anfang der 80er Jahre des letzten Jahrhunderts ist ausführlich die Frage diskutiert worden (umfassend hierzu *Grußendorf*, Allgemeinpolitische Äußerungen kommunaler Selbstverwaltungskörperschatten, insb. S. 109 ff.), ob dem Ratsvorsitzenden ein materielles Vorprüfungsrecht zukommt. Dabei steht im Mittelpunkt, ob der Ratsvorsitzende berechtigt oder gar verpflichtet ist, die Aufnahme von Beratungsgegenständen in die Tagesordnung abzulehnen, von denen er meint, die Gemeindevertretung sei für die Behandlung des Themas nicht zuständig. Dies kommt vor allem bei fehlender Verbandskompetenz der Gemeinde in Betracht, d. h. wenn es sich nicht um eine Angelegenheit der örtlichen Gemeinschaft i. S. von Art. 28 Abs. 2 Satz 1 GG handelt.

5.1.2.2.1 Stimmen für ein Vorprüfungsrecht

In der Rechtsprechung (vgl. VG Kassel, NVwZ 1982 S. 700; VG Schleswig, Die Gemeinde [SH] 1983 S. 340; VGH Mannheim, DVBl 1983 S. 729; wohl auch VGH Kassel, DÖV 1988 S. 304) und im Schrifttum (vgl. nur *Janitschek*, HSGZ 1983 S. 89; *Erlenkämper*, NVwZ 1984 S. 621, 625, NVwZ 1985 S. 795, 801; *Stober*, Kommunalrecht, § 15 III 1 b) ist die Auffassung vertreten worden, wenn die sachliche Zuständigkeit der Gemeinde insgesamt fehle, gehöre ein Verhandlungsgegenstand nicht zum Aufgabengebiet des Gemeinderates.

In diesem Fall sei der Bürgermeister befugt, den Antrag auf Aufnahme in die Tagesordnung abzulehnen. Hierzu sei er sogar rechtlich gehalten, da auch der Ratsvorsitzende an die Rechtsordnung gebunden sei, die die Verbandskompetenz der Gemeinde festlege. Teilweise wird dabei in Abrede gestellt, dass es sich überhaupt um eine materielle Vorprüfung handelt: Die zu prüfende Frage der Zuständigkeit gehöre zu den formellen Voraussetzungen, für die mithin der Ratsvorsitzende zuständig sei (*Raum*, DÖV 1985 S. 820, 823 f.).

5.1.2.2.2 Stimmen gegen ein Vorprüfungsrecht

Die herrschende Meinung der Judikatur hält dagegen den Ratsvorsitzenden nicht für berechtigt, einen rechtzeitig mit dem notwendigen Unterstützungsquorum angemeldeten Tagesordnungspunkt abzulehnen. Eine inhaltliche Vorprüfung stehe ihm nicht zu.

Dem Verlangen müsse auch dann entsprochen werden, wenn der Gemeinde die Verbandszuständigkeit für den Beratungsgegenstand möglicherweise fehle. Dies ergebe sich aus Wortsinn, Regelungszusammenhang, Entstehungsgeschichte sowie Sinn und Zweck der zu Grunde liegenden Normen. Gebe es Zweifel an der gemeindlichen Zuständigkeit, habe der Ratsvorsitzende die Möglichkeit und ggf. die Pflicht, bei Aufruf des entsprechenden Tagesordnungspunktes in der Ratssitzung zunächst eine Beratung und Beschlussfassung über die Zulässigkeit des in der Beschlussvorlage enthaltenen Sachantrags herbeizuführen. Beschließe der Gemeinderat dann tatsächlich, das Thema zu beraten, halte der Bürgermeister die Bejahung der Zulässigkeit indes für gesetzes- oder rechtswidrig, so sei dieser verpflichtet, die Ausführung des Beschlusses über die Zulässigkeit sofort auszusetzen und das in der Gemeindeordnung vorgesehene Beanstandungsverfahren einzuleiten.

Dem grundsätzlich zu bejahenden Anspruch auf Aufnahme in die Tagesordnung könne nur im Einzelfall das **Verbot missbräuchlicher Rechtsausübung** entgegenstehen, das eine besondere Ausprägung des auch im öffentlichen Recht geltenden Grundsatzes von Treu und Glauben darstelle. Das zunächst in der obergerichtlichen Rechtsprechung herangezogene Merkmal einer „offensichtlichen" Unzuständigkeit (vgl. hierzu noch *OVG Lüneburg*, DVBl 1983 S. 814) sei allerdings mangels objektivierbarer Kriterien kein geeignetes und angemessenes Mittel, in einer den Anforderungen der Rechtssicherheit entsprechenden Weise die möglichen Ausnahmefälle des Rechtsmissbrauchs abzugrenzen. Beispielsweise könne ein Rechtsmissbrauch aber auch vorliegen, wenn der Tagesordnungsantrag erkennbar in der Absicht gestellt werde, die Arbeit des Bürgermeisters oder des Gemeinderates zu behindern und in der Öffentlichkeit herabzusetzen (so ausführlich zum rheinland-pfälzischen Landesrecht *OVG Koblenz*, DVBl 1984 S. 1906 ff.; vgl. auch *OVG Münster*, DVBl 1984 S. 155; *OVG Lüneburg*, DVBl 1984 S. 734 (mit ausdrücklicher Aufgabe des Merkmals „offensichtlicher" Unzuständigkeit); VGH München, DÖV 1987 S. 446; aus der Lit. vgl. statt vieler *Buhren*, VR 1986 S. 410; *Schoch*, Jura 1984 S. 550, *ders.*, DÖV 1986 S. 132, *Scholtis*, Minderheitenschutz in kommunalen Vertretungskörperschaften, S. 76 ff., 280 ff.; *Ehlers*, NWVBl. 1990 S. 44, 49; *Suerbaum*, § 22 Rz. 26 in HKWP, 3. Aufl., 2007; ebenso hinsichtlich der Prüfungskompetenz des Landtagspräsidiums vgl. BbgLVerfG, DÖV 1999 S. 385, 386).

5.1.2.2.3 Stellungnahme

Die herrschende Auffassung verdient Zustimmung. Man mag bedauern, dass mit der Aufnahme eines Punktes in die Tagesordnung der mit der Antragstellung gewünschte politische Effekt erreicht wird und die Gemeinden damit in die Gefahr geraten, gerade bei bundesweit abgestimmten Verhalten von Fraktionen interessierter Parteien zum Vehikel landes- oder bundespolitischer Interessen zu werden.

Mit Recht wird darauf hingewiesen, dass so die die Verbandskompetenz respektieren wollende Ratsmehrheit sich faktisch gezwungen sehen wird, gleichfalls Ausführungen zur Sache vorzutragen (vgl. *Erlenkämper*, NVwZ 1986 S. 989, 996 und NVwZ 1991 S. 325, 335). Dieser politische Befund vermag aber die rechtsdogmatische Zulässigkeit solcher Verlangen nicht zu berühren. In der Tat kommt dem Art. 28 Abs. 2 Satz 1 GG mit seiner Bezugnahme auf die Angelegenheiten der örtlichen Gemeinschaft (auch) kompetenzbegrenzende Wirkung zu (generell zur Verbandskompetenz als Grenze der Aufgabenwahrnehmung vgl. *Schoch*, Jura 2001 S. 121, 128). Adressat der Norm ist aber allein die Gemeinde als solche, nicht einzelne ihrer Organe oder der derzeitigen Mitglieder dieser Organe, die sog. Organwalter. Die Zuweisung von Wahrnehmungszuständigkeiten innerhalb der Gemeinde ist nach der Kompetenzverteilung des Grundgesetzes dem Landesgesetzgeber vorbehalten. Eine allein auf Art. 28 Abs. 1 Satz 2 GG und die dort niederlegte Verbandskompetenz abstellende Argumentation geht daher am Problem vorbei. Zu beantworten ist die Frage, wem es zusteht festzustellen, ob die Kompetenz der Gemeinde gegeben ist. Die Behauptung, „jeder einsichtige Bürger" sei hierzu in der Lage (so *von Unruh*, DVBl 1985 S. 910, 911), ist wenig hilfreich. Jedenfalls eine qualifizierte Minderheit der gewählten Volksvertretung beurteilt im Konfliktfall die Situation eben anders als der Vorsitzende. Wer die aufgeworfene Frage beantworten darf, ist daher allein durch Interpretation des Kommunalverfassungsrechts zu bestimmen.

Dabei ist zunächst festzuhalten, dass die o. a. Bestimmungen dem Wortlaut nach den Ratsvorsitzenden verpflichten, bei Vorliegen der formellen Voraussetzungen einen Beratungsgegenstand in der Tagesordnung zu berücksichtigen („hat ... aufzunehmen", „ist verpflichtet"). Etwas anderes ist auch nicht den Regelungen in Baden-Württemberg (§ 34 Abs. 1 Satz 5 GO BW), Hessen (§ 56 Abs. 1 Satz 2 HGO), Rheinland-Pfalz (§ 34 Abs. 5 Satz 2 GemO RhPf), Sachsen (§ 36 Abs. 5 SächsGemO) und Sachsen-Anhalt (§ 53 Abs. 5 Satz 4 KVG LSA) zu entnehmen, wonach die jeweilige Angelegenheit zu den Aufgaben des Gemeinderates gehören muss. Allein aus der systematischen Stellung dieser Vorschrift lässt sich ersehen, dass damit die Organzuständigkeit innerhalb der Gemeinde angesprochen ist, nicht aber die Kompetenzverteilung zwischen Bund, Ländern und Kommunen.

Mit Recht wird zudem darauf hingewiesen, das System der gemeindlichen Selbstkontrolle und Selbstkorrektur sei durchweg angelegt auf die **nachträgliche Prüfung** von Entscheidungen der kommunalen Volksvertretung, eine präventive Kontrolle sei dem Kommunalverfassungsrecht insoweit hingegen fremd (vgl. *Schoch*, DÖV 1986 S. 132, 135).

Insbesondere aber ist auf Sinn und Zweck des Anspruchs eines bestimmten Quorums auf Aufnahme eines Themas in die Tagesordnung zu verweisen. Dieser besteht im **Minderheitenschutz** (vgl. nur BVerwG, DVBl 1993 S. 891, 892; *Schmidt-Jortzig*, Kommunalrecht, Rn. 213; *Schoch*, DÖV 1986 S. 132, 136; *Schwerdtner*, DÖV 1990 S. 14, 17). Einer solchen Zielsetzung würde es nicht dienen, wenn man in streitigen Fällen um das Bestehen einer Gemeindekompetenz stets dem Votum der Vorsitzenden des Gemeinderates folgen würde, der regelmäßig der Mehrheit des Gemeinderates politisch nahestehen wird. Daher hat der Vorsitzende die Pflicht, einen Punkt in der Tagesordnung zu berücksichtigen, wenn das in der Gemeindeordnung geforderte Quorum erreicht ist bzw. eine vorschlagsberechtigte Fraktion einen entsprechenden Wunsch äußert. Eine andere Entscheidung ist nur im Falle des Rechtsmissbrauchs denkbar. Ob die Voraussetzungen hierfür vorliegen, entzieht sich einer generalisierenden Betrachtungsweise. Wie in den übrigen Fällen des Rechtsmissbrauchs auch, sind strenge Anforderungen an dessen Voraussetzungen zu stellen.

5.1.2.3 Folgerungen aus der landesrechtlichen Ausgestaltung

Die **Bayerische Gemeindeordnung** enthält **kein Quorum** für Gemeinderatsmitglieder, um die Aufnahme eines Tagesordnungspunktes beantragen zu können. Art. 46 Abs. 2 Satz 1 BayGO verpflichtet den ersten Bürgermeister, die Beratungsgegenstände vorzubereiten. Dazu gehört nach allgemeiner Ansicht, dass eine schriftliche Tagesordnung zu erstellen ist (vgl. Art. 52 Abs. 2 Satz 1 BayGO).

Mit dieser objektiv-rechtlich bestehenden Verpflichtung des ersten Bürgermeisters korrespondiert nach Auffassung des VGH München (DÖV 1987 S. 446 = NVwZ 1988 S. 83) grundsätzlich ein **subjektiv-öffentliches Recht des einzelnen Gemeinderatsmitglieds**, dass der Beratungsgegenstand eines von ihm gestellten Antrags in die Tagesordnung aufgenommen wird. Dieser Anspruch ergebe sich als Folge und Bestandteil des mitgliedschaftlichen Rechts, dem Gemeinderat Anträge zur Beschlussfassung vorzulegen. Dieses bedeutende Mitwirkungsrecht sei nach bayerischem Gemeinderecht nicht auf Fraktionen oder eine Mehrzahl von Gemeinderatsmitgliedern beschränkt, sondern komme ohne ausdrückliche Erwähnung in der Gemeindeordnung jedem einzelnen Gemeinderatsmitglied zu.

Dem VGH München zufolge ist es regelmäßig nicht geboten, den Namen und ggf. die Partei oder Wählergruppe des Antragstellers zu nennen. Ein allgemeines Vorprüfungsrecht des ersten Bürgermeisters wird ausdrücklich abgelehnt. Dieser dürfe nur prüfen, ob die in der Geschäftsordnung konkretisierten Form- und Fristvorschriften eingehalten sind. Manches spreche auch dafür, dass eine Aufnahme nur verlangt werden könne, wenn für die Angelegenheit nicht ein anderes Organ der Gemeinde zuständig sei, beispielsweise ein beschließender Ausschuss.

In der genannten Entscheidung hat der VGH München es offengelassen, auf welche Rechtsnorm der dort konzedierte Anspruch des einzelnen Gemeinderatsmitglieds zurückzuführen ist.

Die Ausführungen stellen ab auf ein Teilhaberecht, das möglicherweise auf der in Art. 28 Abs. 1 Satz 2 GG fundierten unmittelbaren demokratischen Legitimation des Ratsmitglieds beruht.

In einem Beschluss (vgl. DVBl 1993 S. 891 f.) hat das **BVerwG** auf diese Norm hingewiesen, es aber offengelassen, ob hieraus unmittelbar Rechte abgeleitet werden können. Jedenfalls wenn der Landesgesetzgeber eine Minderheit von einem Viertel der Ratsmitglieder oder eine Fraktion in die Lage versetze, eine Angelegenheit auf die Tagesordnung der nächsten Sitzung zu bringen, gebe es keine bundesverfassungsrechtliche Verpflichtung, darüber hinaus einzelnen Mitgliedern noch ein Recht auf Abstimmung über solche Vorschläge im Plenum des Gemeinderates zu gewähren. In diesem Fall sei das Gemeinderatsmitglied vielmehr darauf verwiesen, mit Mehrheit des Gemeinderates eine Erweiterung der Tagesordnung zu erreichen. Das Minderheitenrecht habe der Landesgesetzgeber aber rechtlich bedenkenfrei anderweitig ausgestaltet.

Die Erwägungen der Rechtsprechung legen es nahe, das Antragsrecht zur Behandlung von Tagesordnungspunkten als **immanenten Bestandteil des kommunalen Mandats** zu verstehen, das aber im Interesse der Funktionsfähigkeit der Volksvertretung durch den Gesetzgeber eingeschränkt werden kann. Umso wichtiger ist es, ein solchermaßen modifiziertes Minderheitenrecht nicht weiter einzuschränken, etwa durch materielle Vorprüfungsrechte des Ratsvorsitzenden. Verzichtet der Landesgesetzgeber wie in Bayern auf eine Regelung, ist es dem Geschäftsordnungsgeber verwehrt, ohne ausdrückliche gesetzliche Ermächtigung diese Form des Mitwirkungsrechts des einzelnen Ratsherrn zu beschränken. Dies gilt auch für Niedersachsen (ebenso *Wefelmeier*, KVR Nds/NKomVG, Rz. 2 zu § 56), wo sich ein Initiativrecht zur Tagesordnung für das einzelne Mitglied der Vertretung bereits aus § 56 Satz 1 NKomVG ergibt (vgl. zur Vorgängernorm bereits VG Oldenburg, NST-N 1980 S. 317).

Grundsätzlich ist es nicht zu beanstanden, wenn der Landesgesetzgeber das Antragsrecht an ein **bestimmtes Quorum** der Mitglieder der Gemeindevertretung bindet. Bei der Festsetzung der Höhe der notwendigen Unterstützung muss berücksichtigt werden, dass es sich um ein Minderheitenrecht handelt. Eine Zahl von einem Drittel aller Gemeindevertreter wäre allein genommen durchaus bedenklich, erreichen doch selbst die größten Minderheitsgruppierungen im Gemeinderat diese Zahl kaum. Von daher ist es zu begrüßen, wenn zahlreiche Bundesländer auch Fraktionen das Antragsrecht zubilligen.

Wenn der Landesgesetzgeber ein bestimmtes Quorum vorsieht, ist der Gemeinderat nicht gehindert, über die Mindestgarantie für den Minderheitenschutz hinauszugehen. Nach Auffassung des OVG Münster begegnet es keinen Bedenken, wenn der Gemeinderat in seiner Geschäftsordnung beispielsweise auch fraktionslosen Ratsmitgliedern das Recht einräumt, die Aufnahme eines Tagesordnungspunktes zu beanspruchen. Weder müsse der Gemeinderat insoweit gewissermaßen vor sich selbst geschützt werden, noch liege eine unzulässige Beschränkung des Recht des Bürgermeisters auf Festsetzen der Tagesordnung in einer solchen Geschäftsordnungsregelung (NVwZ-RR 2004 S. 674, 676 f.) Insoweit ist dem OVG Münster zuzustimmen.

Mit Recht betont das OVG Münster (NVwZ-RR 2004 S. 674, 677) auch die Geltung des allgemeinen Gleichheitsgrundsatzes für die Rechtsbeziehungen zwischen Organen und Organteilen. Nicht gefolgt werden kann ihm jedoch, wenn die Ungleichbehandlung zwischen fraktionslosen und fraktionsgebundenen Gemeindevertretern deswegen für gerechtfertigt erachtet wird, weil die Gestaltungsmacht des fraktionsgebundenen Ratsmitgliedes durch die Koordination seiner Ratstätigkeit mit der der übrigen Fraktionsmitglieder steigt (ebenso im Ergebnis *Günther*, NWVBl. 2007 S. 33, 36 f.; unkritisch hingegen *Ehlers*, JK 4/05, VwGO § 42 II/27; *Lange*, DVP 2006 S. 463, 465). Es liegt nicht in der Kompetenz der Gemeindevertretung, die landesgesetzgeberische Entscheidung über die Fraktionsbildung zu unterlaufen und gleichsam eine Diskriminierung fraktionsgebundener Gemeindevertreter zu beschließen. Entschließt die Gemeindevertretung sich im Rahmen ihrer Geschäftsordnungsautonomie, das Minderheitenrecht der Tagesordnungsinitiative über den landesrechtlich geprägten Mindeststandard hinaus zu erweitern, muss dies unabhängig von einer evtl. Fraktionsmitgliedschaft erfolgen.

Das OVG Bautzen (LKV 2002 S. 333) rechnet das Antragsrecht auf Aufnahme eines Verhandlungsgegenstandes in die Sitzung des Gemeinderates zu den einer Fraktion typischerweise und damit auch in Sachsen zustehenden Befugnissen. Dies dürfte angesichts der vom OVG nicht einmal erwähnten ausdrücklichen Regelung in § 36 Abs. 5 Satz 1 SächsGemO nicht haltbar sein, zumal es im bundesweiten Vergleich eben keine „typische", sondern eine differenzierte Ausgestaltung des Initiativrechts zur Tagesordnung gibt.

Sieht die Gemeindeordnung ein solches Recht der Fraktionen nicht vor, räumt nach Auffassung des VGH Kassel (DVBl 1986 S. 247, 248) beispielsweise das hessische Kommunalverfassungsrecht den Fraktionen keinen Anspruch darauf ein, dass der Vorsitzende die Entscheidung über die Aufnahme in die Tagesordnung „ermessensfehlerfrei" trifft. Dies soll selbst dann gelten, wenn die antragstellende Fraktion über eine ausreichende Anzahl von Stadtverordneten verfügt, um das in § 58 Abs. 5 Satz 2 i. V. m. § 56 Abs. 1 Satz 2 HGO genannte Quorum zu erfüllen (vgl. VGH Kassel, DÖV 1988 S. 304).

In Hessen mag diese Betrachtungsweise wegen der im Gesetz ausdrücklich geforderten eigenhändigen Unterschriften der Gemeindevertreter zutreffen. Wo diese Notwendigkeit nicht gesetzlich festgehalten ist, wird es hingegen reichen müssen, wenn eine Fraktion einen entsprechenden Antrag stellt und sie über eine Mitgliederzahl verfügt, die dem Mindestquorum entspricht. Die Fraktionen haben die Aufgabe, die Meinungen ihrer Mitglieder zu bündeln. Stellt eine Fraktion mit entsprechender Mitgliederzahl einen Antrag, ist davon auszugehen, dass die Mitglieder der Fraktion hinter dem Begehren stehen.

5.1.2.4 Möglichkeit der Antragserläuterung

Aus dem Anspruch der qualifizierten Minderheit zur Aufnahme des Beratungsgegenstandes in die Tagesordnung folgt nicht die Zulässigkeit der **sachlichen Befassung** oder gar der Beschlussfassung mit solchen Angelegenheiten, die nicht in die Kompetenz der Gemeinde fallen. Der Vorsitzende hat seine Pflicht durch Berücksichtigung des Anliegens in der Tagesordnung erfüllt. Das Erörterungsrecht findet seine Grenze in der Pflicht des Plenums, die eigenen Zuständigkeiten zu wahren (ebenso zum Parlamentsrecht BbgVerfG, DÖV 1999 S. 385, 387).

Soll dem durch das Initiativrecht verfolgten Minderheitenschutz Rechnung getragen werden und das Antragsrecht sich nicht in einer Formalie ohne inneren Sinn erschöpfen, muss es dem Antragsteller aber möglich sein, seine Vorschläge vor einer etwaigen Entscheidung über deren Absetzung von der Tagesordnung in angemessenem Um-

fang zu erläutern. Ein an Sachkriterien orientiertes Votum des Gemeinderates erfordert, dass die Mehrheit nicht nur den Antrag selbst,
sondern auch die wesentlichen Gründe für die Antragstellung zur
Kenntnis nehmen kann.

Die Minderheit muss die Chance haben darzulegen, warum nach ih-
rer Auffassung eine Befassung mit der Entscheidung zu dem Gegen-
stand des Antrags zulässig und geboten ist (ausführlich vgl. OVG
Lüneburg in von Mutius, Rspr.-Slg. Komm. VR, Nr. 13 zu § 33; OVG
Münster, DÖV 1989 S. 595; VG Gera, DÖV 2003 S. 257; ebenso
Schoch, DÖV 1986 S. 132, 137; *Rothe*, Die Fraktionen in den kom-
munalen Vertretungskörperschaften, Rn. 43; *Bick*, Die Ratsfraktion,
S. 24).

Einem evtl. ausufernden Missbrauch kann durch **Beschränkung der
Redezeit** begegnet werden. Das **Rederecht** des einzelnen Gemeinderatsmitglieds findet in der Regel keine ausdrückliche Erwähnung in
den Kommunalverfassungen. Es ist jedoch Ausdruck des Demokratieprinzips und des mitgliedschaftlichen Mitwirkungsrechtes (vgl. OVG
Lüneburg, DVBl 1990 S. 159; *Hellermann*, Jura 1995 S. 145, 148 ff.).
Eine Redezeitbegrenzung ist durch die Geschäftsordnung prinzipiell
möglich, materiell aber nur zulässig, wenn sie der Sicherung der Arbeitsfähigkeit der Vertretungskörperschaft dient (auf staatlicher
Ebene vgl. BVerfGE 112, 118, 133 ff.; *Kluth* in Schmidt-Bleibtreu/Hof-
mann/Henneke (Hrsg.), GG, Art. 38 Rz. 84; ferner VGH Kassel, DVBl
1978 S. 821; vgl. auch VGH München, Beschl. vom 4. 10. 2010 – 4 CE
10.2403 –, zit. nach juris, Rz. 3). Die Beschränkung der Redezeit des
einzelnen Ratsmitgliedes darf die Teilnahme insbesondere von fraktionslosen Abgeordneten nicht unmöglich machen, eine einmalige
Rede gibt ihm jedoch ausreichend Einfluss auf die Entscheidung im
Gremium; insbesondere liegt kein Gleichheitsverstoß vor, wenn auch
fraktionsangehörige Ratsmitglieder grundsätzlich nur einmal sprechen dürfen (OVG Lüneburg, NdsVBl. 2014 S. 164, 165 f.). Legitim ist
es beispielsweise, eine quotale Aufteilung der Redezeit auf die Fraktionen vorzusehen unter der Voraussetzung, dass die notwendige Entscheidungsfreiheit und Selbstverantwortlichkeit des einzelnen Gemeinderatsmitglieds erhalten bleibt (vgl. BayVerfGH, NVwZ-RR 1998
S. 409, 410; *Suerbaum*, § 22 Rz. 27 in HKWP, 3. Aufl., 2007). Auch fraktionslose Mandatsträger müssen aber Gelegenheit zur Stellungnahme
zu jedem einzelnen Tagesordnungspunkt einer Beratung in angemessenem Umfang erhalten. Weicht ein fraktionsangehöriges Kreistagsmitglied bei einer Frage von der Linie der Gesamtfraktion ab, muss es
dieses ebenfalls erläutern können (OVG Lüneburg, DVBl 1990, 159;
Hellermann, Jura 1995 S. 145, 149 f.). Die eingeschränkten Mitwirkungsrechte fraktionsloser Abgeordneter können eigene Rechte von
Abgeordneten, die einer Fraktion angehören, nicht verletzen (vgl.
BerlVerfGH, Urt. vom 15. 1. 2014, BeckRS 2014, 47537 S. 15 f. = DÖV
2014 S. 446 (LS).

5.1.2.5 Kein Recht auf sachliche Beschlussfassung

Räumt die Gemeindeordnung einem bestimmten Quorum der Gemeinderatsmitglieder oder einer Fraktion das Recht zur Aufnahme eines Beratungspunktes in die Tagesordnung ein, wird der Gemeinderatsminderheit jedenfalls bei fehlender Verbandskompetenz der Gemeinde damit noch kein Recht auf sachliche Beschlussfassung gewährt (für ein Recht auf sachliche Beschlussfassung bei bestehendem Antragsrecht vgl. zum Parlamentsrecht VerfGH NW, DVBl 1999 S. 1362 = NVwZ-RR 2000 S. 265, 266). Vielmehr ist es mit dem verfolgten Ziel des Minderheitenschutzes durchaus vereinbar, wenn der Gemeinderat sich entschließt, die Beschlussfassung zu vertagen, den Verhandlungsgegenstand einem Ausschuss zu überweisen oder zur Tagesordnung überzugehen (vgl. bereits VGH Mannheim in *von Mutius*, Rspr.-Slg. Komm. VR, Nr. 6 zu § 33 Abs. 1; ferner OVG Schleswig, Die Gemeinde [SH] 1996 S. 19 f.; ihm folgend VG Schleswig, Die Gemeinde [SH] 1997 S. 124). Im Falle der letzten Alternative wird man aber der beantragenden Minderheit zugestehen müssen, zuvor ihren Antrag kurz zu erläutern. Zur Begründung kann auf die obigen Ausführungen zu Erl. 4 verwiesen werden (zum Recht einer Fraktion auf Durchführung einer aktuellen Debatte im Landtag vgl. hingegen SächsVerfGH, LKV 1996 S. 21, 22).

Ist in einer Geschäftsordnung vorgesehen, dass in der Gemeinderatssitzung zur Feststellung des notwendigen Minderheitenquorums Anträge gestellt werden können, so begründet dies in Baden-Württemberg nach Auffassung des VGH Mannheim (DÖV 1989 S. 31, 33 f.) keinen Anspruch auf Beratung dieser Anträge bzw. Wortmeldungen hierzu in der Sitzung. Die Gemeinderäte hätten grundsätzlich die Möglichkeit, sich außerhalb der Gemeinderatssitzung das notwendige Minderheitenquorum zu verschaffen. Da es sich beim Abfragen des Quorums nicht um Abstimmungen im Sinne der Gemeindeordnung handele, hätten die Gemeinderäte auch kein Recht darauf, Erklärungen zu ihrem Abstimmungsverhalten zu Protokoll zu geben. Das Gleiche gelte für persönliche Erklärungen, die keine Ausführungen zur Sache enthalten dürften und daher weder dazu dienen dürften, eine Beratung über Gegenstände auszulösen, die nicht auf der Tagesordnung aufgeführt seien, noch dazu, im Rahmen einer Quorumsabfrage Wortbeiträge zu den Anträgen zu ersetzen. Dem ist beizupflichten.

5.1.2.6 Kein Recht auf vorrangige Behandlung

Das Recht, die Aufnahme eines Themas in die Tagesordnung verlangen zu können, führt nicht zu einer vorrangigen Behandlung eines solchen Beratungspunktes. So werden die Mitgliedschafts- und Minderheitenrechte einer antragsberechtigten Fraktion nicht beeinträchtigt, wenn zu fortgeschrittener Stunde eine Ratssitzung durch Mehrheitsbeschluss schon vor Behandlung aller von einer Fraktion beantragten Beratungsgegenstände abgebrochen wird und die unerledigten Tagesordnungspunkte für die nächste turnusmäßige Beratung vorgesehen werden.

Ein rechtlich schützenswerter Anspruch auf Unterlassen von Beeinträchtigungen kann dann vorliegen, wenn der Ratsvorsitzende die Termine und Ratssitzungen so gestaltet oder der Gemeinderat insgesamt durch Beschlüsse betreffend die Absetzung oder Vertagung von Beratungsgegenständen bewirken würde, dass die von der beantragenden Fraktion gewünschten Tagesordnungspunkte ungerechtfertigt verspätet zum Zuge kämen und das Initiativrecht auf diese Weise unterlaufen würde (vgl. VG Oldenburg in von Mutius, Rspr.-Slg. Komm. VR, Nr. 12 zu § 33 Abs. 1, zur damaligen Rechtslage in Niedersachsen).

5.1.2.7 Verfahren in den Ausschüssen

Hinsichtlich des Geschäftsganges in den **Ausschüssen** verweisen die meisten Gemeindeordnungen auf die für den Gemeinderat geltenden Bestimmungen. Dies trifft in der Mehrzahl der Fälle auch für das Initiativrecht zur Tagesordnung zu (vgl. §§ 39 Abs. 5 Satz 1, 41 Abs. 3 GO BW; § 44 Abs. 3 BbgKVerf; § 36 Abs. 7 KV MV; § 48 Abs. 6 Satz 1 KSVG Saarl.; §§ 41 Abs. 5 Satz 1, 43 Abs. 3 Satz 1 SächsGemO). Parallel zu den Regelungen für den Gemeinderat sind auch die Verfahren für die Ausschüsse in Sachsen-Anhalt (§ 53 Abs. 4 kVf gilt für die Vertretung und die Ausschüsse), Niedersachsen (vgl. § 72 Abs. 3 NKomVG) und Bayern (keine Regelung) ausgestaltet. Abweichungen ergeben sich hingegen in Hessen, wo das Initiativrecht zur Tagesordnung von der Verweisungsnorm nicht erfasst wird (vgl. § 62 Abs. 5 Satz 1 HGO), sowie in Rheinland-Pfalz und Thüringen. In diesen beiden Ländern wird die Tagesordnung in den Ausschüssen ausschließlich durch den Vorsitzenden festgelegt (vgl. § 46 Abs. 3 GemO RhPf und § 43 Abs. 1 Satz 1 ThürKO). Abweichend von der Regelung für die Gemeindevertretung muss in Schleswig-Holstein die oder der Vorsitzende eine Angelegenheit u. a. bereits auf die Tagesordnung setzen, wenn ein der Gemeindevertretung angehörendes Ausschussmitglied dies verlangt (§ 46 Abs. 11 Satz 3 GO SH).

Eindeutig ist auch die Rechtslage schließlich in Nordrhein-Westfalen. § 56 Abs. 2 Satz 1 GO erklärt für das Verfahren in den Ausschüssen die für den Rat geltenden Vorschriften für entsprechend anwendbar. Davon ist auch § 48 Abs. 1 Satz 2 GO NW erfasst, der einem Fünftel der Ratsmitglieder oder einer Fraktion das Recht zum Anmelden von Tagesordnungspunkten einräumt. Irritieren muss daher eine (soweit ersichtlich nicht veröffentlichte) Entscheidung des VG Düsseldorf (Beschl. vom 26. 10. 1988 – Az. I L 2006/88 –), die vom OVG Münster (Beschl. vom 23. 12. 1988 – Az. 15 B 3157/88 –) nach summarischer Prüfung im Rahmen eines Beschwerdeverfahrens bestätigt wurde. Das Verwaltungsgericht vertrat zur insoweit materiell übereinstimmenden früheren Fassung der Gemeindeordnung die Auffassung, da Fraktionen lediglich Untergliederungen des Rates seien, in Ausschüssen jedoch selbstständige Fraktionen nicht gebildet würden, könnten in den Ausschüssen nur ein Fünftel der Ausschussmitglieder, nicht aber Fraktionen Anträge zur Tagesordnung stellen. Diese Ansicht ist nicht nur aus verwaltungspraktischen Erwägungen problematisch (hierauf abstellend *Erlenkämper*, NVwZ 1990 S. 116, 129). Sie verkennt auch das Wesen und die Arbeitsweise von Fraktionen, deren Wirken keineswegs auf das Plenum des Gemeinderats beschränkt ist.

Dies wird bereits daran deutlich, dass die Gemeindeordnungen bei der Ausschussbesetzung und der Wahl des Vorsitzenden geradezu das Bestehen der Fraktionen voraussetzen. Gewährt der Landesgesetzgeber auch Fraktionen ein Initiativrecht zur Tagesordnung, muss dies in den Ausschüssen ebenso gehandhabt werden, wenn wie in Nordrhein-Westfalen für die Ausschussarbeit auf die Bestimmungen zum Geschäftsgang im Gemeinderat Bezug genommen wird. Zudem stellt § 58 Abs. 2 Satz 4 GO NW ausdrücklich klar, dass der Ausschussvorsitzende verpflichtet ist, einen Gegenstand in die Tagesordnung aufzunehmen, wenn eine Fraktion dies beantragt.

5.1.3 Benutzung öffentlicher Einrichtungen

Die Kommunalverfassungen gewähren ihren Einwohnerinnen und Einwohnern im Rahmen bestehender Kapazitäten durchweg einen Rechtsanspruch auf Nutzung ihrer öffentlichen Einrichtungen. Näheres ergibt sich aus dem Widmungszweck und ggf. diesen konkretisierenden Regelungen. Für die Überlassung von Räumlichkeiten kann der Fraktionsstatus ein zulässiges Differenzierungskriterium bei der Entscheidung bilden; zur Durchführung politischer Veranstaltungen kann sich ein fraktionsloses Mitglied einer kommunalen Vertretung nicht auf seine Rechte als Einwohner der Gebietskörperschaft berufen (OVG Saarlouis, NVwZ-RR 2015 S. 312 f.).

5.2 Kontroll- und Informationsrechte

Etliche Kommunalverfassungen gewähren auch Fraktionen das ausdrückliche Recht, Auskünfte von der hauptamtlichen Verwaltung zu verlangen. Es begegnet keinen Bedenken, Auskunftsverlangen der Fraktionen in der Geschäftsordnung einen zeitlichen Vorrang gegenüber Einzelanfragen einzuräumen. Die Vorbereitung der Sitzungen des Gemeinderates obliegt der hauptamtlichen Verwaltung; diese ist gehalten, gegenüber den Fraktionen dabei den Gleichheitsgrundsatz zu beachten. Fünf Bundesländer gestehen Fraktionen das Minderheitenrecht der Akteneinsicht zu; soweit dies nicht der Fall ist haben (auch) Fraktionen dieses Recht, wenn sie das kommunalverfassungsrechtlich vorgesehene Quorum erreichen. Auch Fraktionen haben das Recht, den Grundsatz der Sitzungsöffentlichkeit (sog. Saalöffentlichkeit) geltend zu machen.

5.2.1 Auskunftsrecht

5.2.1.1 Problemstellung

Die Wirksamkeit der Arbeit der Fraktionen wird maßgeblich durch ihnen zustehende Kontroll- und Informationsrechte bestimmt. Diese
sind allerdings von vornherein beschränkt auf den „parlamentarischen" Raum (zum staatlichen Bereich vgl. BVerfGE 124, 161, 187
m. w. N.). Evtl. fehlerhafte schriftliche Erläuterungen zu einem Beschluss sind davon z. B. nicht umfasst und können keine Rechte einer
Fraktion verletzen (vgl. HessStGH, DVBl 2014 S. 40, 41 betreffend Erläuterungen zu einem verfassungsändernden Gesetz).

Große Bedeutung in der Praxis hat das Auskunftsrecht einzelner Ratsmitglieder oder von Fraktionen gegenüber der hauptamtlichen Verwaltung. Besonders Fraktionen, die der Verwaltungsspitze kritisch
gegenüberstehen, neigen dazu, schriftliche Anfragen in großer Anzahl einzureichen.

Dabei orientieren sich die Fragesteller offensichtlich an dem Vorbild
„kleiner" und „großer" **parlamentarischer Anfragen** im Bundestag
oder Landtag und formulieren oftmals umfassende Informationswün-
sche. Die Beantwortung einzelner solcher Anfragen kann einen erheblichen Zeit- und Personalaufwand erfordern. Neben dem Wunsch
nach bestimmten Sachinformationen sind Anfragen oftmals auch von
dem Bemühen zur (parteipolitischen) Profilierung getragen. Die Fragesteller erhoffen sich eine gewisse Publizität über die Frage und verwerten die Informationen für die eigene Selbstdarstellung. Zur klären
ist, ob und in welchem Umfang Fraktionen befugt sind, auf diese Art
und Weise auf die hauptamtliche Verwaltung „zuzugreifen".

5.2.1.2 Landesrechtliche Regelungen

Die Gemeindeordnungen regeln das Problem in unterschiedlicher
Weise. In Bayern und Thüringen wird das Thema nicht angesprochen.
Sehr weitgehende Regelungen enthalten die Gemeindeordnungen in
Baden-Württemberg (§ 24 Abs. 4 GO BW), Brandenburg (§ 29 Abs. 1
BbgKVerfG), Hessen (§ 50 Abs. 2 Sätze 4 und 5 HGO), Niedersachsen
(§ 56 Satz 2 NKomVG), im Saarland (§ 37 Abs. 1 Satz 2 KSVG), in
Sachsen (§ 28 Abs. 5 SächsGemO), Sachsen-Anhalt (§ 43 Abs. 3 Satz 2
KVG LSA) und Schleswig-Holstein (§ 30 Abs. 1 GO SH). Exemplarisch
sei die sächsische Bestimmung angeführt. Nach ihr kann jeder Ge-
meinderat an den Bürgermeister schriftliche oder in einer Sitzung des
Gemeinderates mündliche Anfragen über einzelne Angelegenheiten
der Gemeinde richten, die binnen angemessener Frist zu beantworten
sind.

Auf Verlangen eines Ratsmitglieds ist der Bürgermeister nach § 69
Abs. 1 Satz 2 GO in Nordrhein-Westfalen verpflichtet, zu einem Punkt
der Tagesordnung Stellung zu nehmen. Daraus vermag eine Fraktion

keine Rechte abzuleiten (vgl. OVG Münster, NWVBl. 2014 S. 388, 389 zur Parallelvorschrift in § 26 Abs. 4 KrO). In Rheinland-Pfalz (§ 33 Abs. 3 GemO) muss der Bürgermeister den Gemeinderat auf Antrag eines Viertels seiner Mitglieder oder einer Fraktion über alle Angelegenheiten der Gemeinde und ihrer Verwaltung unterrichten. In Mecklenburg-Vorpommern sind der Bürgermeister und die Beigeordneten verpflichtet, der Gemeindevertretung auf Antrag eines Viertels der Mitglieder oder einer Fraktion Auskunft zu erteilen (§ 34 Abs. 2 KV). Dabei gilt die Besonderheit, dass in Gemeindevertretungen bis zu elf Mitgliedern dieses Recht auch jedem einzelnen Gemeindevertreter zusteht (§ 23 Abs. 5 Satz 7 KV). Daneben kann ohnehin jeder Gemeindevertreter schriftlich oder in einer Gemeindevertretung mündliche Anfragen stellen, die in angemessener Frist zu beantworten sind (§ 34 Abs. 3 KV). Diese starke Ausprägung der Individualrechte des einzelnen Gemeindevertreters sind durch den Gesetzgeber als Ausgleich für den geminderten Einfluss der Gemeindevertretung infolge der Direktwahl des Bürgermeisters verstanden worden (näher hierzu *Hubert Meyer*, LKV 1998 S. 85, 88).

5.2.1.3 Rechtliche Probleme der Ausgestaltung

Regelmäßig finden sich in den Geschäftsordnungen nähere Bestimmungen über das Auskunftsrecht. Es ist zweckmäßig, in den Geschäftsordnungen Einzelheiten über die Ausgestaltung des Fragerechts niederzulegen. Als nur innerorganschaftliches Recht müssen sich die dort getroffenen Regelungen an den gesetzlichen Vorgaben orientieren. Sie können über diese hinausgehen, dürfen sie aber nicht einschränken. Gewährt die Gemeindeordnung jedem Ratsmitglied ausdrücklich einen Auskunftsanspruch, darf beispielsweise die Geschäftsordnung nicht ein bestimmtes Mindestquorum für Anfragen fordern.

Zutreffend hat der VGH Mannheim entschieden, das in § 24 Abs. 4 GO BW enthaltene Informationsrecht des einzelnen Gemeinderates enthalte das Recht, in einer Gemeinderatssitzung mündliche Anfragen an den Bürgermeister zu richten. Eine solche Anfragen unterbindende Geschäftsordnungsbestimmung ist nichtig (DÖV 1989 S. 31, 32 = VBlBW 1989 S. 96). Ist in der Gemeindeordnung keine Regelung enthalten, darf der Geschäftsordnungsgeber das Fragerecht des einzelnen Ratsmitgliedes nicht völlig ausschließen, denn das **Informationsrecht** und die Kontrolle der Verwaltung gehören zu den **Kernelementen** des unmittelbar demokratisch legitimierten Mandats (vgl. BVerfGE 80, 188, 218; VerfGH NW, DVBl 1994 S. 48, 49).

Hingegen begegnet es keinen Bedenken, wenn viele Geschäftsordnungen den **Fragen von Fraktionen** einen zeitlichen Vorrang einräumen gegenüber Einzelanfragen. Steht eine Fraktion hinter einem Auskunftsersuchen, darf eine gesteigerte Bedeutung vermutet werden. Es gehört zu den Aufgaben der Fraktionen, auch Anfragen an die hauptamtliche Verwaltung zu sammeln und somit zahlreichen Einzelanfragen vorzubeugen.

Der VGH Kassel (HSGZ 1987 S. 361; ihm folgend VG Frankfurt, NVwZ-RR 2010 S. 448) vertritt die Auffassung, das in § 50 Abs. 2 Satz 4 HGO vorgesehene Fragerecht gegenüber dem Gemeindevorstand stehe nur dem einzelnen Gemeindevertreter zu, nicht aber den Fraktionen als organschaftlichen Zusammenschlüssen. Dies vermag nicht zu überzeugen (im Erg. ebenso OVG Frankfurt/Oder, LKV 1999 S. 34). Die Fraktionen bündeln die Interessen ihrer Mitglieder und führen damit letztlich eine Entlastung der Verwaltung herbei, die sich ansonsten evtl. mit zahlreichen ähnlich lautenden Einzelanfragen konfrontiert sähe. Für den Deutschen Bundestag sieht das BVerfG es als geklärt an, dass nicht nur aus Art. 38 Abs. 1 Satz 2 GG für die einzelnen Abgeordneten, sondern aus Art. 20 Abs. 2 Satz 2 GG auch für die Fraktionen als deren Zusammenschlüsse nach Maßgabe der Geschäftsordnung ein Frage- und Informationsrecht gegenüber der Bundesregierung zusteht (NVwZ 2009 S. 1092, 1093 m. w. N.). Auch in denjenigen Bundesländern, die das Anfragerecht nur den einzelnen Ratsmitgliedern zubilligen, steht dieses daher auch den Fraktionen zu, was zweckmäßiger Weise in der Geschäftsordnung zum Ausdruck gebracht werden sollte. Das Recht des einzelnen Ratsmitglieds darf dabei nur nicht verdrängt werden.

Wie bereits angedeutet, ist die Gefahr einer Überstrapazierung des Fragerechts durch einzelne Ratsmitglieder oder Fraktionen nicht von der Hand zu weisen (krit. vgl. etwa *Kottke*, AfK 1987 S. 226, 331; *Rothe*, NVwZ 1990 S. 936, 940). Dem kann nur durch eine konsequente Anwendung des geltenden Rechts begegnet werden. Die Gemeinderäte sind keine Parlamente im staatsrechtlichen Sinne (BVerwGE 90 S. 104, 105; zuletzt BVerwG, NVwZ 2010 S. 834, 836), und der Bürgermeister vertritt keine Regierung. Vielmehr haben beide Organe arbeitsteilig bestimmte Funktionen in der zum Bereich der Exekutive zählenden kommunalen Selbstverwaltung wahrzunehmen. Eine wesentliche Beschränkung ergibt sich thematisch daraus, dass es sich um Angelegenheiten der örtlichen Gemeinschaft der betreffenden Gemeinde handeln muss. Das Auskunftsrecht vermag den Kompetenzbereich der Gemeinde nicht zu erweitern. Die neueren Gesetzesformulierungen versuchen diese Selbstverständlichkeit durch die ausdrückliche Bezugnahme auf alle „Angelegenheiten der Gemeinde" (vgl. § 33 Abs. 3 Satz 1 GemO RhPf) zu verdeutlichen.

Außerdem sind „Anfragen" in der Gemeindevertretung anders als in den staatlichen Parlamenten begrenzt auf bestimmte Zwecke, nämlich eine **Kontrolle der Verwaltung** sicherzustellen. Dies ergibt sich in der Regel bereits aus der systematischen Stellung der entsprechenden Bestimmungen in den Gemeindeordnungen. Daraus folgt, dass die Fragen hinreichend präzise formuliert sein müssen. Sie dienen der Sachverhaltsermittlung. Mit Recht hat der VGH Mannheim (vgl. DÖV 1992

S. 838; vgl. auch OVG Frankfurt/Oder, LKV 1999 S. 34; OVf Lüneburg, DVBl. 2014 S. 595 ff. (zur Akteneinsicht) festgestellt, Anfragen eines Kreistagsmitglieds „ins Blaue hinein", bei denen ein berechtigtes Auskunftsinteresse weder dargelegt noch ersichtlich sei, lösten keine Pflicht des Landrats zu besonderen Ermittlungen aus. Eine politische Bewertung von Vorgängen ist grundsätzlich der gewählten Volksvertretung vorbehalten. Die hauptamtliche Verwaltung sollte also auch nicht mit dem Verlangen zu wertenden Äußerungen überfordert werden. Im Übrigen liegt es in der Hand des Bürgermeisters, durch eine angemessene Handhabung Einfluss auf die Nutzung dieses Informationsrechts zu nehmen und einem Missbrauch vorzubeugen.

5.2.2 Vorbereiten einzelner Tagesordnungspunkte

Bei dem Auskunftsrecht handelt es sich um ein dem Gemeinderat bzw. Ratsmitglied zustehendes Kontrollrecht. Es verleiht aber keinen umfassenden und generellen Informationsanspruch. Insbesondere kann es nicht dazu dienen, durch die Kommunalverfassung zugewiesene Zuständigkeiten zu verlagern. So obliegt nach allen Gemeindeordnungen den unmittelbar demokratisch legitimierten Volksvertretungen die Beschlussfassung in den wesentlichen Angelegenheiten der Kommune. Die **Vorbereitung** der einzelnen Tagesordnungspunkte ist hingegen eine originäre Kompetenz anderer Organe.

5.2.2.1 Grundsätzlich Verantwortung der hauptamtlichen Verwaltung

Sie ist in der Regel dem Hauptverwaltungsbeamten zugewiesen (vgl. § 43 Abs. 1 GO BW; Art. 46 Abs. 2 Satz 1 BayGO, § 54 Abs. 1 Nr. 1 BbgKVerf; § 38 Abs. 3 Satz 1 KV MV; § 62 Abs. 2 Satz 1 GO NW; § 47 Abs. 1 Satz 2 Nr. 1 GemO RhPf; § 59 Abs. 2 Satz 2 KSVG Saarl.; § 52 Abs. 1 SächsGemO; § 65 Abs. 1 KVG LSA; §§ 50 Abs. 1, 55 Abs. 1 Satz 4 Nr. 2, 65 Abs. 1 Satz 4 Nr. 2 GO SH und § 35 Abs. 4 Satz 1 Thür-KO), in Hessen dem Gemeindevorstand (§ 66 Abs. 1 Nr. 2 HGO) und in Niedersachsen dem Hauptausschuss (§ 76 Abs. 1 Satz 1 NKomVG).

Die Erfüllung dieser Pflicht kann es erfordern, den Ratsmitgliedern zur Vorbereitung einzelner Verhandlungspunkte schon vor der Sitzung geeignete Verwaltungsunterlagen zur Verfügung zu stellen. Die Möglichkeiten zur Einflussnahme in diesem Stadium der Entscheidungsfindung sind auch wesentlich von den äußeren Bedingungen abhängig, unter denen die Mitglieder der kommunalen Vertretungsorgane ihre Auffassung vertreten und zur Diskussion stellen können. Dazu gehören als wichtige Umstände Form und Zeitpunkt des Zugänglichmachens notwendiger Sachinformationen (vgl. OVG Münster, DÖV 1992 S. 170, 171).

Die Pflicht des Bürgermeisters in NW zur Vorbereitung der Ratsbeschlüsse besteht aber nur gegenüber dem Rat, so dass Fraktionen oder Ratsmitglieder daraus keine organschaftlichen Rechte ableiten können. Ihnen gegenüber kann allenfalls der Rat verpflichtet sein, auf entsprechenden Antrag hin keinen Sachbeschluss zu treffen (OVG Münster, NVwZ-RR 2007 S. 627; in Kenntnis abweichender Rechtsprechung in Rh-Pf ausdrücklich bestätigend für die Vorbereitungspflicht des Landrates gegenüber dem Kreistag NWVBl. 2014 S. 388, 389).

Dem gegenüber steht den Mitgliedern des Gemeinderats und den Fraktionen in Rheinland-Pfalz gegen den Bürgermeister ein Anspruch auf angemessene Unterrichtung über die Gegenstände anstehender Ratsentscheidungen zu; der Umfang des Unterrichtungsanspruchs hängt vom Einzelfall ab (OVG Koblenz, NVwZ-RR 2011 S. 31). Der Rechtsanspruch der Ratsfraktionen nach § 30a Abs. 3 1. Halbsatz GemO RhPf auf angemessene Unterrichtung beschränkt sich auf die beim Bürgermeister (Ratsvorsitzenden) vorhandenen Sachinformationen; ein Recht der Fraktionen auf weitere Sachverhaltsaufklärung umfasst der Unterrichtungsanspruch nicht (OVG Koblenz, KommJur 2012 S. 54, 55).

Aus den oben angeführten Erwägungen lässt sich indes **kein** generelles Recht auf Übersenden **schriftlicher Sitzungsvorlagen** herleiten. Die Gemeindeordnungen sehen in der Regel nur für die Einladung zur Sitzung selbst die Schriftform mit Nennung der Tagesordnungspunkte vor. Diese müssen so genau bezeichnet werden, dass das Ratsmitglied erkennen kann, worüber beschlossen werden soll und sich so auf die Sitzung vorbereiten kann. Was genau beschlossen wird, ergibt sich erst aus Beratung und Abstimmung (vgl. VGH Kassel, NVwZ 1988 S. 82, 83). Eine mündliche Unterrichtung der Ratsmitglieder und Fraktionen genügt (nur) dann, wenn der Entscheidungsgegenstand schon auf der Grundlage eines mündlichen Vortrags oder einer Tischvorlage in der Sitzung hinreichend erfassbar ist und einer vertiefenden Vorbereitung nicht bedarf (vgl. OVG Koblenz, NVwZ-RR 2011 S. 31, 32). Noch darüber hinausgehende Anforderungen gelten, wenn in der Gemeindeordnung ausdrücklich die Pflicht zur Übersendung von Beschlussvorlagen der Verwaltung normiert ist, wie dies z. B. in Mecklenburg-Vorpommern der Fall ist (§ 29 Abs. 3 Satz 3 KV; vgl. hierzu VG Schwerin, LKV 2000 S. 167, 168).

5.2.2.2 Gleichbehandlungsanspruch aller Fraktionen

Ist der Hauptverwaltungsbeamte somit hinsichtlich des „Ob" grundsätzlich nicht zu einer umfassenden schriftlichen Vorbereitung und Unterrichtung der Ratsmitglieder verpflichtet, gibt es aber aus Gründen der Gleichbehandlung bestimmte Vorgaben zu beachten, wenn er sich hierzu entschließt. Entgegen einer in der Literatur vertretenen Auffassung ist beispielsweise der Hauptverwaltungsbeamte in Nordrhein-Westfalen nicht frei zu entscheiden, Sitzungsunterlagen nur bestimmten Fraktionen zuzuleiten. Es geht nicht an, die anderen Fraktionen auf Mitarbeiter aus der hauptamtlichen Verwaltung mit dem gleichen Parteibuch zu verweisen, die regelmäßig in der Lage seien, auch interne Fragen zu beantworten (so aber *Rothe*, NVwZ 1990 S. 936, 938). Weder können solche faktischen Zufälligkeiten relevant sein, noch sind Vertreter der Verwaltung mit dem gleichen Parteibuch die geeigneten Ansprechpartner.

Der Anspruch der Ratsmitglieder auf Informationen richtet sich stets gegen das zuständige Organ, in Nordrhein-Westfalen mithin gegen den Bürgermeister bzw. Landrat.

Es liegt in seinem sachgerechten Ermessen, den Fraktionen ihre Vorbereitungen durch Erteilen von Auskünften, Überlassen von Sitzungsunterlagen oder durch die Teilnahme an Sitzungen zu erleichtern. Allerdings ist er an den **Gleichheitssatz** gebunden, der nicht nur für das die Willensbildung beendende Abstimmungsverfahren Geltung beansprucht, sondern auch für die den Abstimmungen vorausgehenden Beratungen. Gewährt der Bürgermeister einer Fraktion Unterstützung, darf es sie anderen Fraktionen mit demselben Verlangen nicht vorenthalten (zutreffend OVG Münster, DÖV 1992 S. 170, 171 f.; bestätigend NWVBl. 2014 S. 388, 389 f.).

Führt der Oberbürgermeister „interfraktionelle Runden" durch, die auch der Vorbereitung der nachfolgenden Stadtverordnetenversammlungen dienen, kann er nicht gezielt eine Fraktion hiervon ausschließen. Informationen des Oberbürgermeisters dürfen einzelnen Fraktionen gegen deren Willen nicht so lange vorenthalten werden, bis die Vorgänge in der Stadtverordnetenversammlung behandelt werden, denn Beratungsbeiträge und die Entscheidungsfindung des einzelnen hängen wesentlich davon ab, in welchem Umfang, in welcher Form und zu welchem Zeitpunkt ihm die erforderlichen Sachinformationen zur Verfügung gestellt werden (zutr. VGH Kassel, DÖV 2001 S. 256, 257). Es muss wenigstens die Möglichkeit der Bildung einer abgestimmten Fraktionsmeinung gewährleistet sein (ebenso wohl VG Schwerin, LKV 2000 S. 167, 168).

Hingegen lässt sich dieser Anspruch nicht dazu benutzen, das auf dem Demokratieprinzip beruhende Mehrheitsprinzip zu unterlaufen. Ist z. B. eine Fraktion in einer hessischen Gemeinde nicht im Gemeindevorstand vertreten, hat sie hieraus resultierende Informationsdefizite gegenüber anderen Fraktionen hinzunehmen. Es handelt sich um Nachteile, die im System der Wahl zum Gemeindevorstand und Gemeindevertretung begründet sind und durch die Hessische Gemeindeordnung nicht ausgeglichen werden (vgl. VGH Kassel, NVwZ 1988 S. 82, 83).

5.2.3 Akteneinsicht

Ein wirksames Mittel zur Kontrolle der Verwaltung stellt das Recht dar, Einsicht in die Akten nehmen zu dürfen. Alle Gemeindeordnungen enthalten Regelungen zur Ausgestaltung des stets nur auf Antrag

gewährten **Akteneinsichtsrechts**. Eine detaillierte Auseinandersetzung mit den damit verbundenen Problemen, insbesondere dem
Spannungsverhältnis zwischen Einsichtsrecht auf der einen und dem
Schutz sensibler Daten auf der anderen Seite, vermag hier nicht geleistet zu werden (instruktiv hierzu zuletzt *Petri*, NVwZ 2005
S. 399 ff.). Insoweit muss der Hinweis genügen, dass die Datenschutz-
gesetze des Bundes bzw. der Länder einer Einsichtnahme grundsätzlich nicht entgegenstehen, da es sich beim Gemeinderat oder Teilen
hiervon nicht um „Dritte" i. S. von § 2 Abs. 3 Nr. 2 BDSG bzw. den
einschlägigen Regelungen der Landesdatenschutzgesetze handelt
(ebenso *Eiermann*, NVwZ 2005 S. 43, 45). Aus Gründen der Übersichtlichkeit soll auch nicht erschöpfend dargestellt werden, wer in den
einzelnen Bundesländern das Recht zur Akteneinsicht tatsächlich
wahrnehmen darf. Bei Vorliegen der Voraussetzungen berechtigen
die Gemeindeordnungen den Gemeinderat, einen Ausschuss oder
ein einzelnes Ratsmitglied. Unter dem Blickwinkel dieser Unter-
suchung bedarf aber näherer Betrachtung, wer im Konfliktfall berechtigt ist, Akteneinsicht zu verlangen.

5.2.3.1 Grundsätzlich dem Gemeinderat zustehendes Recht

Bereits aus der systematischen Stellung der einzelnen Normen lässt
sich erkennen, dass die Akteneinsicht der Überwachung der Verwaltung dient und grundsätzlich dem Kollegialorgan Gemeinderat als
ganzem zusteht.

In Bayern, wo das Thema nicht explizit angesprochen wird, der Gemeinderat aber die Gemeindeverwaltung zu überwachen hat (vgl.
Art. 30 Abs. 3 BayGO), kann nur mit Mehrheit des Gemeinderates
eine Akteneinsicht erzwungen werden. Wenn in der Praxis auch die
Gefahr des Zusammenwirkens zwischen politischer Mehrheit des Gemeinderates und hauptamtlicher Verwaltung nicht von der Hand zu
weisen ist, lässt sich aus den Gedanken des Minderheitenschutzes
kein anderes Ergebnis herleiten. Vielmehr gehört das Mehrheitsprinzip zu den anerkannten notwendigen Strukturprinzipien der kommunalen Selbstverwaltung.

Würde die Mehrheit rechtswidrige Zustände durch die Verweigerung
eines Akteneinsichtsrechts decken wollen, bliebe es jedem Ratsmitglied im Übrigen unbenommen, die bei Vorliegen zureichender Anhaltspunkte zum Einschreiten verpflichtete Rechtsaufsicht zu informieren (näher vgl. *Scholtis*, Minderheitenschutz in kommunalen Vertretungskörperschaften, S. 320 f.).

5.2.3.2 Überwiegende Ausgestaltung als Minderheitenrecht

Dennoch hat sich die große Mehrzahl der Landesgesetzgeber dazu
entschlossen, das Akteneinsichtsrecht als **Minderheitenrecht** auszugestalten. In Baden-Württemberg, Hessen, Niedersachsen, Rhein-

land-Pfalz, im Saarland und Thüringen beträgt das notwendige Quorum ein Viertel der Gemeinderatsmitglieder (vgl. § 24 Abs. 3 Satz 1 GO BW; ausf. dazu *Eiermann*, NVwZ 2005 S. 43 ff.; § 50 Abs. 2 Satz 2 HGO; § 58 Abs. 4 Satz 3 NKomVG; § 33 Abs. 3 GemO RhPf; § 37 Abs. 1 Satz 3 KSVG Saarl.; § 22 Abs. 3 Satz 4 ThürKO). In Nordrhein-Westfalen (§ 55 Abs. 4 Satz 1 GO NW) und in Sachsen (§ 28 Abs. 5 Satz 1 GO) reicht ein Fünftel der Gemeinderatsmitglieder, in Sachsen-Anhalt sogar ein Zehntel, mindestens muss es sich aber um zwei ehrenamtliche Mitglieder des Gemeinderates handeln (§ 45 Abs. 6 Satz 2 KVG LSA).

Zu einer solchen Gesetzeslage wird in der Rechtsprechung die Auffassung vertreten, dass das Akteneinsichtsrecht ausschließlich einzelnen Ratsmitgliedern zustehe, nicht aber anderen Personen oder „Körperschaften" wie z. B. einer Fraktion (vgl. VG Schleswig in von Mutius, Rspr. Slg. Komm. VR, Nr. 10 zu § 30 = Die Gemeinde SH 1978 S. 401 zur damaligen Rechtslage in Schleswig-Holstein). Dem wird man nur zustimmen können, soweit die Fraktion nicht über die notwendige Zahl von Mitgliedern verfügt, um das geforderte Quorum zu erreichen. Anderenfalls kann der Fraktionsvorsitzende für seine Fraktion Akteneinsicht geltend machen (zutreffend vgl. *Rothe*, Die Fraktion in den kommunalen Vertretungskörperschaften, Rn. 98). Eine solche Vorgehensweise entspricht den Erfordernissen der Praxis und trägt der Funktion einer Fraktion Rechnung.

In jüngerer Zeit ist eine Reihe von Landesgesetzgebern dazu übergegangen, diesen Befund in den Gemeindeordnungen zu berücksichtigen. Neben einem Quorum von Einzelmitgliedern wird in Hessen, Niedersachsen, Nordrhein-Westfalen, Rheinland-Pfalz und Sachsen-Anhalt bei Vorliegen der sonstigen Voraussetzungen auch einer **Fraktion** das Recht zum Fordern von Akteneinsicht zugestanden (vgl. § 50 Abs. 2 Satz 2 HGO; § 58 Abs. 4 Satz 3 NKomVG; § 55 Abs. 4 Satz 1 GO NW; § 33 Abs. 3 Satz 2 GemO RhPf und § 45 Abs. 6 Satz 2 KVG LSA). Somit wird das Akteneinsichtsrecht zu einem wirksamen Minderheitenrecht. Gleichwohl muss im Einzelfall der beabsichtigte Überwachungszweck konkret dargelegt werden (zutreffend OVG Lüneburg, DVBl. 2014 S. 595 ff. entgegen VG Braunschweig, Urt. vom 25.4.2013 – Az. 1 A 28/13 –; ebenso bereits *Hubert Meyer*, NdsVBl. 2014 S. 33, 35 f.; deutlich restriktiver auch bereits *Thiele*, NKomVG, Anm. 4 zu § 58; wohl auch *Blum* in ders./Häusler/Meyer [Hrsg.], NKomVG, Rz. 80 zu § 58).

Gibt eine Fraktion für ein von ihr beauftragtes Mitglied zur Akteneinsicht eine eigene Stellungnahme ab, kann der Bürgermeister oder ein anderes Organ in der Regel nicht die Unterlassung entsprechender Äußerungen verlangen, wenn diese Werturteile enthalten, solange die Grenze diffamierender Schmähkritik nicht überschritten wird (vgl. VG Gießen zu einem Akteneinsichtsausschuss in Hessen, DÖV 2013, 442 [LS]).

Noch weitergehend ist in Brandenburg (§ 29 Abs. 1 BbgKVerf), Schleswig-Holstein (§ 30 Abs. 1 GO NW) und seit 2011 auch Mecklenburg-Vorpommern (§ 34 Abs. 4 Satz 1 KV MV) jedem einzelnen Ratsherrn Akteneinsicht zu gewähren, soweit dies für die Vorbereitung oder Kontrolle der Ausführung von einzelnen Beschlüssen der Gemeindevertretung oder ihren Ausschüssen erforderlich ist bzw. damit in Zusammenhang steht. Diese sehr weitgehenden Rechte bergen bereits die Gefahr einer Überstrapazierung der hauptamtlichen Verwaltung in sich und lassen ein latentes Misstrauen gegen diese durchschimmern. Die Tauglichkeit in der Praxis bleibt abzuwarten. Die Gesetzesänderung in Mecklenburg-Vorpommern im Jahr 2011 wurde von den Antrag stellenden Fraktionen mit dem allerdings beachtlichem Argument der Beseitigung eines Wertungswiderspruchs zwischen der ein individuelles Einsichtsrecht nicht vorsehenden vormaligen Ausgestaltung in der Kommunalverfassung und dem unter bestimmten Umständen jedermann ein Akteneinsichtsrecht zubilligenden Informationsfreiheitsgesetz begründet (vgl. LT-Drs. 5/4446 S. 37).

Steht das Recht wie in Brandenburg, Mecklenburg-Vorpommern und Schleswig-Holstein bereits jedem einzelnen Gemeindevertreter zu, ist auch eine Fraktion zur Geltendmachung befugt, ohne das dies ausdrücklicher Erwähnung im Gesetzestext bedürfte.

Einer missbräuchlichen Inanspruchnahme braucht der Bürgermeister nicht nachzukommen. Eine allgemeine Einschränkung oder Untersagung künftiger Akteneinsichtsrechte soll aber auch unter dem Aspekt des rechtsmissbräuchlichen Verhaltens in der Vergangenheit nicht zulässig sein. Ein eventueller Ausschluss vom Recht der Akteneinsicht kann im Übrigen nur durch den Gemeinderat, nicht hingegen durch den (Ober-)Bürgermeister und nur bezogen auf den Einzelfall vorgenommen werden (VG Schwerin, Der Überblick 1998 S. 27, 29). Das Recht einer Fraktion zur Akteneinsicht kann sich auch auf einen noch nicht abgeschlossenen Vorgang beziehen (VG Gießen, NVwZ 2007 S. 1218).

5.2.4 Öffentlichkeit der Sitzung

Der Transparenz der Verwaltung und der Kontrollmöglichkeit durch den Bürger soll die Öffentlichkeit der Sitzungen der Gemeinderäte und Kreistage dienen. Der **Grundsatz der Öffentlichkeit** gehört zu den tragenden Prinzipien einer auf repräsentativen Grundsätzen beruhenden demokratischen Volksvertretung. Unter bestimmten Voraussetzungen sehen die Gemeinde- und Kreisordnungen den Ausschluss der Öffentlichkeit vor (näher vgl. exemplarisch *H. Meyer*, Kommunalrecht, Rz. 412 ff.; ausführlich *Rabeling*, NVwZ 2010 S. 411 ff.).

Das OVG Münster (DÖV 2001 S. 916, 917 f.) billigt neben den Ratsmitgliedern (dem zustimmend *Rabeling*, NVwZ 2010 S. 411, 413, m. w. N., die auf Fraktionen nicht eingeht) auch den Ratsfraktionen ein eigenes wehrfähiges subjektives Organrecht auf Wahrung des

Grundsatzes der Sitzungsöffentlichkeit gemäß § 48 Abs. 2 Satz 1 GO NW (sog. **Saalöffentlichkeit**) zu. Dem ist zuzustimmen. Die praktischen Auswirkungen sind indes gering, da ohnehin jedes Ratsmitglied über eine entsprechende subjektive Rechtsstellung verfügt. Auf eine Verletzung des Grundsatzes der Sitzungsöffentlichkeit kann sich eine Fraktion überdies nur berufen, wenn sie sich selbst organtreu verhält; dies verlangt insbesondere eine rechtzeitige Rüge des für rechtswidrig erachteten Verhaltens gegenüber dem Organ selbst (vgl. OVG Münster, NWVBl 2014 S. 388, 390, für den Kreistag).

Gemeindevertreter und Fraktionen haben in Hessen kein wehrfähiges Recht auf Herstellung der sog. **Medienöffentlichkeit** (ausführlich zur Entwicklung vgl. *Cancik*, NdsVBl. 2015 S. 11, 13 ff.) von Sitzungen der Gemeindevertretung; diese ist nach § 52 Abs. 3 HGO ausschließlich aufgrund einer entsprechenden allgemeinen Regelung in der Hauptsatzung zulässig (VGH Kassel, Urt. v. 31. 10. 2013, BeckRS 2013, 57843 S. 5 ff.; zur prozessualen Einordnung vgl. vertiefend *Kingreen*, JK 6/14, VwGO § 47/33, HGO § 52). Über die hessische Rechtslage hinausgehend erklärt § 29 Abs. 5 Satz 5 KV M-V Film- und Tonaufnahmen durch die Medien in öffentlichen Sitzungen der Gemeindevertretung für zulässig, soweit dem nicht ein Viertel aller Mitglieder der Gemeindevertretung in geheimer Abstimmung widerspricht (vgl. näher *Gentner* in Schweriner Kommentierung, Rz. 22 zu § 29).

5.3 Vorschlags- und Entsendungsrechte

Fraktionen nehmen eine hervorgehobene Bedeutung bei der Besetzung der Ausschüsse der Vertretungen ein. Teilweise obliegt allein ihnen das Benennungsrecht, teilweise wird die nähere Ausgestaltung den Geschäftsordnungen überlassen, überwiegend erfolgt die Besetzung aber nach den Grundsätzen der Verhältniswahl, die sich an der Stärke der Fraktionen orientiert. Verfassungsrechtlich fordert der Grundsatz der Spiegelbildlichkeit, dass sich das politische Kräfteverhältnis im Plenum auch in den Ausschüssen abbildet. Dieser Grundsatz hat durch die Rechtsprechung eine Konturierung in zahlreichen Einzelfragen erfahren. Zur mathematischen Berechnung der Stellenanteile der Fraktionen steht eine Vielzahl von jeweils verfassungskonformen Methoden zur Verfügung. (Nur) Als „ultima ratio" zur Auflösung von Patt-Situationen kann auf das Losverfahren zurückgegriffen werden. Angesichts der überragenden Bedeutung der Ausschussarbeit haben auch fraktionslose Mandatsträger unabhängig von der landesrechtlichen Ausgestaltung ein Recht auf Mitwirkung in einem Ausschuss. Allerdings bezieht sich dieses Recht weder auf einen Ausschuss ihrer Wahl, noch ist damit ein Stimmrecht verbunden. Soweit Fraktionen das Recht zur Abberufung von ihnen vorgeschlagener Ausschussmitglieder innehaben, darf dies nicht missbräuchlich ausgeübt werden. Die Kommunalverfassungen sehen unterschiedliche Reaktionen für den Fall vor, dass sich die Fraktionsstärke ändert. Die Kommunalverfassungen kennen zum Teil weitere Rechte, die an die Stärke der Fraktionen in den Gemeinderäten anknüpfen.

5.3.1 Ausschussbesetzung

Ein wesentlicher Teil der kommunalpolitischen Arbeit findet in den Ausschüssen statt. Die Gemeindeordnungen unterscheiden in der Regel zwischen beschließenden Ausschüssen, denen Zuständigkeiten zur abschließenden Entscheidung obliegen, und nur beratenden Ausschüssen. Die in den letztgenannten Gremien getroffenen Beschlüsse dienen der fachlichen Vorbereitung der Entscheidung des Gemeinderates oder (soweit vorhanden) anderer kollegialer Beschlussorgane, beispielsweise des Verwaltungsausschusses.

5.3.1.1 Landesrechtliche Regelungen

Einige Gemeindeordnungen schreiben bestimmte Pflichtausschüsse und/oder eine Mindestgröße vor. Im Übrigen aber ist es dem Gemeinderat überlassen, die Anzahl der Ausschüsse und die Zahl der Mitglieder zu bestimmen. Das Verfahren zur Ausschussbesetzung hat hingegen in allen Gemeindeordnungen eine mehr oder minder ausgeprägte Regelung erfahren. Aus Raumgründen können die Details hier nicht im Einzelnen nachgezeichnet werden (Überblick bei *Ehlers*, HKWP, 3. Aufl., 2007, § 21 Rz. 62 ff.).

Die Bestimmungen sind durchweg geprägt durch das Bemühen, eine die **politischen Kräfteverhältnisse des Gemeinderats** widerspiegelnde Ausschussbesetzung zu gewährleisten. Daher kommt den Fraktionen bzw., soweit diese in den Gemeindeordnungen nicht ausdrücklich genannt sind, den im Gemeinderat vertretenen Parteien und Wählergruppen ausschlaggebende Bedeutung für die Ausschussbesetzung zu. Wird kein einvernehmlicher Vorschlag aller Gemeinderatsmitglieder unterbreitet, richtet sich die Verteilung der Ausschusssitze nach der Stärke der im Gemeinderat vertretenen Fraktionen.

Teilweise beschränken sich die Gemeindeordnungen auf diese Bestimmungen und überlassen die nähere Ausgestaltung den Geschäftsordnungen (vgl. Art. 33 Abs. 1 Satz 2 BayGO; § 36 Abs. 1 Satz 2 KV MV; § 27 Abs. 1 Satz 3 ThürKO), teilweise obliegt das Benennungsrecht (zum Umfang damit verbundener Rechte vgl. BerlVerfGH, Urt. vom 15. 1. 2014, BeckRS 2014, 47537 S. 17) allein den Fraktionen (vgl. § 62 Abs. 2 HGO [nach Beschluss der Gemeindevertretung]; § 71 Abs. 2 bis 4 NKomVG; § 47 Abs. 1 KV LSA, ausf. *Franz*, LKV 2004 S. 497, 500), überwiegend erfolgt die Ausschussbesetzung aber nach den Grundsätzen der Verhältniswahl durch den Gemeinderat auf Vorschlag der Fraktionen (vgl. § 40 Abs. 2 Satz 1 GO BW [für beschließende Ausschüsse]; § 41 Abs. 2 BbgKVerf; § 45 Abs. 1 und 3 GemO RhPf; § 48 Abs. 2 KSVG Saarl.; §§ 42 Abs. 2, 43 Abs. 3 Satz 1 Sächs-GemO; § 46 Abs. 1 GO SH [jede Fraktion kann Verhältniswahl verlangen]). Nach § 58 Abs. 1 Satz 1 GO NW regelt in Nordrhein-Westfalen der Rat die Zusammensetzung der Ausschüsse, wobei erkennbar von einer Besetzung nach den Grundsätzen der Verhältniswahl ausgegangen wird, wie sich den nachfolgenden Bestimmungen entnehmen lässt.

Nach der gefestigten Rechtsprechung des VGH München (vgl. Beschl. vom 28.9.2009 – Az. 4 ZB 09.858 –, BeckRS 2010, 48362 S. 2 m. w. N.) ist der Übertritt eines Kreistagsmitgliedes in eine andere Fraktion für die Ausschussbesetzung nach Art. 27 Abs. 2 Satz 2 Bay-LKrO nur dann von Bedeutung, wenn der Fraktionsübertritt anhand der äußerlich erkennbaren Gesamtumstände als Ausdruck eines geänderten politischen Verhaltens zu werten ist. Dies setzt im Allgemeinen eine Abkehr von bisherigen Positionen und Wählerschaften, verbunden mit einer Hinwendung zu einer neuen Gruppierung voraus. Ein Übertritt bleibt hingegen ohne Auswirkungen, wenn er nach den Umständen des Einzelfalls nur zum Schein oder in Umgehungsabsicht etwa mit dem Zweck vorgenommen wurde, Kreisräte einer ausschussunfähigen Gruppe in die Ausschüsse zu bringen.

5.3.1.2 Allgemeine Grenze der Geschäftsordnungsautonomie

Das LVerfG MV hat auf allgemeine Grenzen der Geschäftsordnungsautonomie im Interesse der Wahrung der Rechtsstellung der Fraktionen aufmerksam gemacht.

Der Landtag Mecklenburg-Vorpommern hatte in dem Einsetzungsbeschluss für eine Enquete-Kommission dieser das Recht eingeräumt, seine Geschäftsordnung ohne die Zustimmung des Landtages zu verändern. Dem ist das Greifswalder Verfassungsgericht entgegengetreten. Es hat festgestellt, den Fraktionen seien in der Landesverfassung originäre Mitwirkungs- und Teilhaberechte eingeräumt worden. Daraus folge ein Recht der Fraktionen auf Teilhabe an der Geschäftsordnungsgewalt. Die Geschäftsordnungen von Ausschüssen und Enquete-Kommissionen müsse der Landtag in seiner Gesamtheit verantworten. Er dürfe diese Befugnis nicht unbestimmt und unbegrenzt auf einen Ausschuss übertragen. Dies folge aus der Geschäftsordnungsautonomie des Landtages und der durch Art. 25 Abs. 2 Satz 2 LV MV geregelten Befugnis der Fraktionen, nach der sie mit eigenen Rechten und Pflichten an der parlamentarischen Willensbildung mitwirken. Abweichende Bestimmungen der Geschäftsordnung für einzelne parlamentarische Gremien seien zwar zulässig, jedoch müsse die Letztverantwortung des Plenums für deren Inhalt gewahrt bleiben (LVerfG MV, LVerfGE 12 S. 21 ff. = LKV 2001 S. 510, 512).

Diese Überlegungen lassen sich auf den kommunalen Bereich übertragen. Jedenfalls soweit das Kommunalverfassungsrecht den Fraktionen ausdrücklich entsprechende Mitwirkungsrechte einräumt, dürfen solche nicht zur Disposition einzelner Gremien gestellt werden. Nur durch die Entscheidung des Gemeinderates selbst bleiben die Rechte der Fraktionen gewahrt.

5.3.1.3 Ausschüsse müssen Zusammensetzung des Plenums wider- spiegeln

Weil Gemeinderatsausschüsse die Zusammensetzung des Plenums und das darin wirksame politische Meinungs- und Kräfteverhältnis widerspiegeln müssen, sind bei der Besetzung der Ausschüsse gemeinsame Vorschläge mehrerer Fraktionen unzulässig, die mit dem Ziel zur Erlangung eines zusätzlichen Sitzes gebildet werden. Die einzelnen Fraktionen haben Anspruch auf Berücksichtigung bei der Ausschussbesetzung nach Maßgabe ihrer jeweiligen Mitgliederzahl. Zählgemeinschaften wurden weder vom Volk gewählt, noch verfolgen sie über die Ausschussbesetzung hinausreichende gemeinsame politische Ziele. Ein nach der Wahl gebildetes ad-hoc-Bündnis zur besseren Reststimmenverwertung darf die Zusammensetzung der Ausschüsse nicht zu Lasten einer Minderheit ändern. Der **Grundsatz der Spiegelbildlichkeit** der Zusammensetzung von Plenum und Ausschüssen des Gemeinderates gewinnt noch erhöhte Bedeutung bei beschließenden Ausschüssen, denen Angelegenheiten zur abschließenden Erledigung übertragen wurden, weil sie in ihrem Aufgabenbereich die Repräsentationstätigkeit der Gesamtheit der vom Volk gewählten Mandatsträger nicht nur teilweise vorwegnehmen, sondern insgesamt ersetzen (BVerwGE 119, 305 ff. = BVerwG, NVwZ 2004 S. 621 ff. = DVBl 2004 S. 439 ff. = KommJur 2004 S. 141 ff. = Die Gemeinde SH 2004 S. 66 ff. = HSGZ 2004 S. 105 ff.). Die Verfassung fordert mithin im Grundsatz eine proporzgenaue Repräsentation der politischen Kräfte entsprechend dem Stärkeverhältnis der Fraktionen im Plenum auch in den Ausschüssen (zust. z. B. *Goerlich/Schmidt*, LKV 2005 S. 7, 8; a. A. noch *Franz*, LKV 2004 S. 497, 500; *Reichert/Baumann*, Kommunalrecht, Rz. 192; krit. zur Rspr. des BVerwG *Krüper*, NWVBl. 2005 S. 97 ff.: „Spiegelbildlichkeitsdogma"; zur verfassungsrechtlichen Pflicht, auch in parlamentarischen Untersuchungsausschüssen eine dem Plenum entsprechende Repräsentanz der Fraktionen sicherzustellen vgl. SächsVerfGH, LKV 2007 S. 171 f.). Abweichungen vom verfassungsrechtlich gebotenem Grundsatz der Spiegelbildlichkeit in begrenztem Umfang sind – nur – zu rechtfertigen, wenn dadurch im verkleinertem Gremium wie einem Ausschuss Sachentscheidungen ermöglicht werden, die eine realistische Aussicht haben, mit dem Willen einer im Plenum bestehenden politischen „Regierungsmehrheit" übereinzustimmen (BVerwG, NVwZ 2010 S. 834, 835).

Die Rechtsprechung des BVerwG hat vereinzelt zu rechtspolitischen Konsequenzen geführt. Der rheinland-pfälzische Landesgesetzgeber hat den früheren § 45 Abs. 1 Satz 2 GemO, wonach gemeinsame Wahlvorschläge von Fraktionen zulässig waren, unter ausdrücklichen Hinweis auf die Entscheidung des BVerwG (vgl. LT-Drs. 14/4674 S. 44) gestrichen. In Mecklenburg-Vorpommern hat der Gesetzgeber im Jahr 2011 klargestellt, dass sich wie zuvor fraktionslose Gemeindever-

treter untereinander oder mit einer Fraktion zu einer Zählgemeinschaft zusammenschließen können (§ 32 Abs. 2 Satz 4 KV MV). Nach
§ 32 Abs. 2 Satz 5 KV MV ist auch der Zusammenschluss von Fraktionen untereinander zu Zählgemeinschaften möglich („weitergehender
Zusammenschluss"), aber nur, wenn dadurch andere Fraktionen oder
Zählgemeinschaften nicht benachteiligt werden. Es soll also eine andere Ausschussbesetzung aufgrund der Bildung solcher Zählgemeinschaften verhindert werden (*Gentner*, Schweriner Kommentierung,
Rz. 11 zu § 32).

Daneben hat die Rechtsprechung des BVerwG eine ganze „Welle"
von Entscheidungen zur zutreffenden Interpretation des jeweiligen
Kommunalverfassungsrechts des Landes ausgelöst. Ohne Anspruch
auf Vollzähligkeit ist insoweit auf folgende Entscheidungen zu verweisen:

- **„Zählgemeinschaften"** widersprechen erst dann dem bundesver-
  fassungsrechtlichen Demokratiegrundsatz, wenn es zu einer mathematischen Verschiebung der Sitzverteilung auf Grund der
  Zählgemeinschaften zu Lasten der Minderheit kommt (OVG
  Schleswig, Urt. vom 15.3.2006 – Az. 2 LB 48/05 –, BeckRS 2007,
  26986).

- Die in § 57 Abs. 1 NKomVG (früher 39b NGO) fundierte Befugnis
  der gewählten Ratsmitglieder in Niedersachsen, **Fraktionen und
  Gruppen** zu bilden, ist ein wesentliches Element des Ratsman-
  dates und des Repräsentationsprinzips. Sie führt grundsätzlich
  nicht zu einer Nivellierung des Wahlergebnisses und damit auch
  nicht zu einer Verfälschung des Wählerwillens. Dies wäre nur
  dann der Fall, wenn es sich im Sinne der zitierten Rechtsprechung
  des Bundesverwaltungsgerichts um bloße „Zählgemeinschaften"
  handelte, die allein der Gewinnung von zusätzlichen Ausschusssitzen und nicht der dauerhaften Verfolgung gemeinsamer politischer Ziele dienten (zutr. OVG Lüneburg, NST-N 2005 S. 91 f. =
  NdsVBl. 2005 S. 236 ff. – BeckRS 2005, 26867 S. 2 f.; wenig überzeugend a. A. *Burghart*, NdsVBl. 2004 S. 226, 227, der unter Berufung auf das „verfassungskräftige Prinzip der repräsentativen
  Demokratie" und des Minderheitenschutzes u. a. das Recht zur
  Fraktionsbildung und zum Fraktionswechsel verfassungsrechtlich
  bedenklich verengt). Es gibt keinen Anspruch einer Fraktion, die
  Zahl der Ausschusssitze so festzulegen, dass eine mathematisch
  möglichst exakte und optimale Sitzverteilung gewährleistet ist
  (hier: Sitz einer Fraktion mit 9 von 33 Sitzen im Rat in einem Ausschuss mit 6 Mitgliedern; VG Stade, NdsVBl. 2015 S. 113 ff.).
  Rechtlich nicht zu beanstanden ist es, wenn Ratsmitglieder oder
  Fraktionen materiell-rechtlich wie eine Gruppe im Sinne des § 57
  Abs. 1 NKomVG agieren, ohne formell eine Gruppe zu bilden, diesen Schritt aber später nachholen, um Vorteile bei der Besetzung
  von Ausschüssen zu erlangen (VG Oldenburg, Beschl. vom

31.8.2004 – Az. 2 B 2197/04 –, BeckRS 2004, 24748 S. 6, noch zu § 39b NGO).

– **Jedes Berechnungsverfahren** führt dazu, dass Fraktionen teils über-, teils unterrepräsentiert sind. Wie die Spiegelbildlichkeit im Detail verwirklicht werden soll, liegt daher in der Gestaltungsfreiheit des Gesetzgebers. Hat dieser das Berechnungsverfahren nach dem d'Hondtschen Höchstzahlverfahren vorgegeben, ist dies zulässig (BVerfG, NVwZ 2008 S. 407, 412; BayVerfGH, NVwZ-RR 2010 S. 257 ff.: OVG Lüneburg, NdsVBl. 2005 S. 182, 185; Beschl. vom 4.2.2005, BeckRS 2005, 26867 S. 4 f.).

– Der Grundsatz der Spiegelbildlichkeit gebietet weder die Zuteilung eines stimmberechtigten Sitzes in den Ausschüssen entgegen der Wahlvorschrift des § 50 Abs. 3 GO NW noch eine Vergrößerung der Ausschüsse von 12 auf 16 Mitglieder bei einem 32-köpfigen Rat (OVG Münster, DVBl 2005 S. 987). Die Gestaltungsfreiheit eines Kreistages zur Festlegung der Ausschussmitglieder endet dort, wo ansehnlich große Gruppen von der Vertretung im Ausschuss ausgeschlossen werden. Bei einem Verhältnis von 47 Plenumssitzen zu neun Ausschusssitzen ergibt sich noch keine Verzerrung der Kräfteverhältnisse (OVG Schleswig, Urt. vom 15.3.2006, BeckRS 2007, 26986). Dies gilt auch für 14 Mitglieder der Ausschüsse bei 60 Sitzen im Stadtrat (OVG Koblenz, Stadt und Gemeinde 2013 S. 298 f.; bestätigend VerfGH RhPf, NVwZ-RR 2014 S. 668, 669 f. = KommJur 2014 S. 374). Bei neun Mitgliedern eines Ausschusses in einer 60-köpfigen Gemeindevertretung erachtet das OVG Bautzen (SächsVBl. 2010 S. 290 = DVBl 2010 S. 1578) das Wahlverfahren nach d'Hondt für unzulässig. Die Festlegung der Mitgliederzahl beschließender Ausschüsse verletzt das Spiegelbildlichkeitgebot, wenn bei allen in Betracht kommenden Zählverfahren eine maßgebliche Verschiebung der Stärkeverhältnisse im Vergleich zu dem Stärkeverhältnis im Kreistag eintritt (OVG Bautzen, DÖV 2011 S. 740 [LS]).

– Der Grundsatz der spiegelbildlichen Besetzung der Ausschüsse des Stadtrates gebietet **nicht**, dass bei der **Wahl der Ausschussmitglieder** ein absolut spiegelbildliches Verhältnis erzielt werden muss. Es reicht vielmehr aus, wenn die Wahl jeder Fraktion **die gleiche Chance** bietet, entsprechend ihrer Stärke im Plenum in die Ausschüsse gewählt zu werden (OVG Bautzen, LKV 2011 S. 138 = DÖV 2011 S. 368 [nur LS]; zustimmend *Kleerbaum*, KOPO 6/2011, I ff.).

– Der **Wechsel** von einem verfassungsrechtlich unbedenklichen Verteilungssystem zu einem ebenso unbedenklichen Verteilungssystem gebietet es nicht, aus verfassungsrechtlichen Gründen und unter Außerachtlassen der fehlenden übrigen tatbestandlichen Voraussetzungen des einfachen Gesetzesrechts – seinerzeit § 51 Abs. 9 Satz 2 NGO, nunmehr § 71 Abs. 9 Satz 2 NKomVG, der einen Anspruch auf Neubesetzung eines Ausschusses einräumt, wenn seine Zusammensetzung nicht mehr dem Verhältnis der Stärke der Fraktionen und Gruppen entspricht und ein Antrag auf Neubesetzung gestellt wird – die dem Repräsentationsprinzip entsprechenden Fachausschüsse des Rates einer Stadt neu zu besetzen (OVG Lüneburg, NVwZ-RR 2006 S. 496 ff.).

– Die entsprechende Anwendung des § 51 Abs. 9 NGO in seiner früheren Fassung in Verbindung mit § 56 Abs. 3 NGO gewährte nach der Rechtsprechung auch einen Anspruch auf **Neubesetzung des Verwaltungsausschusses,** wenn der bisherige ehrenamtliche Bürgermeister zum hauptamtlichen Bürgermeister gewählt wurde und das Stärkeverhältnis der Fraktionen und Gruppen sich dadurch nicht geändert hatte. Auf eine seinerzeit noch im Gesetzeswortlaut geforderte „Änderung" komme es nicht maßgeblich an, die Formulierung beruhe auf einem Redaktionsversehen des Landesgesetzgebers. Nach dem Grundsatz der Spiegelbildlichkeit sei nach Sinn und Zweck der Norm allein entscheidend, ob sich im Rat und im Verwaltungsausschuss abweichende Kräfteverhältnisse der Fraktion ergäben (OVG Lüneburg, NVwZ-RR 2006 S. 55, 56). Ist der Entscheidung im Ergebnis aus verfassungsrechtlichen Gründen zuzustimmen, bleibt gleichwohl zu fragen, ob der Wortlaut der nunmehr angepassten Norm (vgl. dazu *Menzel* in KVR Nds/NGO, Rz. 118 zu § 51, Stand Dezember 2008) eine solch weitgehende Interpretation zuließ.

– Die Bestimmung in § 44 Abs. 3 Satz 3 der früheren BbgLKO über die Vergabe eines **„Vorausmandates"** in Kreistagsausschüssen an eine Zählgemeinschaft mehrerer Fraktionen, die zusammen über die Mehrheit im Kreistag verfügen, steht bei einer den Regelungskontext einbeziehenden verfassungskonformen Interpretation im Einklang mit höherrangigem Recht, denn er beschränkt die Berücksichtigung der Zählgemeinschaft ausdrücklich auf den Fall, dass eine im Kreistag vorhandene Mehrheit sonst keine Mehrheit in den Ausschüssen hätte. Allerdings muss der Kreistag bei der Entscheidung über die Anzahl der Ausschussmitglieder einen möglichst schonenden Ausgleich zwischen dem Grundsatz der Spiegelbildlichkeit und dem Mehrheitsprinzip vornehmen (VG Cottbus, Urt. vom 20.1.2005 – Az. 4 K 984/04 –, BeckRS 2005, 24975 S. 9 ff.).

– Eine Einschränkung des Spiegelbildlichkeitsprinzips bei der Besetzung der Ausschüsse hessischer Gemeindevertretungen ist entgegen der Auffassung des VGH Kassel (NVwZ-RR 2008 S. 807, 809) auch dann **nicht** gerechtfertigt, wenn sich mehrere Fraktionen der Gemeindevertretung zu einer **auf Dauer angelegten Zusammenarbeit** zusammengeschlossen und einen gemeinsamen Wahlvorschlag gemacht haben, um durch Vorabzuteilung eines weiteren Sitzes eine „stabile parlamentarische Mehrheit" auch in den Ausschüssen sicherzustellen; hierin liegt eine Beeinträchtigung der im Grundsatz gleicher Repräsentation zum Ausdruck kommenden Erfolgswertgleichheit der kommunalen Wählerstimmen (BVerwG, NVwZ 2010 S. 854 ff.).

– Das Benennungsverfahren gemäß § 62 Abs. 2 HGO widerspricht nicht dem Spiegelbildlichkeitsprinzip, sondern setzt es auf „Fraktionsebene" um (VGH Kassel, DVBl 2012 S. 919, 921 f.).

– Das Spiegelbildlichkeitsprinzip gilt grundsätzlich auch für den **Samtgemeindeausschuss** in Niedersachsen als Ausschuss des Samtgemeinderates nach den früheren §§ 71 Abs. 2 NGO, § 51 Abs. 1 NGO, nunmehr erfasst durch die Regelungen über den Hauptausschuss, §§ 74 ff. NKomVG. Die Regelung in § 71 Abs. 3 NKomVG (früher § 51 Abs. 3 NGO) über das sog. **Vorausmandat ist verfassungsgemäß**. Die darin bestimmte Modifikation des Grundsatzes der Spiegelbildlichkeit bei der Ausschussbesetzung ist durch das Interesse an der Funktionsfähigkeit des Rates gerechtfertigt (vgl. OVG Lüneburg, DVBl 2008 S. 1125, 1128 = NVwZ-RR 2009 S. 298 ff.).

– In **Mitgliedsgemeinden von niedersächsischen Samtgemeinden** ist nach § 75 Abs. 1 Satz 2 NKomVG bei der Verteilung der Sitze der Beigeordneten auf die Fraktionen und Gruppen der Bürgermeister auf die Sitze derjenigen Fraktion oder Gruppe anzurechnen, die ihn vorgeschlagen hat. Beabsichtigt ist eine echte Anrechnung mit der Folge, dass der angerechnete Sitz des Bürgermeisters wieder frei zur Verfügung steht und nach den allgemeinen Grundsätzen verteilt werden muss (vgl. LT-Drs. 16/3147 S. 10; ferner *Schwind*, Rz. 8 zu § 75 in Blum/Häusler/Meyer (Hrsg.), NKomVG).

– Das VG Potsdam (Urt. vom 11. 4. 2007 – Az. 2 K 2139/02 –, BeckRS 2007, 25255 S. 9) legt § 44 Abs. 3 Satz 3 der früheren BbgLKO verfassungskonform dahingehend einschränkend aus, dass diese Vorschrift nur auf Bündnisse mit einer **verfestigten Form des politischen Zusammenwirkens** anwendbar ist, wie z. B. eine zu Beginn einer Wahlperiode gebildete Koalition mehrerer Fraktionen.

– Es liegt keine Verletzung subjektiver organschaftlicher Rechte eines **fraktionslosen Stadtratsmitglieds** vor, wenn dieses bei der Wahl zur Besetzung von Stadtratsausschüssen auch aufgrund von „Unwägbarkeiten" des Wahlgeschehens nicht zum Zuge gekommen wäre und darin eine Verletzung des Prinzips der Spiegelbildlichkeit läge (OVG Saarlouis, NVwZ-RR 2007 S. 409 [LS]).

– Eine verfassungsrechtliche Notwendigkeit, das für die Besetzung der Ausschüsse geltende Prinzip der Spiegelbildlichkeit auf die Wahl der **hauptamtlichen Beigeordneten** zu erstrecken, erfordert das Demokratieprinzip nicht (OVG Bautzen, LKV 2006 S. 82, 85; zust. *Herrmann*, LKV 2006 S. 535, 537 f.; die Entscheidung wirft keine bundesrechtlich zu klärenden Fragen zum Inhalt des Demo-

kratieprinzips und/oder des kommunalen Selbstverwaltungsrechts auf (BVerwG, LKV 2006 S. 82).

– Ein gemeinsamer Wahlvorschlag mehrerer Fraktionen der Gemeindevertretung für die Wahl der ehrenamtlichen Beigeordneten
in einem **hessischen Gemeindevorstand (Magistrat) ist zulässig**.
Auch eine **kommunalrechtliche „Mehrheitsklausel"**, wonach einem Wahlvorschlag, der die Mehrheit der abgegebenen Stimmen
der wählenden Mitglieder der Gemeindevertretung erhalten hat,
vorab ein Sitz im ehrenamtlichen Teil des Gemeindevorstands zugeteilt wird, ist mit Art. 28 Abs. 1 Sätze 1 und 2 GG vereinbar
(BVerwG, NVwZ-RR 2010 S. 818 ff.; *Goerlich/Schmidt*, LKV 2005
S. 7, 10, meinten hingegen, eine Übertragung der Grundsätze des
politischen Proporzes auch für die Besetzung von Beigeordneten-
stellen erscheine „nicht als abwegig"). Das BVerwG stellt maßgeblich darauf ab, der Gemeindevorstand sei kein Vertretungs-,
sondern ein Verwaltungsorgan. Diese Argumentation gilt auch für
ehrenamtliche Mitglieder des **hessischen Kreisausschusses**, die
nicht dem Kreistag angehören dürfen; der Kreisausschuss muss
das Stärkeverhältnis der Fraktionen im Kreistag daher nicht widerspiegeln (VG Darmstadt, Urt. vom 4.8.2010 – Az. 3 L 867/10 –,
BeckRS 2010, 51900 S. 5 ff.). Entsprechendes gilt im Ergebnis für
die Wahl der Stellvertreter des Vorsitzenden der Gemeindevertretung (zutr. VG Frankfurt, Urt. vom 31.1.2007 – Az. 7 E 3097/06 –,
BeckRS 2007, 22991 S. 4 f.).

– Der Spiegelbildlichkeitsgrundsatz gilt zwingend nur für die Besetzung der aus aus der Gemeindevertretung abgeleiteten Teil-
und Hilfsorgane. Für die Wahlen nach § 50 Abs. GO NW zu den
Aufsichtsräten städtischer Gesellschaften, der Zweckverbandsver-
sammlung einer Sparkasse, einem Polizeibeirat oder die Wahl der
mit der Erststimme zu wählenden Mitglieder der Landschaftsver-
sammlung des Landschaftsverbandes Rheinland ist seine Anwendung nicht verfassungsrechtlich geboten (OVG Münster, NWVBl.
2011 S. 473 f.; ebenso bereits *Held* in ders./Winkel, Gemeindeordnung NW, Kom., Anm. 6.5 zu § 113).

5.3.1.4 Gebundene Entscheidung für Verhältniswahl

Etliche Landesgesetzgeber sehen für die Besetzung der Ausschüsse
die Verhältniswahl vor. Dabei ist der Gemeinderat an die Wahlvorschläge der einzelnen Fraktionen gebunden. Ihm ist es nicht gestattet,
die Ausschussplätze mit anderen als den vorgeschlagenen Ratsmitgliedern zu besetzen. Dies gilt auch dann, wenn eine Fraktion einen
ihr nicht angehörenden, auf Grund der Vorschlagsliste einer anderen
Partei gewählten Kandidaten vorschlägt (vgl. VGH München, BayVBl
1971 S. 114 f.; *Röper*, VR 1988 S. 202 f.; *Kroll*, APF 1989 S. 225, 228). Im
Bereich gemeindevertretungsinterner Wahlen ist es vielmehr zulässig,
fraktionsfremde Personen vorzuschlagen oder Listenverbindungen

einzugehen. Wenn nach schleswig-holsteinischem Recht Nichtmitgliedern einer Fraktion sogar Stimmrecht verliehen werden könne und sie damit die Bildung von Wahlvorschlagslisten durch ihre Stimmabgabe beeinflussen könnten, sei kein sachlicher Grund ersichtlich, warum sie andererseits nicht als Kandidaten auf der Liste erscheinen dürften (OVG Schleswig, NVwZ-RR 1997 S. 486).

Angesichts der Bedeutung der Ausschussarbeit haben die Landesgesetzgeber den Entscheidungsspielraum des Gemeinderates insoweit zulässigerweise eingeschränkt. Die in Niedersachsen und auf Beschluss der Gemeindevertretung in Hessen niedergelegte Vorgehensweise verdeutlicht, dass es sich in der Sache eher um ein **Bestätigungsrecht** denn um eine echte Wahl handelt (vgl. auch VG Göttingen, Beschl. v. 29. 11. 2012 – 1 B 191/12 – für Aufsichtsrat einer kommunalen Eigengesellschaft). Sachsen-Anhalt sieht nunmehr in § 47 Abs. 1 Satz 5 KVG sogar ausdrücklich ein „benennen" der Mitglieder der Ausschüsse durch die Fraktionen vor.

Bei einer gebundenen Entscheidung der Gemeindevertretung handelt es sich gleichwohl nicht um eine bloße Formalie. Der Gemeinderat kann prüfen, ob das Vorschlagsrecht ordnungsgemäß ausgeübt ist. Ein **Missbrauch des Vorschlagsrechts** ist beispielsweise anzunehmen, wenn eine Fraktion gegen dessen Willen ein Mitglied einer anderen Fraktion für einen bestimmten Ausschuss vorschlägt. Macht eine vorschlagsberechtigte Fraktion von ihrem Recht keinen Gebrauch, soll der Gemeinderat eigenständig über den Sitz verfügen können (vgl. *Kroll*, APF 1989 S. 225, 228).

5.3.1.5 Berechnungsmethoden

Zur mathematischen Berechnung der Stellenanteile der Fraktionen in den Ausschüssen kann theoretisch auf eine Vielzahl von Methoden zurückgegriffen werden (einen umfassenden Überblick samt Beispielsberechnungen bieten *Schreiber*, Handbuch des Wahlrechts zum Deutschen Bundestag, Rn. 4 ff. zu § 6 BWahlG; *Konzak*, ZParl 1993 S. 596 ff.).

5.3.1.5.1 Die Verfahren nach d'Hondt und Hare/Niemeyer

Für die Kommunen wird in den meisten Bundesländern zurückgegriffen auf das **d'Hondtsche Höchstzahlverfahren**, das teilweise in den Gemeindeordnungen vorgeschrieben ist oder aber in der Praxis überwiegend zur Anwendung gelangt (zu Alternativen vgl. *Matzik*, LKV 2005 S. 242 ff.). Bei dieser auf den belgischen Mathematiker Viktor d'Hondt zurückgehenden Berechnungsmethode wird die Summe der Mitglieder einer Fraktion oder Gruppe nacheinander durch die Divisoren 1, 2, 3 usw. geteilt. Die sich so ergebenden Quotienten bestimmen durch ihre Größe die Reihenfolge der Sitzverteilung auf die Fraktionen bzw. Gruppen. Diejenige Vereinigung, in der die jeweilige Höchstzahl erscheint, bekommt einen Sitz zugeordnet. Tendenziell führt dieses Verfahren dazu, bei der Vergabe des letzten Ausschuss-Sitzes die größeren Fraktionen zu bevorzugen.

Insbesondere Parteien, die potenziell auch in den Kommunalvertretungen nur mit wenigen Sitzen rechnen dürfen, versuchen bei Einfluss auf die Landesgesetzgebung oftmals das System d'Hondt zu ersetzen durch das **System der mathematischen Proportion nach Hare/Niemeyer**. Die beiden von dem englischen Juristen Thomas Hare und dem deutschen Mathematiker Prof. Dr. Horst Niemeyer entwickelten Verfahren führen stets zu demselben Ergebnis. Nach dem Verfahren Hare/Niemeyer wird das Verhältnis der mathematischen Proportion und damit die Sitzverteilung errechnet, indem man die jeweilige Fraktionsstärke durch die Gesamtzahl der Abgeordneten des Gemeinderates dividiert und mit der entsprechenden Ausschussgröße multipliziert. Die sich dabei ergebenden Dezimalstellen hinter dem Komma werden der Größe nach auf die einzelnen Fraktionen verteilt. Diese Verfahrensweise begünstigt gerade in kleineren Gemeindevertretungen eher Fraktionen mit weniger Mitgliedern, ironisierend auf die „Tradition" des Wechsels zw. den beiden genannten Verfahren hinweisend *Köster*, NWVBl. 2008 S. 49, 50 f.

5.3.1.5.2 Verfassungsrechtliche Zweifel greifen nicht durch

Beide skizzierten Berechnungsmethoden führen nicht zu einem völlig proporzgerechten Ergebnis. In der Literatur werden verfassungsrechtliche Bedenken gegen das Verteilungsverfahren nach d'Hondt geltend gemacht.

Bezogen auf den **Deutschen Bundestag** wird argumentiert, der verfassungsrechtlich verankerte Grundsatz der Fraktionengleichheit heiße vor allem gleiche Beteiligung an den Ausschüssen entsprechend der zahlenmäßigen Stärke. Zwar sei es grundsätzlich der Autonomie des Bundestages überlassen, für welches Berechnungssystem er sich letztlich entscheide. Da jedoch Systeme zur Verfügung ständen, die eine proporzgerechtere Widerspiegelung der Ausschusssitze gewährleisten, lasse sich das d'Hondtsche Verfahren verfassungsrechtlich nicht mehr rechtfertigen (vgl. nur *Konzak*, ZParl 1993 S. 596, insb. S. 602 f., 611 f.).

Da entsprechende Verzerrungen in den kleineren **Kommunalvertretungen** noch deutlicher werden, müssten die Überlegungen für die kommunale Ebene zu dem gleichen Ergebnis führen. Tatsächlich fehlt es nicht an Versuchen, unter Hinweis auf verfassungsrechtliche Aspekte die Berechnungsmethode nach d'Hondt für die Ausschussbesetzung kommunaler Volksvertretungen in Zweifel zu ziehen. Erfolg ist ihnen jedoch nicht zuteil geworden. Bereits frühzeitig ist durch das BVerfG die Zulässigkeit des d'Hondtschen Höchstzahlverfahrens grundsätzlich bejaht worden, obwohl dieses Verfahren nicht immer zu völlig proporzgerechten Ergebnissen führe (vgl. BVerfGE 16, 130,

144). Dies sei verfassungsrechtlich aber ebenso unbedenklich, wie die Beschränkung der Mitgliederzahl des Rates in kleineren Gemeinden, obwohl dadurch unter Umständen eine Sperrwirkung herbeigeführt werde, die erheblich über derjenigen einer 5%-Klausel liege (BVerfGE 13, 243, 247; zuletzt BVerfG, NVwZ 2008 S. 407, 412 f.).

Für das Landes- und Kommunalwahlrecht wird diese Einschätzung durch die Rechtsprechung der Landesverfassungsgerichte geteilt (vgl. NdsStGH, DVBl 1978 S. 139; BayVerfGH, BayVBl 1985 S. 115; NVwZ-RR 2010 S. 257 ff.; RhPfVerfGH, NVwZ 1988 S. 819, BerlVerfGH, NVwZ 1993 S. 1098).

Auch das BVerwG vertritt in ständiger Rechtsprechung die Auffassung, das Berechnungsverfahren nach d'Hondt unterliege keinen verfassungsrechtlichen Bedenken. Die Anwendung des d'Hondtschen Höchstzahlverfahrens verstößt danach auch bei der Besetzung von Gemeinderatsausschüssen nicht gegen Bundesrecht. Dies gilt auch dann, wenn eine im Gemeinderat vertretene kleine Gruppierung keinen Sitz erhält, während andere, kleinere Gruppierungen überdimensional begünstigende Berechnungsweisen zur Zuteilung eines Sitzes führen würden. Das BVerwG hält eine Begrenzung der Mitgliederzahl von Ausschüssen grundsätzlich für gerechtfertigt. Eine Folge könne sein, dass kleine Gruppierungen in einem Ausschuss nicht vertreten seien. Auch insoweit gebe es keinen Rechtssatz, der eine überdimensionale Begünstigung kleiner Parteien durch ein Zuteilungsverfahren verlange (vgl. BVerwG, VerwRspr. 25, 599, 604; DÖV 1978 S. 415; NVwZ 1986 S. 41; zur Vorinstanz vgl. OVG Hamburg, DVBl 1986 S. 242; im Ergebnis ebenso OVG Lüneburg, NVwZ-RR 2006 S. 56, 57 f.; 496, 497).

Die obersten Verwaltungsrichter haben diese Grundlinie in einem Beschluss aus dem Jahr 1993 unterstrichen. Die Anwendung des d'Hondtschen Höchstzahlverfahrens bei der Besetzung der Ausschüsse des Gemeinderats verstoße auch dann nicht gegen Bundesrecht, wenn dasselbe Berechnungsverfahren bereits bei der Ermittlung der den einzelnen Parteien und Wählergruppen zustehenden Ratssitze angewendet worden sei (BVerwG, NVwZ-RR 1994, 109). Verfassungsrechtliche Bedenken hiergegen bestehen nicht (vgl. BVerfG, NVwZ-RR 1995, 213, 214). Auch für eine kleine Fraktion, die mehr als 10 % der Gemeinderatssitze innehat, gilt nichts abweichendes; dies gilt umso mehr, als sie nach dem niedersächsischen Recht (vgl. hierzu unten Erl. 5.3.2.2) berechtigt ist, ein zusätzliches Mitglied mit beratender Stimme in den Ausschuss zu entsenden (vgl. OVG Lüneburg, NST-N 1999 S. 25, 26 = NVwZ-RR 1999 S. 189 f.).

Dem dürfte letztlich zuzustimmen sein. Die Verfechter einer stringenten Proporzwiderspiegelung übersehen, dass auch das Wahlrecht selbst nicht auf eine exakte Widerspiegelung der Stimmenzahl festgelegt ist. Nach allgemeiner Ansicht zwingt das Grundgesetz nicht zu einer bestimmten Ausgestaltung des Wahlverfahrens. Der Gesetzgeber ist vielmehr grundsätzlich frei, zwischen dem Verhältnis- und dem Mehrheitswahlrecht bzw. einer Kombination aus beiden Systemen zu wählen (vgl. hierzu *Hubert Meyer*, Kommunales Parteien- und Fraktionenrecht, S. 56, mit umfangreichen Nachweisen; umfassend zu den Anforderungen des GG an ein Wahlsystem vgl. *Hans Meyer*, Wahlsystem und Verfassungsordnung, passim).

Der Gesetzgeber ist verfassungsrechtlich lediglich gehalten, nach seiner Entscheidung eine durch die Wahlrechtsgrundsätze mitbestimmte systemkonforme Ausgestaltung vorzunehmen.

Könnte sich der Gesetzgeber also ohne verfassungsrechtliche Bedenken für ein Mehrheitswahlrecht entscheiden, ist nicht zu erkennen, warum er nicht zur Verteilung der Ausschusssitze auf ein Berechnungssystem soll zurückgreifen dürfen, welches eine gewisse Präferenz größerer Parteien und Wählervereinigungen bedeuten mag, aber dennoch ein nachvollziehbares, demokratischen Grundsätzen entsprechendes Besetzungsverfahren innerhalb des Verhältniswahlrechts darstellt.

5.3.1.5.3 Anwendung des Verfahrens nach d'Hondt für Besetzung anderer Ämter

Auch im Übrigen bestehen keine grundsätzlichen Einwände gegen die Anwendung des **Höchstzahlverfahrens nach d'Hondt**. Sieht das Gesetz die Anwendung des Verfahrens für die Vergabe bestimmter Positionen vor, gibt es keinen Grund davon abzuweichen, wenn die beiden Höchstzahlen auf dieselbe Fraktion entfallen (vgl. OVG Berlin, LKV 2000 S. 215, 216, für die Wahl eines stellvertretenden Bezirksbürgermeisters).

5.3.1.5.4 Das Verfahren Sainte-Laguë/Schepers

Verfassungsrechtlich unbedenklich ist es grundsätzlich auch, für die kommunale Ebene das **Divisorverfahren nach Sainte-Laguë/Schepers** zugrunde zu legen, das seit der neunten Wahlperiode für die Berechnung der Ausschüsse im Deutschen Bundestag Anwendung findet. Nach diesem Verfahren werden die nach den Zahlenbruchteilen zu vergebenden Sitze bei Resten unter 0,5 auf die darunter liegende ganze Zahl abgerundet und bei Resten ab 0,5 auf die darüber liegende Zahl aufgerundet. Zahlenreste unter 0,5 werden also durchweg nicht berücksichtigt, während beim Verfahren Hare/Niemeyer alle noch für die Sitzzuteilung in Betracht kommenden höchsten Zahlenreste ohne Rundung zum Zuge kommen. Den Grundsätzen der Wahlrechtsgleichheit und Chancengleichheit lassen sich keine Anhaltspunkte dafür entnehmen, dass das Verfahren nach Hare/Niemeyer oder das Verfahren nach Sainte-Laguë/Schepers für die Berechnung und die Verteilung von Mandaten den Vorzug verdient (VerfGH NW, DVBl 2009 S. 250, 252 = NWVBl. 2009 S. 98).

Abweichend von der Systematik des Verfahrens Sainte-Laguë/Schepers bestimmte § 33 Abs. 3 Satz 1 KWahlG NW in der Fassung vom 17.10.2007 (GVBl. S. 374), dass Parteien und Wählergruppen, die nicht mindestens eine Zahl von 1,0 für den ersten Sitz erreichten, bei der Sitzzuteilung unberücksichtigt bleiben sollten. Damit sollte für den ersten Sitz einer Partei oder Wählergruppe mindestens die Anzahl an Stimmen erforderlich sein, die im Durchschnitt für ein Mandat erreicht werden muss (sog. „**Grundmandats**-Regelung"). In großen Gemeinderäten führte dies zum Erfordernis von ca. 1,1 %, in kleinen Gemeinderäten von bis zu 5 % der Stimmen. Der VerfGH NW erklärte diese Bestimmung auf Antrag einer landesweit tätigen kleineren Partei in einem Organstreitverfahren für **unwirksam**, weil sie das Recht der Antragstellerin auf Chancengleichheit als politische Partei gemäß Art. 21 Abs. 1 GG, Art. 1 Abs. 1 LV NW und auf Gleichheit der Wahl aus Art. 28 Abs. 1 Satz 2 GG, Art. 1 Abs. 1 LV NW, Art. 2 LV NW auf Gleichheit der Wahl verletze. Der Gesetzgeber habe eine Modifizierung der Rundungssystematik vorgenommen, die in Bezug auf die Erreichung eines einzigen Sitzes eine zusätzliche Ungleichgewichtung im Erfolgswert der Wählerstimmen bewirke, die zu ihrer Rechtfertigung eines „zwingenden Grundes" bedürfe. An einer solchen hinreichenden Begründung fehle es. Zutreffend weist der Verfassungsgerichtshof insbesondere Überlegungen im Hinblick auf die Sicherung der Funktionsfähigkeit der Kommunalvertretungen (vgl. ausf. dazu oben 4.1.1.3) und den Ausschluss kleinerer politischer Gruppierungen zum Gewährleisten einer effektiven Integration des Staatsvolkes zurück. Zum letzteren Gesichtspunkt wird prägnant festgestellt, die Entscheidung darüber, welche Partei oder Wählergruppe die Interessen der Bürger am besten vertrete, obliege nicht dem Wahlgesetzgeber, sondern dem Wähler (VerfGH NW, NWVBl. 2009 S. 98, 101; eher krit. hierzu *Kleerbaum*, KOPO 2/2009 S. I ff.; sehr krit. zur „Vollmandat-Sperrklausel" hingegen auch *Pukelsheim/Maier/Leutgäb*, NWVBl. 2009 S. 85, allerdings mit wenig überzeugenden Erwägungen eine „bescheidene Prozent-Sperrklausel" für vertretbar haltend; in der Sache wie VerfGH NW auch ThürVerfGH, NVwZ-RR 2009 S. 1, 2 ff.).

5.3.1.6 Kein Vorabausgleich bei Listenverbindungen

Die Verteilung von Gemeinderatssitzen auf die einzelnen Wahlvorschläge nach dem Verfahren Hare/Niemeyer kann wegen der Vergabe der Reststimmen nach der Höhe der Bruchteile in Grenzfällen dazu führen, dass ein Wahlvorschlag mit der absoluten Mehrheit der gültigen Stimmen dennoch nicht die Mehrheit der zu vergebenden Sitze erhält. In Anlehnung an § 6 Abs. 3 Satz 1 BWahlG sehen die Kommunalwahlgesetze einiger nach dem System Hare/Niemeyer verfahrender Bundesländer in solcher Konstellation den Vorwegabzug eines Sitzes zugunsten des Wahlvorschlags mit der absoluten Mehrheit der Wählerstimmen vor.

Das skizzierte Verfahren findet teilweise auch bei der Besetzung der **Ausschüsse** Anwendung, vgl. z. B. § 41 Abs. 2 Satz 6 und 7 BbgKVerf. Diese Vorschriften sehen vor, dass einer Fraktion, die bei der Verteilung der Ausschusssitze nach Hare/Niemeyer nicht mehr als die Hälfte der zu vergebenden Sitze erhält, obwohl ihr mehr als die Hälfte aller Ratsmitglieder angehören, vorab ein weiterer Ausschusssitz zugeteilt wird. Fraktionen, die eine Zählgemeinschaft bilden, sind danach wie eine einheitliche Fraktion zu behandeln.

Diese Durchbrechung des Berechnungsverfahrens ist grundsätzlich verfassungskonform. Sie hat keine vermeidbare Ungleichheit des Erfolgswertes aller Stimmen zur Folge. Vielmehr verfolgt sie gerade das Ziel, dem **Gebot des gleichen Erfolgswertes** zur Durchsetzung zu verhelfen. Die absolute Mehrheit der Stimmen soll sich in einer entsprechenden Mehrheit von Sitzen ausdrücken.

Die Anwendung einer solchen Regelung auf **Listenverbindungen** ist jedoch nach Auffassung des BVerwG **verfassungswidrig**. Der Vorabausgleich führe bei der Listenverbindung zu einer echten Doppelbewertung der Stimmen, denn im Ergebnis komme es zu einer Zuteilung eines weiteren Sitzes. Dies sei aber nur unproblematisch, solange Listen ein und derselben Partei oder Wählergruppe verbunden seien, wie dies beispielsweise auf Bundesebene mit den Landeslisten geschehe, um die für das Gesamtwahlgebiet anfallenden Reststimmen zu verwerten. Lägen diese Voraussetzungen nicht vor, würden hingegen nicht deckungsgleiche Wählerinteressen gebündelt, die erst infolge des Verbundes die Stimmenmehrheit hinter sich vereinigten. Bei einer solchen bloßen „Zählgemeinschaft" bestehe aber kein innerer Grund für einen Vorabausgleich und die darin liegende Doppelbewertung. Diese trüge dann nicht vorrangig einem mehrheitlichen Wählerwillen Rechnung, sondern nur dem Umstand, dass Parteien oder Wählergruppen ein sie begünstigendes Berechnungsverfahren gewählt hätten. Da der Wahlzettel in dem konkret entschiedenen Fall die Listenverbindung auch nicht auswies, könne nicht ohne weiteres davon ausgegangen werden, dass der Wähler sich bewusst für die Listenverbindung entschieden habe (BVerwG, DVBl 1992 S. 431; bestätigend und vertiefend BVerwG, DVBl 2004 S. 439 ff., vgl. oben zu 5.3.1.2; generelle verfassungsrechtliche Zweifel gegen die Listenverbindung anmeldend *Burghart*, NdsVBl. 2004 S. 226, 228).

Für alle Fälle, bei denen die Listenverbindung nicht unzweifelhaft nach außen deutlich wird, ist den Ausführungen des Bundesverwaltungsgerichtes beizupflichten.

Als problematisch muss die Auffassung des VG Wiesbaden, HSGZ 2002 S. 399 f. mit der Behauptung bewertet werden, ein gemeinsamer

Wahlvorschlag zweier Fraktionen für die Wahl der ehrenamtlichen Beigeordneten eines Magistrats unterliege nicht dem Listenverbot des § 10 Abs. 4 HessKWG. Nicht die sog. Mehrheitsklausel des § 22 Abs. 4 HessKWG ist kritisch zu hinterfragen, sondern der Umstand der Listenverbindung, um diese Mehrheit erst herzustellen.

5.3.1.7 Auflösen von Patt-Situationen

Bei der Besetzung der Ausschüsse kann es vorkommen, dass die Zuteilung des letzten Sitzes auf die einzelnen Fraktionen zu einer **Patt-Situation** führt.

5.3.1.7.1 Gesetzliche Regelungen

Einige Gemeindeordnungen ordnen in diesem Fall eine **Entscheidung durch Los** an (vgl. § 36 Abs. 1 Satz 2 i. V. m. § 32 Abs. 2 Satz 9 KV MV; § 56 Abs. 4 Satz 4 KVG LSA; § 40 Abs. 4 Satz 5 GO SH). Haben in Bayern mehrere Parteien und Wählergruppen gleichen Anspruch auf einen Sitz im Ausschuss, so ist statt eines Losentscheids auch der Rückgriff auf die Zahl der bei der Wahl auf diese Parteien oder Wählergruppen abgegebenen Stimmen zulässig (Art. 33 Abs. 1 Satz 3 BayGO). In Thüringen ist bei gleichem Anspruch sogar vorrangig auf die bei der Wahl erreichte Stimmenzahl abzustellen. Nur wenn auch diese gleich ist, entscheidet das Los (§ 27 Abs. 1 Satz 5 ThürKO).

5.3.1.7.2 Losverfahren verfassungsrechtlich geboten?

Der BerlVerfGH hat im Zusammenhang mit der Bildung der dortigen Bezirksämter aus dem verfassungsrechtlich verbürgten Grundsatz der Chancengleichheit nicht nur die Forderung abgeleitet, dass schon vor der betreffenden Wahl zur Bezirksverordnetenversammlung ein Verfahren zur Auflösung einer sich bei Anwendung des d'Hondtschen Höchstzahlverfahrens oder des Verfahrens nach Hare/Niemeyer ergebenden Patt-Situation feststehen muss. Vielmehr hat er darüber hinaus festgestellt, weder das eine noch das andere Berechnungsverfahren werde den verfassungsrechtlichen Anforderungen gerecht. Nur das Losverfahren genüge dem Grundsatz der Chancengleichheit der Fraktionen. Allein dieses vermittle den beiden kraft gesetzlicher Wertung gleich starken Fraktionen rechnerisch gleich hohe Erfolgschancen. Bei jedem anderen Verfahren hingegen stehe das sich ergebende Ergebnis von vornherein fest. Für eine derartige Ungleichbehandlung gleich starker Fraktionen fehle es an der verfassungsrechtlichen Rechtfertigung (NVwZ 1993 S. 1093, 1095 f.).

5.3.1.7.3 Losverfahren nur als „Ultima ratio"

Dieses Ergebnis muss umso mehr überraschen, als die Berliner Verfassungsrichter nicht etwa konsequenterweise allein auf die Chancengleichheit der Fraktionen abstellen, sondern sich ausdrücklich auf den Grundsatz der Gleichheit der Wahl und den damit auf das engste im Zusammenhang stehenden Grundsatz der Chancengleichheit der Parteien berufen. Nur wer in Übereinstimmung mit der Rechtsprechung des Bundesverfassungsgerichts die Chancengleichheit der Fraktionen auf das freie Mandat ihrer Mitglieder gründet, darf fragen, ob das Mehrheitsprinzip zurückgedrängt werden kann und darf (zutreffend *Pestalozza*, NVwZ 1993 S. 1067, 1069).

Vor allem aber ist zu bedenken, dass ein Rückgriff auf das Los allenfalls aufgrund gesetzlicher Ermächtigung und/oder als äußerster Notbehelf in Betracht kommt. „Die Rechtsordnung ist nicht von Haus eine Lotterie" (*Pestalozza*, a. a. O., im Erg. kritisch auch zu diesem Punkt des Urteils vgl. *Dittrich* in seinem Sondervotum, NVwZ 1993 S. 1097 f.). Das Wahlrecht bedient sich des Losentscheids nur, wenn zur Auflösung einer Patt-Entscheidung der Wähler nicht erneut an die Urne gerufen werden soll oder geheime Abstimmungen zwischen zwei Bewerbern mit der gleichen Stimmenzahl enden. Lediglich wenn kein sinnvoller oder gerechter sachlicher Anknüpfungspunkt zu erkennen ist, kann auf den Losentscheid zurückgegriffen werden. Beim Wahlvorschlagsrecht kann von einer solchen Situation keine Rede sind. Sowohl das Verfahren nach d'Hondt wie das Verfahren nach Hare/Niemeyer sind grundsätzlich geeignet. Führen sie tatsächlich zu einem Patt, ist ein Rückgriff auf die Zahl der Wähler, wie in Bayern und Thüringen vorgesehen, grundsätzlich sachgerecht. Allerdings kann es durch die Freiheit der Ratsmitglieder zur Fraktionsbildung u. U. zu Unklarheiten kommen, wenn Fraktionen nicht mit den (ursprünglichen) Wahlvorschlägen übereinstimmen. Erst in diesem Fall kann es geboten erscheinen, auf das Los zurückzugreifen.

5.3.2 Anspruch auf Mitwirkung in Ausschüssen?

5.3.2.1 Stellenwert der Ausschussarbeit

Die wichtigste Aufgabe der beratenden Ausschüsse besteht in der Vorbereitung der Entscheidungen des Gemeinderates. Dem einzelnen Ratsmitglied werden in den Ausschüssen vertiefende Informationen vermittelt. Der Ausschuss sammelt aber nicht nur Tatsachen, sondern führt auch eine erste politische Bewertung durch, die in der Regel in einen konkreten Entscheidungsvorschlag für den Gemeinderat mündet.

Oftmals ist eine sachliche Diskussion von Anträgen und Verwaltungsvorlagen fraktionsübergreifend nur in den Ausschüssen möglich. Nachdem der unterbreitete Beschlussvorschlag Beratungsgrundlage in den Fraktionen war, dient die Aussprache im Gemeinderatsplenum vielfach nur noch als Forum zum Vortragen der jeweiligen Fraktionsmeinung. Faktisch ist die Arbeit der Ausschüsse auch in den Gemeinden und Landkreisen damit von erheblicher Bedeutung. Da die kommunalen Ausschüsse regelmäßig nur eine sehr begrenzte Zahl von

Mitgliedern haben, kommen kleinere Fraktionen bei der proporz-mäßigen Besetzung teilweise nicht zum Zuge.

5.3.2.2 Gesetzliche Regelungen

Verschiedene Landesgesetzgeber wirken dem durch die Ausgestaltung des Kommunalverfassungsrechts entgegen.

In Brandenburg (§ 43 Abs. 3 BbgKVerf, wenn in der Hauptsatzung vorgesehen), Hessen (§ 62 Abs. 4 Satz 2 GO; ausführlich dazu von *Schwanenflug/André*, KommJur 2013 S. 441, 442 f.), Niedersachsen (§ 71 Abs. 4 Satz 1 NKomVG), Nordrhein-Westfalen (§ 58 Abs. 1 Sätze 7 bis 10 GO), dem Saarland (§ 48 Abs. 3 Satz 1 KSVG) und Sachsen-Anhalt (§ 47 Abs. 2 KVG) sind Fraktionen (in Niedersachsen auch Gruppen), auf die bei der Sitzverteilung nach den jeweiligen Vorschriften eigentlich kein Sitz entfallen würde, berechtigt, ein zusätzliches Mitglied in den Ausschuss zu entsenden.

Allerdings gewährt die entsprechende Regelung in der Kreisordnung in Nordrhein-Westfalen (§ 41 Abs. 3 Satz 11) einem fraktionslosen Kreistagsmitglied keinen Anspruch auf Mitgliedschaft im Kreisaus-schuss. Nach § 52 Abs. 3 Satz 1 KrO NW sind die Regeln der Sätze 4 bis 10 des § 41 Abs. 3 KrO NW entsprechend anwendbar, auf Satz 11 der Vorschrift wird gerade nicht verwiesen. Selbst wenn es sich insoweit um ein Redaktionsversehen des Gesetzgebers handeln sollte, ändert dies nach zutreffender Auffassung des OVG Münster nichts am Ergebnis. Bei der Interpretation des Gesetzes ist auf den in ihm zum Ausdruck kommenden objektivierten Willen des Gesetzgebers abzu-stellen, so wie er sich aus dem Wortlaut und dem Sinnzusammenhang ergibt. Der Wille der am Gesetzgebungsverfahren Beteiligten kann nur dann Bedeutung erlangen, wenn der Gesetzestext von seinem Wortlaut, seinem systematischen Zusammenhang oder seinem objek-tiven Zweck her Anlass gibt, ihn so zu verstehen, wie der historische Gesetzgeber dies gewollt hat (OVG Münster, NWVBl. 2005 S. 135 ff.; *Lange*, DVP 2006 S. 463, 465 f.). Ablehnend zu rechtspolitischen Be-strebungen, in § 52 Abs. 3 Satz 1 KrO NW die Mitgliedschaft einzelner Kreistagsmitglieder mit beratender Stimme zu ermöglichen, Land-kreistag Nordrhein-Westfalen, RS 213/2005.

Die Regelung in Nordrhein-Westfalen enthält aber eine weitere Be-sonderheit. Statt Ratsmitgliedern können die Fraktionen auch sach-kundige Bürger in den Ausschuss schicken. Diese Ausgestaltung trägt der Personalnot kleiner Fraktionen in besonderer Weise Rechnung.

Ein sich von den übrigen Bestimmungen abhebende Vorgehensweise kennzeichnet die Thüringische Kommunalordnung (§ 27 Abs. 1 Satz 4 ThürKO): Übersteigt die Zahl der Ausschusssitze die Zahl der Ge-meinderatsmitglieder, so kann jedes Gemeinderatsmitglied mindes-tens die Zuweisung eines Sitzes in einem Ausschuss verlangen, das Nähere regelt die Hauptsatzung. Ferner können sich Gemeinderatsmitglieder, die „aus eigener Stärke" keinen Ausschusssitz erreichen, sich zur Entsendung gemeinsamer Vertreter in die Ausschüsse zusammenschließen (§ 27 Abs. 1 Satz 5 ThürKO).

§ 71 Abs. 4 Satz 3 NKomVG und § 46 Abs. 2 GO SH billigen schließlich jedem Ratsmitglied, das keiner Fraktion (in Nds.: oder Gruppe) angehört, das Recht zu, in einem Ausschuss seiner Wahl beratendes Mitglied zu werden. Unabhängig von einer möglichen Fraktionsmitgliedschaft hat nach § 58 Abs. 1 Satz 11 GO NW ein Ratsmitglied das Recht, mindestens einem Ausschuss als Mitglied mit beratender Stimme anzugehören.

5.3.2.3 Rechtsprechung des Bundesverfassungsgerichts

Angesichts der skizzierten Bedeutung der Ausschussarbeit für den einzelnen Volksvertreter ist zu fragen, ob der weitgehende oder völlige Ausschluss Fraktionsloser oder Mitglieder kleiner Fraktionen von der Ausschusstätigkeit verfassungsrechtlich akzeptabel ist.

In der staatsrechtlichen Literatur ist unter Hinweis auf die „Vorverlagerung" der Repräsentation im Parlament in die Ausschüsse verlangt worden, wegen des Rechtes auf parlamentarische Gleichbehandlung auch fraktionslosen Abgeordneten ein Mitwirkungsrecht in den Ausschüssen einzuräumen. Ferner müsse die Abwägung zwischen – kaum stichhaltigen – Sachgründen für den Ausschluss einer Fraktion von der Mitarbeit in einem Ausschuss einerseits und dem Recht auf Gleichberechtigung andererseits dazu führen, vor allem in politisch wichtigen Ausschüssen auch kleineren Fraktionen das Recht zum Einbringen ihrer politischen Vorstellungen zu gewähren (vgl. *Hohm*, NJW 1985 S. 408 ff.; *Birk*, NJW 1998 S. 2521 ff.).

Diese Überlegungen stützen sich teilweise auf Passagen des Urteils des BVerfG vom 14.1.1986 (BVerfGE 70, 324, 362 ff.). In dieser Entscheidung hat das BVerfG zwar grundsätzlich anerkannt, dass es einer Minderheit ermöglicht werden müsse, ihren Standpunkt in den Willensbildungsprozess des Parlaments einzubringen. Dies müsse auch für die Ausschüsse gelten, wenn dort der Sache nach die Entscheidungen fielen. Dennoch sei dem Parlament jedenfalls in sachlich begründeten Fällen verfassungsrechtlich unbenommen, für Ausschüsse und ähnliche Gremien eine Mitgliederzahl vorzusehen, die bei der Anwendung der üblichen Regeln für die Sitzverteilung eine Berücksichtigung aller parlamentarischen Gruppen nicht ermögliche.

In ihrem sogenannten **„Wüppesahl-Urteil"** vom 13.6.1989 (BVerfGE 80, 1988 ff. = NJW 1990 S. 373 ff.) haben die Karlsruher Verfassungsrichter vertiefend zu den aufgeworfenen Fragen Stellung genommen. Grundlage der repräsentativen Stellung des Bundestages ist danach der durch Art. 38 Abs. 1 GG gewährleistete verfassungsrechtliche Status des Abgeordneten. Dem Bundestag obliegt es im Rahmen seiner in Art. 40 Abs. 1 Satz 2 GG gewährleisteten Geschäftsordnungsautonomie, in dem von der Verfassung vorgezeichneten Rahmen seine Arbeit und die Erledigung seiner Aufgaben auf der Grundlage des Prinzips der Beteiligung aller zu organisieren. Die Geschäftsordnung begründet nicht erst die statusmäßigen Rechte des Abgeordneten, sondern regelt vielmehr nur die Art und Weise ihrer Ausübung. Das Prinzip der Beteiligung aller Abgeordneten muss Richtmaß für die Ausgestaltung der Organisation des Geschäftsgangs bleiben. Angesichts des zu respektierenden weiten Gestaltungsspielraums des Parlamentes zur Selbstorganisation beschränkt sich die verfassungsgerichtliche Kontrolle auf die Einhaltung dieses Prinzips.

Das BVerfG hat unter Betonung der Aufgabenstellung der **Ausschüsse** weiter festgestellt, diese seien in die Repräsentation des Volkes durch das Parlament einbezogen. Deshalb müsse grundsätzlich jeder Ausschuss ein verkleinertes Abbild des Plenums sein und in seiner eigenen Zusammensetzung diejenige des Plenums widerspiegeln, zuletzt vgl. BVerfG, NJW 2005 S. 203, 205 f., zur Besetzung des Vermittlungsausschusses, m. w. N. Für den einzelnen Abgeordneten habe die Mitwirkungsmöglichkeit in einem Ausschuss eine der Mitwirkung im Plenum vergleichbare Bedeutung. Vor allem in den Ausschüssen eröffne sich dem Abgeordneten die Chance, seine eigenen politischen Vorstellungen in die politische Willensbildung einzubringen.

Von daher dürfe ein Abgeordneter nicht ohne gewichtige, an der Funktionstüchtigkeit des Parlaments orientierte Gründe von jeder Mitarbeit in den Ausschüssen ausgeschlossen werden. Grundsätzlich naheliegend und mit dem GG vereinbar erscheine es, die Ausschüsse im Verhältnis der Stärke der einzelnen Fraktionen zu besetzen und den Fraktionen das Benennungsrecht einzuräumen. Allerdings dürfe einem fraktionslosen Abgeordneten damit nicht der Zugang zu den Ausschüssen und damit einem wesentlichen Teil der parlamentarischen Arbeit verwehrt werden. Dies gelte jedenfalls dann, wenn der Zahl der Abgeordneten eine entsprechend große Zahl von Ausschusssitzen gegenüberstehe. Jedem Abgeordneten müsse in diesem Fall die Mitwirkung in einem Ausschuss ermöglicht werden. Ihm sei ein Rede- und ein Antragsrecht einzuräumen. Hingegen sei es verfassungsrechtlich **nicht** geboten, dem nichtfraktionsangehörigen Abgeordneten im Ausschuss ein – notwendigerweise überproportional wirkendes – **Stimmrecht** zu geben. Im Übrigen könne der fraktionslose Abgeordnete ebensowenig wie ein Fraktionsangehöriger für sich in Anspruch nehmen, einem Ausschuss seiner Wahl anzugehören. Dies entscheide vielmehr der Bundestag oder seine Organe in einem geregelten Verfahren (vgl. BVerfGE 80, 188, 217 ff.; vgl. für das Landesverfassungsrecht exemplarisch BerlVerfGH, Urt. vom 15. 1. 2014, BeckRS 2014, 47537 S. 16 ff.).

5.3.2.4 Konsequenzen für die kommunale Ebene

5.3.2.4.1 Stimmen für eine weitgehende Ausschussbeteiligung

Fraglich ist, ob und ggf. welche Konsequenzen die grundlegenden Erwägungen der Karlsruher Verfassungshüter auf die Ausgestaltung des kommunalen Ausschusswesens haben müssen. In einer Entscheidung zur Stadtverordnetenversammlung Bremerhaven hat das OVG Bremen festgestellt, die Sichtweise des BVerfG habe sich von solchen Merkmalen eines mitgliedschaftlich organisierten Parlaments leiten lassen, die auch Kommunalvertretungen von Verfassungs wegen aufweisen müssten. Stärker noch als bei den staatlichen Parlamenten und mit differenzierter Zielrichtung fände die Arbeit der Stadtverordnetenversammlung in ihren Ausschüssen statt. Der Differenzierung des BVerfG zwischen Rede- und Antragsrecht einerseits und Stimmrecht andererseits vermag das OVG Bremen nicht zu folgen. In der Verfassung von Bremerhaven ließen sich für die Zulässigkeit einer „verminderten" Ausschussmitgliedschaft keine Anhaltspunkte finden. Sie würde der Rechts- und Pflichtengleichheit der Stadtverordneten nicht gerecht (DVBl 1990 S. 829 f.).

In der Literatur wird die Auffassung vertreten, damit habe das OVG Bremen die Grundsätze des Wüppesahl-Urteils auf die kommunalen Volksvertretungen übertragen (*Röper*, VR 1993 S. 331; zuletzt *Kim*, DVBl 2011 S. 734, 738).

Von anderer Seite wird die Rechtsprechung des Bundesverwaltungsgerichts zur Notwendigkeit einer spiegelbildlichen Besetzung der Ausschüsse (dazu oben unter 5.3.2.1) als Argument für die Berücksichtigung fraktionsloser Ratsmitglieder in Bezug genommen (*Goerlich/Schmidt*, LKV 2005 S. 7, 9 f.).

Schließlich werden gerade die teilweise festzustellenden Unterschiede zwischen den Strukturen von Parlamenten und Gemeindevertretungen für die Notwendigkeit angeführt, auch einem fraktionslosen Ratsmitglied eine gleichberechtigte Mitwirkung in den Ausschüssen des Gemeinderates zu ermöglichen.

5.3.2.4.2 Stimmen gegen eine weitgehende Ausschussbeteiligung

Die herrschende Meinung in der Rechtsprechung und ein Teil des Schrifttums nimmt hingegen eine eher restriktive Haltung zur Frage einer Übertragbarkeit der parlamentarischen Überlegungen des Bundesverfassungsgerichts auf die kommunale Ebene ein (vgl. VGH München, BayVBl 1990 S. 468 f.; VGH Mannheim, NVwZ 1990 S. 893 = VBlBW 1990 S. 346; OVG Saarlouis, NVwZ 1992 S. 289; OVG Koblenz, NVwZ-RR 1996 S. 460 ff.; *Franz*, Kommunalrecht S.-A., 3. Teil Rz. 100 und 106; *Burgi*, Kommunalrecht, § 12 Rz. 16; *Suerbaum*, § 22 Rz. 8 in HKWP, 3. Aufl., 2007). Im Wesentlichen wird abgestellt auf den Unterschied zwischen dem Bundestag als staatlichem Parlament

und dem Gemeinderat als Teil der Exekutive. Eine „nicht proporzgenaue" Repräsentation hindere das Ratsmitglied nicht in einer unver-
hältnismäßigen Weise an der Wahrnehmung der ihm obliegenden
Aufgaben und Pflichten.

Höchstrichterlich wurde entschieden, eine Ratsfraktion habe keinen
Anspruch darauf, in jedem Ausschuss des Rates unabhängig von der
Zahl ihrer Mitglieder mit Sitz und Stimme vertreten zu sein. Aus der
Einbeziehung der Ratsausschüsse in das Prinzip der demokratischen
Repräsentation folge, dass die Ausschusssitze in Abhängigkeit zu
dem Stärkeverhältnis der Fraktionen vergeben werden müssten, über
das die Gemeindebürger durch die Wahl der Ratsmitglieder mitent-
schieden hätten. Die Fraktionen hätten daher Anspruch auf Berücksichtigung bei der Ausschussbesetzung nur nach Maßgabe ihrer
jeweiligen Mitgliederzahl. Möglicherweise entfalle dabei nach den
proportionalen Sitzzuteilungsregeln auf eine Fraktion kein Sitz im betreffenden Ausschuss (vgl. BVerwG, DVBl 1993 S. 890 f. = Der Städtetag 1993, S. 737; im Erg. ebenso VG Schleswig, Die Gemeinde [SH]
1993 S. 264 und S. 361 f.; insoweit bestätigend OVG Schleswig, Die
Gemeinde [SH] 1994 S. 88, 89 f.).

5.3.2.4.3 Stellungnahme

Auch wenn an der notwendigen Unterscheidung zwischen staatlichen
Parlamenten und den dem Bereich der Exekutive zuzurechnenden
kommunalen Vertretungskörperschaften ohne Abstriche festzuhalten ist (vgl. nur BVerfG, NVwZ 2008 S. 407, 411; ausf. vgl. hierzu *Hubert Meyer*, Kommunales Parteien- und Fraktionenrecht, S. 211 ff.
m. w. N.), so vermag ein bloßer Hinweis hierauf nichts zur Lösung des
vorliegenden Problems beizusteuern. Da vergleichbare normative
Voraussetzungen existieren, nämlich insbesondere das verfassungsrechtlich gewährleistete freie Mandat und die ebenfalls verfassungsrechtlich fundierte Gleichheit des Abgeordneten bzw. des Ratsmitgliedes sowie die empirischen Befunde strukturell ähnliche Probleme
auf staatlicher wie auf kommunaler Ebene aufweisen, ist eine gleich-
artige Lösung sogar geboten, wenn nicht besondere Gründe dagegen
sprechen.

Im Folgenden bleibt die atypische und gerade nicht repräsentative Situation in Bremen, die im genannten Urteil des OVG Bremen deutlich
wird (hohe Anzahl der Ausschusssitze; Stimmrecht eines Magistrats-
mitglieds im Ausschuss; aufschiebende Wirkung des Antrages von einem Drittel der Ausschussmitglieder auf Entscheidung durch die
Stadtverordnetenversammlung), außer Betracht.

Für das Ratsmitglied ist die Mitarbeit in einem Ausschuss von **ähnlich
großer Bedeutung** wie für einen Parlamentsabgeordneten (insoweit
sehr ähnlich *Kim*, DVBl 2011 S. 734, 738). Zwar ist die Zuständigkeit
der Kommunalvertretungen beschränkt und daher übersichtlicher.

Eine realistische Chance zur Mitwirkung im Sinne von Einflussnahme auf die Willensbildung hat er aber jedenfalls in größeren Volksvertretungen ebenfalls nur im Ausschuss (diesen Stellenwert auch „nur" beratender Ausschüsse verkennt *Ziegler*, Das Ratsmitglied im Verfassungs- und Verwaltungsrecht, S. 97). Zudem wird mit Recht darauf hingewiesen, dass Fraktionslosigkeit oder das Bestehen kleiner Fraktionen in Gemeinderäten und Kreistagen im Gegensatz zu staatlichen Parlamenten durchaus üblich und zur Verhinderung der Oligopolisierung der politischen Willensbildung durch die (großen) Parteien auch verfassungspolitisch gewollt ist (vgl. *Ladeur*, BayVBl 1992 S. 387, 391).

Schließlich mutet es eigentümlich an, wenn etliche Landesgesetzgeber den größeren, nach Proporz entsendungsberechtigten Fraktionen die Möglichkeit zur Benennung sachverständiger Bürger als Ausschussmitglieder einräumen, **unmittelbar demokratisch legitimierten Gemeinderatsmitgliedern**, die keiner oder einer kleinen Fraktion angehören, diese Möglichkeit aber versagt wird. Im kommunalen Bereich gibt es also eher noch bessere Gründe als in den staatlichen Parlamenten dafür, auch Fraktionslosen und Mitgliedern kleinerer Fraktionen eine Mitwirkung in einem Ausschuss zu ermöglichen.

Allerdings kann ein Fraktionsloser nicht in Anspruch nehmen, einem Ausschuss seiner Wahl anzugehören, soweit nicht wie in Niedersachsen und Schleswig-Holstein das Gesetz ausdrücklich ein solches Privileg zubilligt. Diese Freiheit hat auch das Mitglied einer größeren Fraktion nicht, der sich in diesem Punkt dem Votum seiner Fraktion beugen muss. Schon gar nicht kann verfassungsrechtlich beansprucht werden, im Kreisausschuss als beschließendem Organ beratend mitzuwirken (vgl. dazu OVG Münster, oben unter Ziff. 5.3.2.2; zustimmend auch *Ehlers*, JK 3/05 Art. 20 III/38).

Über die Ausschussbesetzung muss in einem geregelten Verfahren entschieden werden. Fehlt es an einer solchen Regelung im Kommunalverfassungsrecht eines Bundeslandes, kann dies keinesfalls zu Lasten des betroffenen Mandatsträgers gehen (so aber offenbar VGH Mannheim, NVwZ 1990 S. 893, 894). Vielmehr ist dann der Gemeinderat gefordert, im Rahmen seiner Geschäftsordnungsautonomie ein Verfahren zu entwickeln, das nachvollziehbare Kriterien für eine verfassungskonforme Ausschussbesetzung enthält.

Ein sog. **Grundmandat** in allen Ausschüssen ist hingegen in Übereinstimmung mit der Rechtsprechung des Bundesverwaltungsgerichts (DVBl 1994 S. 216; zust. RhPfVerfGH, NVwZ-RR 2014 S. 668, 669; OVG Münster, DVBl 2005 S. 987; im Ergebnis auch VGH Kassel, DVBl 2012 S. 919, 922) grundsätzlich abzulehnen. Von tatsächlichen Schwierigkeiten einer effektiven Wahrnehmung durch einen Fraktionslosen oder einer kleinen Fraktion ganz abgesehen führte dies zu einer Überrepräsentation in den Ausschüssen, der das Mehrheitsprinzip widerstreitet. Etwas anderes kann nur gelten, wenn das Landesrecht ausdrücklich eine andere Regelung trifft, vgl. z. B. § 47 Abs. 2 KVG LSA.

Das aus dem Demokratieprinzip des GG resultierende **Mehrheitsprinzip** rechtfertigt auch die generelle **Vorenthaltung des Stimmrechts**, wenn nicht der Gesetzgeber ausdrücklich eine andere Regelung trifft, wie z. b. in Thüringen geschehen (ebenso *von Schwanenflug/André*, KommJur 2013 S. 441, 443 ff.; auch unter Berufung auf verfassungsrechtliche Gründe a. A. für die staatlichen Parlamente *Morlok*, ZParl 2004 S. 633, 638). Grundsätzlich soll ein Ausschuss die Mehrheitsverhältnisse des Plenums widerspiegeln. Diese verfassungsrechtliche Prämisse ist schon deswegen auf die kommunale Ebene zu übertragen, weil die wichtigste Aufgabe der beratenden Ausschüsse die Vorbereitung von Beschlüssen des Gemeinderats bildet.

Die Vorklärung im Ausschuss ist aber nur dann sinnvoll, wenn in der Regel auch die Mehrheitsfähigkeit einer Vorlage des Ausschusses im Plenum gewährleistet ist. Der Gefahr unterschiedlicher Mehrheiten im Ausschuss und im Plenum könnte bei Zugestehen eines Stimmrechts auch an Vertreter kleinerer Fraktionen oder Fraktionsloser durch eine entsprechende Erhöhung der Mitgliederzahl der Ausschüsse begegnet werden. Dies gefährdete jedoch wiederum die vom BVerfG betonte notwendige Funktionsfähigkeit auch dieser Gremien. Die vereinzelt erwogene Einführung eines Stichentscheides zugunsten des Ausschussvorsitzenden zur Wahrung der Mehrheitsverhältnisse (*Kim*, DVBl 2011 S. 734, 738) verkennt das Besetzungsverfahren der Ausschussvorsitze in einer Reihe von Bundesländern und vermag gerade angesichts der von dortiger Seite betonten Gleichheit aller Gemeinderatsmitglieder keinen Bestand zu haben.

Die **Rechte politischer Parteien**, insbesondere auf Chancengleichheit sowie aus den Grundsätzen der Allgemeinheit und Gleichheit der Wahl, werden nicht dadurch verletzt, dass fraktionslose Ratsmitglieder nicht stimmberechtigt sind; dies gilt auch dann, wenn der (Haupt)Ausschuss Beschlüsse anstelle des Gemeinderates fasst (vgl. HmbVerfG, DVBl 2015 S. 367 ff. zu Mitgliedern der dortigen Bezirksversammlungen).

5.3.2.4.4 Ergebnis

Soll eine funktionsgerechte Aufgabenerfüllung der Ausschüsse unter Wahrung der Mehrheitsverhältnisse sichergestellt werden, kommt somit eine stimmberechtigte Mitwirkung von Fraktionslosen und Mitgliedern von Fraktionen, auf die nach dem Proporz kein Ausschusssitz entfällt, nicht in Betracht. Ihnen ist aber wegen des verfassungsrechtlich gewährten Status eines freien und gleichberechtigten Mandates die Mitwirkung in einem Ausschuss zu ermöglichen. Dies gilt unabhängig davon, ob das Landesrecht ausdrücklich eine solche Mitwirkung vorsieht oder nicht. Soweit nicht das Gesetz ausdrücklich einen dahingehenden Anspruch einräumt, besteht allerdings kein Recht auf freie Wahl des Ausschusses, in dem mitgewirkt werden soll. Die nähere Ausgestaltung der Ausschussbesetzung hat nach einem allgemeinen, an sachlichen Kriterien orientierten Verfahren zu erfolgen.

5.3.3 Abberufung aus dem Ausschuss durch Fraktion

Brandenburg (§ 43 Abs. 2 Satz 3 BbgKVerf), Hessen (§ 62 Abs. 2 Satz 4 HGO) und Niedersachsen (§ 71 Abs. 9 Satz 3 NKomVG) sehen vor, dass Fraktionen (und Gruppen in Niedersachsen) Ausschussmitglieder, die sie vorgeschlagen haben, aus einem Ausschuss **abberufen** und durch andere ersetzen können. Die Fraktionen erhalten damit ein starkes Einwirkungsrecht auf die Arbeitsmöglichkeiten des einzelnen Ratsmitgliedes. Der Wortlaut der Vorschriften lässt aber keinen Zweifel daran, dass die Fraktionen jederzeit die von ihnen benannten Ausschussmitglieder abberufen können (vgl. VGH Kassel, HGZ 1999 S. 69 ff.).

Die genannten Vorschriften bedürfen gleichwohl vor dem Hintergrund des verfassungsrechtlich gewährleisteten freien Mandats des einzelnen Gemeindevertreters einer **restriktiven, verfassungskonformen Interpretation**. Das Abberufungsrecht darf nicht missbräuchlich ausgeübt werden, um einen fraktionsangehörigen Gemeindevertreter „kaltzustellen". Das einzelne Ratsmitglied hat zwar keinen Anspruch auf Mitwirkung in einem bestimmten Ausschuss. Er darf von seiner Fraktion aber nicht schlechter gestellt werden, als wenn er keiner Fraktion angehörte und damit z. B. in Niedersachsen das Recht hätte, als beratendes Mitglied in einem Ausschuss mitzuwirken, vgl. § 71 Abs. 4 Satz 3 NKomVG.

5.3.4 Änderung der Fraktionsstärke

Durch Ausscheiden eines Ratsmitgliedes aus seiner Fraktion, bei einem Fraktionswechsel, der Spaltung bestehender oder der Neubildung von Fraktionen oder Gruppen kommt es zu Kräfteverschiebungen innerhalb des Gemeinderats. Die Gemeindeordnungen sehen in einer solchen Konstellation höchst unterschiedliche Reaktionsweisen vor.

5.3.4.1 Gesetzliche Regelungen

Einige Kommunalverfassungen enthalten Mechanismen, um neue Mehrheitsverhältnisse des Plenums auf die Ausschüsse übertragen zu können. Am deutlichsten wird dies in Thüringen. § 29 Abs. 3 ThürKO ordnet ausdrücklich den Verlust des Ausschusssitzes an für den Fall, dass ein Gemeinderatsmitglied aus der ihn entsendenden Fraktion, Partei, Wählergruppe oder dem Zusammenschluss ausscheidet, und sieht den Ausgleich der dadurch hervorgerufenen Stärkeverhältnisse vor.

Nach § 62 Abs. 2 Satz 5 HGO sind nachträgliche Änderungen des Stärkeverhältnisses der Fraktionen zu berücksichtigen, die sich auf

die Zusammensetzung der Ausschüsse auswirken; das Benennungsverfahren nach Satz 2 der Norm gilt entsprechend. Kommt es zu einer
solchen nachträglichen Veränderung des Stärkeverhältnisses, sind
sämtliche Ausschüsse, die durch die Änderung betroffen sind, entsprechend anzupassen. Die Anpassung erfolgt auf Initiative des Vorsitzenden der Gemeindevertretung in der Weise, dass die betroffenen
Fraktionen ihre in die Ausschüsse entsandten Mitglieder nach Maßgabe der ihnen nunmehr zustehenden Sitze neu benennen (VGH Kassel, NVwZ-RR 2004 S. 203 f. = HSGZ 2003 S. 308 ff.).

In Mecklenburg-Vorpommern wurde 2011 in § 32 Abs. 2 Satz 10 KV
MV eine gesetzliche Fiktion einer Abberufung aus einer nach den
Grundsätzen der Verhältniswahl besetzten Funktion eingefügt, wenn
der Gemeindevertreter Mitglied einer Fraktion wird, von der er nicht
vorgeschlagen wurde, oder die nicht der Zählgemeinschaft angehört
hat, von der er vorgeschlagen wurde; ein bloßer Austritt aus einer
Fraktion bewirkt diese Rechtsfolge nicht (vgl. *Gentner* in Schweriner
Kommentierung, Rz. 15 zu § 32).

Den automatischen Verlust des Ausschusssitzes kennen die übrigen
Gemeindeordnungen nicht. Im Ergebnis wird den Fraktionen aber
entscheidender Einfluss gesichert, wenn sie wie in Brandenburg (§ 43
Abs. 6 Satz 2 BbgKVerf), Niedersachsen (§ 71 Abs. 9 Satz 2 NKomVG;
ausf. dazu *Menzel*, KVR Nds/NKomVG § 71 Rn. 118 ff.), Sachsen-Anhalt (§ 46 Abs. 3 Satz 2 KVG) und Rheinland-Pfalz (§ 45 Abs. 3 GemO
RhPf) einen Antrag auf Neubildung eines Ausschusses stellen können, wenn seine Zusammensetzung nicht mehr der Stärke der Fraktionen (bzw. Gruppen) entspricht.

*Die Bestimmung im Gesellschaftsvertrag einer kommunalen Eigenge-
sellschaft, dass die Amtsdauer des Aufsichtsrates hinsichtlich der vom
Rat entsandten Mitglieder mit Ablauf der Wahlperiode des Rates endet, steht einer jederzeitigen Abberufung eines Aufsichtsratsmitglieds
aufgrund kommunalrechtlicher Vorschriften nicht entgegen. Kommunalverfassungsrechtlich gilt das Verfahren für die Abberufung für
die Mitglieder der Ausschüsse der Vertretung. Einer Begründung für
die Abberufung bedarf es dort nicht, gerade der Wechsel der Fraktionszugehörigkeit stellt aber typischer Weise einen Anlass für eine Abberufung dar (vgl. VG Göttingen, Beschl. vom 29.11.2012, BeckRS
2012, 60427 = Rathaus und Recht Nr. 15/2013 unter Hinweis auf
Schwind, Rz. 26 zu § 71 in Blum/Häusler/Meyer (Hrsg.), NKomVG).*

*Bei der Anweisung des Rates an die Mitglieder der Gesellschafterver-
sammlung zur Benennung der Aufsichtsratsmitglieder handelt es sich
lediglich um eine (fraktions)intern zu klärende Personalfrage, für die
eine – ansonsten nach niedersächsischem Recht grundsätzliche gebotene – Vorbereitung durch den Verwaltungsausschuss entbehrlich ist
(VG Oldenburg, Beschl. vom 15.12.2014 – 1 B 2827/14).*

5.3.4.2 Rechtslage bei fehlender gesetzlicher Regelung

Soweit eine ausdrückliche gesetzliche Regelung fehlt, ist die Rechtslage weniger eindeutig. Es wird die Auffassung vertreten, wenn die Stärke der Fraktionen ausschlaggebend sein solle für die Anzahl der Gemeinderatssitze, dann müsse folgerichtig eine Veränderung der Mitgliederzahl einer Fraktion Konsequenzen für die Besetzung der Ausschüsse haben, wenn die Veränderung der Fraktionsgröße nach dem zugrunde liegenden Berechnungssystem zu einem anderen Ergebnis führte (vgl. *Kroll*, APF 1989 S. 225, 229 zur Bayerischen Gemeindeordnung). Selbstverständlich ist eine solche Interpretation nicht.

Dem berechtigt erscheinenden Interesse der Fraktion an einer Korrektur der Ausschussbesetzung steht auf der anderen Seite die bisher innegehabte Rechtsposition des betroffenen Ratsmitgliedes gegenüber. Der VGH München hält den Gemeinderat für weder befugt noch verpflichtet, auf Vorschlag der das jeweilige Ausschussmitglied entsendenden Fraktion dieses abzuberufen. Art. 33 Abs. 1 Satz 4 BayGO setze vielmehr voraus, dass ein unbesetzter Ausschusssitz vorhanden sei. Eine der Stellung von Fraktionen in Parlamenten vergleichbare Position der Stärke habe der Gesetzgeber den Fraktionen im Gemeinderat nicht eingeräumt (BayVBl 1988 S. 83, 84).

Einige Landesgesetzgeber haben für die Gemeindevertretung als solche die Möglichkeit geschaffen, mit Wirkung für die Zukunft in **Rechtspositionen eingreifen** zu können, die durch einen Wahlakt erlangt wurden (vgl. § 32 Abs. 3 KV MV; § 40a Abs. 1 Satz 1 GO SH; für die Ausschüsse vgl. auch §§ 40 Abs. 1 Satz 2, 41 Abs. 1 Satz 3 GO BW; §§ 42 Abs. 1, 43 Abs. 3 Satz 1 SächsGemO). Damit soll ein Fortbestand des Vertrauensverhältnisses zwischen dem Gemeinderat einerseits und dem einzelnen Mandatsträger andererseits sichergestellt werden (vgl. *Borchert* in KVR SH, Ziff. 1 zu § 40a GO). Ein solches Vertrauensverhältnis der Mehrheit der Volksvertretung kann durchaus unabhängig von der fortdauernden Mitgliedschaft in der ursprünglich entsendenden Fraktion bestehen.

*Nach § 113 Abs. 1 Satz 3 GO NW hatten die vom Rat gewählten Vertreter der Gemeinde in Beiräten, Ausschüssen, Gesellschafterversammlungen, Aufsichtsräten oder entsprechenden Organen von juristischen Personen oder Personenvereinigungen, ihr **Amt auf Beschluss des Rates jederzeit niederzulegen**. Das OVG Münster hat in dem in der Gemeindeordnung verankerten Prinzip der Verhältniswahl eine vom Rat zu beachtende Grenze innerhalb der diesem durch die Vorgängerregelung des § 113 Abs. 1 Satz 3 GO NW zugewiesenen weitreichenden Entscheidungsfreiheit gesehen. Der Rat dürfe das Prinzip der Verhältniswahl weder bei der Wahl der Gemeindevertreter verletzen, noch im Nachhinein durch eine Abberufung unterlaufen. Werde eine Abberufung nur mehrheitlich beschlossen, könne dies den Schutz be-*

seitigen, den das Verhältniswahlrecht der Ratsminderheit gewähren sollte, da der Nachfolger des abberufenen Ratsmitglieds gem. § 35 Abs. 4 Satz 2 GO NW a. F. im Wege der Mehrheitswahl bestimmt werde. Das führe zu der Forderung, dass das Abberufungsrecht jedenfalls nicht aus Gründen ausgeübt werden dürfe, die allein in den Mehrheitsverhältnissen des Rates wurzeln. Eine Korrektur des nach Verhältniswahlgrundsätzen zu Stande gekommenen früheren Wahlergebnisses im Sinne der Ratsmehrheit zu Lasten der Ratsminderheit sei unstatthaft. Die Wahl der Gemeindevertreter nach § 55 Abs. 2 (und 3) GO NW a. F. finde grundsätzlich für die Zeit statt, für die das Gremium konstituiert werde, dessen personelle Besetzung anstehe. Nachträgliche Verschiebungen im Kräfteverhältnis, beispielsweise durch Fraktionsaustritte, hätten außer Betracht zu bleiben (NVwZ 1990 S. 791, 792 f.).

Dieser Rechtsprechung kann nur mit Vorbehalten zugestimmt werden. Die von den Münsteraner Richtern ebenfalls angeführten Argumente einer nur durch längere Mitarbeit zu erwerbenden Sachkunde und Fachwissen mögen ihre Berechtigung haben bei der Besetzung von Positionen bei externen wirtschaftlichen Unternehmen. Hinsichtlich der Ausschüsse der Gemeindevertretung überzeugen sie nicht. Der kritisierte „Zufallscharakter" der Änderung der Zugehörigkeit zu Fraktionen oder Listenverbindungen ist Ausdruck der aktuellen politischen Kräftekonstellation in einem unmittelbar demokratisch legitimierten Gremium. Das Problem lag letztlich allein in der unglücklichen Fassung des § 35 Abs. 4 Satz 2 GO NW a. F., der systemfremd (allein) die Mehrheitswahl bei vorzeitigem Ausscheiden aus dem Gremium vorsah. Die jetzige Ausgestaltung der Gemeindeordnung sieht bei Nichteinigung zwischen den Fraktionen für Entsendungsrechte zwar grundsätzlich das Verhältniswahlrecht vor (§ 50 Abs. 4 Satz 1 i. V. m. Abs. 3 GO NW), für den Fall des vorzeitigen Ausscheidens wird wenig konsequent aber erneut auf das Mehrheitswahlrecht abgestellt (§ 50 Abs. 4 Satz 2 i. V. m. Abs. 2 GO NW). Für die Besetzung der Ausschüsse des Rates gilt: Ändern sich die Kräfteverhältnisse zwischen den Fraktionen durch das Ausscheiden von Ratsmitgliedern in einer relevanten Weise, können die Fraktionen ein neues Ausschussbesetzungs- und Zugriffverfahren auf die Ausschussvorsitze nach § 58 Abs. 6 GO NW verlangen (ausf. und im Erg. ebenso *Buhren*, VR 2001 S. 73, 76 ff.).

Nach niedersächsischem Recht ist bei einer Änderung des Stärkeverhältnisses der im Rat vertretenen Fraktionen und Gruppen auch der Aufsichtsrat einer kommunalen Beteiligungsgesellschaft entsprechend dem geänderten Stärkeverhältnis neu zu besetzen. Ein bloßer Austausch von Gremienmitgliedern durch die entsendende Gruppierung ist in diesem Fall aber nicht möglich. Vielmehr ist der Anspruch der Fraktion bzw. Gruppe darauf gerichtet, dass der Rat alle von ihm zu entsendenden Mitglieder des betroffenen Gremiums abberuft und die Stellen sodann entsprechend dem geänderten Stärkeverhältnis insgesamt neu besetzt (VG Göttingen, NdsVBl. 1999 S. 218, vgl. auch Petri in Thieme [Hrsg.], Niedersächsische Gemeindeordnung, Rn. 5 und 9 zu § 111).

Zusammenfassend ist an die gefestigte Rechtsprechung des BVerwG zu erinnern, dass die Gemeinderatsausschüsse die Zusammensetzung des Plenums widerspiegeln müssen (DVBl 2004 S. 439 ff., vgl. oben Ziff. 5.3.1.2). Dieses verfassungsrechtlich begründete Gebot erfordert eine Anpassung an veränderte Kräftekonstellationen im Gemeinderat.

5.3.5 Weitere Entsendungs- und Benennungsrechte

Die Gemeindeordnungen räumen den Fraktionen eine Reihe weiterer Vorschlags- und Entsendungsrechte ein (vgl. nur für Brandenburg Übersicht bei *Sundermann/Miltkau*, DVP 1994 S. 491, 492). So richtet sich beispielsweise der **Vorsitz in den Ausschüssen** in der Regel nach den Fraktionsstärken, soweit nicht der Hauptverwaltungsbeamte oder ein anderer leitender Mitarbeiter der Verwaltung geborener Vorsitzender ist. Die Ausschussvorsitzenden haben gegenüber den sonstigen Mitgliedern eine exponierte Stellung inne. Durch das Vortragsrecht im Plenum und die Möglichkeit der Öffentlichkeitsarbeit erzielen sie auch eine gewisse Außenwirkung. Daher sollen die Positionen der Vorsitzenden nicht allein der jeweils stärksten Fraktion vorbehalten bleiben. Die Kommunalverfassungen sehen in der Regel ein Zugriffsverfahren vor, d. h. diejenige Fraktion, die nach d'Hondt oder Hare/Niemeyer zum Zuge kommt, kann sich dafür entscheiden, in welchem der noch freien Ausschüsse sie den Vorsitzenden stellen möchte (vgl. nur § 43 Abs. 5 BbgKVerf; § 71 Abs. 8 NKomVG; § 58 Abs. 5 GO NW; § 46 Abs. 4 GO SH).

Sieht das Kommunalverfassungsrecht ein Zugriffsverfahren vor, ist eine kommunale Vertretungskorperschaft bei der Besetzung der Ausschussvorsitze verpflichtet, das Verfahren so auszugestalten, dass eine Fraktion Gelegenheit erhält, den ihr nach dem Gesetz zustehenden Vorsitz auch tatsächlich zu besetzen. Dies folgt aus dem auch im hoheitlichen Staatsaufbau Geltung beanspruchenden Gebot fairer Verfahrensgestaltung als Grundsatz des Rechtsstaates (OVG Münster, Urt. vom 2.9.2008, BeckRS 2008, 38970 = NWVBl. 2009 S. 66).

Bestehen solche parlamentarischer Übung entsprechende Vorschriften in den Gemeindeordnungen nicht, ist es gleichwohl zweckmäßig, entsprechend zu verfahren, um eine breite Verteilung der politischen Verantwortung zu erreichen. Erzwingen lässt sich eine solches Verfahren ohne gesetzliche Grundlage indes nicht.

In Niedersachsen können in Gemeinden, die keiner Samtgemeinde angehören, **Ortschaften** gebildet werden. Dies sind Teile einer Gemeinde, die eine engere Gemeinschaft bilden, § 90 Abs. 1 Satz 1 NKomVG. Ferner können in kreisfreien Städten oder Städten über 100000 Einwohner durch Hauptsatzung für das gesamte Stadtgebiet **Stadtbezirke** eingerichtet werden, § 90 Abs. 2 Satz 1 NKomVG. In den Ortschaften werden Ortsräte gewählt oder Ortsvorsteherinnen oder Ortsvorsteher bestellt, § 90 Abs. 1 Satz 2 NKomVG. Gemäß § 96 Abs. 1 Satz 1 NKomVG bestimmt der Rat die Ortsvorsteherin oder den Ortsvorsteher für die Dauer der Wahlperiode auf Grund des Vorschlags der Fraktion, deren Mitglieder der Partei oder der Wählergruppe angehören, die in der Ortschaft bei der Wahl der Ratsfrauen und Ratsherren die meisten Stimmen erhalten hat (näher vgl. *Häusler*, Rz. 1 ff. zu § 96 in Blum/Häusler/Meyer [Hrsg.], NKomVG).

Nach der Formulierung dieser Bestimmung ist es nicht erheblich, ob die Mitglieder einer Fraktion bei der Wahl zum Rat der Gemeinde einer Wahlvorschlagsverbindung „angehörten". Auch ist nicht erheblich, welche Anzahl von Wählerstimmen die Fraktionen repräsentieren. Wahlvorschläge, die nicht im Rat vertreten sind, bleiben unberücksichtigt, allein entscheidend ist die Stärke der im Rat vertretenen Fraktionen (OVG Lüneburg, NdsVBl. 2005 S. 233 = BeckRS 2005, 26697 S. 5 f.).

5.4 Rechtsschutzmöglichkeiten der Fraktion

Fraktionen sind beteiligungsfähig nach § 61 Nr. 2 VwGO und können (nur) eine Verletzung eigener Rechte vor den Verwaltungsgerichten geltend machen. Die Klageart richtet sich nach dem jeweiligen Begehren. Die notwendigen Kosten solcher Verfahren trägt unabhängig von der Frage einer eventuellen Fraktionsfinanzierung die jeweilige Kommune. Für missbräuchlich eingeleitete Verfahren gilt dies nicht.

5.4.1 Rechtsschutz der Parlamentsfraktionen

Fraktionen im Bundestag sind als mit eigenen Rechten ausgestattete Teile des Organs Bundestag parteifähig in einem sog. Organstreitverfahren nach §§ 13 Nr. 5, 63 ff. BVerfGG. Sie sind insoweit befugt, im eigenen Namen auch Rechte geltend zu machen, die dem Bundestag gegenüber einem möglichen Antragsgegner zustehen können (vgl. nur BVerfGE 90, 286, 336; 100, 266, 268; vgl. auch VerfGH NW, NVwZ-RR 2000 S. 265, 266 zum dortigen Landesverfassungsrecht; *Wallerath*, NdsVBl. 2005, Beilage zu Heft 8 S. 43 ff.). Eine Geltendmachung von Rechten des Parlaments im Wege der Prozessstandschaft durch eine Fraktion kann aber immer nur gegenüber anderen Verfassungsorganen, nicht gegenüber dem Parlament selbst erfolgen. Eine Rechtsverfolgung im kontradiktorischen Organstreit ist sinnlos, wenn sie sich gegen denselben Antragsgegner richtet, dessen Rechte der Antragsteller wahrnehmen möchte (vgl. StGH BW, NVwZ-RR 1997 S. 265, 266; bestätigend DÖV 2000 S. 729, 730; zur Notwendigkeit der

Verletzung eigener Rechte und Zuständigkeiten des Antragstellers bei verfassungsrechtlichen Streitigkeiten innerhalb eines Landes vgl. BVerfGE 85, 353, 358 ff. sowie den Beschluss des 2. Senats des BVerfG vom 20. 12. 1992 [BVerfGE 88, 63, 67 f.]). Soweit Fraktionen rein innerparlamentarische Funktionen wahrnehmen, befinden sie sich nicht in einem Verfassungsrechtsverhältnis zu den Parteien. Diesen mangelt es insoweit an der Antragsbefugnis in einem Organstreitverfahren gegen eine Fraktion (BremStGH, NordÖR 2004 S. 199, 200). Auch im Organstreitverfahren muss schließlich ein – anhaltendes – Rechtsschutzbedürfnis bestehen (vgl. BVerfGE 96, 332, 336).

5.4.2 Rechtsschutz der Gemeinderatsfraktionen

Solche verfassungsrechtlichen Klagemöglichkeiten sind den Fraktionen in den Gemeinderäten und Kreistagen generell nicht eröffnet. Ihre Rechtsschutzmöglichkeiten richten sich allein nach der **Verwaltungsgerichtsordnung**. Im Folgenden wird nur auf die rechtliche Fragen aufwerfenden Sachurteilsvoraussetzungen eingegangen.

5.4.2.1 Klageart

Die zutreffende **Klageart** richtet sich nach dem klägerischen Begehren. Denkbar sind Feststellungsklagen, eine allgemeine Leistungsklage (VG Frankfurt, NVwZ-RR 2010 S. 448), auch in Form einer Unterlassungsklage, Normenkontrollverfahren nach § 47 VwGO (vgl. VGH Kassel, DVBl 1995 S. 931 f.) oder ein Kommunalverfassungsstreitverfahren (vgl. OVG Weimar, DVBl 2000 S. 935 ff.). Vorläufiger Rechtsschutz ist nach § 123 Abs. 1 VwGO anzustreben.

5.4.2.2 Beteiligtenfähigkeit

Fraktionen sind als Vereinigungen, denen nach den Kommunalverfassungen der Bundesländer eigene Rechte zustehen können, **beteiligungsfähig** i. S. v. § 61 Nr. 2 VwGO (vgl. nur VGH Kassel, DVBl 1995 S. 931; OVG Weimar, DVBl 2000 S. 935; OVG Bautzen, LKV 2006 S. 82 f.; *Strohmeyer*, NdsVBl. 2002 S. 30, 31; *Ogorek*, JuS 2009 S. 511, 516; *Kopp/Schenke*, VwGO, Rz. 12 zu § 61 m. w. N.). Dogmatisch zutreffend dürfte es sein, von einer analogen Anwendung des § 61 Nr. 2 VwGO auszugehen, da die Norm auf Innenrechtsbeziehungen nicht zugeschnitten ist (*Franz*, LKV 2004 S. 497, 499; *ders.*, Jura 2005 S. 156, 160, m. w. N.; *Suerbaum*, § 22 Rz. 36 in HKWP, 3. Aufl., 2007). Am Ergebnis ändert dies nichts. Die Beteiligungsfähigkeit ist grundsätzlich beschränkt auf die Dauer der Wahlperiode, weil die Fraktion mit deren Ablauf ihre Existenz einbüßt (vgl. OVG Koblenz, Beschl. vom 4. 2. 2010, BeckRS 2010,46559). Weitergehend betrachtet die Rechtsprechung zum Teil eine Fraktion noch bis zum rechtskräftigen Abschluss eines von ihr geführten Verwaltungsprozesses als beteiligungsfähig (vgl. OVG Bautzen, Urt. vom 23. 11. 2010, BeckRS

2011, 47471, allerdings das Rechtsschutzinteresse verneinend, Rz. 37; Urt. vom 16.4.2013, BeckRS 2013, 54103 S. 7 ff). Einer Gruppe von Kreistagsmitgliedern unterhalb der Fraktionsmindeststärke fehlt für einen Rechtsbehelf gegen einen Kreistagsbeschluss zur Besetzung von Ausschüssen im Bennungsverfahren die Beteiligtenfähigkeit (VGH Kassel, DVBl 2012 S. 919).

5.4.2.3 Prozessfähigkeit

Die gesetzliche Regelung der **Prozessfähigkeit** in § 62 VwGO passt nicht unmittelbar auf Klagen einer Fraktion. Der Fraktionsvorsitzende ist nicht als gesetzlicher Vertreter anzusprechen. Es hieße jedoch den Bogen zu überspannen, eine von allen Fraktionsmitgliedern unterzeichnete Vollmacht zu verlangen (so aber *Franz*, LKV 2004 S. 497, 500; *ders.*, Jura 2005 S. 156, 160). Damit würde die Rechtsstellung der Fraktion praktisch unterlaufen, weil jedes Mitglied es in der Hand hätte, seinen eigenen Ausschluss durch Nichtunterzeichnung der Bevollmächtigung zu verhindern. Vielmehr ist § 62 Abs. 3 VwGO analog anzuwenden. Für die Fraktion ist der jeweilige Vorsitzende handlungsbefugt, richtet sich das Begehren gegen ihn selbst, der Stellvertreter.

5.4.2.4 Geltendmachen eigener Rechte

Der Konzeption der Verwaltungsgerichtsordnung entspricht es, dass ein Kläger grundsätzlich nur **eigene** Rechte geltend machen kann. Der Bürger soll sich also nicht selbst zum Anwalt eines allgemeinen Gesetzesvollziehungsanspruchs machen können. Ausdrücklich ist dies für die Anfechtungs- und Verpflichtungsklagen in § 42 Abs. 2 VwGO festgelegt. Für andere Klagearten gilt aber Entsprechendes. Für Normenkontrollverfahren muss die Möglichkeit eines **Nachteils** i. S. v. § 47 Abs. 2 Satz 1 VwGO bestehen. Darunter wird jede nicht ganz unbedeutende Beeinträchtigung rechtlich geschützter Individualinteressen verstanden (vgl. *Kopp/Schenke*, VwGO, Rn. 25 zu § 47 m. w. N.).

Auch für eine erfolgreiche kommunalverfassungsrechtliche Feststellungsklage muss in entsprechender Anwendung des § 42 Abs. 2 VwGO ein eigenes Recht des klagenden Organs oder Organteils gegeben sein (vgl. BVerwG, NVwZ 1989 S. 470). Dies gilt uneingeschränkt für Fraktionen.

Stellt der Rat im Wahlprüfungsverfahren die Nichtgültigkeit der Wahl im Wahlbezirk X fest und ordnet dort eine Wiederholungswahl an, greift er damit nicht in eine Innen-, sondern in eine Außenrechtsposition ein, welche ein Wahlbewerber in der teilweise für ungültig erklärten Wahl erlangt. Eine Fraktion ist nicht klagebefugt, da sie zum Zeitpunkt der für ungültig erklärten Wahl noch nicht existierte und eine gewillkürte Prozessstandschaft aufgrund des höchstpersönlichen Cha-

rakters des einzuklagenden Rechts ausscheidet (vgl. OVG Münster, Entscheidung vom 12.1.2012, BeckRS 2012, 46071).

Fraktionen in Gemeinderäten oder Kreistagen können sich im Wege einer verwaltungsgerichtlichen Klage nicht unter Berufung auf das **Demokratieprinzip** gegen Eingriffe anderer Gemeindeorgane in Zuständigkeiten des Gemeinderates oder des Kreistages zur Wehr setzen. Aus der in Art. 28 Abs. 1 Satz 2 GG verankerten unmittelbaren Wahl i.V.m. dem Demokratieprinzip lässt sich insoweit nichts herleiten. Soweit dem Demokratieprinzip überhaupt Einschlägiges in Bezug auf die Abwehr derartiger Eingriffe zu entnehmen sein sollte, ist ihm nach Auffassung des BVerwG (NVwZ-RR 1994 S. 352; ebenso OVG Bautzen, BeckRS 2013, 54104 = DÖV 2013, 860 (LS)) jedenfalls bereits dadurch genügt, dass dem Gemeinderat ein solches Klagerecht zukomme und die staatliche Kommunalaufsicht darüber wache, dass die innergemeindliche Kompetenzordnung nicht verletzt werde. Fraktionen können daher eine Verletzung der ausschließlichen Zuständigkeit der Gemeinderates oder des Kreistages als Organ mangels einer ihnen zugewiesenen wehrfähigen Innenrechtsposition nicht rügen (vgl. OVG Münster, NWVBl. 2014 S. 388, 390). Sie können sich im Wege einer Klage nur dagegen wehren, dass sie an Entscheidungen des Gemeinderates nicht nach Maßgabe der landesrechtlichen Bestimmungen beteiligt worden sind (vgl. OVG Bautzen, NVwZ-RR 2009 S. 774, 775). Auch aus Art. 20 Abs. 3 GG lässt sich ein Klagerecht von Fraktionen gegenüber Gemeinderatsbeschlüssen nicht herleiten (BVerwG, NVwZ-RR 1994 S. 352 f.). Dem Kommunalrecht ist mithin eine **Prozessstandschaft für das Gesamtorgan fremd**.

Überschreitet in Nordrhein-Westfalen der Hauptausschuss seine in § 43 Abs. 1 GO NW niedergelegten Kompetenzen und verletzt damit Rechte des Rates, kann eine Fraktion hiergegen nicht vorgehen. Sie ist nur mittelbar betroffen. Die Situation ist vergleichbar derjenigen, wenn andere Hoheitsträger den Rechtskreis der Gemeinde verletzen. Auch hier bleibt es allein den zuständigen Organen als solche, nicht aber deren Mitgliedern vorbehalten, dagegen Rechtsschutz zu erstreben. Anderenfalls hätten die Ratsmitglieder oder die Fraktionen es in der Hand, die Kompetenzen des Rates auch gegen dessen mehrheitlich gebildeten Willen anderen Organen gegenüber durchzusetzen. Das widerspräche jedoch dem durch das kommunale Verfassungsrecht festgelegten Kompetenzgefüge und liefe überdies tendenziell auf einen körperschaftsinternen Gesetzesvollziehungsanspruch hinaus, der indes weder den Ratsmitgliedern noch den Fraktionen zusteht. Mittelbare Erschwernisse und Beeinträchtigungen seiner Arbeit widersprechen auch nicht dem freien Mandat des Ratsherrn. Kann er bloße Kompetenzüberschreitungen anderer Organe nicht gerichtlich angreifen, muss dies erst recht für die Fraktionen als Zusammenschluss der einzelnen Ratsherren gelten (vgl. OVG Münster, NVwZ 1989 S. 989, 990 ff.; DVBl 1993 S. 216; VGH Mannheim, DVBl 1993 S. 212).

*Verzichtet ein wegen Sonderinteresses von einer Abstimmung aus-
geschlossenes Mitglied des Gemeinderates vor der Abstimmung auf
sein Mandat mit der Folge des Nachrückens einer (nicht wegen
Sonderinteresses ausgeschlossenen) Ersatzperson, so verletzt dies unabhängig von den Motiven des Verzichts eine konkurrierende Ratsfraktion nicht in deren Rechten. Ihre Klage auf Feststellung der Unwirksamkeit des Verzichts ist unzulässig. Gleiches gilt für die Klage
gegen die unter Mitwirkung des nachgerückten Ratsmitgliedes getroffene Sachentscheidung des Gemeinderates (Rechtsgedanke des § 42
Abs. 2 VwGO) (OVG Koblenz, Beschl. vom 23. 3. 2009, BeckRS 2009,
32626).*

*Eröffnet der Bürgermeister in einer Gemeinderatssitzung einer Frak-
tion bestimmte Handlungsmöglichkeiten, können allein dadurch
keine in einem Kommunalverfassungsstreitverfahren rügbaren Rechte
einer Gemeinderatsfraktion entstehen (VGH Mannheim, VBlBW 1999,
304 f.).*

*Rein verfahrensrechtliche Beteiligungsrechte – hier im Rahmen der
Aufstellung eines Landschaftsplanes – können nur innerhalb eines
Verfahrens bestehen und sind daher von vornherein von dessen
Durchführung abhängig. Findet kein Planaufstellungsverfahren statt
oder wird ein solches aufgegeben, ist kein Raum mehr für eine Beteiligung Dritter, vorliegend einer Gemeinderatsfraktion. Diese kann daher nicht klagebefugt sein (OVG Saarlouis, NVwZ-RR 1995 S. 319 f.).*

Ob eine Fraktion die Verletzung ihres Wahlvorschlags gerichtlich rügen kann, hängt von der landesrechtlichen Ausgestaltung des kommunalen Organisationsrechts ab.

*Nach schleswig-holsteinischem Recht ist beispielsweise eine Fraktion
nicht dadurch in ihren organschaftlichen Rechten verletzt, dass ein
auf ihren Vorschlag zum Vorsitzenden eines Ausschusses der Gemeindevertretung gewählter Bürger der Gemeindevertretung aus diesem
Amt abberufen wird. Die Befugnis der Fraktion erschöpft sich in dem
Vorschlagsrecht. Es verleiht weder einen Anspruch auf Wahl des Vorgeschlagenen, noch auf Belassen im Amt. Insoweit hebt sich ein Vorschlagsrecht von einem Benennungsrecht ab (vgl. OVG Schleswig,
Die Gemeinde [SH] 1993 S. 81).*

*Ist durch Gesetz dem Gesamtorgan die Wahl der hauptamtlichen Ma-
gistratsmitglieder und des Oberbürgermeisters übertragen, erwächst
damit weder einem Mitglied der Stadtverordnetenversammlung noch
einer Fraktion ein im Klagewege durchsetzbarer Anspruch und es
fehlt an einer wehrfähigen Rechtsposition (VG Bremen, Beschl. vom
1. 11. 2010 – Az. 1 V 1668/10 –, zit nach juris, Rz. 24 f.).*

*Dagegen räumt die Rechtsprechung den Fraktionen nach nordrhein-
westfälischem Recht prinzipiell eine stärkere Position ein. Das Wahlvorschlagsrecht für die Wahl der stellvertretenden Bürgermeister*

gem. § 32 Abs. 2 Satz 2 i. V. m. § 35 Abs. 3 Satz 3 GO NW a. F. (nunmehr § 67 Abs. 2 Satz 2 i. V. m. § 50 Abs. 3 Satz 3) soll über die Unterbreitung des Wahlvorschlags sowie Entgegennahme hinausgehen und auch einen Anspruch auf Einhaltung der für den Erfolg des Wahlvorschlags maßgeblichen Vorschriften über das Verfahren bei der Stimmabgabe und bei der Feststellung des Stimmergebnisses einschließen. War allerdings ein möglicher Rechtsverstoß ohne Einfluss auf den Inhalt des Wahlvorschlags einer Fraktion und das für diesen Vorschlag erzielte Ergebnis, so fehlt es an einer Verletzung des Wahlvorschlagsrechts der Fraktion (vgl. OVG Münster, NVwZ 1989 S. 989, 991).

Mitglieder der Fraktion haben auch **nicht** die Möglichkeit, **Rechte der Fraktion** geltend zu machen (vgl. VGH München, BayVBl 1995 S. 117). Auf der anderen Seite kann auch eine Fraktion nur eigene rechtlich geschützte Interessen vor Gericht verteidigen, nicht diejenigen der Fraktionsmitglieder (vgl. VGH Kassel, DVBl 1995 S. 931, 932; OVG Münster, NVwZ-RR 2009 S. 819, 820).

5.4.2.5 Rechtsschutzbedürfnis

Teilweise wird vertreten, das Rechtsschutzbedürfnis für eine Klage entfalle, wenn ein Aufsichtsverfahren durch die **Rechtsaufsichtsbehörde** bereits eingeleitet sei oder noch möglich ist (vgl. OVG Münster, DVBl 1968 S. 392). Die neuere Rechtsprechung folgt dieser Auffassung mit Recht nicht. Zur Begründung wird darauf verwiesen, dem behördlichen Verfahren komme keine das gerichtliche Verfahren ersetzende Funktion zu, zumal es bei einer negativen kommunalaufsichtsrechtlichen Entscheidung bei der Beschwernis des Antragstellers verbleibe (OVG Weimar, DVBl 2000 S. 935, zu einem Verfahren im vorläufigen Rechtsschutz). Schon der Zeitfaktor kann dafür sprechen, einstweiligen Rechtsschutz vor Gericht zu suchen. Insbesondere aber ist darauf hinzuweisen, dass es nach dem Opportunitätsprinzip grundsätzlich im Ermessen der Aufsichtsbehörde steht, ob sie gegen Rechtsverstöße vorgeht (vgl. näher *Hubert Meyer*, Kommunalrecht, Rn. 718 m. w. N.). Eine Fraktion kann die Aufsichtsbehörde also nicht zum Einschreiten zwingen, selbst wenn ihre Rechte verletzt sein sollten. Unabhängig von der durch das Gericht zu prüfenden Sachurteilsvoraussetzung des Rechtsschutzbedürfnisses ist die Frage zu beantworten, ob eine Fraktion nicht aus Kostengründen gehalten sein kann, vor Beschreiten des Rechtswegs andere Möglichkeiten auszuloten (hierzu sogleich unter Erl. 5.4.3).

5.4.3 Erstattungsanspruch für entstandene Kosten

Bezieht sich das jeweilige Rechtsschutzbegehren auf die Geltendmachung eigener organschaftlicher Rechtspositionen, fallen die Verfahrenskosten im Ergebnis der Gemeinde oder dem Landkreis zur Last (OVG Saarlouis, NVwZ 1982 S. 140; OVG Bremen, NVwZ 1990

S. 1195, 1197; OVG Münster, NVwZ-RR 2009 S. 819, 820; vgl. auch VGH Mannheim, NVwZ 1985 S. 284).

Das OVG Münster (DVBl 1992 S. 444 ff. = NWVBl. 1992 S. 163 ff.) sah früher die Rechtsgrundlage für die grundsätzliche Kostentragungspflicht in einem **öffentlich-rechtlichen Erstattungsanspruch**, der als eigenständiges Rechtsinstitut zum Ausgleich ungerechtfertigter Vermögenszuordnungen Anerkennung gefunden hat (vgl. nur BVerwGE 71, 85 ff.) Bei einem Kommunalverfassungsstreit bestehe eine ausgleichsbedürftige Vermögenslage, denn die Beteiligten verfolgten oder verteidigten Rechtspositionen, die ihnen zur eigenverantwortlichen Wahrnehmung zugewiesen seien, dennoch aber im ausschließlichen Interesse der juristischen Personen selbst begründet worden seien oder ausgeübt werden dürften. Vor diesem Hintergrund hat das OVG Münster (NVwZ-RR 2009 S. 819, 820 = DÖV 2009 S. 683 f [nur LS]) seine Rechtsprechung dahingehend fortentwickelt, dass die im Grundsatz bestehende Kostenerstattung bereits unmittelbar in den dem jeweiligen Funktionsträger (im konkreten Fall eine Fraktion) kommunalverfassungsrechtlich zugewiesenen Aufgaben und Kompetenzen als Ausfluss seiner Organstellung gründet, ohne dass es eines Rückgriffs auf das allgemein anerkannte Rechtsinstitut des öffentlich-rechtlichen Erstattungsanspruchs bedarf. Dem ist zuzustimmen (a. A. *Sommer* in Bogner [Hrsg.], Beratungs- und Beschlussfassungsverfahren, S. 131). Das BVerwG (Beschl. vom 2.6.2014 – 8 B 98.13 –) tendiert zwar erkennbar ebenfalls dazu, den Erstattungsanspruch aus den kommunalverfassungsrechtlich zugewiesenen Aufgaben und Kompetenzen einer Fraktion abzuleiten statt aus dem allgemeinen öffentlich-rechtlichen Erstattungsanspruch, konnte die Entscheidung aber offen lassen, weil der Anspruch auch im letzteren Fall seine näheren Voraussetzungen aus den Besonderheiten des Kommunalverfassungsrechts des jeweiligen Landes gewinne. Insbesondere bestimmten sich Umfang und Grenzen des Anspruchs aus der Rücksichtnahme- und Treuepflicht des einzelnen Funktionsträgers. Damit handelt es sich jedenfalls um eine nicht revisible Frage des Landesrechts.

Darin klingt zudem materiell durch, was auch in der Rechtsprechung bisher galt: Gerade bei Fraktionen ist einem möglichen **Missbrauch** verstärkte Aufmerksamkeit zu widmen (vgl. OVG Saarlouis, NVwZ 1982 S. 140; OVG Münster, DVBl 1992 S. 444). Eine Fraktion handelte der Pflicht zur Rücksichtnahme und Treue gegenüber der Gemeinde zuwider, wenn sie gerichtliche Auseinandersetzungen ohne vernünftigen Anlass führte. Ob ein solcher, den Kostenerstattungsanspruch ausschließender Fall vorliegt, ist eine Frage des Einzelfalles. Jedenfalls darf der Gang zum Gericht nicht mutwillig oder aus sachfremden Gründen erfolgen. Auch müssen grundsätzlich zunächst außergerichtliche Schlichtungsbemühungen oder Einigungsversuche verlangt werden („ultima ratio", vgl. VG Magdeburg, Urt. vom

28.10.2010 – Az. 9 A 73/10 –, zit. nach juris. Rz. 21, für ein Kreistagsmitglied). So setzt der Kostenerstattungsanspruch regelmäßig zunächst eine Entscheidung des zuständigen Gemeindeorgans über das Bestehen oder Nichtbestehen, den Inhalt und Umfang organschaftlicher Rechte voraus. Nur erwartete oder befürchtete Rechtsverletzungen reichen in der Regel nicht aus (zutr. OVG Münster, NVwZ-RR 2009 S. 819, 820 f.). Wird ein Rechtsanwalt eingeschaltet, ist die Höhe des Anspruchs in der Regel auf die gesetzlichen Gebühren beschränkt.

Hingegen ist unerheblich, ob die Gemeinde den Fraktionen Mittel für ihre sonstigen Aufwendungen zur Verfügung stellt (Näheres hierzu vgl. unten Ziff. 6). Deren Gewährung beschränkt sich nach Gegenstand und Anwendungsbereich auf regelmäßig anfallende Kosten, die zudem von den Fraktionen weitgehend beeinflusst werden können. Dies trifft für den durch Organstreitigkeiten verursachten finanziellen Aufwand nicht zu (zutr. vgl. OVG Münster, DVBl 1992 S. 444, 446 f.).

6. FINANZIERUNG DER FRAKTIONEN

Bildet die Parteienfinanzierung seit vielen Jahren den Gegenstand lebhaften öffentlichen Interesses, wird der Fraktionsfinanzierung eine vergleichsweise bescheidene Aufmerksamkeit zuteil. Dieses Phänomen muss angesichts des zwischenzeitlich erreichten tatsächlichen Umfangs der Fraktionenfinanzierung in den Parlamenten überraschen (umfassend hierzu vgl. *von Arnim*, Staatliche Fraktionsfinanzierung ohne Kontrolle?, passim, insbes. Tabellen S. 66 f.; *ders.*, ZRP 1988 S. 83 ff.). Geradezu als Katalysator der Finanzausstattung hat sich dabei entgegen der eigentlichen Intention das Urteil des Bundesverfassungsgerichts vom 19.7.1966 (BVerfGE 20, 56 ff.) erwiesen, in welchem die Fraktionen als **Teile und ständige Gliederungen des Bundestages** eingeordnet werden, deren Aufgabe im Steuern und Erleichtern des technischen Ablaufs der Parlamentsarbeit liege. Im Gegensatz zu den Parteien seien sie der organisierten Staatlichkeit eingefügt, **deshalb** könnten ihnen Zuschüsse gewährt werden (BVerfGE 20, 56, 104, ausdrücklich ebenso BVerfGE, 80, 188, 231; insoweit zustimmend *Morlok*, JZ 1989 S. 1035, 1045).

6.1 Grundsätzliche Zulässigkeit kommunaler Fraktionen- finanzierung

Der tatsächliche Umfang der Finanzierung der Fraktionen aus den kommunalen Haushalten ist empirisch nicht erfasst. Die Praxis divergiert zwischen den einzelnen Bundesländern, aber auch zwischen den unterschiedlich großen Kommunen erheblich. In fünf Bundesländern besteht eine ausdrückliche gesetzliche Ermächtigung zur Finanzierung der Fraktionen in den Kommunen. Nordrhein-Westfalen und der Freistaat Sachsen haben für die größeren Kommunen dem Grunde nach einen Rechtsanspruch auf finanzielle Unterstützung der Fraktionen begründet. Die grundsätzliche Zulässigkeit der finanziellen Unterstützung von Fraktionen ist unabhängig von einer gesetzlichen Grundlage unbestritten. Sie ist legitimiert und begrenzt durch die funktionale Bedeutung der Fraktionen. Sitzungsgelder für Fraktionssitzungen und gesonderte Aufwandsentschädigungen für Fraktionsvorsitzende sind als Elemente der Entschädigung ehrenamtlicher Mandatswahrnehmung unproblematisch.

6.1.1 Tatsächliche Bedeutung

Die Zahlungen in Bund und Ländern an die Parlamentsfraktionen liegt inzwischen bei über 200 Millionen Euro und übersteigen den Umfang der staatlichen Parteienfinanzierung bei Weitem (*von Arnim*, DÖV 2015 S. 537, 543). Sie werden aber transparent ausgewiesen und sind relativ leicht nachzuvollziehen. Für die Gesamtebene der Kommunen mangelt es hingegen nach wie vor an einem verlässlichen Überblick über den **tatsächlichen Umfang** der Fraktionenfinanzierung. Vereinzelte Erhebungen zeigen jedoch, dass insbesondere in größeren Städten fast durchweg eine finanzielle Förderung der Arbeit der Fraktionen stattfindet, die Spannbreite der Modalitäten und des Umfangs in absoluten Zahlen jedoch beachtlich ist (vgl. die schon älteren Angaben bei *Bick*, Die Ratsfraktion, Anh. II und III, S. 204 ff.; *Lavies*, HSGZ 1989 S. 191, 192, insbes. Tabelle 4). Auch zwischen den einzelnen Bundesländern sind erhebliche Unterschiede zu konstatieren. Enthält das Landesrecht ausdrückliche Regelungen zur Finanzierung der kommunalen Fraktionsarbeit, wird dies offenbar als Einladung verstanden, hiervon Gebrauch zu machen. In anderen Bundesländern ist nach wie vor eine restriktivere Handhabung zu beobachten.

So gewährten nach einer aus dem Januar 2000 datierenden Umfrage des Landkreistages Baden-Württemberg 18 der 35 Landkreise des Landes überhaupt keine Zuwendungen an die Kreistagsfraktionen, nur in drei Landkreisen betrug der Gesamtaufwand im Jahr mehr als 20 000 DM (Angaben nach RS 210/2000 vom 16. 3. 2000 des LKT BW; zum rechtlichen Rahmen vgl. Trumpp/Pokrop, Landkreisordnung für Baden-Württemberg, 4. Aufl., 2004, Rz. 11 zu § 15). Hingegen lag nach einer SGK-Umfrage aus dem Jahr 1995 allein in den Landkreisen die durchschnittliche Zuwendungssumme in Nordrhein-Westfalen knapp unter 300 000 DM (vgl. hierzu die Darstellung bei Kleerbaum/ Klieve, Die Fraktion und ihre Mitglieder, Rz. 215).

Der Bund der Steuerzahler Niedersachsen und Bremen e. V. hat in seiner Studie „Kommunale Politikfinanzierung 2007" die Fraktionszuschüsse in den größeren niedersächsischen Städten, den Landkreisen und der Region Hannover erhoben. Er gelangt zu der durchaus nicht selbstverständlichen Bewertung, ein beachtlicher Teil der Städte und insbesondere der Kreise gebe sich bescheiden. Kommunalpolitik gehorche hier in Reinform dem Prinzip der Ehrenamtlichkeit (S. 23). 34 der 37 niedersächsischen Landkreise gewährten den Fraktionen insgesamt pauschale Finanzzuweisungen in einer Spannbreite zwischen 2 570 EUR bis 78 400 EUR, was es den Kreistagsfraktionen in der Regel nicht erlaubt, eigene Geschäftsstellen mit fest angestellten Mitarbeitern zu unterhalten. Lediglich drei einwohnerstärkere Landkreise und insbesondere die Region Hannover wichen von dieser Praxis ab (S. 21 f.). Auch in benachbarten Räumen bestehen deutliche Unterschiede. Nach einer Umfrage aus dem Februar 2013 zahlten die Landkreise im ehemaligen niedersächsischen Regierungsbezirk Weser-Ems umgerechnet auf die Zahl der Abgeordneten, überwiegend deutlich unter 1 000 EUR an Zuschüsse und gewährten darüber hinaus keine weiteren Leistungen, während im einwohnerstarken Landkreis Osnabrück die Aufwendungen über 3 500 EUR pro Abgeordnetem lagen und darüber hinaus unentgeltlich Räume für Fraktionsgeschäftsstellen und -sitzungen zur Verfügung gestellt wurden. Noch gravierender stellt sich die Uneinheitlichkeit bei den größeren Städten dar. Auch hier gibt es sehr bescheidene Gesamtzuschüsse von unter 10 000 EUR

*beispielsweise in den Städten Wolfenbüttel und Lüneburg. Die ein-
wohnermäßig größten Städte verfügen hingegen über personell gut
ausgestattete Fraktionsgeschäftsstellen. Auffällig sind die Gesamt-
zuwendungen in Braunschweig mit über 827 000 EUR und insbesondere in der Landeshauptstadt Hannover mit knapp über 1,6 Mio. EUR
(S. 17 ff.)*

*Die Aufwandsentschädigungen für die Vorsitzenden der niedersächsi-
schen Kreistagsfraktionen bewegten sich nach einer Umfrage aus dem
Jahr 2009 zwischen 100 EUR plus einen geringen Aufschlag pro Fraktionsmitglied bis zu 620 EUR für die Vorsitzenden der großen Fraktionen im einwohnerstärksten Landkreis.*

6.1.2 Normative Regelungen

Ausdrückliche **gesetzliche Regelungen** fehlen weitgehend immer
noch. Ausnahmen bilden die Kommunalverfassungen der Bundesländer Hessen, Mecklenburg-Vorpommern, Niedersachsen, Nordrhein-
Westfalen und Sachsen.

*Die weitestgehende Regelung findet sich in § 56 Abs. 3 Satz 1 GO NW.
Nach dieser Vorschrift gewährt die Gemeinde den Fraktionen und
Gruppen aus Haushaltsmitteln Zuwendungen zu den sächlichen und
personellen Aufwendungen für die Geschäftsführung. Hessen (§ 36a
Abs. 4 Satz 1 HGO), Niedersachsen (§ 57 Abs. 3 Satz 1 NKomVG) und
Sachsen (§ 35a Abs. 3 Satz 1 SächsGemO) beschränken sich bei ähn-
lichem Wortlaut im übrigen auf eine „Kann-Bestimmung", wobei in
Niedersachsen dies nach dem 2. Halbsatz der genannten Norm auch
gelten soll, soweit die Fraktionen und Gruppen Aufwendungen aus ei-
ner öffentlichen Darstellung ihrer Auffassungen in den Angelegenhei-
ten der Kommune haben. In Sachsen soll gemäß § 35a Abs. 3 Satz 2
SächsGemO für Gemeinden ab 30 000 Einwohner und gemäß § 31a
SächsLKrO für die Landkreise den Fraktionen Mittel gewährt werden.
Hessen, Nordrhein-Westfalen und Sachsen schließen jeweils eine Regelung aus, wonach diese Mittel in einer besonderen Anlage zum
Haushaltsplan darzustellen sind. Über die Verwendung ist in Hessen,
Niedersachsen, Nordrhein-Westfalen und Sachsen ein Nachweis in
einfacher Form zu führen, der in Nordrhein-Westfalen unmittelbar
dem Bürgermeister zuzuleiten ist.*

Mecklenburg-Vorpommern beschränkt sich in § 23 Abs. 5 Satz 4 KV
MV auf die Verpflichtung zum Prüfen der Verwendung der Mittel im
Rahmen der örtlichen Prüfung, soweit die Fraktionen Zuwendungen
aus dem Gemeindehaushalt erhalten. Basierend auf der gesetzlichen
Ermächtigung in § 174 Abs. 1 Nr. 6 KV MV enthält die **Durchführungsverordnung zur KV** vom 9.5.2012 in § 19 allerdings konkretisierende Regelungen (im Einzelnen vgl. **Anhang 3**). Über die Regelung
für die Gemeinden hinausgehend enthält § 105 Abs. 4 Satz 4 KV MV
allerdings die Vorschrift, dass die Landkreise im Rahmen ihrer finan-

ziellen Leistungsfähigkeit die Aufgabenwahrnehmung der Fraktionen durch Zuwendungen aus dem Kreishaushalt für ihren Geschäftsbedarf in angemessener Weise unterstützen sollen. Diese für den Regelfall einen Rechtsanspruch begründende Regelung geht zurück auf Art. 2 des Kreisstrukturgesetzes von 2010, mit dem die früheren zwölf Landkreise und sechs kreisfreien Städte zu acht neuen Verwaltungseinheiten zusammengefasst wurden (vgl. LT.-Drs. 5/2683 S. 190; ferner *Hubert Meyer*, Rz. 27 und 29 zu § 105 in Schweriner Kommentierung). Ein Anspruch besteht allerdings auch unter den Verhältnissen der heutigen größeren sechs Landkreise nur im Rahmen der individuellen finanziellen Leistungsfähigkeit dieser Gebietskörperschaften und generell nur im „angemessenen Umfang".

Zuletzt hat Schleswig-Holstein eine gesetzliche Regelung eingeführt. Nach dem Gesetz zur Änderung kommunalverfassungs- und wahlrechtlicher Vorschriften vom 12.3.2012 (GVOBl. S. 371) lautet § 32a Abs. 4 GO SH:

„(4) Die Gemeinde kann Zuschüsse zur Erfüllung der organschaftlichen Aufgaben für den nachprüfbaren notwendigen sachlichen und personellen Aufwand für die Geschäftsführung der Fraktionen gewähren. Die Grundsätze einer sparsamen und wirtschaftlichen Haushaltsführung sind zu beachten. Über die ordnungsgemäße Verwendung ist ein Nachweis zu führen."

Die übrigen Bundesländer kennen keine gesetzlichen bzw. auf gesetzlicher Ermächtigung beruhenden Regelungen. Sie versuchen aber teilweise mittels **rechtsaufsichtlicher Hinweise** im Erlasswege Einfluss auf die Grundsätze der Fraktionsfinanzierung aus kommunalen Haushaltsmitteln zu gewinnen (vgl. hierzu die Anlagen 2 bis 4 und 6 bis 9, bei *Oster* in FES [Hrsg.], Die Geschäftsordnung der Fraktion in der Gemeindevertretung, S. 208 ff. und 231 ff.).

6.1.3 Legitimation für die Fraktionsfinanzierung

6.1.3.1 Weitgehende Einigkeit im Ergebnis

Die Zulässigkeit der Fraktionsfinanzierung mittels öffentlicher Gelder in den Kommunen ist in Judikatur (vgl. OVG Münster in von Mutius, Rspr.-Slg, KomVerfR, Nr. 4 zu § 30 GO NW, S. 21; OVG Saarlouis, Urt. vom 1.2.1996 – Az. 1 R 2/93; VG Gelsenkirchen, NWVBl. 1987 S. 53 ff., 56) und Literatur (vgl. schon *Grawert*, VVDStRL 36 [1978] S. 277, 329; *Zuleeg* in HKWP 2, 2. Aufl. S. 145, 163; wohl auch *Schmidt-Jortzig*, DVBl 1980 S. 719, 722) grundsätzlich unbestritten. Dem ist letztlich beizupflichten, denn die Kompetenz zum Zahlen von Fraktionszuschüssen (krit. zur Terminologie *U. Müller*, NJW 1990 S. 2046) ist Ausfluss der den Kommunen verfassungsrechtlich verbürgten Finanz- und Organisationshoheit.

Die Herleitung des Ergebnisses darf sich jedoch keineswegs auf ein nicht näher definiertes praktisches Bedürfnis beschränken, weil damit der Anspruch auf rechtliche Steuerung des Phänomens preisgegeben würde. Vielmehr entscheidet die nähere Begründung für die Zulässigkeit der Leistungen gleichzeitig maßgeblich über deren Umfang und Modalitäten.

6.1.3.2 Staatliche Fraktionenfinanzierung als Teil der Parlamentsfinanzierung

Ausgangspunkt hat die Überlegung zu sein, dass es in erster Linie Zweck der Fraktionen ist, den technischen Ablauf der Parlamentsarbeit zu steuern und zu erleichtern. Frühzeitig hat das BVerfG festgestellt: „Als Gliederungen des Bundestages sind sie der organisierten Staatlichkeit eingefügt. Deshalb können ihnen Mittel gewährt werden (BVerfGE 20, 56, 104; vgl. auch 80, 188, 214 und 231). Die Fraktionenfinanzierung ist deshalb als Teil der Parlamentsfinanzierung zu betrachten. Hingegen ist es nicht überzeugend, sie als Teil der Parteienfinanzierung oder der Abgeordnetenentschädigung zu begreifen (zutr. *Hölscheidt*, DÖV 2000 S. 712, 714). In dem Maße, wie die Tätigkeit der Fraktionen als Wahrnehmung einer verfassungsrechtlich notwendigen Aufgabe eingestuft wird, besteht geradezu ein Gebot staatlicher Fraktionenfinanzierung (vgl. nur *G. Chr. Schneider*, Die Finanzierung der Parlamentsfraktionen als staatliche Aufgabe, S. 75 m. w. N.).

Erstaunen muss vielmehr, dass das BVerfG (DÖV 1983 S. 153, 154; unkritisch insoweit auch *Braun/Benterbusch*, ZParl 2002 S. 653, 663 f.) keine Bedenken hegt, wenn die Fraktionen einen Teil ihres Finanzbedarfs aus privaten Mitteln decken (krit. hierzu bereits *Hubert Meyer*, Kommunales Parteien- und Fraktionenrecht, S. 391). Die Fraktionen sind als Teil der Staatsorganisation vielmehr aus öffentlichen Geldern zu unterhalten, es ist von dem Gebot einer vollständigen staatlichen Finanzierung der Fraktionsaufgaben auszugehen (zutr. *Müller/Albrecht*, DVBl 2000 S. 1315, 1317; insoweit auch *G. Chr. Schneider*, Die Finanzierung der Parlamentsfraktionen als staatliche Aufgabe, S. 75 f.). Konsequent erscheint es, dass trotz der den Fraktionen gewährten verfassungsrechtlichen Stellung das Finanzgebaren einer Fraktion Gegenstand eines parlamentarischen Untersuchungsausschusses sein kann, wenn Ansehen und Funktionsfähigkeit des Parlaments insgesamt beeinträchtigt werden können (zu Möglichkeiten und Grenzen vgl. im Einzelnen VerfGH RhPf, Urt. vom 11. 10. 2010, BeckRS 2010, 55237 = NVwZ 2011 S. 115 (nur LS)).

Bedenken sind gegen die offenbar weit verbreitete Praxis der **Abtretung von Aufwandsentschädigungen** der einzelnen Mandatsträger an die Fraktion zu erheben (unkrit. hingegen *Hoffmann* in Thieme [Hrsg.], Niedersächsische Gemeindeordnung, Rn. 23 zu § 39 b: „üblich und zulässig"; vgl. auch KOPO 11/2013 S. III ff.; unkritisch in der

Rechtsprechung z. B. VG Düsseldorf, GHH 2011 S. 264 m. w. N.; vgl. auch den Runderlass des Innenministeriums des Landes Brandenburg vom 4.12.2013, der sich ausdrücklich nur mit den Mitteln aus öffentlichen Haushalten auseinandersetzt). Zwar trifft es zu, dass Diäten staatlicher Parlamentarier und Aufwandsentschädigungen von Gemeindevertretern als private Einkünfte in ihrer Verwendung nicht durch die öffentliche Hand reglementiert werden können (vgl. in diesem Sinne *Müller/Albrecht*, DVBl 2000 S. 1315, 1320 f.; *Hölscheidt*, DÖV 2000 S. 711, 713 f., der die Auffassung vertritt, der Verfassung lasse sich nicht entnehmen, dass Fraktionen sich ausschließlich aus staatlichen Mitteln finanzieren müssten). Entscheidend ist aber, dass Fraktionen nicht berechtigt sind, solche Mittel anzunehmen.

Die Landesrechnungshöfe bewerten die teilweise zu registrierende Praxis der direkten Überweisung der Sitzungsgelder und anderer Aufwandsentschädigungen an die Fraktionen als Umgehung des in den Gemeindeordnungen enthaltenen Verbots, Ansprüche auf Entschädigungen an Dritte zu übertragen (vgl. nur für § 24 Abs. 3 GO SH: NStVbSH 2/2000 S. 9). Nach der Auffassung des Innenministeriums Nordrhein-Westfalen ist eine Überweisung der Aufwandsentschädigungen auf Konten der Fraktion oder Partei nur zulässig, wenn ein individueller Überweisungsauftrag des Gläubigers der Aufwandsentschädigung an die Verwaltung besteht, dem keine formelle Abtretungserklärung zu Grunde liegt (vgl. RS 67/2000, 270/2000 und 319/2000 des LKT NW).

6.1.3.3 Kommunale Fraktionenfinanzierung als Teil der Gemeinderatsfinanzierung

6.1.3.3.1 Begrenzung durch Funktion der Fraktionen

Auch die Finanzierung der Fraktionen in den Gemeinderäten und Kreistagen ist an der **Funktion der Fraktionen** zu messen. In den kommunalen Volksvertretungen ist es vornehmlich Aufgabe der Fraktionen, „abweichende Meinungen der in ihr zusammengeschlossenen Abgeordneten zu einem mehrheitlich für richtig gehaltenen Standpunkt zusammenzuführen, um so durch Vorwegbildung klarer Mehrheiten die Zusammenarbeit des Rates zu erleichtern und um eine zügige Bewältigung der Aufgaben des Rates erst zu ermöglichen" (OVG Münster in von Mutius, Rspr.-Slg. Komm. VR, Nr. 4 zu § 30 GO NW, S. 21, 27; vgl. auch BVerfGE 38, 258, 273). Allein in dieser Funktion ist die Erstattung solcher Kosten an die Fraktion gerechtfertigt, die weder über den Haushaltsansatz für den Gemeinderat als Ganzes noch über die Auslagenerstattung und Aufwandsentschädigung der einzelnen Mandatsträger erfasst werden.

Nicht immer werden die aus der Begrenzung auf die Funktion der Fraktionen resultierenden Konsequenzen für die Finanzierung mit der wünschenswerten Deutlichkeit erkannt. Die Rechte der Fraktionen auf kommunaler Ebene als organisatorische Hilfsinstrumente des Gemeinderats können nicht weiter reichen als diejenigen des Gemeinderats insgesamt. Im signifikanten Unterschied zu der finanziellen Ausstattung der Fraktionen in staatlichen Parlamenten lassen sich damit zwei weitere Grenzlinien der finanziellen Förderung kommunaler Fraktionen markieren: Zum einen muss sich die Beschränkung des kommunalen Wirkungskreises auf die **Angelegenheiten der örtlichen Gemeinschaft** auch auf die Ausstattung der Fraktionen niederschlagen (vgl. hierzu bereits *Hubert Meyer*, VBlBW 1994 S. 337, 339). Zum anderen darf die Ausstattung der Fraktionen nicht zur Aushebelung der kommunalverfassungsrechtlichen Verantwortlichkeit führen: Der Gemeinderat ist ein unmittelbar demokratisch-legitimiertes Verwaltungsorgan, das sich zwar parlamentsähnlich organisiert; die Aufgabenzuweisung des Art. 28 Abs. 2 GG begrenzt sein Tätigkeitsfeld aber zwingend auf die Wahrnehmung von **Aufgaben der Exekutive**. Insbesondere hat der Gemeinderat kein originäres Gesetzgebungsrecht und auch nur eingeschränkte Kreations- und Kontrollrechte. Dies ist für den Umfang der notwendigen Unterstützung der Fraktionen von Bedeutung.

Daneben ist das streng formal zu handhabende Prinzip der **Chancengleichheit der Fraktionen** zu beachten. Damit sind Fixpunkte für den zulässigen Umfang der kommunalen Fraktionsfinanzierung markiert. Die nähere Ausgestaltung obliegt dem Landesgesetzgeber. Sieht er davon ab, einengende Vorgaben zu formulieren, gibt er damit dem Gemeinderat vor Ort breite Gestaltungsmöglichkeiten innerhalb des verfassungsrechtlichen Rahmens.

6.1.3.3.2 Sitzungsgelder für Fraktionssitzungen

Unproblematisch und daher hier nicht vertieft zu erörtern ist bspw. die Zahlung von **Sitzungsgeldern** auch für **Fraktionssitzungen**, wie dies, soweit ersichtlich, bis zu einer bestimmten Anzahl von Sitzungen pro Jahr durchweg üblich ist.

Allerdings besteht entgegen einer offenbar weit verbreiteten Ansicht (vgl. nur *Erlenkämper*, Anm. 5.2 zu § 45 in Articus/Schneider [Hrsg.], Gemeindeordnung NW) und Praxis z. B. kein Anspruch auf Zahlung von Sitzungsgeldern für die Teilnahme an Fraktionssitzungen durch stellvertretende sachkundige Bürger. Wenn diesem schon für die Teilnahme an der Sitzung desjenigen Ausschusses, für den er als Vertreter bestellt ist, kein Anspruch auf Sitzungsgeld zustehe, dann erst recht nicht für die Teilnahme an einer Fraktionssitzung (VG Düsseldorf, Anlage 2 zum RS 163/2004 LKT NW; vgl. auch OVG Münster, NWVBl. 2006 S. 30 ff.). Nach der Neuregelung im Jahr 2007 erhält allerdings ein stellvertretendes Ausschussmitglied, das nicht Ratsmitglied ist, unabhängig vom Eintritt des Vertretungsfalles für die Teilnahme an Fraktionssitzungen ein Sitzungsgeld, § 45 Abs. 4 Nr. 3 GO N-W.

Wird die Zahlung eines Sitzungsgeldes zur Teilnahme an Fraktionssitzungen für sachkundige Bürger abweichend von derjenigen der Gemeindevertreter in der Hauptsatzung auf 40 Sitzungen pro Jahr beschränkt, liegt darin weder ein Verstoß gegen das Demokratieprinzip, noch gegen den allgemeinen Gleichheitsgrundsatz (vgl. VG Köln, Urt. vom 10.4.2013, BeckRS 2013, 51719).

In Hessen sind gemäß § 27 Abs. 4 HGO die Vorschriften in § 27 Abs. 1–3 HGO über Ersatzansprüche für Verdienstausfall, Fahrtkosten und Aufwandsentschädigung auch auf Fraktionssitzungen anzuwenden. Als Fraktionssitzungen gelten auch Sitzungen von Teilen einer Fraktion wie Fraktionsvorstand und Fraktionsarbeitsgruppen. Die Zahl der ersatzpflichtigen Sitzungen ist sachgerecht an die Sitzungen der Gemeindevertretung bzw. ihrer Ausschüsse gebunden. Darüber hinausgehende Ansprüche auf gesonderte Fahrtkostenerstattung, die nur in Zusammenhang mit der Arbeit in Fraktionsarbeitskreisen steht, gibt es nicht, sie unterläge auch im Hinblick auf Gesichtspunkten der Gleichbehandlung und der Unabhängigkeit der Gemeindevertreter erheblichen Bedenken (VGH Kassel, Urt. vom 17.6.2010, BeckRS 2010, 51064 S. 5 ff. = Gemeindehaushalt 2010 S. 236 ff. = NVwZ-RR 2010 S. 996 [nur LS] = KOPO 1/2012 S. VI [nur LS]). Die allgemeine, sitzungsunabhängige kommunalpolitische Willensbildung und ihre Darstellung im Rahmen der Abgeordneten- und Fraktionsarbeit unterfallen demgegenüber der Finanzierung durch die an die Abgeordneten gewährten Aufwandsentschädigungen bzw. durch die den Fraktionen gewährten Fraktionszuwendungen (VGH Kassel, Urt. vom 17.6.2010, BeckRS 2010, 51065 S. 9 = NVwZ-RR 2010 S. 996 [nur LS]).

Der Landesgesetzgeber in Nordrhein-Westfalen hat auch eine vorher bereits im Erlasswege gebilligte Praxis im Jahr 2007 in das Gesetz übernommen. Der neu eingefügte Abs. 5 des § 45 GO NW lautet nunmehr:

„Fraktionssitzungen sind auch Sitzungen von Teilen einer Fraktion (Fraktionsvorstand, Fraktionsarbeitskreise). Die Zahl der ersatzpflichtigen Fraktionssitzungen pro Jahr ist in der Hauptsatzung zu beschränken."

Die gesetzlichen Regelungen des Sachverhaltes, deren Anliegen im Hinblick auf die Arbeit größerer Fraktionen nachvollziehbar ist, sind begrüßenswert.

6.1.3.3.3 Aufwandsentschädigung für Fraktionsvorsitzende

6.1.3.3.3.1 Statusrechtliche Probleme in staatlichen Parlamenten

Hinsichtlich der Zulagen für parlamentarische Funktionsträger im Deutschen Bundestag hat das Bundesverfassungsgericht entschieden, das letztlich auf Art. 38 Abs. 1 Satz 1 GG fußende Freiheitsgebot des

Art. 38 Abs. 1 Satz 2 GG verlange, die Abgeordneten in Statusfragen formal gleich zu behandeln, damit keine Abhängigkeit oder Hierarchien über das für die Arbeitsfähigkeit des Parlaments unabdingbare Maß hinaus entstehen. Zwar liege es in der Gestaltungsmacht des Parlaments, Funktionen zu schaffen und unter bestimmten Voraussetzungen auch besonders zu honorieren, mit deren Hilfe die politische Willensbildung koordiniert werden könne. Um eine der Freiheit des Mandats und der Statusgleichheit der Abgeordneten entsprechende, von sachfremden Einflüssen freie politische Willensbildung zu gewährleisten, sei die Zahl der mit Zulagen bedachten Funktionsstellen auf wenige politisch besonders herausgehobene parlamentarische Funktionen zu beschränken. Dazu rechne der Fraktionsvorsitz als Schaltstelle im Parlament. Die Fraktionsvorsitzenden steuerten und verantworteten das arbeitsteilige Zusammenwirken der Abgeordneten in der Fraktion sowie das Aufeinanderabstimmen von Sach- und Überzeugungsarbeit im Parlament in besonderem Maße. Die bis dahin im Thüringer Landtag bestehenden Regelungen über ergänzende Entschädigungen für die stellvertretenden Fraktionsvorsitzenden, für die parlamentarischen Geschäftsführer der Fraktionen und für die Ausschussvorsitzenden seien hingegen mit dem Verfassungsrecht unvereinbar (BVerfGE 102, 224 ff. = NJW 2000 S. 3771 ff.; zur Pflicht der Offenlegung von Einkünften außerhalb des Mandates der Bundestagsabgeordneten vgl. BVerfG, NVwZ 2007 S. 916 ff.; Konsequenzen für die Landtagsabgeordneten fordernd *von Arnim*, NVwZ 2007 S. 1246 ff.).

Ob diese Ergebnisse verfassungsrechtlich zwingend sind und der Bewertung parlamentarischer Aufgaben in allen Punkten gefolgt werden sollte, kann offen bleiben (krit. z. B. *Kretschmer*, ZParl 2000 S. 787 ff., der u. a. in der Konsequenz einen „Trend zum Wahlkreiskönig" befürchtet; ausdrücklich dagegen und die Entscheidung des BVerfG kategorisch verteidigend *Röper*, ZParl 2003 S. 419 ff.; ähnlich *ders.*, ThürVBl. 2005 S. 7, 10 „... Gebot der politischen Hygiene, die ganz offensichtliche Grauzone bei der Finanzierung der Fraktionshierarchien zu überprüfen"; krit. zum BVerfG hingegen auch *Rau*, JuS 2001 S. 755 ff.; insbesondere Kritik an der verkürzten Darstellung der Wirklichkeit durch das BVerfG übend *Welti*, DÖV 2001 S. 705, 708 ff.; ähnlich, daneben aber den Aspekt der Chancengleichheit zwischen Oppositionsfraktionen und -parteien hervorhebend *von Eichborn*, KritV 84 [2001] S. 55 ff.; *Laubach*, ZRP 2001 S. 159, 162 „... verfestigt unehrliches Politikmanagement"; noch unter dem Eindruck der Entscheidung BVerfGE 40, 296 ff. dezidiert für die Zulässigkeit von Funktionszulagen eintretend *Hölscheidt*, DÖV 2000 S. 711, 717 ff.; differenziert *Jutzi*, NJ 2000 S. 591 f.). Basierend auf dem Bericht der sog. Schmidt-Jortzig-Kommission (BT-Drs. 17/6496) hat der Deutsche Bundestag 2014 durch eine Änderung des Abgeordnetengesetzes und des Europaabgeordnetengesetzes eine gesonderte Aufwandsentschädigung u. a. für ständige Ausschussvorsitzende beschlossen (vgl. Entwurf, BT-Drs. 18/477; äußerst krit. dazu und den nicht im Änderungsgesetz behandelten Funktionszulagen für Fraktionsämter *von Arnim*, DVBl 2014 S. 605, 609 f. m. w. N. der kritischen Stimmen).

Richtet sich das Begehren in einem Organstreitverfahren gegen die Gewährung von Funktionszulagen durch die übrigen Fraktionen, ist für den Ablauf der gesetzlichen Ausschlussfrist maßgeblich, wann diese Praxis den Antragstellern bekannt geworden ist bzw. für die Betroffenen die Möglichkeit bestand, sich Kenntnis zu verschaffen (LVerfG MV, NordÖR 2011 S. 173, 174). Noch darüber hinausgehend hat das LVerfG MV (NordÖR 2015 S. 163 f.) die Organklage von Mitgliedern einer Fraktion als unzulässig verworfen, die sich gegen die Zurückweisung einer Gesetzesinitiative mit dem Ziel richtete, die in anderen Fraktionen übliche Gewährung bestimmter Funktionszulagen gesetzlich zu unterbinden: Eine Organklage diene der Abgrenzung von Kompetenen von Verfassungsorganen oder ihren Teilen in einem Verfassungsrechtsverhältnis, nicht der davon losgelösten Kontrolle der objektiven Verfassungsmäßigkeit eines bestimmten Organhandelns; zudem sei es nicht Sache eines Abgeordneten, die Verteilung von Fraktionsmitteln in anderen Fraktionen überprüfen zu lassen. Zwei Organstreitverfahren betreffend die Fraktionsfinanzierung der Bremer Bürgerschaft sind aus unterschiedlichen Gründen ebenfalls als unzulässig verworfen worden (BremStGH, NordÖR 2004 S. 198 f. und S. 199 ff.).

Inzwischen gehen die Landtage offenbar dazu über, für hervorgehobene Funktionen wie parlamentarische Geschäftsführer und Ausschussvorsitzende pauschale Aufwandsentschädigungen zu zahlen, die den **funktionsbezogenen finanziellen Mehraufwand** abgelten sollen. Dies entspricht dem im kommunalen Bereich üblichen Verfahren und hat grundsätzlich die Billigung der verfassungsrechtlichen Judikatur gefunden (vgl. ThürVerfGH, NVwZ-RR 2003 S. 793 ff.; LVerfG SH, DÖV 2014 S. 127 (LS) zu parlamentarischen Geschäftsführern). Der BremStGH (DVBl 2005 S. 131 [LS]) hat die Gewährung einer Funktionszulage an die stellvertretenden Fraktionsvorsitzenden unter Hinweis auf die Organisation der Bremer Bürgerschaft als Teilzeitparlament gebilligt. Eine die Freiheit des Mandats und die Gleichheit der Abgeordneten gefährdende Hierachisierung des Parlaments sei nicht feststellbar (krit. *Röper*, ThürVBl. 2005 S. 7, 8).

6.1.3.3.3.2 Zulässigkeit auf kommunaler Ebene

Die ehrenamtliche Mandatswahrnehmung auf kommunaler Ebene erfordert nicht die gleichen formalen statusrechtlichen Sicherungen, wie sie das Bundesverfassungsgericht für die staatlichen Parlamente für geboten erachtet. Zudem sind die tatsächlichen Verhältnisse im Sinne einer drohenden Binnendifferenzierung der Fraktionen in den überschaubaren Strukturen der kommunalen Vertretungen weniger ausgeprägt. Die Entschädigungsverordnungen der Länder begrenzen

den Kreis der zulässigen Empfänger einer zusätzlichen Aufwandsentschädigung oder eines erhöhten Sitzungsgeldes in verfassungsrechtlich unbedenklicher Weise. Sie dürfen auch nicht durch die Gewährung von Geldern für hervorgehobene Leistungen in der Fraktion unterlaufen werden (vgl. *Wefelmeier* in KVR Nds/NKomVG, Rz. 103 zu
§ 57).

Daher gestaltet sich die Gewährung einer Aufwandsentschädigung
für die **Fraktionsvorsitzenden** (vgl. exemplarisch nur die ausdrückliche gesetzliche Ermächtigung hierzu in § 30 Abs. 4 Satz 3
BbgKVerf) als unproblematisch. Diese tragen eine Hauptlast der
über die Fraktionen zu leistenden Koordinierungsaufgaben und treten innerhalb und außerhalb des Gemeinderates als Sprecher ihrer
Fraktion in Erscheinung. Konsequenterweise sehen die Kommunalverfassungen bzw. Entschädigungsverordnungen auch gesonderte
Ansätze für Fraktionsvorsitzende vor. Auch soweit das Landesrecht
keine spezielle Ermächtigungsnorm enthält ist es prinzipiell zulässig
und verstösst nicht gegen den Gleichheitsatz, wenn eine Kommune
den Vorsitzenden der Fraktionen und ihren Stellvertretern eine Aufwandsentschädigung gewährt, deren Höhe sich an der Fraktionsgröße orientiert (vgl. VGH München, Urt. vom 3.12.2014, BeckRS
2015, 42472 S. 11 ff. = NVwZ-RR 2015 S. 510 (LS), zur bayerischen
Rechtslage). Dabei dürfte eine an den Prämissen der Rechtsprechung des Bundesverwaltungsgerichts zur allgemeinen Fraktionenfinanzierung orientierte Differenzierung zwischen Fraktionen unterschiedlicher Mitgliederzahl (vgl. dazu unten Erl. 6.5.2) nicht nur zulässig, sondern rechtlich geboten sein. Bei einer Ein-Personen-
Fraktion, wie sie in Hessen ausdrücklich wieder anerkannt ist, kann
kein zusätzlicher Koordinationsaufwand entstehen, eine Entschädigung für den „Vorsitz" scheidet aus (zutr. VG Wiesbaden, HSGZ
2002 S. 255 f.; *Bennemann* in KVR Hess, Rz. 83 zu § 36a und Rz. 15
zu § 36b HGO).

Der Situation in den größeren Städten Rechnung tragend erhalten in
Nordrhein-Westfalen gemäß § 46 Satz 1 GO NW bei Fraktionen mit
mindestens zehn Mitgliedern auch ein **stellvertretender Vorsitzender**,
mit mindestens 20 Mitgliedern zwei und mit mindestens 30 Mitgliedern drei stellvertretende Vorsitzende eine vom Innenministerium
festzusetzende angemessene Aufwandsentschädigung.

Eine Aufwandsentschädigung ist nach § 46 Satz 2 GO NW konsequenterweise nicht zu gewähren, wenn das Ratsmitglied haupt-
beruflich tätiger Mitarbeiter einer Fraktion ist.

Umstritten ist, ob in Niedersachsen die Entschädigung auch einem
Fraktionsvorsitzenden zusteht, dessen Fraktion sich zu einer **Gruppe
zusammengeschlossen** hat. Das OVG Lüneburg bejaht dies, da unabhängig davon, ob die Fraktion noch eigenständige Mitwirkungs- und
Gestaltungsrechte habe, deren Bestand unberührt bleibe (NdsVBl.

2001 S. 94, 95; zust. zur jetzigen Rechtslage auch *Wefelmeier*, KVR
Nds/NKomVG, Rz. 16 zu § 55; zuvor bereits *Thiele*, NGO-Kom,
7. Aufl., § 39 Anm. 9; vgl. auch NST-N 1/2007 S. 8).

6.2 Allgemeine Grundsätze der Fraktionsfinanzierung

> Fraktionen haben einen Mindestanspruch auf sachliche Unterstützung
> ihrer Arbeit durch die hauptamtliche Verwaltung. Ob ihnen eigene
> Mittel zur Verfügung gestellt werden obliegt grundsätzlich der Entschei-
> dung des Gemeinderats. Ein Rechtsanspruch besteht weder verfassungs-
> rechtlich noch – mit Ausnahme von Nordrhein-Westfalen und Sachsen –
> einfachgesetzlich. Werden den Fraktionen Mittel zur Verfügung gestellt,
> obliegt ihre Verwendung den allgemeinen Grundsätzen des Haushalts-
> rechts. Über ihre Verwendung ist ein Nachweis zu führen. Die Bildung
> von Rücklagen ist nicht erlaubt, überschüssige Mittel sind der Kommune
> zu erstatten.

6.2.1 Rechtsanspruch dem Grunde nach?

6.2.1.1 Rechtslage bei fehlender gesetzlicher Regelung

Ob die Fraktionen eigene Mittel zur Wahrnehmung ihrer Aufgaben
erhalten, obliegt der Entscheidung des Gemeinderates. Die Fraktionen haben in der Regel **weder** einen verfassungsrechtlichen **noch** einen einfachgesetzlichen **Rechtsanspruch** auf Gewährung finanzieller
Zuwendungen zur Fraktionsgeschäftsführung (VG Köln, NVwZ 1988
S. 1157, 1158; VGH Kassel, NVwZ-RR 1996 S. 105 f. = DVBl 1995
S. 932 f.; NVwZ-RR 1999 S. 188 f. = DVBl 1998 S. 781 ff.; zustimmend
Bennemann in KVR Hess, Rz. 80 zu § 36a HGO; *Rothe*, Die Fraktion
in den kommunalen Vertretungskörperschaften, Rz. 71, der eine regelmäßig „absolute Übereinstimmung" zwischen den Fraktionen
konstatiert). Insbesondere besteht kein Anspruch der Fraktionen auf
vollständige Erstattung der entstandenen Aufwendungen für ihre
Geschäftsführung (OVG Lüneburg, NdsVBl. 2009 S. 258, 259).

Aus der Entscheidung des Gesetzgebers, die Fraktionsbildung ausdrücklich vorzusehen, wird man allerdings folgern dürfen, dass diese
einen **Mindestanspruch auf sachliche Unterstützung** ihrer Arbeit
durch die hauptamtliche Verwaltung haben (a. A. wohl *Koch*, Rz. 30
zu § 57 in Ipsen [Hrsg.], NKomVG). Allenfalls in größeren Städten
und in Landkreisen kann sich dieser Anspruch auch auf eine Gewährung eigenverantwortlich zu bewirtschaftender Geldmittel verdich-
ten.

Werden den Fraktionen zur Bewältigung ihrer spezifischen Aufgaben
öffentliche Mittel zur Verfügung gestellt, ist es in der Regel eine bloße
Frage der Zweckmäßigkeit, ob ihnen Sachleistungen oder Geldmittel
zum Bestreiten der Ausgaben angeboten werden. Schon an dieser
Stelle ist aber darauf hinzuweisen, dass auch insoweit kein unbe-

schränktes Ermessen auf Seiten des beschließenden Gemeinderates besteht.

Zuständig für die Entscheidung ist **allein der Gemeinderat.** Ob und in welcher Höhe Mittel bereitgestellt werden ist jedenfalls konkludent enthalten durch den Beschluss des Haushaltsplans im Rahmen der Haushaltssatzung, der in allen Bundesländern der Vertretungskörperschaft selbst obliegt. Dadurch ist das Mindestmaß an Transparenz gewährleistet, dem insbesondere wegen der nicht zu vermeidenden Entscheidung „in eigener Sache" besondere Bedeutung zukommt. Teilweise wird eine gesonderte Entscheidung gefordert, um mittels der gesonderten Verkündungsvorschriften für Satzungen dem Transparenzgebot in besonderer Weise Rechnung zu tragen (*Bick*, Die Ratsfraktion, S. 105 f.; rechtspolitisch unterstützend auch *Wefelmeier* in KVR Nds/NKomVG, Rz. 84 zu § 57). Eine solche Betrachtung überbetont indes die Wahrnehmung rechtsformaler Vorgänge. Tatsächlich dürfte in der heutigen Wirklichkeit kam eine Veränderung der Fraktionskostenzuschüsse ohne mediale Aufmerksamkeit möglich sein.

6.2.1.2 Rechtslage in Nordrhein-Westfalen und Sachsen

Abweichend dürfte dem Grunde nach seit 1994 die Rechtslage in **Nordrhein-Westfalen** zu bewerten sein, weil § 56 Abs. 3 Satz 1 GO NW von der Gewährung von Zuwendungen zu den sächlichen und personellen Aufwendungen für die Fraktionen und nunmehr auch Gruppen spricht und damit einen Anspruch begründen könnte (ausdrücklich in diesem Sinne OVG Münster, NVwZ-RR 2003 S. 376, 377 = DÖV 2003 S. 416 ff.; VG Gelsenkirchen, Urt. vom 16.2.2007, BeckRS 2007, 21929 S. 5 f.; ebenso *Krumbein* in Schneider [Hrsg.], Handbuch Kommunalpolitik Nordrhein-Westfalen, S. 33, 49).

Im gleichen Atemzug hat das OVG Münster (NVwZ-RR 2003 S. 376, 377) aber zu Recht darauf hingewiesen, die Bestimmung der **Höhe der Zuwendungen** stehe weiterhin im pflichtgemäßen Ermessen des Rates. Insbesondere bestehe auch nach § 56 Abs. 3 Satz 1 GO NW kein Anspruch auf eine Vollkostenerstattung (bestätigend zuletzt OVG Münster, Beschl. vom 8.2.2012, BeckRS 2012, 47076; ebenso VG Gelsenkirchen, Urt. vom 16.2.2007, BeckRS 2007, 21929 S. 6; VG Köln, Urt. vom 2.2.2011, BeckRS 2011, 50671 S. 3; VG Düsseldorf, Urt. vom 6.7.2011, BeckRS 2011, 52911 S. 5 und NVwZ-RR 2012 S. 364; VG Münster, NWVBl. 2012 S. 367, 368).

In **Sachsen** gibt es seit dem Jahr 2008 eine unterschiedliche Ausgestaltung für die Gemeinde- und die Kreisebene. Durch das Kreisgebietsneugliederungsgesetz wurde die Zahl der Kreistagsmitglieder („Kreisräte") angehoben. Sie beträgt je nach Einwohnerzahl des Landkreises zwischen 74 und 98. Gleichzeitig wurden die Landkreise verpflichtet, den Fraktionen angemessene Mittel jeweils für die Sach-

und Personalkosten zur Wahrnehmung ihrer fachlichen Aufgaben zu gewähren.

Zur Begründung wurde angeführt, durch die neuen Größen der Landkreise falle den einzelnen Kreistagsmitgliedern im Rahmen des ehrenamtlichen Kernelements der kommunalen Selbstverwaltung auch eine weitaus größere Bedeutung zu. Damit stiegen auch die Anforderungen an die nach der Hauptsatzung zu bildenden Fraktionen und deren Mitglieder. Für die Wahrnehmung der Aufgaben von Kreistagsfraktionen gewährten die Landkreise Mittel für die Personal- und Sachkosten. Ausdrücklich heißt es in der Gesetzesbegründung weiter, über die Höhe und die Angemessenheit der Fraktionszuschüsse entschieden die Landkreise im Rahmen ihrer verfassungsrechtlich garantierten Selbstverwaltung selbst. Im Jahr 2013 wurde die dem Grunde nach stringente Rechtsverpflichtung in eine „Soll-Vorschrift" für die sächlichen und personellen Aufwendungen abgemildert; eine inhaltlich entsprechende Vorgabe sieht nunmehr § 35a SächsGemO für Gemeinden ab 30 000 Einwohner vor.

6.2.2 Grundsätze der Sparsamkeit und Wirtschaftlichkeit

Die Fraktionen erhalten die Unterstützung in ihrer Funktion als organisatorisch verselbstständigter Teil des Gemeindeorgans „Gemeinderat". Sie unterliegen insoweit den das gesamte öffentliche Haushaltsrecht prägenden Rechtsgrundsätzen der **Wirtschaftlichkeit und Sparsamkeit**, d. h. der angestrebte Zweck ist mit einem möglichst geringen Aufwand zu erreichen (vgl. hierzu VGH Kassel, NVwZ-RR 1996 S. 105 f.; VG Gelsenkirchen, Urt. vom 16.2.2007, BeckRS 2007, 21929 S. 6; *Schmidt-Jortzig*, Kommunalrecht, Rz. 662 f., m. w. N.; umfassend *von Arnim*, Wirtschaftlichkeit als Rechtsprinzip, insbes. S. 60 ff.). Die Haushaltsgrundsätze verlangen nicht nur bei der Festsetzung der Höhe der Fraktionszuwendungen Beachtung, sondern auch bei deren Bewirtschaftung (deutlich nunmehr *Empfehlungen Hessen*).

Für den hier interessierenden Zusammenhang kann dem Wirtschaftlichkeitsprinzip auch entnommen werden, dass der von der Fraktion betriebene Aufwand in vertretbarer Relation zum Arbeitsumfang im Gemeinderat stehen muss, der wiederum maßgeblich durch die Gemeindegröße bestimmt wird (zustimmend *Wefelmeier* in KVR Nds/NKomVG, Rz. 77 zu § 57). Weiterhin ist es ein Gebot der Sparsamkeit, vorhandene Einrichtungen und Sachmittel der Gemeinde bzw. Gemeindeverwaltung rationell in die Unterstützung der Fraktionsarbeit einzubeziehen.

6.2.3 Grundsätze der Haushaltswahrheit und -klarheit

Ferner verlangen die bindenden Vorschriften über die Aufstellung und Ausführung des Haushaltsplanes der Gemeinde Beachtung, die ihren Niederschlag in den Gemeindehaushaltsverordnungen der Länder gefunden haben.

So bestimmen bspw. § 6 Abs. 3 Sätze 1 und 2 GemHVO MV, dass die Ausgaben nach Einzelzwecken zu veranschlagen sind und die Zwecke hinreichend bestimmt sein müssen. Ausdrücklich fordert Absatz 4 der angeführten Norm, Ausgaben für denselben Zweck sollten nicht an verschiedenen Stellen im Haushaltsplan veranschlagt werden; wird ausnahmsweise dennoch anders verfahren, ist auf die Ansätze gegenseitig zu verweisen. Diese Vorschriften beabsichtigen, den verfassungsrechtlichen Grundsätzen der **Haushaltswahrheit und -klarheit** durch Durchsetzung zu verhelfen. Deren Zweck ist es, einer Verschleierung des wahren Sachverhaltes entgegenzuwirken und die Durchsichtigkeit des Haushaltsplans zu gewährleisten (vgl. *Kube* in Maunz/Dürig, GG, Rn. 111 ff. zu Art. 110).

Leider ist in der Praxis oftmals ein eklatanter Verstoß gegen die Grundsätze der Haushaltswahrheit und -klarheit zu beobachten, soweit es um die Bezuschussung der Fraktionen durch die Kommunen geht. Eine **pauschale Veranschlagung** aller den Fraktionen gewährten Mittel ist nicht hinreichend. Zu fordern ist eine detaillierte und spezifische Ausweisung bei den jeweiligen Haushaltsstellen (so mit Recht *Bick*, Die Ratsfraktion, S. 103). Gerade angesichts des hochpolitischen Charakters der Fraktionszuschüsse sind besonders strenge Maßstäbe an die Befolgung der haushaltsrechtlichen Vorschriften anzulegen, die der Transparenz dienen sollen. Die Kommunalaufsichtsbehörden sind aufgerufen, die Beachtung dieser Grundsätze sicherzustellen.

6.2.4 Verwendungsnachweis

Das VG Gelsenkirchen hat mit Recht hervorgehoben, dass es sich bei der Gewährung von Geldmitteln an Fraktionen grundsätzlich um eine Art Aufwendungsersatz handelt, der lediglich aus Gründen der Praktikabilität vorab in pauschaler Form gezahlt werden dürfe (VG Gelsenkirchen, NWVBl. 1987 S. 53, 55). Ausfluss des Wirtschaftlichkeitsprinzips ist somit die Forderung, die zugewendeten Mittel einer wenigstens formell nachvollziehbaren Verwendung zuzuführen.

Insoweit dürfte der in § 56 Abs. 3 Satz 3 GO NW geforderte Nachweis in einfacher Form über die Mittelverwendung unmittelbar gegenüber dem Bürgermeister das aus demokratischen und rechtsstaatlichen Erwägungen heraus zu fordernde Minimum statuieren. Deutlicher ist die Regelung in § 19 Abs. 5 KV-DVO MV (vgl. Anhang 3).

6.2.5 Rücklagen nicht erlaubt

Anders als in staatlichen Parlamenten (vgl. dazu *Hölscheidt*, S. 627 ff.) dürfen auf kommunaler Ebene **keine Rücklagen** durch Fraktionen gebildet werden (zutreffend *Wefelmeier* in KVR Nds/NKomVG, Rz. 120 zu § 57). Den Fraktionen dürfen nur die notwendigen Mittel zur Verfügung gestellt werden. Die Fraktionen bestehen nur für die Zeitdauer der Kommunalwahlperiode, eine Rechtsnachfolge findet nicht statt (vgl. oben unter 3.6). Insbesondere besteht auch keine Notwendigkeit, zur Finanzierung des Personals Rücklagen zu bilden, weil auch die Mitarbeiter nur für die Dauer der Fraktionsexistenz beschäftigt werden dürfen. Zu den notwendigen Anforderungen an eine konkludente Rechtsnachfolge zur Fortführung eines Kontos durch eine neue Fraktion vgl. LG Bonn, Urt. vom 7.11.2011, BeckRS 2012, 07261).

6.2.6 Erstattungspflicht und Rückforderung von Fraktionsmitteln

Zuschüsse dürfen den Fraktionen nur zu den **ihnen obliegenden Aufgaben** gewährt werden. Auf Bundesebene ist diese Selbstverständlichkeit in § 50 Abs. 4 Satz 1 AbgG deklaratorisch im Gesetz verankert gebracht. Ausdrücklich wird in Satz 2 hinzugefügt, eine Verwendung der Mittel für Parteiaufgaben sei unzulässig.

Die überschüssigen Mittel, deren zweckgemäße Verwendung nicht nachgewiesen wurde, sind nach Abschluss des Haushaltsjahres zu **erstatten** (§ 19 Abs. 6 Satz 2 KV-DVO MV sieht eine Verrechnung oder, falls dies nicht möglich ist, eine Erstattung vor, vgl. Anlage 3; ebenso *Bick*, NWVBl. 1987 S. 53, 58). Sind die Leistungen durch Verwaltungsakt gewährt worden, ist ein Erstattungsanspruch unter den Voraussetzungen des § 49a VwVfG geltend zu machen. Fehlt es an einer speziellen gesetzlichen Regelung, kommt als Rechtsgrundlage der Rückzahlungsverpflichtung der **öffentlich-rechtliche Erstattungsanspruch** in Betracht ([nur] insoweit zutreffend auch *Wittinger/Herrmann*, KommJur 2006 S. 446, 448 f.). Er ist rückführbar auf den in Art. 20 Abs. 3 GG verankerten Grundsatz der Gesetzmäßigkeit der Verwaltung und gilt als Ausprägung des allgemeinen Rechtsgedankens, wonach ohne rechtfertigenden Grund vorgenommene Vermögensverschiebungen ruckabgewickelt werden müssen (vgl. BremStGH, NVwZ 1997 S. 786, 787 f.; allg. vgl. *Hubert Meyer* in Knack/Henneke, VwVfG, Kom., 9. Aufl. Rn. 7 zu § 49a; zum Rechtsweg bei der Einbehaltung von Fraktionsmitteln durch die Landtagspräsidentin vgl. LVerfG MV, NordÖR 2015 S. 164 ff.). Der öffentlich-rechtliche Erstattungsanspruch stellt ein eigenständiges öffentlich-rechtliches Rechtsinstitut dar. Er ist auf Rückgewährung rechtsgrundlos erlangter Leistungen gerichtet. Nach Struktur und Zielrichtung entspricht er den Ansprüchen aus ungerechtfertigter Bereicherung der §§ 812 ff. im BGB. Voraussetzungen des Erstattungsanspruches bilden eine unmittelbare Vermögensverschiebung zwischen zwei Rechtssubjekten ohne Rechtsgrund oder ein späterer Entfall des Rechtsgrundes. Der Staat oder ein sonstiger Verwaltungsträger kann sich hingegen nicht auf den Wegfall der Bereicherung berufen (vgl. im Einzelnen *Maurer*, Allgemeines Verwaltungsrecht, § 29 Rz. 20 ff.). Löst sich eine Fraktion auf, entfällt der Rechtsgrund für die Gewährung von Leistungen mit Wirkung für die Zukunft. Vorhandene Barmittel und oder mit Fraktionszuschüssen beschaffte bzw. unmittelbar gewährte Sachausstattungen sind daher rechtsgrundlos in diesem Sinne erhalten und an die Kommune zurückzugeben. Entgegen *Sommer* in Bogner (Hrsg.), Beratungs- und Beschlussfassungsverfahren, S. 123, kommt es nicht darauf an, ob es sich um von der Gemeinde überlassene oder aus Fraktionszuschüssen erworbene Gegenstände handelt. Dies erfordern der Grundsatz der Wirtschaftlichkeit und Sparsamkeit der öffentlichen Verwaltung und in der Regel das Verbot einer verdeckten Parteienfinanzierung. Da die Rückforderung quasi das Gegenstück zur Gewährung der Zuwendungen bildet, trifft die Entscheidung über die Rückforderung und deren Höhe ebenfalls der Gemeinderat (ebenso *Wefelmeier*, KVR Nds/NKomVG, Rz. 128 zu § 57). Der Hauptverwaltungsbeamte übernimmt gegebenenfalls die Vorbereitung und die Umsetzung dieses Beschlusses. Die *Empfehlungen Hessen* raten dazu, das Eigentum der Kommune für die Bedürfnisse der Fraktionen beschaffter Gegenstände zu regeln.

Mit Recht hat der BremStGH (NVwZ 1997 S. 786, 788 f.) festgestellt, die an parlamentarische Gruppierungen gezahlten Haushaltsmittel müssten der Erfüllung ihrer Verfassungsfunktion dienen. Diese Haushaltsmittel dürften jedenfalls nicht für Zwecke Dritter, insbesondere nicht für Parteiaufgaben, sowie nicht für Zwecke verwendet werden, für die die Abgeordneten eine Amtsausstattung erhielten. Dem Mittelempfänger obliege die verfahrensrechtliche Pflicht, über die erhaltenen Mittel umfassend Rechnung zu legen; dies folge aus der Zweckbestimmung der Mittel, deren ordnungsgemäße Verwendung andernfalls nicht geprüft werden könne. Die Verletzung dieser Pflicht müsse daher dazu führen, dass zu Lasten der Fraktion oder Gruppe, die ihrer Mitwirkungspflicht nicht nachkomme, von der nicht ordnungsgemäßen Mittelverwendung ausgegangen werde. Dies gelte insbesondere dann, wenn konkrete Anhaltspunkte für eine zweckwidrige Verwendung der dem Empfänger anvertrauten zweckgebundenen Haushaltsmittel vorlägen. Eine gegen diese Entscheidung erhobene Verfassungsbeschwerde ist vom BVerfG nicht zur Entscheidung angenommen worden, weil sich die rechtlichen Beziehungen zwischen Fraktionen einerseits und den Landesparlamenten andererseits nach Staatsorganisationsrecht beurteilen und nicht unter den Schutz der Grundrechte fallen (vgl. BVerfG, NVwZ 1998 S. 387).

Die Ausführungen der Bremer Verfassungsrichter lassen sich grundsätzlich auf den kommunalen Bereich übertragen. Auch hier besteht eine aktive Mitwirkungspflicht, über die zweckentsprechende Verwendung der empfangenen Mittel Rechenschaft abzulegen.

Ergänzend ist darauf hinzuweisen, dass bei einer zweckwidrigen Verwendung von Fraktionszuschüssen auch die Möglichkeit **strafrechtlicher Sanktionen** zu beachten ist. Selbst wenn die Mittel später zurückgezahlt werden müssen kann der Missbrauch den Tatbestand des § 266 StGB erfüllen, denn das Tatbestandsmerkmal eines Vermögensschadens kann bereits bei einer bloßen Vermögensgefährdung vorliegen (näher vgl. *Schwarz*, NdsVBl. 1996 S. 155, 158 f.).

6.3 Zulässigkeit sächlicher Aufwendungen

Unproblematisch sind Zuwendungen der Kommune für laufende Geschäftsbedürfnisse der Fraktionen. Wenn die Größe der Kommune dies rechtfertigt bestehen keine Bedenken, eigene Räumlichkeiten oder Geld zur Anmietung zwecks Vorhalten einer Frakionsgeschäftsstelle zur Verfügung zu stellen. Beiträge an kommunalpolitische Vereinigungen der Parteien sind in der Regel vom Zweck der Fraktionsfinanzierung umfasst. Die Fortbildung von Fraktionsmitgliedern ist in gewissen Grenzen zulässig. Die Kostenübernahme für das Heranziehen „externen Sachverstandes" überschreitet hingegen im Regelfall diese Grenzen. Fraktionen haben grundsätzlich das Recht zu einer eigenen Öffentlichkeitsarbeit. Ihre Finanzierung aus öffentlichen Mitteln ist aber nur zulässig, soweit sie der Darstellung der spezifischen Tätigkeit der Fraktion dient. Auf eine strenge Abgrenzung zur unzulässigen Parteienfinanzierung über den Umweg der Unterstützung der Fraktionen ist zu achten. Dies gilt auch für diejenigen Bundesländer, die in den Kommunalverfassungen eine Öffentlichkeitsarbeit der Fraktionen ausdrücklich legitimieren. Jegliche Wahlwerbung durch Fraktionsgelder ist ebenso untersagt wie die Doppelfinanzierung von Funktionen, die bereits durch das allgemeine Entschädigungsrecht abgegolten werden.

Wie bereits erwähnt sind die Länder unter dem Eindruck der gängigen Praxis in den Gemeinden dazu übergegangen, den Kommunen im Erlasswege Grundsätze für die Finanzierung der Fraktionsarbeit kommunaler Volksvertretungen an die Hand zu geben.

Exemplarisch soll hier der Erlass des nordrhein-westfälischen Innenministers vom 2. 1. 1989 (Erlaß-NRW, abgedruckt in EildStNW 1988, S. 36 ff.; z. T. wörtlich übereinstimmend mit dem Beitrag von *Fehn*, StGR 1988 S. 129, der auf den damaligen Diskussionsstand im Innenministerium Nordrhein-Westfalen Bezug nimmt [S. 131]), näher behandelt werden, weil die Kommunen in Nordrhein-Westfalen, soweit ersichtlich eine Vorreiterrolle bei der Alimentierung der gemeindlichen Fraktionen übernommen haben und der Erlass bereits Reaktionen beinhaltet auf das angeführte Urteil des VG Gelsenkirchen vom 13. 2. 1987 (VG Gelsenkirchen, NWVBl. 1987 S. 53 ff.; dem Urt. grundsätzlich zustimmend *Ehlers*, NWVBl. 1990 S. 44, 50; zu Baden-Württemberg vgl. *Hubert Meyer*, VBlBW 1994 S. 337 ff.). Einzelne Passagen des Erlasses sind allerdings nunmehr durch die Änderung der Gemeindeordnung im heutigen § 56 GO NW überholt. Eine aktuelle Zusammenstellung der wichtigsten Hinweise zur Fraktionenfinanzierung unter Beachten der neueren Rechtsprechung enthält der Erlass des Landes Brandenburg (Nr. 03/2013 – Az. III/1-340-00 –) vom

4.12.2013 (weitgehend wortgleich referiert bei *Kleerbaum*, KOPO 3/2014 S. I ff.)

6.3.1 Zuwendungen für laufende Geschäftsbedürfnisse

Relativ unproblematisch gestalten sich die Zuwendungen für **Geschäftsbedürfnisse der laufenden Fraktionsarbeit**. Wird die Grundentscheidung für eine Unterstützung der kommunalen Fraktionen getroffen, gehen damit wiederkehrende Ausgaben für Porto, Telefon, Kopien und Büromaterialien einher. Da es sich insoweit um zwangsläufige Kosten jeder Fraktionsarbeit handelt, wäre zu erwägen, ob nicht insoweit sogar ein Rechtsanspruch der Fraktionen begründet sein könnte.

Selbst in kleineren Gemeinden dürften insoweit allerdings kaum Probleme auftauchen, da die Gewährung dieser Serviceleistungen landläufig üblich ist. Gibt es eigene Fraktionsgeschäftsstellen, sind auch die notwendigen Grundausstattungen an **Büromaterial** und -maschinen sowie die sich daraus ergebenden Wartungs- und Ersetzungskosten zu übernehmen (vgl. Ziff. 4.12 Erlass-NW).

Grundsätzlich wird weiterhin eine Grundausstattung an **Literatur und Zeitschriften** zu bewilligen sein. Soweit sich eine Bibliothek der hauptamtlichen Verwaltung in zumutbarer Nähe oder gar im gleichen Gebäude befindet, ist vorrangig auf deren Bestände zurückzugreifen.

Nach Ansicht des nordrhein-westfälischen Innenministers (vgl. den Erlass NRW, Ziff. 4.13; ebenso *Fehn*, StGR 1988 S. 129, 131) sind die Anschaffungs- und Betriebskosten von **Kraftfahrzeugen** erstattungsfähig. Dieser Vorstellung vermag selbst für Großstädte, großflächige Gemeinden und Kreise nicht gefolgt zu werden (ebenso *Schaaf*, 6.6.3.3 zu § 30a GemO in KVR RhPf; ausdrückl. zustimmend *Borchmann*, HKO, Nr. 56 zu § 26a; a. A. *Wansleben* in Held/Winkel [Hrsg.], Gemeindeordnung NW, zu §§ 56 S. 319). Es ist nicht zu erkennen, welche rechtlich zu billigende Zwecke die Anschaffung eigener Fahrzeuge der Fraktionen rechtfertigen könnten. Vielmehr wird im Regelfall die Grenze zur unzulässigen verschleierten Parteienfinanzierung überschritten.

Hierauf deutet schon das im Erlass-NRW angesprochene Beispiel des Transportes von Material hin. Nach der hier vertretenen, noch im Einzelnen darzulegenden Auffassung haben die Fraktionen kein Recht auf eigene Öffentlichkeitsarbeit dieser Intensität, sodass hierfür keine Fahrzeuge notwendig sind. Da andererseits die Versuchung zum Einsatz der Fahrzeuge insbesondere im Wahlkampf nicht von der Hand zu weisen ist, muss an die Rechtsprechung des BVerfG erinnert werden, wonach es dem Staat verwehrt ist, einer verfassungswidrigen Praxis im Bereich der Parteienfinanzierung Vorschub zu leisten, indem er die Entstehung entsprechender Gefahrenlagen fördert (vgl.

BVerfGE 73, 40, 83 bzgl. der [übermäßigen] steuerlichen Begünstigung von Spenden).

Ob es **Informationsreisen** der Fraktion oder einzelner Mitglieder geben muss, deren Kosten nicht als Dienstreise nach der jeweiligen Entschädigungsverordnung abgedeckt werden können und daher aus Fraktionsmitteln zu begleichen sind, erscheint zumindest zweifelhaft.

Allerdings kann es geboten sein, bspw. anlässlich von Haushaltsberatungen oder der Vorbereitung größerer Projekte, eine **Klausurtagung** außerhalb des eigenen Gemeindegebiets abzuhalten. Die damit ermöglichte konzentrierte Arbeitsweise rechtfertigt den Aufwand in aller Regel, sodass von einer effektiveren Wahrnehmung der der Fraktion obliegenden Aufgaben auszugehen ist (zutr. daher Ziff. 4.17 und 4.18 des Erlasses-NW). Eine Haushaltsklausur pro Jahr für zulässig erachtend vgl. auch *Empfehlungen Hessen*, die für die Durchführung allerdings einen strengen Maßstab anzulegen fordern; es begegnet daher keinen Bedenken, die Erstattungsfähigkeit der Kosten von Reisen außerhalb des Gebiets der Kommune einer vorherigen Genehmigungspflicht zu unterwerfen (VGH Kassel, Urt. vom 17.6.2010, BeckRS 2010, 51065 S. 9). Rechtlich sanktionierbar ist in diesen Fällen der offensichtliche Missbrauch.

6.3.2 Räumlichkeiten für Geschäftsstelle und Sitzungen

6.3.2.1 Notwendigkeit eigener Räumlichkeiten

In Übereinstimmung mit dem Erlass-NRW (Ziff. 4.11) ist die Anmietung von Räumen einschließlich der notwendigen Nebenkosten dann als zuwendungsfähig zu bejahen, wenn die Größe der Kommune und der Fraktion eine eigene **Fraktionsgeschäftsstelle** rechtfertigt, und die Kommune keine angemessenen eigenen Räumlichkeiten zur Verfügung stellen kann.

Skepsis ist der Anmietung von Räumen für dauernde oder bedarfsweise Durchführung von **Fraktionssitzungen** entgegenzubringen. Dem Rechtsgebot der Sparsamkeit entspricht es, bestehende Räumlichkeiten zu nutzen (zustimmend *Schaaf*, 6.6.3.1 zu § 32a GemO in KVR RhPf; tendenziell wie hier auch *Borchmann*, HKO, Nr. 58 zu § 26a). In allen größeren Verwaltungen sind Sitzungsräume vorhanden, die zu den Zeiten der Fraktionssitzungen nicht anderweitig benötigt werden. Die Fraktionen haben Anspruch auf die Nutzung angemessener Sitzungsräumlichkeiten (zu eng m. E. *Franz*, Kommunalrecht S.-A., 3. Teil Rz. 104, der einen Anspruch auf Nutzung gemeindlicher Räume ablehnt), nicht auf das Vorhalten exklusiver Räume zur ausschließlich eigenen Verwendung.

Keinen legitimen Grund für die Zuweisung eigener externer Räumlichkeiten stellt das Bestreben einer Fraktion zur örtlichen Separierung von der „hauptamtlichen" Verwaltung dar, um damit bereits äu-

ßerlich Distanz und Eigenständigkeit zu demonstrieren (zustimmend Wefelmeier in KVR Nds/NKomVG, Rz. 94 zu § 57). Für die Praktizierung eines solchen „Berlin-Leipzig-Prinzips" als sinnbildlichen Ausdruck der „Gewaltenteilung" fehlt es in den insgesamt zur Exekutive zu rechnenden Kommunen an der grundlegenden Voraussetzung. Vielmehr dürften Gründe der Praktikabilität regelmäßig für eine räumliche Anbindung an den übrigen Verwaltungssektor sprechen, soweit dies technisch realisierbar ist. In Ausnahmefällen kann gleichwohl die Nutzung externer Räumlichkeiten zur Durchführung einzelner Sitzungen in Betracht kommen.

Die Rechtsprechung hat sich in den vergangenen Jahren wiederholt mit Streitigkeiten um Fraktionssitzungen auseinanderzusetzen gehabt. Die Ergebnisse liegen im Wesentlichen auf der hier vertretenen Linie.

Zweckgebundene Zuweisungen an Fraktionen sind im Saarland in gewissem Umfang zulässig, aber nicht geboten. Sieht der Gemeinderat davon ab, in seiner Geschäftsordnung eine Grundlage für bestimmte Ansprüche von Fraktionen zu schaffen, besagt dies, dass entsprechende Rechte nicht eingeräumt werden sollen. Die Zulässigkeit der Verweigerung eines besonderen Fraktionsgeschäftszimmers sowie einer Präsenzbibliothek rechtfertigt sich daraus, dass eine sachgerechte Fraktionsarbeit auf Gemeinderatsebene nicht zwingend auf das Vorhandensein solcher Einrichtungen angewiesen ist. Dies gilt jedenfalls, wenn wie in dem zu Grunde liegenden Fall den beiden großen Fraktionen im 39 Personen umfassenden Gemeinderat einmal in der Woche ein Sitzungssaal zur Verfügung steht (OVG Saarlouis, Urt. vom 1. 2. 1996 – Az. 1 R 2/93 –).

Wird den Fraktionen ein Fraktionszimmer überlassen, umfasst dies auch das Recht der Nutzung innerhalb der Grenzen des Widmungszweck (VG Arnsberg, DVP 1998 S. 78 mit Anm. Otto).

Eine seit mehreren Jahren gleichförmig ausgeübte Praxis, in Wahlkampfzeiten den Plenarsaal des Rates nur restriktiv und nicht für öffentliche Veranstaltungen an Fraktionen zu vergeben, ist nicht zu beanstanden (im Ergebnis zutreffend VG Düsseldorf, NWVBl. 2009 S. 73).

Weder die Stadt noch der Stadtdirektor (Bürgermeister) sind verpflichtet, einen Raum im Rathaus für eine Fraktion zu „spontanen" Sitzungen auch an Wochenenden bereit zu halten und den hierfür erforderlichen Schlüssel auszuhändigen. Dies gilt jedenfalls dann, wenn die Fraktion an sämtlichen Werktagen und nach Voranmeldung auch außerhalb der Dienstzeiten im Rathaus Sitzungen abhalten kann. Auch fordert der Grundsatz der Verhältnismäßigkeit der Mittel Berücksichtigung, zu Mal wenn es sich um eine 2-Mann-Fraktion handelt (OVG Lüneburg, NVwZ-RR 1995 S. 215 f.).

Darüber hinaus wird in der Rechtsprechung mit Recht auf die Möglichkeit der Nutzung von Schulräumen für Fraktionssitzungen verwiesen (VG Stade, Demo. 1987, Heft 10, S. 67 und Heft 12, S. 46; grundsätzlich zustimmend auch Rothe, Die Fraktion in den kommunalen Gebietskörperschaften, Rn. 72).

Der Raumbedarf einer Fraktion kann zwar proportional mit der Anzahl der Mitglieder steigen, bei einer Differenz von einem Mitglied besteht aber kein Anspruch auf Zuweisung eines konkreten, einige Quadratmeter größeren Zimmers. Ferner ziehen etwaige nachträgliche Veränderungen in der Zusammensetzung von Fraktionen und Gruppen nicht in jedem Fall zwingend eine Revision der erstmalig nach der Wahl zu treffenden Entscheidung über die Zuteilung von Räumlichkeiten der Fraktionen nach sich. Entsprechende Veränderungen schlagen vielmehr erst dann durch, wenn sonst die Arbeits- und Funktionsfähigkeit des Rates, seiner Fraktionen oder Gruppen nachhaltig beeinträchtigt wäre (vgl. zutr. OVG Münster, Beschl. vom 19.1.2010, BeckRS 2010, 45674 S. 2 f., allerdings unter abstellen [nur] auf den allgemeinen Gleichheitssatz).Wird den Fraktionen ein eigener Raum überlassen, steht der Stadtverwaltung hinsichtlich der Frage, welcher konkreter Raumbedarf besteht und wie dieser befriedigt werden kann, eine Einschätzungsprärogative zu; die Zuweisung eines normalen Büros im Kellergeschoss stellt für sich keine Diskriminierung dar (VG Aachen, Urt. vom 27.2.2012, BeckRS 2012, 50962).

*Ein **fraktionsloses Ratsmitglied** hat keinen Anspruch gegen die Gemeinde, ihm einen Büroraum zur Verfügung zu stellen. Ein Koordinationsaufwand besteht nicht. Die ihm entstehenden Kosten sind durch die pauschale Aufwandsentschädigung abschließend abgegolten (vgl. VGH München, Beschl. vom 12.10.2010, BeckRS 2011, 47202 = DÖV 2011 S. 492 [nur LS]; VG Köln, Mitt. StGB NRW 2004 S. 376; krit. zur erwogenen Förderung eines Einzelmitgliedes auch Köster, NWVBl. 2008 S. 49, 51). Einzelmandatsträgern muss weder ein Geldbetrag als Aufwandsentschädigung gewährt werden, der die Anmietung eines Büros ermöglicht (OVG Münster, Beschl. vom 18.3.2011, BeckRS 2011, 49118 S. 3 = DÖV 2011 S. 532 [nur LS], noch gewährt § 56 Abs. 3 Satz 5 GO NW einen Anspruch, ihm im Rathaus einen Raum für Gespräche mit Bürgerinnen und Bürgern zur Verfügung zu stellen (OVG Münster, Beschl. vom 10.2.2012, BeckRS 2012, 47631). Die in § 56 Abs. 3 S. 6 GO NW eröffnete Möglichkeit, einem Ratsmitglied aus Haushaltsmitteln finanzielle Zuwendungen zu gewähren, die die Hälfte des Betrages nicht überschreiten dürfen, die eine Gruppe mit zwei Mitgliedern erhielte, stellt mangels Koordinationsaufwand seitens des Ratsmitglieds eine eher schwer zu rechtfertigende zusätzliche Entschädigungsregelung für das Wahrnehmen des Mandates dar.*

6.3.2.2 Hausrecht

Werden einer Fraktion Räumlichkeiten innerhalb eines Dienstgebäudes überlassen, obliegt das **Hausrecht** grundsätzlich dem Hauptverwaltungsbeamten, also dem Bürgermeister oder Landrat.

Im Parlamentsrecht wird den Fraktionen zur Sicherung ihrer Arbeit allerdings ein das Hausrecht des Parlamentspräsidenten einschränkendes, **eigenes Nutzungsrecht** an den zugewiesenen Räumlichkeiten zugestanden. Der BerlVerfGH (NJW 1996 S. 2567 f.) hat entschieden, die Fraktionen hätten aus ihrem Nutzungsrecht Abwehrrechte gegen jede Kontrolle und jede Störung ihrer parlamentarischen Arbeit. Zum Schutzbereich gehöre der unbehinderte Zugang für jedermann zu den Räumen einer Fraktion. Einer Fraktion stehe es frei zu entscheiden, wen sie in ihren Fraktionsräumen zu politischen Gesprächen empfange. Das übergeordnete Hausrecht gebe dem Präsidenten (des Abgeordnetenhauses) aber die Möglichkeit, bei Missbräuchen einzuschreiten, insbesondere, wenn sich diese auf den Parlamentsbetrieb insgesamt auswirken können. Im konkreten wurde die Durchführung eines Hungerstreiks mit steuerrechtlichem Hintergrund für die Partei als nicht vom Aufgabenbereich der Fraktion umfasst angesehen (allg. für die staatliche Ebene zwischen Hausrecht [Fraktion] und Polizeigewalt [Parlamentspräsident] differenzierend *C. Schmidt*, DÖV 1990 S. 102, 106).

Auch wenn die Fraktionen in den Kommunen sich nicht auf die verfassungsrechtlichen Aufgaben einer Parlamentsfraktion berufen können, sind die Grundsätze ansatzweise übertragbar. Um den ungestörten Ablauf des Dienstbetriebes und damit die Erfüllung der einer Verwaltung zugewiesenen Sachaufgabe zu gewährleisten, ist der Behördenleiter grundsätzlich berechtigt, in den Räumen einer Fraktion sowie gegenüber Benutzern und Besuchern dieser Räume ein Hausverbot zu erlassen (zutr. OVG Münster, NWVBl. 1990 S. 296 ff.; zur Vorinstanz vgl. VG Köln, NVwZ 1988 S. 1157 f.). Die Grenzen dieser Berechtigung ergeben sich aus der Zweckbestimmung der Überlassung. Das Hausrecht darf nicht als „politische Waffe" gegen bestimmte Fraktionen eingesetzt und damit missbraucht werden.

Das Nutzungsrecht wird aber vom Hausrecht des Hauptverwaltungsbeamten überlagert, das ggf. auch zur Schließung der Räumlichkeiten bei zweckwidriger Nutzung oder bei Störung des allgemeinen Dienstbetriebes führen kann. Zur Aufrechterhaltung der vom Hauptverwaltungsbeamten zu wahrenden Ordnung in den im Verwaltungsgebrauch der Stadt stehenden Räumlichkeiten gehört es, gegen die Inanspruchnahme von Räumlichkeiten im Rathaus ohne entsprechende Nutzungsbefugnis einzuschreiten; das einer Fraktion eingeräumte Nutzungsrecht ist mit Ablauf der Wahlperiode erloschen (OVG Münster, Beschl. vom 19.1.2010, BeckRS 2010, 45674 S. 1 f.).

6.3.3 Beiträge an kommunalpolitische Vereinigungen

Im Ergebnis als zulässig einzustufen (restriktiver noch Vorauflage) ist die auch im Erlass des nordrhein-westfälischen Innenministers gebilligte Übernahme der Beitragszahlungen an kommunalpolitische Vereinigungen der Parteien (Erl. 4.16). Es ist zwar darauf hinzuweisen, dass die kommunalpolitischen Vereinigungen in einigen Bundesländern ihrerseits Zuwendungsempfänger mit dem speziellen Zweck der Förderung der Aus- und Weiterbildung von Bürgern für die Tätigkeit in der kommunalen Selbstverwaltung sind (vgl. die entsprechende Richtlinie für MV, Amtsblatt 1997 S. 790 f.).

Sie beraten aber auch die Fraktionen. Schon aufgrund der „Janusköpfigkeit" der Fraktionen bzw. wegen des Parteienelements innerhalb ihrer Doppelfunktionalität (vgl. oben 2.1.5) scheint es vertretbar, ihnen einen parteipolitisch motivierten Beratungsbedarf außerhalb des eigenen Gemeinderates zuzubilligen, den auch die kommunalpolitischen Vereinigungen zu befriedigen in der Lage sind (in diesem Sinne auch *Matzick*, KommunalPraxis MO 1998 S. 335, 336; restriktiver *Wefelmeier* in KVR Nds/NKomVG, Rz. 107 zu § 57). Dabei ist zu bedenken, dass z. B. die überparteilich agierenden kommunalen Spitzenverbände in der Regel den Beratungsbedarf der Fraktionen nicht abdecken. Sie beraten nach ihren Satzungen nur ihre Mitglieder, also die Kommunen als solche, vertreten durch die Hauptverwaltungsbeamten. Der Unterstützungsbedarf der Fraktionen bezieht sich aber oftmals gerade auf kommunalinterne Rechtsfragen, etwa welche Rechte und Pflichten die Fraktionen gegenüber der hauptamtlichen Verwaltung oder anderen (Teil)Organen haben. Zu bedenken ist, dass die in der nordrhein-westfälischen Regelung durchschimmernden kommunalpolitischen Vereinigungen der beiden großen Parteien nicht die alleinigen Adressaten solcher Mitgliedswünsche zu sein brauchen, was unter dem Aspekte der Chancengleichheit auch wiederum bedenklich erschiene. Die Rechnungsprüfungsämter in Hessen *(Empfehlungen Hessen)* erachten Beiträge nunmehr ebenfalls vorbehaltlos für zulässig.

6.3.4 Fortbildung von Fraktionsmitgliedern

Der Innenminister des Landes Nordrhein-Westfalen hält an der Zuwendungsfähigkeit der Fortbildung von Fraktionsmitgliedern durch eigene Tagungen und Vortragsveranstaltungen sowie durch Teilnahme an Kongressen, Vorträgen und Seminaren fachlicher Art fest, wenn sie sich auf Aufgaben der Gebietskörperschaft und der Fraktion beziehen. Die Kritik des VG Gelsenkirchen (NWVBl. 1987 S. 53, 57), es handele sich um keine fraktionsspezifische Aufgabe, denn ein höherer Ausbildungsstand der Ratsmitglieder diene dem Rat insgesamt und nicht den Partikularinteressen einzelner Fraktionen, wird als bloß formal zurückgewiesen (Ziff. 4.19 des Erlasses NW; ebenso bereits *Bick*, NWVBl. 1987 S. 58; *Fehn*, StGR 1988 S. 129, 131; *Rothe*, Die Fraktion in den kommunalen Vertretungskörperschaften, Rn. 73 d).

Die von den Gelsenkirchener Verwaltungsrichtern gewählte Begründung vermag in diesem Punkt in der Tat nicht zu überzeugen, denn wäre es Aufgabe des Rates, für die Fortbildung seiner Mitglieder zu sorgen, beständen kaum Bedenken, den Fraktionen entsprechende Mittel zu gewähren. Eine dahingehende Funktionszuweisung gibt es indes nicht (dies übersieht *Bick*, Die Ratsfraktion, S. 122 ff.). Vielmehr hat das BVerwG anlässlich der Erörterung der Zulässigkeit von Zuschüssen aus allgemeinen öffentlichen Geldern an die Parteien klargestellt, dass der Prozess der demokratischen Meinungs- und Willensbildung grundsätzlich staatsfrei bleiben müsse. Die verfassungsrechtlich anerkannte Rolle der politischen Parteien bei der Mitwirkung an der Willensbildung des Volkes rechtfertige es nicht, Verfassungsorgane mittels einer Finanzierung der Parteien auf diesen Prozess einwirken zu lassen (vgl. BVerfGE 20, 56, 102, 107). Was für die Gefahr der indirekten Beeinflussung durch die im gesellschaftlichen Bereich verwurzelten Parteien gilt, muss für die Fraktionen als Teil der organisierten (im kommunalen Bereich mittelbaren) Staatlichkeit im verstärkten Maße Gültigkeit beanspruchen.

Jedenfalls die Veranstaltung **eigener Tagungen und Vortragsveranstaltungen** durch die kommunalen Fraktionen ist mit dem Verfassungsrecht nicht in Einklang zu bringen. Die Erstattung der dabei anfallenden Kosten durch die Kommune kommt mithin nicht in Betracht (zustimmend *Matzick*, KommunalPraxis MO 1998 S. 335, 336).

Die den Fraktionen obliegende Aufgabe einer Koordination unterschiedlicher Interessen erfordert auf der anderen Seite eine Spezialisierung der Fraktionsmitglieder auf spezifische Themen. Es erscheint aus der Aufgabenstellung der Fraktionen gerechtfertigt, den Finanzbedarf für derartige **Fortbildungsveranstaltungen von dritter Seite** über aus gemeindlichen Haushaltsmitteln zu bezuschussen (zutr. *Matzick*, KommunalPraxis MO 1998 S. 335, 336; auch in Hessen *[Empfehlungen Hessen]* wird eine Teilnahme für zulässig erachtet, soweit sie aufgabenorientiert erfolgt; restriktiver *Wefelmeier* in KVR Nds/NKomVG, Rz. 104 zu § 57).

6.3.5 Heranziehen externen Sachverstands

Kritischer Hinterfragung bedarf die Kostenübernahme der öffentlichen Hand mittels den Fraktionen gewährter Zuschüsse für das Heranziehen von Sachverstand außerhalb der eigenen hauptamtlichen Verwaltung in der Kommune.

Dabei soll es sich um spezielles technisches Fachwissen, aus alternativen Politikvorstellungen heraus entwickelte Planungskonzepte handeln oder wenn die Analyse von Missständen aus dem eigenen Haus nicht zu erwarten sei (so die Zusammenstellung bei *Bick*, Die Ratsfraktion, S. 188 f.). Der letzte Punkt soll hier nicht vertieft werden, es ist aber kaum ersichtlich, wie „externer Sachverstand" solche misslichen Verwaltungsinterna soll bereinigen können.

6.3.5.1 Abschließende Regelungen in den Kommunalverfassungen

Soweit es um die Heranziehung **auswärtiger Experten** zu bestimmten Sachproblemen geht, steht die grundsätzliche Zulässigkeit außer Frage. Höchst zweifelhaft ist nur die behauptete Möglichkeit, die dabei entstehenden Kosten über die allgemeinen Fraktionszuweisungen abzuwälzen. Dabei kann zur Unterstützung der Argumentation bspw. nicht auf § 35 Abs. 2 GemO RhPf zurückgegriffen werden. Nach dieser Norm hat der Gemeinderat auf Antrag eines Viertels der gesetzlichen Mitglieder eine Anhörung von Sachverständigen und berührten Bevölkerungsteilen zu bestimmten Beratungsgegenständen durchzuführen. Ähnliche Regelungen enthalten auch § 36 Abs. 4 Satz 2 KV MV und § 44 Abs. 3 SächsGemO. Die in Wahrnehmung des gesetzlich fixierten Minderheitenrechtes entstehenden Kosten hat die Gemeinde zu tragen, deren Gemeinderat mit Mehrheit einen entsprechenden Beschluss zu fassen hat. Das ist konsequent und systemgerecht.

Hieraus einen allgemeinen Rechtsgedanken herleiten zu wollen, wonach Minderheiten die Möglichkeiten offenstehen soll, externen Sachstand zur Unterstützung der eigenen kritischen Position heranzuziehen und die Erstattung dabei entstehender Aufwendungen im Rahmen der Fraktionsfinanzierung zu ermöglichen (so *Bick*, Die Ratsfraktion, S. 118 f.; *Wefelmeier* in KVR Nds/NKomVG, Rz. 101 zu § 57), ist nicht haltbar. Schon das rheinland-pfälzische Quorum von 25 % der Gemeinderatsmitglieder zeigt, dass es sich nicht um ein fraktionsspezifisches Recht handelt. Die Vorschrift würde keinen Sinn ergeben, wenn jede Fraktion ohnehin entsprechend verfahren könnte. Außerdem ist zu beachten, dass die Fraktionen einen Beschluss des Gemeinderates herbeiführen müssen, wenn sie den hauptamtlichen Verwaltungsapparat für ein bestimmtes sachliches Anliegen in Anspruch nehmen wollen. Dies ist legitimer Ausdruck der vor vom Wählervotum getragenen Mehrheitsverhältnisse (ebenso OVG Koblenz, Beschl. vom 12.5.2000 – Az. 7 A 10184/00 –, S. 2 UA; *Schaaf*, 6.6.3.6 zu § 30a GemO in KVR RhPf). Die gesetzliche Wertung würde konterkariert, wenn die einzelnen Fraktionen sich mittels (genehmen) Sachverstandes von außen auf Kosten der Gemeindekasse beraten lassen könnten. Das Entstehen parteinaher Institutionen wäre vorherzusehen, die auf Abruf „ihrer" jeweiligen Fraktion in der kommunalen Volksvertretung „unterschiedliche Politikkonzepte" in die Diskussion einbringen.

Etwas anderes gilt (entgegen *Wefelmeier* in KVR Nds/NKomVG, Rz. 101 zu § 57) auch nicht, wenn im Einzelfall die Notwendigkeit besteht, zur Verteidigung eigener Rechtspositionen der Fraktion externen Rechtsrat zum Vorbereiten oder Durchführen eines **Kommunal-verfassungsstreitverfahrens** zuzuziehen. Zwar obliegt die Kostentragungspflicht bei einem nicht missbräuchlichen Organstreitverfahren der Kommune. Dabei kommt es aber nicht darauf an, ob und in welchem Umfang Fraktionszuwendungen gewährt werden, näher vgl. oben zu Erl. 5.4.2.

Auch erscheint es naheliegend, der in den Gemeindeordnungen teilweise explizit angesprochenen Möglichkeit zur **Sachverständigenanhörung durch Ausschüsse** (§ 62 Abs. 4 HGO; § 36 Abs. 4 Satz 2 KV MV; § 42 Abs. 3 Satz 4 GO NW; § 50 Abs. 1 und 2 KSVG Saarl; § 44 Abs. 1 SächsGemO; § 27 Abs. 6 ThürKO; vgl. hierzu auch *Münning*, NWVBl. 1989 S. 125 ff.) abschließenden Charakter beizumessen.

Dabei ist nicht entscheidend, dass das Verfahren in den Fraktionen durch den Gesetzgeber nicht normiert wurde (so aber die „Argumentation" in Ziff. 4.171 des Erlasses-NW im Hinblick auf § 42 Abs. 3 GO NW a. F.), sondern vielmehr ist die Tatsache zu berücksichtigen, dass der Gesetzgeber den inhaltlichen Problemkreis – Hinzuziehung sachverständigen Rates von außerhalb der hauptamtlichen Verwaltung – einer Regelung zugeführt hat. Würde den Fraktionen das Recht eingeräumt, selbstständig über die Heranziehung von Sachverständigen zu entscheiden, würde die gesetzliche Regelung unterlaufen (zutr. OVG Koblenz vom 12. 5. 2000 – Az. 7 A 10 184/00 –, S. 3 f. UA).

6.3.5.2 Fraktionen keine „Kontrastorgane" zur hauptamtlichen Verwaltung

Keineswegs schließlich stellen die Fraktionen „echte Kontrastorgane" dar, die in „Weiterentwicklung des Gewaltenteilungsgrundsatzes" zu „anderen Organen" wie Bürgermeister und Gemeinderat in einem Verhältnis von „checks and balances" stehen (so aber *Bick*, Die Ratsfraktion, S. 168). Der Gewaltenteilungsgedanke kann schon zwischen ehrenamtlicher und hauptamtlicher Verwaltung, die beide der Exekutive zuzurechnen sind, generell nicht zum Tragen kommen. Darüber hinaus ist es bei aller Unsicherheit über die Rechtsnatur der Fraktionen jedenfalls nicht akzeptabel, sie als selbstständige Organe der Gemeinde qualifizieren zu wollen.

Die Fraktionen als Teil der Vertretungskörperschaft sind grundsätzlich ohne Unterschied zwischen Mehrheits- und Minderheitsfraktion von der Verwaltung der Gemeinde in dem erforderlichen Umfang zu informieren. Defiziten in diesem Bereich kann nicht dadurch begegnet werden, dass jede einzelne Fraktion sich auf Kosten der Kommune extern beraten lässt (zutr. VG Neustadt a. d. W., DVP 1998 S. 82, 84; im Erg. ebenso *Matzick*, Kommunalpraxis MO 1998 S. 335, 336).

6.3.6 Öffentlichkeitsarbeit

6.3.6.1 Zulässiger Umfang der Öffentlichkeitsarbeit von Parlamentsfraktionen

6.3.6.1.1 Problemaufriss

Die Fraktionsgesetze von Bund und Ländern verleihen den Fraktionen im Bundestag und in den Landtagen regelmäßig ausdrücklich die Kompetenz zur Öffentlichkeitsarbeit. Basierend auf einer Empfehlung der Landtagspräsidentenkonferenz aus dem Jahr 1992 wird davon gesprochen, die Fraktionen könnten „die Öffentlichkeit über ihre Tätigkeit unterrichten". Direkte verfassungsrechtliche Fundierungen der Öffentlichkeitsarbeit finden sich nicht, allerdings enthalten die Landesverfassungen teilweise Bestimmungen über das Wirken der Opposition, die insoweit ebenfalls herangezogen werden (ausf. *Hölscheidt*, Das Recht der Parlamentsfraktionen, S. 180 ff.; zusammenfassend *Kretschmer*, ZG 2003 S. 1, 5 ff.). Der Umfang der zulässigen Öffentlichkeitsarbeit ist im Einzelnen heftig umstritten und nach wie vor nicht abschließend geklärt. Für überregionales Aufsehen haben vor einem Jahrzehnt drei Fälle gesorgt (vgl. die Nachweise aus der Tages- und Wochenpresse bei *Kretschmer*, ZG 2003 S. 1, 3 ff.), die auch Anlass zu staatsanwaltschaftlichen Ermittlungen waren. Zu den strafrechtlichen Aspekten vgl. mit abgewogenen Gründen nur *Lesch*, ZRP 2002 S. 159 ff., der rechtspolitisch für die Einführung von Rückerstattungspflichten und eine Sanktionsmöglichkeit entsprechend der Vorschrift des § 23 a PartG plädiert.

– In Rheinland-Pfalz ließ der Partei- und Fraktionsvorsitzende der größten Oppositionspartei bzw. -fraktion Plakate mit seinem Bild und eine Broschüre zur Fußballweltmeisterschaft in Frankreich 1998 drucken, die ebenfalls Fotos des Vorsitzenden, aber keine konkreten Hinweise auf die Arbeit der Fraktion enthielt. Die Finanzierung der Maßnahmen teilten sich Partei und Fraktion hälftig („Fall Böhr").

– In Mecklenburg-Vorpommern griff die oppositionelle CDU-Fraktion in einer halbseitigen Anzeige in der Bild-Zeitung massiv den Ministerpräsidenten an u. a. wegen Defiziten in der Wirtschafts- und Bildungspolitik des Landes. Die SPD-Landtagsfraktion „konterte" mit einer eigenen Anzeige und dem Vorwurf an die CDU, sie sei ignorant und selbstgefällig.

– In Nordrhein-Westfalen beanstandete der Landtagspräsident ein Schreiben des Fraktionsvorsitzenden des FDP-Fraktionsvorsitzenden Möllemann, damals zugleich Landes- und stellv. Bundesvorsitzender seiner Partei, das über die Poststelle des Landtages versandt worden war. In dem Schreiben hatte Möllemann Kritik an seinen Äußerungen zur Politik Israels und zur Haltung des Zentralrates der Juden verteidigt sowie um Unterstützung für die FDP im kommenden Bundestagswahlkampf und zum Beitritt zur Partei geworben.

Auch wenn auf staatlicher Ebene Öffentlichkeitsarbeit unbestritten zu den legitimen und wichtigen Aufgaben der Fraktionen rechnet, illustrieren die Beispiele die Probleme einer notwendigen Grenzziehung.

6.3.6.1.2 Verfassungsrechtliche Grenzen in der Judikatur

Anlässlich der Überprüfung des geschilderten Falles aus Rheinland-Pfalz hat der VerfGH RhPf (DÖV 2002 S. 992 ff. = DVBl 2002 S. 1567 [LS] = NJW 2003 S. 1111 [LS]; sich dem offenbar anschließend LVerfG MV, NVwZ-RR 2011 S. 506, 507) verfassungsrechtliche Determinanten des zulässigen Umfangs der Öffentlichkeitsarbeit herausgearbeitet, die über das Land hinaus von Interesse sind.

– Der VerfGH RhPf anerkennt ausdrücklich das Recht auf Öffentlichkeitsarbeit, jedoch dürften öffentlichkeitswirksame Maßnahmen mit öffentlichen Mitteln nur „bestimmungsgemäß" i. s. v. § 6 i. V. m. § 2 Abs. 1 FraktG RhPf. durchgeführt werden. Nicht dazu rechne insbesondere die Verwendung solcher Gelder für Parteiaufgaben. Eine weitere Einschränkung ergebe sich aus dem notwendigen Bezug zu der koordinierenden Tätigkeit der Fraktion. Die Öffentlichkeitsarbeit müsse einen hinreichenden Bezug zur parlamentarischen Arbeit aufweisen. Die Art und Weise der öffentlichen politischen Auseinandersetzung unterliege einem Wandel, der mit dem Stichwort „Mediatisierung der Politik" umschrieben werde. Personalisierung sei ein wichtiges Mittel, um öffentliche Aufmerksamkeit zu erregen. Die Darstellung parlamentarischer Arbeit könne sich daher auch auf die Persönlichkeit des Fraktionsvorsitzenden beziehen. Für reine Sympathiewerbung ohne Bezug zur sachlichen Arbeit im Parlament dürften staatliche Fraktionsgelder jedoch nicht verwendet werden (a. A. *Koch/Mohring*, ThürVBl. 2010 S. 199 ff.). Unvermeidliche Unsicherheiten bei der Abgrenzung der Aufgabenbereiche von Fraktion und Partei seien rechtsstaatlich hinnehmbar, weil das Gesetz mit der Pflicht zur öffentlichen Rechnungslegung, der Prüfungspflicht des Rechnungshofs und der daran anknüpfenden etwaigen Rückzahlungspflicht in Verbindung mit einer verfassungsgerichtlichen Überprüfung ein wirksames Kontroll- und Korrekturinstrumentarium vorsehe.

– Das für eine Klage der Partei gegen die hierauf durch den Deutschen Bundestag verhängte Sanktion zuständige VG Berlin hat hierzu entschieden, eine staatsfinanzierte Öffentlichkeitsarbeit einer Fraktion zugunsten einer Partei könne den **Spendenbegriff des PartG** erfüllen und damit Sanktionen nach diesem Gesetz auslösen. Der Spendenbegriff setze neben dem objektiven Element der Bereicherung beim Zuwendungsempfänger – der Partei – auch das subjektive Element eines Bereicherungswillens beim Zuwendungsgeber – der Fraktion – voraus. Ob eine solche Zuwendungsabsicht vorliege, sei aufgrund der objektiven Sachlage zu beurteilen, nicht hingegen allein nach den Bekundungen der Beteiligten zur Finalität der in Frage stehenden Zuwendungen seitens der Fraktion (NVwZ 2005 S. 1101, 1102 f.).

Zu prüfen ist zudem im Einzelfall, ob ein von einer Fraktion als Öffentlichkeitsarbeit deklariertes Verhalten überhaupt unter diesen Begriff zu subsumieren ist.

– Das OVG Lüneburg (NdsVBl. 2005 S. 66 ff.) hat zwei im unmittelbaren zeitlichen und räumlichen Umfeld eines Castor-Transportes in das niedersächsische Zwischenlager Gorleben angemeldete Versammlungen einer Landtagsfraktion nicht als durch das Recht zur Öffentlichkeitsarbeit gedeckt angesehen. Das Abhalten von Versammlungen gleichsam unter dem „Deckmantel" einer öffentlichen Fraktionssitzung/einer Öffentlichkeitsarbeit sei nicht Aufgabe der Fraktion. Ein Versammlungsverbot könne daher deren Selbstbestimmungsrecht nicht beeinträchtigen.

6.3.6.1.3 Meinungsspektrum in der Literatur

In der Literatur ist ein breites Meinungsspektrum anzutreffen. Jedenfalls für die Öffentlichkeitsarbeit der Fraktion aus „eigenem Recht" wird auf der einen Seite die Auffassung vertreten, diese stehe in Konkurrenz zur Arbeit der Parteien und dürfe nicht mit staatlichen Mitteln finanziert werden (*Hans Meyer*, KritV 1995 S. 231 ff.; *von Arnim*, Finanzierung der Fraktionen, S. 25; *Cancik*, ZG 2007 S. 349, 358, beobachtet über die Jahre eine „bemerkenswerte Entgrenzung"). Gefordert wird eine deutliche Unterscheidung zwischen der Öffentlichkeitsarbeit von Partei und Fraktion; letztere sei nur zulässig, wenn eine eindeutige Urheberschaft der Fraktion erkennbar werde, ein unmittelbarer Bezug zur Parlamentsarbeit gegeben sei sowie ein sachbezogener, nicht parteiwerbender Formulierungsstil gewahrt werde (*Lenski*, DÖV 2014 S. 585, 588).

Auf der anderen Seite attestieren Autoren der Judikatur eine verkürzte Wahrnehmung der erkennbaren Wirklichkeit. Öffentlichkeitsarbeit, wie sie auch sonst von Institutionen des wirtschaftlichen, gesellschaftlichen und politischen Lebens professionell betrieben werde, sei Bestandteil der Aufgaben von Fraktionen wie von Parteien. Eine Verdrängung von Fraktionsrechten annehmen zu wollen, weil bestimmte Maßnahmen zum Kern eines Zuständigkeitsbereichs der Mutterpartei gehören, würde der Rechtsstellung der Fraktionen nicht gerecht. Vielmehr dürften Fraktionen Öffentlichkeitsarbeit mit allen in der Werbebranche üblichen Mitteln und Facetten wahrnehmen (so ausdrücklich *Kretschmer*, ZG 2003 S. 1, 21; im Erg. ähnlich *Heintzen*, DVBl 2003 S. 706, 710; *Koch/Mohring*, ThürVBl. 2010 S. 199 ff.). Andere Autoren betonen bezüglich des Rechts der Öffentlichkeitsarbeit der Fraktionen den Aspekt des Minderheitenschutzes. Oppositionsfraktionen müssten sich gegen die von der Mehrheit bestimmten Haltung des Gesamtparlaments absetzen können. Zudem bilde die Öffentlichkeitsarbeit ein wirksames Instrument der parlamentarischen Kontrolle der Regierung (vgl. nur *Hölscheidt*, Das Recht der Parlamentsfraktionen, S. 606; *G. Chr. Schneider*, Die Finanzierung der Parlamentsfraktionen als staatliche Aufgabe, S. 164 m. w. N.; *Bertrams*, NWVBl. 2005 S. 10, 14). Schließlich wird in der Fraktionsfinanzierung sogar ein Instrument gesehen, im Verhältnis von Art. 21 und Art. 38 GG ein Gegengewicht bei der politisch schwächeren Norm – gemeint ist wohl Art. 38 GG – zu setzen (*Heintzen*, DVBl 2003 S. 706, 710).

6.3.6.1.4 Stellungnahme

An der grundsätzlichen Zulässigkeit einer eigenständigen Öffentlichkeitsarbeit der Fraktionen als wesentliche Akteure des Parlaments kann kein Zweifel bestehen. Sie müssen ihr politisches Wirken darstellen und erläutern können. Ebenso unmissverständlich ist aber zu betonen, dass Fraktionszuschüsse nicht für Parteiaufgaben verwendet werden dürfen. Abweichenden Regelungen stehen schon kompetenzrechtliche Gründe entgegen. Das Parteienrecht ist nach Art. 21 Abs. 3 GG eine Materie der Bundesgesetzgebung. Der VerfGH RhPf (DÖV 2002 S. 992, 994) hat mit Recht auf die Ausgestaltung der Parteienfinanzierung in §§ 18 PartG hingewiesen. Danach darf die Höhe der staatlichen Zuweisungen an eine Partei die Summe ihre selbst erwirtschafteten Einnahmen nicht überschreiten, § 18 Abs. 5 Satz 1 PartG – **relative** Obergrenze. Ferner ist das Gesamtvolumen der staatlichen Mittel an alle Parteien wegen des Vorrangs der Selbstfinanzierung der Parteien und des Gebots sparsamer Verwendung öffentlicher Mittel begrenzt, § 18 Abs. 2 PartG – **absolute** Obergrenze (vgl. dazu BVerfGE 85 S. 264, 290). Diese Grundsätze sind ebenfalls verfassungsrechtlich fundiert. Sie stehen daher nicht zur Disposition des einfachen Gesetzgebers. Darüber hinaus ist es den Landesgesetzgebern untersagt, Regelungen im (Landes)Parlamentsrecht oder Kommunalverfassungsrecht zu treffen, die die Grundsätze der Parteienfinanzierung unterlaufen.

Gerade weil Fraktionen per se staatlich finanziert sind, muss eine finanzielle „fire wall" zwischen den Finanzströmen der Fraktionen und der Parteien bestehen, um die Verankerung der Parteien im gesellschaftlichen Bereich auf diese Weise abzusichern (dies verkennt *Heintzen*, DVBl 2003 S. 706, 710).

Wer unter Hinweis auf das „Gebot wirklichkeitsorientierter Verfassungsauslegung" praktisch fordert, die Fraktionenfinanzierung allein einer politischen Kontrolle durch die Parlamentspräsidenten und die Rechnungshöfe zu unterwerfen (vgl. *Kretschmer*, ZG 2003 S. 1, 14 ff.) gerät in den Verdacht, es mit der Offenheit des politischen Prozesses nicht allzu ernst zu nehmen. Die Staatsferne der politischen Parteien soll den politischen Wettbewerb schützen. Sie ist nur zu gewährleisten, wenn gesichert bleibt, dass die derzeit gerade erfolgreichen Parteien nicht über die Fraktionen den Staatssäckel als Goldesel instrumentalisieren.

Das Spektrum öffentlichkeitswirksamer Maßnahmen ist vielfältig. In jedem Einzelfall muss die Zweckbindung der Fraktionszuschüsse für die parlamentarische Arbeit gewahrt werden. Um die Grenze zur Wahlwerbung zu achten, können die Grundsätze zur Öffentlichkeitsarbeit der Bundesregierung vor den nächsten Wahlen (vgl. BVerfGE 80, 188 ff.) herangezogen werden. Informationen über abstrakte politische Zielsetzungen haben ebenso wenig konkreten Bezug zur Arbeit der Fraktionen, wie bloße Sympathiewerbung mittels Werbeartikel oder Mobilisierungskampagnen in der Öffentlichkeit (instruktive Beispiele für diverse denkbare Aktivitäten bei *J. Schröder*, NVwZ 2005 S. 1280 ff.; im Erg. ähnlich wie hier auch *Cancik*, ZG 2007 S. 349, 357 ff.).

Die politische Realitäten durchaus zur Kenntnis nehmende und Abgrenzungsschwierigkeiten im Einzelfall konzedierende Auffassung des VerfGH RhPf verdient daher grundsätzlich Zustimmung (im Erg. ebenso *Bertrams*, NWVBl. 2005 S. 10). Entgegen seiner Einschätzung (DÖV 2002 S. 992, 995) dürfte allerdings eine mischfinanzierte Öffentlichkeitsarbeit von Fraktion und Partei grundsätzlich unzulässig sein (ebenso *Braun/Benterbusch*, ZParl 2002 S. 653, 661; deutlich die Notwendigkeit der Trennung von Fraktions- und Parteiarbeit betonend nunmehr auch *Empfehlungen Hessen)*. Verantwortlichkeit und Öffentlichkeitswirkung sind nicht zuverlässig zu zuordnen, was dem Verbot versteckter Parteienfinanzierung widerspricht. Mit Recht ist das VG Berlin (NVwZ 2005 S. 1101, 1103) von der Annahme ausgegangen, dass der anzuwendende Maßstab einer objektivierten Betrachtungsweise bei einer mischfinanzierten Öffentlichkeitsarbeit regelmäßig auf einen Zuwendungswillen der Fraktion zugunsten der Partei hindeute.

6.3.6.2 Zulässiger Umfang der Öffentlichkeitsarbeit kommunaler Fraktionen

6.3.6.2.1 Generell ablehnende Stimmen

Das VG Gelsenkirchen hatte den Fraktionen das Recht zur eigenständigen Öffentlichkeitsarbeit abgesprochen. Es handele sich nicht um eine organschaftliche Aufgabe, weil es nicht zu den Funktionen der Fraktion zähle, Selbstdarstellung in der Öffentlichkeit zu betreiben. Die hinter den Fraktionen stehenden Parteien hätten zwar ein starkes Interesse an der Darstellung der Art und Weise, wie sie ihre politischen Zielvorstellungen im Gemeinderat mittels der Fraktionen umgesetzt hätten. Die Fraktionen gehörten aber anders als die Parteien zum organschaftlichen Bereich. Die technische Erleichterung der Mehrheitsbildung durch die Fraktion rechtfertige **keine eigenstän-**

dige Öffentlichkeitsarbeit. Ebenso wenig stehe sie der Fraktion im
Hinblick auf die dem Gemeinderat obliegende Überwachung der Ge-
meindeverwaltung zur Verfügung, da sie kein geeignetes Mittel zum
Erreichen dieses Verwaltungsinternums sei. Das Gleiche gelte für die
Mitwirkung der Fraktionen an der Entscheidungsbefugnis in allen
Verwaltungsangelegenheiten. Öffentlichkeitsarbeit sei Sache der Ge-
meinde bzw. allenfalls des Gemeinderates insgesamt (VG Gelsenkir-
chen, NWVBl. 1987, S. 53, 57; vgl. auch *Ehlers*, NWVBl. 1990 S. 44,
50; *ders.* NWVBl. 1991 S. 397, 401; *Hubert Meyer*, NWVBl. 1991
S. 217, 220 f.; ferner *Wohlfahrt*, Kommunalrecht, Rn. 134).

Das OVG Münster (DVBl 1993 S. 212, 213 = DÖV 1993 S. 207 f.) hat
die Frage bisher nicht entschieden, jedoch angedeutet, die in vielen
Gemeinden übliche Verwendung von Fraktionszuwendungen für
Zwecke der Öffentlichkeitsarbeit sei bereits aus Rechtsgründen frag-
würdig, die kritischen Stimmen hierzu hätten vieles für sich. Das
OVG Koblenz (Urt. vom 12.5.2000 – Az. 7 A 10 184/00 –, S. 3 UA, allerdings noch zur Rechtslage vor Änderung der GemO RhPf im Jahr
2006) bewertet die Öffentlichkeitsarbeit eindeutig – nur – als Sache
der hinter den Fraktionen stehenden Parteien, die eine Transmissions-
funktion zwischen der staatlichen und der gesellschaftlichen Sphäre
wahrnehmen.

6.3.6.2.2 Befürwortende Stimmen

Der Innenminister von Nordrhein-Westfalen hielt hingegen an seiner
bereits früher vertretenen abweichenden Auffassung fest. Er anerkannte zwar das Verbot des BVerfG der Verwendung von Fraktionsmitteln zur Wahlkampffinanzierung (BVerfGE, DÖV 1983 S. 153, 154),
sah aber eine Relativierung durch die Bezugnahme auf das Urteil des
BVerfG zur Zulässigkeit der Öffentlichkeitsarbeit der Bundesregierung (BVerfGE 30, 125 ff.). Die dort vorgenommene Abgrenzung von
unzulässiger und zulässiger Öffentlichkeitsarbeit sei daher auch für
die Öffentlichkeitsarbeit der Fraktionen heranzuziehen. Übertrage
man die vom Karlsruher Verfassungsgericht formulierten Prinzipien,
sei es den Fraktionen lediglich verwehrt, im Kommunalwahlkampf
und in der Vorwahlkampfphase unter Einsatz öffentlicher Mittel für
die sie tragenden Parteien Wahlwerbung zu betreiben (Erlass-NW,
Ziff. 4.191, ebenso *Fehn*, StGR 1988 S. 129, 131; *Klang/Gundlach*, Gemeindeordnung und Landkreisordnung für das Land Sachsen-Anhalt,
Rn. 6 zu § 43 GO; ähnlich wohl *Suerbaum*, § 22 Rz. 31 in HKWP,
3. Aufl., 2007).

6.3.6.2.3 Stellungnahme

Die kritische Einschätzung der offenbar gängigen Praxis (vgl. die An-
gaben bei *Bick*, Die Ratsfraktion, S. 114 sowie Anh. III (S. 216) und IV
(S. 223)) durch das Gelsenkirchener Gericht verdient grundsätzlich
Zustimmung. Die dagegen erhobenen Einwendungen halten einer

Überprüfung nicht stand. Eine Öffentlichkeitsarbeit der Fraktionen ist nur insoweit zulässig, als sie der Darstellung der politischen Koordinationstätigkeit der Fraktion dient. Es ist darauf zu achten, dass die Öffentlichkeitsarbeit keinen wahlwerbenden Charakter einnimmt.

Die Argumentation des Innenministeriums NW basiert auf einer unzulässigen Verkürzung der Entscheidung des BVerfG vom 19.5.1982 (BVerfG, DÖV 1983 S. 153 f.), die sich keineswegs auf die Übertragung der Grundsätze aus dem Urteil zur Öffentlichkeitsarbeit der Bundesregierung beschränkt oder auch nur maßgeblich darauf beruht. Vielmehr wird gerade herausgestellt, dass der Einsatz öffentlicher Fraktionsmittel zur Eigenwerbung wegen der damit einher gehenden Verletzung der Chancengleichheit der nicht im Parlament vertretenen Parteien untersagt ist. Zur Wahl stellen sich nämlich die **Parteien**, den Fraktionen ist der Einsatz öffentlicher Mittel zur Förderung Wiederwahl ihrer einzelnen Mitglieder verboten (ebenso im Erg. *Schwarz*, NdsVBl. 1996 S. 155, 158).

Statt der restriktiven Auffassung des VG Gelsenkirchen eine ungenügende Berücksichtigung des politischen Charakters der Fraktionen vorzuwerfen (so *Bick*, NWVBl. 1987 S. 58; *dies.*, Die Ratsfraktion, S. 115 f.) ist richtigerweise an den wesensmäßigen Unterschied zwischen Fraktionen in einem Parlament und in einem Gemeinderat oder Kreistag zu erinnern (*von Mutius*, JK 88, GO NW, § 30 VII/1 b). Mit Recht haben die Gelsenkirchener Verwaltungsrichter strikt die **Aufgabenzuweisung des Gemeinderates** in den Vordergrund gestellt, die in Nordrhein-Westfalen im Übrigen vergleichsweise umfassend ist, und daraus die Rechte der Fraktionen abgeleitet.

Auch das Argument des **Minderheitenschutzes** (*Bick*, NWVBl. 1987 S. 58, 59; *Fehn*, StGR 1988 S. 129, 130) ist im vorliegenden Zusammenhang fehl am Platze und kann zur Rechtfertigung des Einsatzes öffentlicher Mittel zum Zwecke eigener Öffentlichkeitsarbeit der Fraktionen nichts beisteuern. Der Minderheitenschutz in kommunalen Volksvertretungen (umfassend vgl. *Scholtis*, Minderheitenschutz in kommunalen Vertretungskörperschaften, passim, insbes. S. 283 ff., 284) vermag nämlich kein Recht zu gewährleisten, das auch der „Mehrheit" nicht zusteht (*von Mutius*, JK 88, GO NW, § 30 VII/1 b). Zutreffend hat das VG Gelsenkirchen herausgearbeitet, dass allenfalls die Volksvertretung insgesamt ein eigenständiges Recht zur Öffentlichkeitsarbeit innehaben mag.

Es wäre mit den demokratischen Prinzipien schwer vereinbar, wollte man einer bei der Wahl durch die Bürger unterlegenen Partei mittels der ihr zugeordneten Fraktion Willensäußerungen zugestehen, die unmittelbar als eine außenwirksame Aufgabenerledigung der Kommune zu gelten hätten. Fraktionen sind lediglich qualitative Teile des Gesamt-Gemeinderates (*Schmidt-Jortzig*, DVBl 1980 S. 719, 721; ihm folgend *von Mutius*, JK 88 GO NW, § 30 VII/1 b).

§ 8 b Abs. 5 HGO, wonach den Bürgern die von den Gemeindeorganen vertretene Auffassung zu der im Bürgerentscheid vorgelegten Frage dargelegt werden muss, berechtigt nur Gemeindeorgane, also die Gemeindevertretung und den Gemeindevorstand, nicht die Fraktion der Gemeindevertretung (VG Darmstadt, Urt. vom 11.8.2011 – Az. 3 K 1480/10. DA – = KOPO 1/2012 S. VI [nur LS]).

Parteipolitische Aspekte der Fraktionsarbeit kann die hinter der Fraktion stehende Partei in die politische Auseinandersetzung einbringen. Einerseits die Notwendigkeit eigener Öffentlichkeitsarbeit der Fraktionen in den Kommunen mit deren (auch) parteipolitischen Charakter begründen zu wollen, andererseits aber die Grundsätze des BVerfG zur Öffentlichkeitsarbeit staatlicher Organe anwenden zu wollen (so *Bick*, Die Ratsfraktion, S. 114 ff.), stellt ein Paradoxon dar. Der gewünschte Effekt parteipolitisch akzentuierter Darstellung kann in Wahrheit nur eintreten, wenn die für richtig erkannte Grenzziehung des BVerfG in Richtung unzulässigen (mittelbaren) staatlichen Einflusses auf den Meinungs- und Willensbildungsprozess überschritten wird. Der nicht nur wünschenswerten, sondern in gewissen Mindestmaßen gebotenen sachlichen Information kann hingegen durch die Öffentlichkeitsarbeit der Kommune unter Berücksichtigung des Wirkens der Fraktionen Genüge getan werden.

6.3.6.2.4 Modifikationen bei ausdrücklicher gesetzlicher Regelung?

Inzwischen haben allerdings eine Reihe von Landesgesetzgebern den Fraktionen ausdrücklich das Recht zur Öffentlichkeitsarbeit eingeräumt (vgl. § 32 Abs. 2 Satz 2 BbgKVerf; § 36 a Abs. 3 Halbs. 2 HGO; § 57 Abs. 3 Satz 1 Halbs. 2 NKomVG; § 56 Abs. 2 Satz 1 Halbs. 2 GO NW; § 30 a Abs. 3 Halbs. 2 GemO RhPf; § 35 a Abs. 2 Halbs. 2 Sächs-GemO; § 32 a Abs. 4 Satz 2 GO SH).

Damit hat der Landesgesetzgeber in diesen Bundesländern von seinem Recht zur Ausformung des Kommunalverfassungsrechts Gebrauch gemacht. Die Fraktionen auf kommunaler Ebene können also auch finanzielle Mittel für die Öffentlichkeitsarbeit im Rahmen der Mitwirkung bei der Willensbildung und Entscheidungsfindung im Gemeinderat betreiben. Anlässlich der Verabschiedung des Niedersächsischen Kommunalverfassungsgesetzes hat der dortige Landesgesetzgeber abweichend vom Regierungsentwurf bewusst an die frühere Formulierung der Niedersächsischen Gemeindeordnung angeknüpft und verdeutlichen, dass eine Mitfinanzierung von fraktionellen Öffentlichkeitsarbeit durch gemeindliche Zuwendungen nur dann gerechtfertigt ist, wenn sie einen konkreten Bezug zu den Aufgaben hat, die den Fraktionen vom Gesetz zugewiesen sind (vgl. Schriftlichen Bericht, LT-Drs. 16/3147 S. 8). Geeignete Formen der Öffentlichkeitsarbeit zu diesem Zweck bilden z. B. die Herausgabe von Pressemitteilungen und die Durchführung von Pressekonferenzen. Der Landesgesetzgeber in Rheinland-Pfalz ging davon aus, ohne eine gesetzliche Ermächtigung sei die Verwendung von Zuwendungen für eigene Öffentlichkeitsarbeit unzulässig (vgl. LT-Drs. 14/4674 S. 44).

Da es sich hierbei kaum um kostenintensive Maßnahmen handelt, ist der Unterschied zu den Ländern ohne ausdrückliche gesetzliche „Ermächtigung" in der Praxis eher gering. Denn auch in den genannten sechs Bundesländern sind die verfassungsrechtlich determinierten Grenzen der Abgrenzung zur verbotenen Parteienwerbung strikt zu beachten (vgl. für Niedersachsen auch *Ipsen*, Niedersächsisches Kommunalrecht, Rz. 292). Die Finanzierung reiner Werbeträger wie Kugelschreiber mit Fraktionslogo oder die Verwendung von Plakaten dürfte generell unzulässig sein (ebenso *Cancik*, ZG 2007 S. 349, 360; *Wefelmeier* in KVR Nds/NKomVG, Rz. 113 und 115 zu § 57). Informationsschriften jeglicher Art unterliegen zwar keinem strikten Neutralitätsgebot, müssen aber einen sachbezogenen Stil einhalten, werbemäßige Aussagen zugunsten einer Partei, die Diffamierung des politischen Gegners oder die reine Sympathiewerbung für die eigenen Mitglieder sind untersagt (so zutreffend auch *Wefelmeier* in KVR Nds/NKomVG, Rz. 113 f. zu § 57). Häufig wird die Herausgabe von Fraktionszeitschriften, Informationsbroschüren oder anderen Dokumentationen bereits ein Indiz für Wahlwerbung für hinter den Fraktionen stehende Parteien darstellen (ähnlich *Bennemann* in KVR Hess, Rz. 73 zu § 36 a HGO). Die zulässige Grenze ist jedenfalls überschritten, wenn in solchen Werbematerialien Kandidaten präsentiert werden, die der Fraktion überhaupt noch nicht angehören (zutreffend *Sommer* in Bogner [Hrsg.], Beratungs- und Beschlussfassungsverfahren, S. 129).

Angesichts der Schwierigkeit inhaltlicher Eingrenzung zulässiger Öffentlichkeitsarbeit plädieren einige Autoren dafür, dass **Zuwendungen nur in einem begrenzten Umfang** für Öffentlichkeitsarbeit verwendet werden dürfen (*Hölscheidt*, S. 608, nennt 10 % als angemessene Grenze; ähnlich wohl *Wefelmeier* in KVR Nds/NKomVG, Rz. 111 zu § 57; a. A. hingegen *Koch/Mohring*, ThürVBl. 2010 S. 199, 201). Dieser Ansatz kann als zusätzliches Korrektiv dienen, nicht aber innerhalb des quantitativ zulässigen Rahmens von den inhaltlichen Begrenzungen freistellen.

Da die kommunalen Fraktionszuwendungen eine tendenziell offene Flanke in dem vom BVerfG postulierten geschlossenen System der Parteienfinanzierung darstellen, ist z. B. § 56 Abs. 2 Satz 1 Halbs. 2 GO NW wie folgt zu lesen: „..., sie können insoweit, *aber nicht zu Zwecken parteipolitischer Werbung*, ihre Auffassung öffentlich darstellen". Damit sind die Abgrenzungsprobleme nicht gelöst, aber die notwendige Sensibilität erhält die richtige Richtung (zutreffend *Oebbecke*, DÖV 1995 S. 701, 706; ihm zust. auch *Borchmann*, HKO, Nr. 51 zu § 26 a).

Das den Fraktionen in § 56 Abs. 2 GO NW eingeräumte Recht zur Öffentlichkeitsarbeit erstreckt sich nicht auf die Preisgabe anvertrauter, geheimhaltungsbedürftiger Tatsachen (OLG Köln, NVwZ 2000 S. 351 f.)

Bei der Öffentlichkeitsarbeit der Fraktionen in der engeren Vorwahlzeit von etwa drei Monaten vor der Wahl ist besondere Zurückhaltung geboten; auch Informationen, die „an sich" zulässig sind, können in der Vorwahlzeit die Grenze zur unzulässigen Wahlwerbung überschreiten (zutreffend Empfehlungen Hessen).

Wird in einem Bürgerentscheid über eine bereits in der Gemeindevertretung beschlossene Maßnahme abgestimmt, war die Willensbildung und Entscheidungsfindung in Bezug auf diese Maßnahme bereits abgeschlossen; Kosten der Öffentlichkeitsarbeit einer Fraktion sind nicht erstattungsfähig (VG Darmstadt, Urt. vom 11.8.2011 – Az. 3 K 1480/10. DA – = KOPO 1/2012 S. VI [nur LS]).

6.3.6.2.5 Sonstige Wahlbeeinflussung durch Öffentlichkeitsarbeit der Fraktion

Neben der unzulässigen Werbung der Fraktion für die hinter ihr stehende Partei sind weitere Formen werbender Öffentlichkeitsarbeit vorstellbar, beispielsweise zugunsten einer bestimmten Person im Rahmen eines Kommunalwahlkampfes.

*Enthält eine Wahlwerbeschrift einer Fraktion unwahre Ausführungen, beurteilt sich deren Zulässigkeit nach den Grundsätzen **privater**, nicht denen amtlicher **Wahlwerbung**. Amtliche Wahlbeeinflussung ist wegen der Inanspruchnahme hoheitlicher Autorität zur Beeinflussung der Wahl grundsätzlich unzulässig. Fraktionen nehmen nach Auffassung des OVG Münster (NVwZ 2006 S. 363; im Ergebnis ebenso VG Frankfurt a. M., NVwZ 2006 S. 720, 727) ebenso wenig amtliche Autorität in Anspruch wie das einzelne Ratsmitglied, möge der Meinungsäußerung einer Fraktion unter Umständen auch hohes politisches Gewicht zukommen. Das Gericht lässt offen, ob ein besonderer Prüfungsmaßstab zu gelten hätte, wenn der erfolgreiche Wahlbewerber die unzulässige Wahlbeeinflussung selber bewirkt hätte.*

6.3.6.2.6 Öffentlichkeitsarbeit und webbasierte soziale Medien (Social Media)

Webbasierte soziale Medien (**Social Media**) bieten weltweit Dienstleistungen an. Typische Ausprägungen sind soziale Netzwerke, Wikis, Blogs, Foren oder Newsgroups. Besonders häufig frequentierte Social-Media-Angebote sind das soziale Netzwerk **Facebook** und der Mikroblogging Dienst **Twitter**. Sie sind nicht nur eine wichtige und schnelle Quelle der passiven Informationsbeschaffung. Social-Media-Angebote ermöglichen auch, Informationen vergleichsweise einfach und kostengünstig in einem geeigneten Format ins Netz zu stellen.

Häufig ermöglichen es soziale Medien, Angebote zu kommentieren und sich aktiv an einem laufenden Diskussionsprozess zu beteiligen. Informationen werden daher nicht nur zielgerichtet verbreitet, sondern erlauben eine Rückkopplung des Empfängers. Diese Form der Öffentlichkeitsarbeit ist daher nicht nur für Behörden zunehmend interessant, sondern erweitert auch das Spektrum möglicher Präsentation der eigenen Auffassungen für Fraktionen. Facebook wirbt offensiv für die eigene Nutzung mit einem Leitfaden für Politiker und Amtsträger (http://de.scribd.com/doc/136194390/Facebook-Leitfaden -fur-Politiker), was von Datenschützern kritisch bewertet wird. Denn den Chancen stehen auch eine Reihe weitgehend offener Risiken gegenüber. Den aktuellen *Diskussionsstand* zusammenfassend vgl. z. B. Niedersächsisches Ministerium für Inneres und Sport (Hrsg.), Behörden-Leitfaden: Umgang mit webbasierten sozialen Medien (Social Media), NdsMBl. 2012 S. 886 ff.

So hat die **Konferenz der Datenschutzbeauftragten** des Bundes und der Länder am 28./29.9.2011 (vgl. www.bfdi.bund.de) festgestellt, die direkte Einbindung von Social-Plugins von Facebook, Google+, twitter und anderen Plattformbetreibern in die Webseiten deutscher Anbieter ohne hinreichende Information der Internet-Nutzenden und ohne Einräumung eines Wahlrechtes stehe nicht mit deutschen und europäischen Datenschutzstandards in Einklang. Die Datenschutzbeauftragten haben daher alle öffentlichen Stellen – zu denen man die Fraktionen aufgrund ihres öffentlich-rechtlichen Charakters rechnen muss – aufgefordert, von der Nutzung von Social-Plugins abzusehen, die den geltenden Standards nicht genügen. In einer Entschließung vom 13.3.2013 erinnert die Konferenz die Betreiber sozialer Netzwerke an ihre Verpflichtung, die Einhaltung datenschutzrechtlicher Anforderungen sicherzustellen. Auch öffentliche Stellen müssten diesen Anforderungen Rechnung tragen. Die angekündigte Selbstregulierung für soziale Netzwerke könne den erforderlichen Datenschutzstandard nicht gewährleisten (vgl. www.lfd.niedersachsen.de). Deshalb hat die Konferenz der Datenschutzbeauftragten unter Datum vom 14.3.2013 die Orientierungshilfe „Soziale Netzwerke" herausgegeben (vgl. www.lfd.niedersachsen.de). Ob jüngere Entwicklungen in der Rechtsprechung, wonach für Facebook kein deutsches Datenschutzrecht gilt (vgl. OVG Schleswig, Urt. vom 22.4.2013 – Az. 4 MB 10/13 und 4 MB 11/13 –) zu einer anderen rechtlichen Beurteilung der Zulässigkeit des aktiven Nutzens durch die öffentliche Hand führen, bleibt abzuwarten.

Soweit ersichtlich nutzt derzeit eine Reihe von Ratsfraktionen den Mediendienst **Twitter**, um ergänzend auch auf diesem Wege prägnante politische Botschaften zu versenden und ggf. Rückkopplungen zu erhalten.

6.3.7 Weitere unzulässige Aufwendungen

Selbstverständlich kann es nicht angehen, durch Einführung der Erstattung an die Fraktionen schon bisher von den Kommunen aufgrund gesetzlicher Vorgaben erstattete Aufwendungen nunmehr doppelt zu berücksichtigen. Aus diesen Erwägungen heraus ist die Übernahme des **Aufwendungsersatzes der Fraktionsmitglieder** für Sitzungen am Ort der Vertretung unzulässig, weil die Kosten bereits durch Sitzungsgeld und Fahrtkostenersatz abgedeckt sind, die die Kommune an die Ratsmitglieder direkt zahlt. Die gleiche Erwägung gilt für die als **Dienstreisen** abzurechnenden Fahrtkosten zu Fraktionssitzungen, wenn eine Kur oder der Urlaub unterbrochen werden.

Ferner dürfen gesetzliche Wertungen nicht durch die Fraktionskostenerstattung unterlaufen werden. Das wäre z. B. der Fall, wenn entgegen der Regelung in der Gemeindeordnung bzw. der Entschädigungsverordnung den **stellvertretenden Fraktionsvorsitzenden** mittels der Fraktionsmittel faktisch eine erhöhte Aufwandsentschädigung gezahlt würde.

Auch für sog. **„Verfügungsmittel"** und die gesonderte Abrechnung von Arbeitsessen der Fraktionsvorsitzenden verbleibt kein Raum. Zu diesen Zwecken wird bereits eine erhöhte pauschalierte Aufwandsentschädigung gewährt. Schließlich ist an die Begrenzung der Erstattungsfähigkeit von Aufwendung durch den Aufgabenkatalog der Fraktionen zu erinnern. Ganz sicher zählt dazu auch nicht die Veranstaltung von Bildungsreisen ihrer Mitglieder und die Gewährung von Spenden an karitative oder soziale Einrichtungen. Letzterer Aspekt überschreitet die Grenze zur Parteitätigkeit (mit Recht auch skeptisch zu entsprechenden Parteiaktivitäten vgl. *Winands*, ZRP 1987 S. 185 ff.). Es bedarf keiner weiteren Darlegung, dass das Gleiche für die Übernahme der Kosten der Teilnahme an Parteitagen oder -kongressen gilt.

Das breite Spektrum möglichen Missbrauches wird deutlich, wenn für gut 1 500 EUR Dauerkarten für die Heimspiele eines Bundesliga-Fußballclubs aus der Fraktionskasse bereitgestellt wurden (vgl. hierzu VG Neustadt a. d. W., DVP 1998 S. 82, 84).

6.4 Fraktionsmitarbeiter

Als neuralgischer Punkt der Fraktionsfinanzierung erweist sich die Beschäftigung hauptamtlichen Personals. Weitgehend unproblematisch stellt sich noch die Bestellung von Geschäftsstellenpersonal dar, das überwiegend mit organisatorischen Aufgaben betraut ist. Kritischer Nachfrage aber bedarf die Beschäftigung sog. Fraktionsassistenten zur Begleitung der inhaltlichen Arbeit. Sie darf nicht dazu dienen, über den Umweg der Fraktionsfinanzierung parteipolitische Nachwuchsförderung zu betreiben. Hauptamtliche Fraktionsmitarbeiter festigen die Stellung der Fraktionsführung gegenüber den sonstigen Mitgliedern. Anders als auf staatlicher Ebene gibt es in den Kommunen keine „Gewaltenteilung", auch die Fraktionen rechnen zur Verwaltung. Die dienst- und arbeitsrechtlichen Fragen der Beschäftigung von „politischen" Fraktionsmitarbeitern sind immer noch nicht abschließend geklärt. Insbesondere aber darf ihre Tätigkeit nicht die verfassungsrechtlich gewollte Position der ehrenamtlichen Mandatswahrnehmung gefährden oder verdrängen. „Parlamentarische Hilfsdienste" snd daher auf kommunaler Ebene nur in einem begrenzten Umfang zulässig.

6.4.1 Problemaufriss

Lokale Demokratie lebt von der privaten Zeit (so plastisch *Osner*, Stellungnahme, S. 3). Die zeitliche Inanspruchnahme der ehrenamtlich tätigen Mandatsinhaber in den Kommunen hat einen Umfang erreicht, dass nach einer vom nordrhein-westfälischen Innenminister bereits 1988 durchgeführten Umfrage nahezu 75 % der Betroffenen bekundeten, die Vereinbarung von Mandat und Beruf gelinge ihnen kaum oder nur mit erheblichem Aufwand (vgl. die Angaben bei *Wansleben*, EildLKTNW 1989 S. 162). Empirische Untersuchungen zur Untermauerung dieser subjektiven Einschätzung sind nach wie vor rar.

Wenngleich nicht unbedingt repräsentativ angelegt, unterstützt aber eine weitere Studie (*Ronge*, ZParl 1994 S. 267 ff.) die angeführte Meinung. Eine Erhebung des vollständigen Zeitbudgets, d. h. der Zeitverwendung über alle 24 Stunden des Tages und dies über eine längere Zeit hinweg, durchgeführt bei den Mandatsinhabern der Stadt Wuppertal und der Freien Hansestadt Hamburg, vermag Aufschlüsse über die tatsächliche Inanspruchnahme unter den Umständen einer Großstadt zu liefern, wenn auch die Bürgerschaft in Hamburg zugleich als Landesparlament wie als Kommunalvertretung fungiert. Vergleicht man die durchschnittliche wöchentliche Zeitverwendung eines Stadtratsmitglieds mit derjenigen eines „Normalbürgers", so verbleiben neben den etwa 53 Stunden Schlaf dem Stadtratsmitglied nur noch 31,1 Stunden für den Beruf (40 Std. „Normalbürger"), und die „Freizeit" reduziert sich von 75 Stunden beim Normalbürger auf 39,81 Stunden. Über 44 Stunden wendet der ehrenamtlich Tätige für die „Politik" auf, das sind in Wuppertal 24,5 % seines Gesamtzeitbudgets einschließlich des notwendigen Schlafes. Interessant ist die Tatsache, dass die Mandatsausübung im engeren Sinne (Tätigkeit in dem Plenum, den Ausschüssen, der Fraktion) nur etwa 37,5 % des Zeitaufwandes erfordert, knapp ein Fünftel hiervon entfällt auf die Arbeit in der Fraktion oder deren Untergremien. Der übrige Zeitaufwand entsteht durch „Mandatsnebentätigkeiten", also politische oder politiknahe Arbeit, die für die Wahrnehmung des Mandats als notwendig oder wenigstens förderlich erachtet wird. Hierzu rechnen die Arbeit in oder für die Partei, Kontakte verschiedener Art mit dem Wähler/Bürger, Repräsentation, Medienarbeit, das Wahrnehmen auswärtiger Termine, notwendige Wegezeiten sowie schließlich die Information und Reflexion über aktuelle oder grundsätzliche politische Themen. Eine online-gestützte Befragung, an der sich 2009 bundesweit 577 Kommunalpolitiker aus Kommunen aller Größenordnung beteiligten, führte zum Ergebnis, dass gut 20 % der Ratsmitglieder bis zu fünf Stunden, etwa 35 % sechs bis zehn Stunden pro Woche, fast zehn Prozent elf bis 15 Stunden, und fast zehn Prozent 16 bis 20 für das Ehrenamt aufwenden (vgl. *Schröder*, NST-N 2009 S. 156 f.).

Unter dem Eindruck der Gemeindestruktur im größten Bundesland Nordrhein-Westfalen verwundert es nicht, wenn auf der Suche nach Lösungswegen auch radikale Modelle diskutiert und gar die **Ehrenamtlichkeit der Ratstätigkeit** zur Disposition gestellt wurde. Immerhin hielt selbst der seinerzeitige Innenminister des Landes eine hauptamtliche Mandatsausübung zwar nicht unbedingt für wünschenswert, jedoch keineswegs für rechtlich ausgeschlossen (vgl. *Schnoor* in Erichsen [Hrsg.], Kommunalverfassung heute und morgen, S. 13 ff., 20). *Osner* (Stellungnahme S. 6 f. und 13 f.) verweist auf die soziale Selektion aufgrund der zeitlichen Belastung, die in dieser Reihenfolge erziehende Mütter, Frauen allgemein, Menschen mit Migrationshintergrund, Menschen unter 25 Jahren und Menschen mit Führungserfahrung benachteilige und verlangt jedenfalls für Fraktionsvorsitzende in Großstädten eine klare Entscheidung des Gesetzgebers, ob dies weiter hingenommen werden oder durch anerkennen der Professionalisierung mit entsprechenden Vergütungsfolgen gegengesteuert werden solle. Dabei wird man allerdings die jeweiligen Verhältnisse in den einzelnen Bundesländern berücksichtigen müssen.

Aber bereits de lege lata ist eine Entwicklung zu beobachten, die von dem Streben der politischen Parteien nach immer weiterer Durchdringung der Strukturen der kommunalen Selbstverwaltung gekennzeichnet ist. Es sollte zwar außer Streit stehen, dass die Parteien in den Kommunen grundsätzlich ein legitimes Betätigungsfeld vorfinden, da trotz Zurechnung der kommunalen Selbstverwaltung zur Exekutive dort Entscheidungen zu treffen sind, die politischer Wertung zugänglich sind (vgl. nur *Hubert Meyer*, Kommunales Parteien- und Fraktionenrecht, S. 47 ff. m. w. N.).

Wenn aber – ausgehend von der hohen zeitlichen Inanspruchnahme der Ratsmitglieder – nach Entlastungsmöglichkeiten im politischen Raum gesucht wird und dabei die aus Landesparlamenten bekannten zentralen **wissenschaftlichen Dienste** oder auch **persönliche Abgeordneten-Mitarbeiter** in die Erwägung eingestellt werden (vgl. *Ronge*, ZParl 1994 S. 267, 282), so ist Vorsicht geboten. Es ist nicht nur auf die damit einhergehende hohe Kostenbelastung für die in der Regel ohnehin angespannten kommunalen Haushalte hinzuweisen. Gravierender noch erscheint die damit einhergehende gleichzeitige Politisierung der Bürokratie wie Bürokratisierung der Politik (zutreffend *Wallerath*, vgl. den Bericht bei *Stüer*, DVBl 1990 S. 518, 522). Es sind die

Kompatibilität der Beschäftigung von Fraktionspersonal mit Strukturprinzipien der kommunalen Selbstverwaltung und Auswirkungen für
deren Weiterentwicklung sowie die Geeignetheit des Mittels zum Erreichen des angestrebten Zwecks kritisch zu beleuchten (vgl. auch *H.
Meyer*, DÖV 1991 S. 56 ff.; *ders.*, VBlBW 1994, S. 337, 341 ff.; tendenziell ähnlich wohl *Rothe*, DVBl 1993 S. 1042 ff.).

6.4.2 Geschäftsstellenpersonal

Relativ unproblematisch ist die Bestellung von **Geschäftsstellenpersonal**, das die Sicherung des Informationsaustausches zwischen den
einzelnen Fraktionsmitgliedern und der übrigen Verwaltung gewährleistet und organisatorische Aufgaben übernimmt. Die Notwendigkeit
der Verrichtung solcher Arbeit ist bei einer gewissen Fraktionsstärke
oder aber in größeren Kommunen nicht zu bestreiten. Es ist nichts dagegen einzuwenden, hiermit Personen zu betrauen, die nicht selbst
der Fraktion angehören. Im Regelfall dürfte eine Erledigung der Ge-
schäftsstellenaufgaben der Fraktion im Wege einer Nebentätigkeit
hinreichend sind. Bei größeren Fraktionen, insbesondere in Großstädten, wird der Koordinierungsbedarf u. U. auch hauptamtliche Kräfte
erfordern. Mögliche rechtliche Folgeprobleme insbesondere dienst-
rechtlicher Art scheinen durchaus lösbar. Sie treten jedenfalls nicht in
dem Ausmaß auf, wie dies bei dem nachfolgenden Punkt der Fall ist,
der daher ausführlicher behandelt werden soll (die erforderliche
Größe des kommunalen Vertretungsorgans als Voraussetzung der Beschäftigung von Geschäftsstellenpersonal wie von Fraktionsassistenten betont auch *Borchmann*, HKO, Nr. 57 zu § 26 a, sieht diese bei
Landkreisen aber immer als gegeben an).

6.4.3 Fraktionsassistenten

Den neuralgischen Punkt der Förderung der Fraktionsarbeit in den
Gemeinderäten bildet nach wie vor die Beschäftigung von Fachkräf-
ten zur inhaltlichen Arbeit, sog. **Fraktionsassistenten**. Dabei muss erstaunen, dass relativ wenig forensische Auseinandersetzungen um
diesen hochsensiblen Bereich bekannt geworden sind. Eine Ursache
dafür mag in der großzügigen politischen Einigung auf den größten
gemeinsamen Nenner durch die in eigener Angelegenheit votieren-
den Fraktionen liegen. Auch scheinen mancherorts die Landesregie-
rungen bzw. die Innenminister als oberste Kommunalaufsichtsbehörden den publikumsträchtigen Konflikt mit den zum Teil mehrheitlich
von den eigenen Parteifreunden „regierten" Kommunalvertretungen
in den großen Städten zu scheuen oder sie fürchten das Wecken von
Begehrlichkeiten, wenn eine höchstrichterliche Klärung nicht das er-
hoffte Ergebnis zeitigen sollte.

6.4.3.1 Konträre verwaltungsgerichtliche Positionen

Die dennoch vorliegenden verwaltungsgerichtlichen Entscheidungen gelangen teilweise zu konträren Ergebnissen und sind somit gut geeignet, die auch in der Literatur anzutreffenden inhaltlichen Positionen zu verdeutlichen. Besondere Beachtung verdient ein soweit ersichtlich unveröffentlichtes Urteil des VG Schleswig vom 22.4.1986.

In dem zugrunde liegenden Rechtsstreit klagte die Landeshauptstadt Kiel gegen eine Beanstandung des Stellenplanes aus dem Jahre 1984, mit welcher der Innenminister die Einrichtung von zusätzlichen Stellen gerügt hatte, deren künftige Inhaber alsbald zu den Fraktionen der Ratsversammlung abgeordnet werden sollten. Die Klage hatte Erfolg. Nach Auffassung des VG Schleswig verstößt die beanstandete Ausweisung von Planstellen für Mitarbeiter in der Ratsversammlung als solche weder gegen die kommunalverfassungsrechtlichen Grundsätze der Wirtschaftlichkeit und Sparsamkeit der Haushaltsführung noch gegen das vom beklagten Innenminister herausgestellte Verbot der Parteienfinanzierung. Von einer verbotenen Parteienfinanzierung könne nicht gesprochen werden, solange die Arbeit streng auf eine Fraktionstätigkeit beschränkt bleibe, was sicherzustellen indes nicht Aufgabe des Stellenplans, sondern der Dienstaufsicht über die Mitarbeiter sei (VG Schleswig, Urt. vom 22.4.1986 – Az. 6 A 407/84 –, S. 6 UA). Obwohl diese Frage nicht Gegenstand des Rechtsstreits war, betont die Kammer ihre Auffassung, die Dienstaufsicht müsse beim Oberbürgermeister verbleiben, was bei einer Abordnung zu den Fraktionen zweifelhaft erscheine. Werde wie vorgeschlagen verfahren, könnten die Bediensteten hingegen im Falle einer Fraktionsauflösung ohne rechtliche Schwierigkeiten im städtischen Verwaltungsapparat Verwendung finden (VG Schleswig, Urt. vom 22.4.1986 – Az. 8 A 407/96 –, S. 8 UA).

Einen anderen Ansatzpunkt wählt das VG Gelsenkirchen und gelangt zu dem Ergebnis, Kosten für solches Personal, das in den verschiedenen Sachgebieten der Gemeindeverwaltung besonders ausgebildet und sachkundig sei und dessen Funktion darin bestehe, die einzelnen Fraktionsmitglieder quasi gutachterlich zu beraten und zu den Vorschlägen der Verwaltung sachliche Gegenvorschläge zu erarbeiten, seien durch Aufgaben einer Fraktion nicht gedeckt und mithin nicht erstattungsfähig.

Möglicherweise bestünden zwar in der Praxis Schwierigkeiten dergestalt, dass sich aus Sicht der Fraktion einer sich in der „Opposition" währenden Partei oder Wählergruppe allzu schnell eine mit den politischen Auffassungen der die Mehrheitsfraktion(en) stellenden Partei (en) übereinstimmende „Verwaltungsmeinung" herausbilde und alternative Lösungsvorschläge den beratenden und beschließenden Organen der Volksvertretung gar nicht erst unterbreitet würden. Dem könne aber nicht dadurch begegnet werden, dass die einzelnen Frak-

tionen Mittel erhielten, um quasi eine „Gegenverwaltung" zu unterhalten. Dies wäre mit der Stellung der Fraktionen als Teil der Volksvertretung nicht zu vereinbaren. Der Verwaltung obliege die Pflicht, alle Fraktionen prinzipiell unterschiedslos in dem erforderlichen Umfang objektiv zu informieren. Im Übrigen verbleibe für jede Fraktion die Möglichkeit, über entsprechende Beschlussfassungen im Gemeinderat der Verwaltung die Ausarbeitung von Alternativvorschlägen aufzugeben (VG Gelsenkirchen, NWVBl. 1987 S. 53, 56).

Das OVG Koblenz (Beschl. vom 12.5.2000 – Az. 7 A 10184/00 –, S. 2 UA) hat unter ausdrücklicher Bezugnahme auf Meyer, Kommunales Parteien- und Fraktionenrecht, S. 413 ff., die Finanzierung von Fraktionsassistentenstellen als Verstoß gegen den Grundsatz der bürgerschaftlich-ehrenamtlichen Mitwirkung der Ratsmitglieder und eine unzulässige Ausweitung der Fraktionsfinanzierung angesehen. Sich dem anschließend erachtet auch das VG Mainz nur die Beschäftigung von Kräften für die büromäßige Abwicklung des Informationsaustausches, nicht aber von wissenschaftlichen Mitarbeitern für zulässig (Beschl. vom 18.3.2002 – Az. 6 L 202/02. MZ. –, S. 3 f. UA).

Die Antragstellerin in diesem Verfahren, eine 2-Personen-Fraktion, der im Jahr 2000 70 000 DM für Personalkosten zur Verfügung gestellt worden waren, hatte eine Aufstockung auf über 111 000 Euro beantragt. Das VG Mainz bezeichnete die von der Antragsgegnerin geübte Praxis der Gewährung von Zuwendungen für Personalkosten der Fraktionen im Jahr 2000 (insgesamt über 870 000 DM für vier andere Fraktionen) wegen der Höhe und der Einstufung des Personals (BAT II und III) ausdrücklich als rechtswidrig. Die Antragstellerin könne daraus keine Ansprüche auf Gleichbehandlung herleiten.

Feststellend, dass hoch bezahlte und entsprechend qualifizierte Mitarbeiter nicht bloß technische Hilfsleistungen für die Fraktionen erbringen (vorliegend z. B. drei Vollzeitstellen mit den Besoldungsstufen 1 x A 15 und 2 x A 9 bei einer Fraktion ab 20 Mitgliedern in der kreisfreien Stadt Augsburg) bezeichnet der VGH München (Urt. vom 3.12.2014, BeckRS 2015, 42472 S. 19 f.) zwar die Frage der generellen Zulässigkeit derartiger Zuwendungen für hauptamtliches Fraktionspersonal als nicht abschließend geklärt, lässt diese Frage im Normenkontrollverfahren gegen eine Entschädigungssatzung für Fraktionsvorsitzende aber weiter offen.

6.4.3.2 Stellungnahme

Es muss auch für die größeren Kommunen hinterfragt werden, ob durch die Einstellung hauptamtlichen qualifizierten Personals bei den Fraktionen tatsächlich ein geeigneter Beitrag zur Stärkung der Arbeit des Gemeinderates geleistet werden kann (skeptisch auch *Schaaf*, 6.6.3.9 zu § 30a GemO in KVR RhPf). Nur dieses Ziel aber rechtfertigte die kostenintensive Maßnahme, denn den Fraktionen kommt vorrangig instrumenteller Charakter für den Gemeinderat als Ganzes zu. Auch in diesem Zusammenhang ist an die Rechtsgrundsätze der **Wirtschaftlichkeit und Sparsamkeit** zu erinnern (zustimmend *von Mutius*, Kommunalrecht, Rn. 727; vgl. insoweit auch *Grimberg* in ders./Wiegand, Gemeindeordnung Sachsen-Anhalt, Rn. 10 zu § 43).

Im Mittelpunkt der Diskussion hat aber das Verbot verschleierter Parteienfinanzierung mittels öffentlicher Förderung wenigstens parteinaher Mitarbeiter zu stehen. Damit scheiden alle Aktivitäten aus dem möglichen Tätigkeitsbereich eines Fraktionsassistenten aus, die nicht vorrangig aus der Funktion der Fraktion als Teil der Volksvertretung resultieren, sondern überwiegend Bezüge zur Parteiarbeit aufweisen.

6.4.3.2.1 Verbot „parteipolitischer Nachwuchsförderung"

Keinen Bestand kann unter diesem Aspekt das entlarvende Argument der **parteipolitischen Nachwuchsförderung** haben (vgl. aber *Fabricius*, KOPO 1972 S. 964, 965; krit. insoweit auch schon – vorwiegend wegen der fehlenden Qualifikation – *Vetterlein*, KOPO 1974 S. 27 ff., 28; wie hier auch *Borchmann*, HKO, Nr. 57 zu § 26 a). Dies wäre eine Erscheinungsform verschleierter Parteienfinanzierung, die an Deutlichkeit nichts zu wünschen übrig ließe. Bei der parteipolitischen Nachwuchsförderung handelt es sich um eine staatspolitisch äußerst wichtige Aufgabe, die aber in den alleinigen Zuständigkeitsbereich der Parteien und/oder ihrer Nachwuchsorganisationen fällt. Auch eine „Verzahnung" mit den Planungsstäben der Parteien auf Bundes- und Landesebene (in diesem Sinne *Kreiter* in Strukturprobleme des lokalen Parteiensystems, S. 65 ff., 99 f.) kann nicht Ziel der Einführung hauptamtlicher Fraktionsassistenten sein.

Die Argumente verdeutlichen die teilweise anzutreffenden Intentionen der auf staatlicher Ebene agierenden Parteien, die mit der Rechtsprechung des BVerfG indes nicht in Einklang zu bringen sind. Manche Begründungsversuche aus den Parteizentralen lassen den gebotenen Respekt vor der kommunalen Selbstverwaltung vermissen. Dies gilt z. B. für den Vorschlag, solange das Optimum hauptamtlicher Fraktionsassistenten nicht gewährleistet ist, den Einsatz sog. „**field men**" zu erwägen, die schwerpunktmäßig und auf Zeit von den Landes- und Bundeszentralen der Partei abgeordnet würden (so *Kreiter*, a. a. O., S. 65 ff., 99). Selbstverständlich ist keine Fraktion einer kommunalen Volksvertretung daran gehindert, sich sachverständigen externen Rates zu bedienen, ggf. eben auch von den zentralen Parteiinstanzen. Dass eine solche Form der Beratung seitens der Kommune institutionell nicht gefördert werden kann, vermögen bereits die verfassungsrechtlichen Stichworte der verbotenen verschleierten Parteienfinanzierung sowie der Chancengleichheit der Parteien und Wählergemeinschaften bzw. deren Fraktionen zu belegen, ohne dass es eines weiteren Eingehens auf andere rechtliche Probleme bedürfte.

Die damit ins Blickfeld rückende **Rekrutierung des** infrage kommenden **Personals** lässt weitere Zweifel an dem Erreichen des vorgegebenen Zieles aufkommen. Die allenthalben zu konstatierende zunehmende Komplexität der kommunalen Entscheidungsfindung angesichts höherer Ansprüche der Bürger an die öffentlichen Dienstleistungsangebote, staatlicher Lenkungsversuche, insbesondere mittels planender und finanzieller Instrumentarien, Verrechtlichung und Bürokratisierung der Geschäfte der Verwaltung im „Gerichtsstaat", um nur einige Stichworte zu nennen, verträgt sich schlecht mit den Erwartungen, die den Fraktionsassistenten entgegengebracht werden. Wie für Stabsfunktionen (zu dieser Einordnung vgl. bereits *Vetterlein*, KOPO 1974 S. 27, 28 f.; *dens.*, ZParl 1976 S. 531, 547 f., der ein Tätigkeitsprofil für Fraktionsassistenten entwirft; zum Einfluss der Fraktionsreferenten auf die Willensbildungs- und Entscheidungsprozesse im Deutschen Bundestag vgl. aus jüngerer Zeit *Püschner*, APuZ 38/2009 S. 33 ff.) durchaus typisch, handelt es sich dabei nämlich in der Regel nicht um ein auf Dauer angelegtes Engagement, sondern eher um eine „Durchgangsstation" (vgl. *Schönfelder*, Rat und Verwaltung im kommunalen Spannungsfeld, S. 76; im Ergebnis skeptisch auch *Ehlers*, Jura 1988 S. 337, 343; *Köstering*, StGR 1988 S. 121, 125, Fn. 2 „Denaturierung des Systems"). Dies erklärt sich aus dem hohen Qualifikationsprofil der Stelleninhaber. Wer den Anforderungen gewachsen ist, wird sich jedoch nicht auf Dauer mit der Rolle des Zuarbeiters im Hintergrund an relativ nachgeordneter Stelle der „Beamtenhierarchie", mit deren oberen Chargen er im täglichen Geschäft konfrontiert ist, zufriedengeben (zur fehlenden Führungsverantwortung eines Fraktionsreferenten im Landtag als Voraussetzung einer erfolgreichen Bewerbung mit entsprechendem Anforderungsprofil vgl. VG Magdeburg, Beschl. vom 23. 6. 2010, BeckRS 2010, 53101 S. 8). Stehen die Assistenten somit regelmäßig allenfalls nur einige Jahre für die Tätigkeit zur Verfügung, wird von ihnen gleichwohl erwartet, dass sie die von erfahrenen Dezernenten, die auf den Sachverstand der gesamten hauptamtlichen Verwaltung zurückgreifen können, erarbeiteten Verwaltungsvorlagen nicht nur kritisch durchleuchten, sondern dazu auch noch ad hoc Alternativen für die Fraktion zu formulieren in der Lage sind. Dabei sieht sich der häufig zwar akademisch vorgebildete, aber ohne größere Berufserfahrung ausgestattete Fraktionsassistent auch noch den ihm ebenfalls oftmals unbekannten tatsächlichen Machtstrukturen und konkreten politischen Erwartungen „seiner" Fraktion gegenüber. Unter diesen Umständen scheint das Scheitern des Fraktionsassistenten institutionell angelegt, wenn man die hohen Standards aufrechterhält, die seine Einstellung rechtfertigen sollen und in ihm nicht doch eher einen aus öffentlichen Geldern finanzierten Parteisekretär mit besonderen Aufgaben sieht.

6.4.3.2.2 Gefahr einer „Hierarchisierung" der Fraktionsarbeit

Die auch von den Befürwortern der Beschäftigung von Fraktionsassistenten zugestandene Gefahr der **Bildung einer „Nebenverwaltung"** ist nicht mit dem Hinweis aus der Welt zu schaffen, dies sei nicht das Ziel der Maßnahme. Unbestreitbar entstehen sogar mehrere weitgehend verselbständigte Verwaltungsapparate, die sich parallel mit Materien befassen, die in den verschiedenen Ämtern und Dezernaten der „normalen" hauptamtlichen Verwaltung bis zur Entscheidungsreife aufgearbeitet worden sind (*Wohlfahrt*, Kommunalrecht, Rz. 134, sieht bei Aufbau eigener Mitarbeiterstäbe durch Fraktionen von Großstadtverwaltungen „die Nähe der Installierung einer Gegenverwaltung").

Soll die Beratungstätigkeit von qualifizierten Mitarbeitern auf der Ebene des höheren Dienstes ausgeübt werden, ist die Etablierung eines eigenständigen nachgeordneten „Unterbaus" unausweichlich.

Ob eine Installierung von Fraktionsassistenten einen erfolgversprechenden Ansatz bietet zur Stärkung der „Führungsfunktion" des Rates und des als notwendig erkannten Abbaus des Informationsgefälles zwischen „Rat und Administration" (so insbes. *Vetterlein*, ZParl 1976 S. 531 ff.; zutreffend hingegen *Schleberger*, NWVBl. 1988 S. 161, 163), muss bezweifelt werden. Wahrscheinlicher ist vielmehr, dass sich zwischen die Mehrheit der ehrenamtlichen Ratsmitglieder und der hauptamtlichen Verwaltung eine unter dem Blickwinkel der unmittelbaren Legitimation der ehrenamtlich Tätigen nach Art. 28 Abs. 1 Satz 2 GG auch rechtlich bedenkliche neue **Führungsebene mit Filterfunktion** schiebt. Da die Fraktionsassistenten von der Qualifikation her Berührungspunkte mit der hauptamtlichen Verwaltung haben, wäre eine weitere Verrechtlichung der Diskussion unter Zurückdrängen politischer Ansatzpunkte plausibel.

Die Gefahr einer weiteren Hierarchisierung der Fraktionsarbeit durch Assistenten, die den **Weisungen der Fraktionsführung** unterstehen (vgl. dazu *Schäfer/Volger*, AfK 1977 S. 68 ff., 76; ihnen folgend *Zuleeg* in HdKWP 2, 2. Aufl., S. 145 ff., 158; ähnlich auch *Knemeyer*, StGB 1985 S. 291 ff.), wird noch deutlicher bei Berücksichtigung der besonders von *Banner* herausgearbeiteten Strukturen tatsächlicher politisch-administrativer Steuerung in der Kommune (vgl. insbes. *Banner*, AfK 1982 S. 26 ff.; hierzu und zu der Blockierung der Verwaltungsstrukturen durch die parteipolitische Einbindung der Funktionswalter auch *Schmidt-Jortzig*, Gemeindliche Selbstverwaltung in der Bewährung, S. 14 ff.). Er beobachtet empirisch eine Dominierung des kommunalen Handlungssystems durch eine überschaubare Gruppe von Politikern und leitenden Beamten, zu denen aufseiten der „Politik" die Fraktionsvorsitzenden rechnen. Diese Vorentscheider seien die typischen Grenzgänger zwischen Politik und Verwaltung (*Banner*, AfK 1982 S. 26 ff., 41 f.). Die bereits zitierte Studie über den Zeitbedarf ehrenamtlichen Engagements in den Städten Wuppertal und Hamburg bestätigt das Bestehen einer politischen Hierarchie der Gemeindevertreter und den Zusammenhang mit den aufzuwendenden Zeiten für die Wahrnehmung des Mandats. Die „Elite" der Gemeindevertreter investiert mehr als doppelt soviel Zeit in die Politik wie die „Hinterbänkler" (vgl. *Ronge*, ZParl 1994 S. 267, 278 ff.). Der „Elite" wurden dabei Gemeindevertreter zugerechnet, die einem örtlichen Parteivorstand angehören und über das Gemeinderatsmandat hinaus ein weiteres Abgeordnetenmandat (oftmals in staatlichen Parlamenten) bekleiden. Das System der Grenzgänger und Vorentscheider wird aber durch die Berufung von Fraktionsassistenten nicht etwa durchbrochen, sondern eher verfestigt.

Schon per definitionem gehört das wechselseitige Kontaktieren von „Verwaltung" und „Politik" zum Aufgabenfeld des Fraktionsassistenten, der damit den Kreis der Vorentscheider erweitert und einer weitere „Entmachtung" der Ratsmitglieder im Ganzen bewirkt, weil er sich vorrangig mit dem Vorsitzenden einer Fraktion bzw. dem Fraktionsvorstand zu arrangieren hat.

6.4.3.2.3 Keine „Gewaltentrennung" auf kommunaler Ebene

Die in den Gemeindeordnungen angelegte Kontrollfunktion des Gemeinderates gegenüber der hauptamtlichen Verwaltung und die parlamentarische Züge tragende Organisation der kommunalen Volksvertretung darf nicht zu einer Konfrontation von Politik und Verwaltung ausarten. Dem kann nicht mit dem Hinweis auf das regelmäßig zu beobachtende Zusammenspiel zwischen hauptamtlicher Verwaltung und Mehrheitsfraktion begegnet werden (so aber *Kleerbaum/ Klieve*, Die Fraktion und ihre Mitglieder, Rn. 220). Der von der seinerzeitigen nordrhein-westfälischen Oberstadtdirektorenkonferenz konstatierte Rückzug der Gemeinderäte aus der gemeinsamen Verantwortung für Verwaltungsangelegenheiten durch die Aufblähung von Fraktionsmitarbeiterstäben (vgl. EildLKTNW 1988 S. 145, 146 f.) kennzeichnet eine bedenkliche Entwicklung. Parallel dazu ist der Trend zu beobachten, dass die Gemeinderäte sich oftmals mit politischen Angelegenheiten beschäftigen, die nicht als Aufgaben der kommunalen Gebietskörperschaften anzusprechen sind. Populär sind insbesondere Fragen der globalen Umwelt-, Friedens- und Entwicklungshilfepolitik (vgl. *von Mutius* in von Mutius [Hrsg.], Festgabe für Georg-Christoph von Unruh, S. 227, 262 f.; *Janssen*, Die zunehmende Parlamentarisierung der Gemeindeverfassung als Rechtsproblem, S. 33 ff.; jeweils m. w. N.). Soweit es sich um bloße Empfehlungen oder Resolutionen handelt, sehen die Kommunalaufsichtsbehörden teilweise keinen Handlungsbedarf, gegen solche Entschließungen einzuschreiten (exemplarisch vgl. die Stellungnahme des damaligen schleswig-holsteinischen Innenministers *Bull*, MittLKTSH, Heft 6/1988 S. 1; einen Überblick über die Praxis in den alten Bundesländern bietet *Lehnguth*, DÖV 1989 S. 655, 661 f.).

Neben den an dieser Stelle nicht zu vertiefenden Problemen der Befassungskompetenz und der noch gesondert anzusprechenden Überlastung der Gemeinderäte ist ein **Auseinanderdriften** der eigentlich aufeinander bezogenen **Aufgabenstellung** von Gemeindevertretung und hauptamtlicher Verwaltung nach dem jeweiligen Selbstverständnis zu registrieren. Es liegt in der Konsequenz dieser Entwicklung, dass sich schließlich „die Verwaltung" kaum mehr zu einer umfassenden Information der Volksvertretung verpflichtet fühlt, weil diese sich ja mittels ihres „eigenen" hauptamtlichen Personals die notwendigen Kenntnisse verschaffen kann. Andererseits ist eine mit parteipolitisch orientierten, weisungsunabhängigen Mitarbeitern des höheren Dienstes ausgestattete Fraktion natürlich eher in der Lage, ihr aus wahltaktischen, landes- und bundespolitischen Aspekten heraus wünschenswert erscheinende Probleme zu thematisieren und dabei die kommunalpolitische Szene als Bühne zu instrumentalisieren (auf die Gefahr einer Lenkung der örtlichen Demokratie durch die Parteizentralen macht auch *Knemeyer*, VVDStRL 44 S. 131 f., 132, aufmerksam).

Aus diesem Grunde verdienen die Beratung nicht spezifisch kommunalbezogener Themen bzw. die Förderung eines solchen Vorgehens durch die Zuweisung hauptamtlicher Mitarbeiter an die Fraktionen kritische Beachtung unter dem rechtlich relevanten Blickwinkel des **Verbots verschleierter Parteienfinanzierung**.

Bemerkenswerter Weise hat der **Gesetzgeber in Mecklenburg-Vorpommern** im Jahr 2011 nicht nur eine klarstellende deklaratorische Regelung in § 23 Abs. 5 Satz 5 KV MV aufgenommen, wonach eine Verwendung der den Fraktionen gewährten Zuwendungen für Parteiaufgaben unzulässig ist. Wohl vor dem Hintergrund äußerst kritischer Anmerkungen des LVerfG MV zu der vorgesehenen Ausgestaltung der Fraktionenfinanzierung im gescheiterten Verwaltungsmodernisierungsgesetz von 2006 (vgl. LKV 2007 S. 457, 464; zust. *Hubert Meyer*, NdsVBl. 2007 S. 265, 269; a. A. hingegen *Mehde*, NordÖR 2007 S. 331, 335; ausführlich dazu unten zu Erl. 6.4.3.2.5.1 und 6.4.3.2.5.2) betonte die Landesregierung in der Begründung zum Gesetzentwurf, der dem Grunde nach eine Rechtspflicht der Landkreise für eine Fraktionenfinanzierung begründet, die Beschränkung der finanziellen Unterstützung auf Zwecke des Geschäftsbedarfs schließe die Übernahme von Kosten für eine **personelle Unterstützung** nicht aus. Allerdings bleibe dies auf Geschäftsstellenpersonal beschränkt und eröffne keine Finanzierung von Assistenzpersonal, das inhaltlich kommunalpolitische Arbeit leiste. Nur so könne eine schleichende Professionalisierung der nach dem Gesetz bewusst dem Ehrenamt zugewiesenen kommunalpolitischen Willensbildung verhindert sowie eine sachlich ungerechtfertigte Benachteiligung einzelner Mandatsträger und Gruppen vermieden werden (vgl. LT-Drs. 5/2683, S. 190).

6.4.3.2.4 Dienst- und arbeitsrechtliche Probleme

Wenn den Fraktionen eigenes Personal zur Verfügung gestellt wird, sind eine Reihe arbeits-, dienst- und stellenplanrechtlicher Probleme zu bedenken. Die auftretenden Konflikte können hier nur angeschnitten werden. Dabei lassen sich in der jüngeren Rechtsprechung aber brauchbare Lösungsansätze erkennen. Das OVG Lüneburg (NdsVBl. 2009 S. 258, 260) geht in Übereinstimmung mit dem VG Hannover (Beschl. vom 21.1.2009, – Az. 1 B 4702/08 –) davon aus, alleiniger Arbeitgeber des Fraktionspersonals sei aufgrund privatrechtlichen Vertrages die Fraktion selbst und nicht die Kommune (im Erg. den Fraktionen offenbar ein Wahlrecht hinsichtlich der Vertragsform zubilligend *R. Thiele*, Niedersächsische Gemeindeordnung, Anm. 4 zu § 39 b; krit. zu § 1 Abs. 5 des Entwurfs zur Änderung des FraktG NW insoweit *Bertrams*, NWVBl. 2005 S. 10, 16). Nur die Fraktionen und Gruppen, nicht die Kommunen, haften nach der überzeugenden Auffassung der Lüneburger Richter (die bis zur 5. Auflage vertretene abweichende Auffassung wird nicht aufrecht erhalten, vgl. bereits NdsVBl. 2010 S. 62, 66) für die aus Arbeitsverträgen mit ihren Mitarbeitern resultierenden Verbindlichkeiten mit ihrem Vermögen. Aufgrund ihrer Teilrechtsfähigkeit treten die Fraktionen insoweit als eigenständige Rechtssubjekte auf. Hingegen sind sie weder befugt noch in der Lage, für die Kommune entsprechende Verpflichtungen einzugehen. Das Gericht weist für den zugrundeliegenden Fall eines Fraktionsgeschäftsführers im Kreistag darauf hin, dass allein die Landrätin oder der Landrat in rechtsverbindlicher Weise Erklärungen abgeben könne, durch die der Landkreis verpflichtet werden solle (seinerzeit § 58 Abs. 1 NLO, nunmehr § 86 Abs. 1 Satz 2 NKomVG).

Das OVG Lüneburg hat die Frage nach der dogmatischen Einordnung der Fraktionen offen gelassen. Das Recht der Fraktionsbildung leitet sich ab aus dem im öffentlichen Recht verankerten freien Mandat. Die Tätigkeit der Fraktionen ist insgesamt dem öffentlichen Recht zuzuordnen (ausführlich oben unter 2.2.3). (Nur) Ergänzend ist aufgrund der Freiwilligkeit des Zusammenschlusses auf bürgerliches Vereinsrecht zurückzugreifen. Für die Arbeitsrechtsverhältnisse der Fraktion bedeutet dies, dass eine Übernahmeverpflichtung der Kommunen für Mitarbeiter von Fraktionen nicht besteht. Das OVG Lüneburg (NdsVBl. 2009 S. 258, 260) hat mit Recht hervorgehoben, dass eine Rechtsnachfolge in die mit Ablauf der Wahlperiode aufgelöste Fraktion nicht stattfindet (vgl. dazu bereits oben unter 3.6). Alle Arbeitsverträge mit Mitarbeitern der Fraktion sind daher per se zeitlich befristet.

Diese rechtliche Einordnung der Situation relativiert einige der arbeitsrechtlichen Probleme, gleichwohl bleiben kritische Fragen zu bedenken. Auch wird die rechtliche Bewertung des OVG Lüneburg jedenfalls in der Vergangenheit von den Arbeits- und Verwaltungsgerichten nicht durchweg geteilt.

Nur vereinzelt wird in den landesgesetzlichen Regelungen zum Fraktionenrecht auf das Problem der Zugänglichkeit **personenbezogener Daten** für Mitarbeiter der Fraktionen eingegangen. Die ausführlichste Regelung enthält § 57 Abs. 4 NKomVG, wonach die Mitarbeiter(innen) alle Daten erhalten dürfen, die auch Mitglieder der Vertretungen, eines Stadtbezirks- oder eines Ortsrates übermittelt werden dürfen, wenn sie durch den Hauptverwaltungsbeamten zur Verschwiegenheit verpflichtet wurden. Eine solche Verpflichtung zur Verschwiegenheit ist unverzichtbar, denn die Rechte der zur Unterstützung eingesetzten Mitarbeiter können nicht weiter gehen als die der gesetzlich zur Verschwiegenheit verpflichteten Gemeinderatsmitglieder, vgl. beispielhaft § 40 NKomVG. Fehlen gesetzliche Regelungen, ist dringend anzuraten, in den Geschäftsordnungen konkretisierende Bestimmungen zur Verantwortlichkeit zu treffen, vgl. § 17 Abs. 2 des Anhangs 2.

Realistischerweise können solche Stellen nur mit Bewerbern besetzt werden, die entweder der hinter der Fraktion stehenden politischen Partei angehören oder jedenfalls nahestehen. *Bertrams* (NWVBl. 2005 S. 10, 16) wendet sich ausdrücklich gegen die Einstufung der Fraktionen als „Tendenzbetrieb", geht im Hinblick auf die Auswahl der Mitarbeiter der Landtagsfraktionen aber von einer besonderen politischen Vertrauensbasis aus. Die Fraktion sei insoweit nicht an die im öffentlichen Recht maßgeblichen Eignungs- und Leistungskriterien gebunden. Wie sich eine solche Einschätzung, die offenbar gängiger Praxis entspricht, mit Art. 33 Abs. 2 GG vereinbaren lässt, wonach jeder Deutsche nach seiner Eignung, Befähigung und fachlichen Leistung gleichen Zugang zu jedem öffentlichen Amte haben muss, kann jedenfalls hinterfragt werden. Der Hinweis, bei „politiknahen Stellen" sei die politische Kompetenz des Inhabers Bestandteil seiner fachlichen Eignung (so *Banner*, AfK 1982 S. 26 ff., 44), mag zwar für die Besetzung von Wahlbeamtenpositionen zutreffen, führt vorliegend jedoch nicht weiter. Abgesehen von der unzulässigen Gleichsetzung von Parteiaffinität und politischer Kompetenz fehlt es an einer adäquaten versorgungsrechtlichen Absicherung im Vergleich zu den Wahlbeamten. Auch erscheint es fraglich, ob jedenfalls im Falle der Fraktionsassistenten, die zu Beamten der Anstellungskörperschaften ernannt werden (vgl. z. B. KOPO 1985 S. 77; zu den Problemen bei Meinungsverschiedenheiten zwischen dem Oberstadtdirektor als Dienstherrn und der Fraktion als „faktischer Arbeitgeber" bei der Einstellung von Mitarbeitern, vgl. instruktiv VG Aachen, Urteile vom 19. 2. 1988 – Az. 4 K 951/87 und Az. 4 K 1066/87 –, beide n. v.), noch der Intention des § 33 Abs. 1 Satz 1 und 2 BeamtStG Rechnung getragen wird, wonach der Beamte ausdrücklich nicht einer Partei, sondern dem ganzen Volk zu dienen und seine Aufgaben „unparteiisch" zu erfüllen hat, erscheint äußerst fraglich. Das gleiche gilt hinsichtlich der in den Landesbeamtengesetzen normierten Verpflichtung, wonach die Auslese der Bewerber ausdrücklich unabhängig von den politischen Anschauungen zu erfolgen hat.

Tatsächlich dürfte es sich in dieser Konstellation um eine **neue Kategorie „politischer Beamter"** handeln, die dem Direktionsrecht der Verwaltungsspitze faktisch entzogen ist, wenn sie die ihnen nach Sinn und Zweck ihrer Stellung obliegenden Aufgaben sachgerecht wahrnehmen soll. Gefährdet wird danach auch das überkommener Verwaltungsübung entsprechende Prinzip, wonach Ansprechpartner für Auskünfte aus der Verwaltung heraus der Behördenchef ist (die Einheit der Verwaltung infolge der Professionalisierung der Mandatsübung sehen auch *Behrens/Bock*, NWVBl. 1988 S. 357 ff., 358, geschwächt).

Die mit dieser dem öffentlichen Dienstrecht ansonsten unbekannten Form **institutionalisierter Ämterpatronage** zusammenhängenden Probleme harren einer befriedigenden Aufarbeitung. Klärungsbedürftig ist bspw. die Frage, wie zu verfahren ist, wenn es zu einer Störung des Vertrauensverhältnisses zwischen der Fraktion und ihrem Mitarbeiter kommt, eine gerade angesichts des hochsensiblen politischen Charakters der Aufgabe sicherlich nicht lebensfremde Konstellation. Hier eine Übernahmeverpflichtung der Einstellungskörperschaften in eine anderweitige Verwendung anzunehmen, hieße, den Fraktionen unverblümt die Möglichkeit zur Versorgung ihr nahestehender Personen an die Hand zu geben, denn die zu Grunde liegenden Sachverhalte werden sich bis auf gravierende offensichtliche Missbräuche regelmäßig einer rechtlichen Nachprüfbarkeit entziehen. Auch dies wird vermieden, wenn mit der hier vertretenen Auffassung auf ein befristetes Arbeitsverhältnis ohne Übernahmeverpflichtung abgestellt wird.

Die mit der **Diskontinuität der Fraktionen** einhergehenden Probleme der Weiterbeschäftigung des bisherigen Personals der „alten" Fraktion haben indes selbst nach jahrzehnte langer Praxis jedenfalls auf **Bundes- und Länderebene** noch keine befriedigende rechtliche Lösung gefunden (vgl. *Jekewitz* in Schneider/Zeh [Hrsg.], Parlamentsrecht und Parlamentspraxis, S. 1021 ff. Rn. 65; die von *Bick*, Die Ratsfraktion, S. 91 behauptete konkludent vereinbarte auflösende Bedingung dergestalt, das Arbeitsverhältnis gelte nur solange, als die Fraktion fortbestehe, beruht allein auf ihrem „Organ" verständnis der Fraktion; das ArbG Berlin, NJW 1990 S. 534, behauptet schlicht, der Grundsatz der Diskontinuität gelte für Fraktionen nicht [!]).

Das Bundesarbeitsgericht hat sich in einer grundlegenden Entscheidung aus dem Jahr 1998 mit der Zulässigkeit der Befristung von Arbeitsverhältnissen wissenschaftlicher Mitarbeiter einer Landtagsfraktion beschäftigt. Es hat entschieden, die Ungewissheit über den Fortbestand oder die Größe einer Fraktion nach Ablauf einer Wahlperiode oder deren vorzeitige Beendigung rechtfertige die Befristung des Arbeitsverhältnisses wissenschaftlicher Mitarbeiter von Parlamentsfraktionen nicht. Es entspreche der ständigen Rechtsprechung des Bundesarbeitsgerichts, dass die Ungewissheit über den Bestand eines Ar-

beitsplatzes zum Ablauf der Vertragszeit und die Unsicherheit über den Bedarf an der Arbeitsleistung die Befristung eines Arbeitsverhältnisses nicht rechtfertigen könne. Nur der Status der Abgeordneten als Vertreter des Volkes und die verfassungsrechtlich geschützte Unabhängigkeit des freien Mandates rechtfertige letztlich die Befristung der Arbeitsverhältnisse der wissenschaftlichen Mitarbeiter. Die Abgeordneten müssten sich nach ihrer Neukonstituierung jeweils entscheiden können, von welchen wissenschaftlichen Mitarbeitern sie sich künftig beraten und ihre parlamentarische Arbeit unterstützen lassen wollten (BAGE 89, 316, 318 ff.; krit. zur Begründung, im Erg. aber zustimmend Dach, NZA 1999 S. 627 f.).

Koch, NZA 1998 S. 1160 ff. sieht trotz des Grundsatzes der Diskontinuität für die Mitarbeiter der Fraktionen des Deutschen Bundestages wg. § 54 Abs. 7 AbgG de facto eine Kontinuität, da sich die dort getroffene Rechtsnachfolgeregelung für eine sich neu formierende Fraktion derselben Partei auch das Schicksal der Arbeitnehmerinnen und Arbeitnehmer umfasse.

Die Argumentation der Mandatssicherung über die Auswahl der wissenschaftlichen Mitarbeiter lässt sich auf die ehrenamtlich konzipierten kommunalen Vertretungskörperschaften nicht übertragen. Eine gesetzlich angeordnete Nachfolgeregelung für Fraktionen fehlt ebenfalls im kommunalen Bereich.

Angesichts der in Bewegung befindlichen „Parteienlandschaft" gerade auf dem kommunalen Sektor ist zudem die Wahrscheinlichkeit höher als in staatlichen Parlamenten, dass eine bisher in der Volksvertretung repräsentierte Partei bei der nächsten Wahl scheitert. Im Gegensatz zu dem technischen Personal (Schreibkräfte usw.) wäre auch die Übernahme der bisherigen Fraktionsassistenten in den „städtischen Verwaltungsapparat" keineswegs unproblematisch, denn die Qualifikation für die politiknahe Stabsarbeit ist anders zu beurteilen als für den allgemeinen höheren Verwaltungsdienst; eine Kongruenz kann gegeben sein, muss es aber nicht.

Für den Fall der geplanten Besetzung einer Fraktionsassistentenstelle mit einem Angestellten bzw. Beamten der Einstellungskörperschaft mittels **„Überstellung" des Gemeindebediensteten** an die Fraktion hat das VG Aachen mit zutreffender Begründung entschieden, eine solche Vorgehensweise lasse sich nicht mit dem in Nordrhein-Westfalen geltenden Recht vereinbaren. Die Unterstützung der Fraktionsarbeit mit gemeindlichen Mitteln habe eine abschließende Regelung in dem damaligen § 30 Abs. 7 Satz 6 GO gefunden. Nach dessen eindeutigen und klaren Wortlaut sei es lediglich zulässig, Finanzmittel an die Fraktionen zu leisten. Die Freistellung von Gemeindebediensteten für Fraktionsassistentenstellen lasse sich nicht unter das Tatbestandsmerkmal der Zuwendungen aus Haushaltsmitteln subsumieren (VG Aachen, Urt. vom 19.1.1988 – Az. 4 K 1066/87 –, S. 7 UA; We-

felmeier in KVR Nds/NKomVG, Rz. 99 zu § 57 plädiert dafür, angesichts der geschilderten Probleme Abstand von Überstellungen kommunaler Bediensteter zu nehmen).

Hessen hat in seinem einschlägigem Erlass ausdrücklich klargestellt, dass **Angestellte einer Fraktion** grundsätzlich nicht besser gestellt werden dürfen als vergleichbare Bedienstete der Gemeinde (vgl. *Bennemann* in KVR Hess, Rz. 287 zu § 36 a HGO).

6.4.3.2.5 Unzulässiges Verschieben der Organ-Verantwortung

6.4.3.2.5.1 Ehrenamtliche Mandatswahrnehmung konstitutiv

Kernpunkt rechtlicher Vorbehalte gegenüber der Zulässigkeit aus öffentlichen Geldern finanzierter Fraktionsassistenten bildet aber die damit einher gehende Verschiebung in Art. 28 Abs. 2 GG und den entsprechenden landesverfassungsrechtlichen Bestimmungen angelegten Verantwortlichkeiten, die ihre Ausgestaltung durch die dafür berufenen Landesgesetzgeber in den Gemeinde- und Kreisordnungen gefunden hat. Sie sind gekennzeichnet durch den Dualismus von Haupt- und Ehrenamt (die berufsmäßigen Ratsmitglieder nach Art. 40, 41 Gemeindeordnung in Bayern, die nur eine beratende Stimme haben, stellen keine relevante Abweichung dar, vgl. näher zu ihrer Stellung *Lissack*, Bayerisches Kommunalrecht, § 4 Rn. 83 ff.). Konkret geht es um die Fragen der **Ehrenamtlichkeit der Mandatsausübung** bzw. darum, ob die Bestellung von Fraktionsassistenten ein taugliches Instrument zur Wahrung des ehrenamtlichen Engagements in den Gemeinderäten und Kreistagen ist. Dies muss bezweifelt werden. Vielmehr scheint es so, als würde mit untauglichen Rezepten versucht, einer Krankheit Herr zu werden, deren Ursache zwar erkannt ist, zu deren Therapierung aber der politische Mut fehlt. Das Paradoxon der „Ohnmacht für Räte" besteht darin, dass der Umfang der Gemeinderatstätigkeit stetig zugenommen hat (vgl. Politik und kommunale Selbstverwaltung, S. 9), obwohl der kommunale Gestaltungsspielraum gleichzeitig immer enger geworden ist.

Die konstatierte zeitliche Überforderung des Ehrenamtes (vgl. exemplarisch *Osner*, Stellungnahme, S. 13 ff.) ist keineswegs neu. Schon 1972 beklagte *Karl H. Berkemeier* aus Sicht eines betroffenen „Kommunal-Parlamentariers" die faktische Unmöglichkeit zur Kontrolle der „Kommunalregierung" angesichts einer Flut von über 2 500 Vorlagen auf dem Tisch jedes Frankfurter Stadtverordneten binnen 18 Monaten. Er forderte als Konsequenz zwar auch eine klarere Kompetenz-Abgrenzung zwischen „Stadtregierung" und „Parlament", bezeichnenderweise aber vorrangig Hilfskräfte für Fraktionen oder die einzelnen Mandatsträger als „Rechercheure" zur Erfolgskontrolle. Im gleichen Atemzug beklagte er die Ausschaltung der gewählten Gemeindevertreter aus dem Planungsprozess und schlug die Institutionalisierung eines Mitspracherechts der „Parlamentarier" bereits zu

Beginn jeglicher Planung vor (*Berkemeier*, ZParl 1972 S. 202 ff., 205; eindringlich gegen den politischen Einfluss in dieser Phase der Entscheidungsvorbereitung warnend *Lehmann-Grube*, DÖV 1985 S. 1, 5 f.).

Diese oft zitierte Zustandsbeschreibung der kommunalen Mandatswahrnehmung unter großstädtischen Bedingungen enthält in Wahrheit ein entlarvendes Selbstbekenntnis. Es lockt offensichtlich die „Faszination des Kleinkrämertums", die zu einer Paralysierung der Selbstverwaltungsorgane führen kann: Der Kommunalpolitiker lässt sich fesseln von einer Vielzahl kleiner, konkreter Entscheidungen, die unmittelbar Wirkungen zeitigen, und verliert Interesse und Überblick an programmatisch ausgerichteten, oft erst mittel- oder langfristig greifenden, politischen Leitentscheidungen. Es wäre eine verhängnisvolle Entwicklung, würde diese Tendenz durch die Bereitstellung hauptamtlicher Mitarbeiter der Fraktionen gefördert. Dieser Sichtweise liegt eine „Frontstellung" von kommunaler Volksvertretung und übriger Verwaltung zu Grunde, die in den normativen Vorgaben der kommunalen Selbstverwaltung keine Stütze findet.

Gäbe es ein Gegenüber in solcher Form, wäre dem mit einigen Fraktionsassistenten im Verhältnis zu einer etliche tausend Mitarbeiter zählenden großstädtischen Verwaltung im Übrigen nicht beizukommen. „Notwendig" wäre tatsächlich eine „Gegenverwaltung", die indes nicht ernsthaft erwogen werden kann (*B. Rothe/K.-H. Rothe*, Die Entschädigungsregelungen im Kommunalrecht, Rn. 203, halten hauptamtliche Mitarbeiter nur für Fraktionen mit wenigstens 30 Mitgliedern für zulässig).

Es ist der Versuch unternommen worden, die **Ehrenamtlichkeit** der gemeindlichen Volksvertreter als ein bloß akzidentielles Merkmal der kommunalen Selbstverwaltung zu qualifizieren und damit den Weg zur Teil- oder Vollalimentierung der Gemeindevertreter in Großstädten zu ebnen (*Heuvels*, Diäten für Ratsmitglieder, S. 97 ff.; aus politologischer Sicht für Anpassung der Entschädigung der „professionellen" bzw. „halbprofessionellen" Tätigkeit der Kommunalpolitiker in Großstädten und Kreisen auch schon *Thränhardt* in Thränhardt/Uppendahl [Hrsg.], Alternativen lokaler Politik, S. 25 ff., 40; in neuerer Zeit *Osner*, Stellungnahme, S. 13 ff.; völlig unkritisch auch *Dolderer*, DÖV 2009 S. 146, 154; generell ablehnend gegenüber jeglicher Ausdehnung des besoldeten Politikerberufs hingegen *Wassermann* in Stein/Faber [Hrsg.]; FS für Helmut Ridder, S. 15, 18). Auf die methodischen Bedenken kann hier nicht näher eingegangen werden (vgl. hierzu *Hubert Meyer*, Kommunales Parteien- und Fraktionenrecht, S. 427 f.). Mit aller Deutlichkeit ist aber an der Ehrenamtlichkeit der Mandatsausübung als Essentialia der kommunalen Selbstverwaltung festzuhalten (vgl. auch Politik und kommunale Selbstverwaltung, S. 1 ff. S. 34 ff.; instruktiv zur Entwicklung des ehrenamtlichen Stadtverordneten auch *Hellwig*, Der Städtetag 1984 S. 24 ff., ebenso vgl.

Bemerkungen 1987 des Landesrechnungshofes Schleswig-Holstein, S. 163 ff.; nachgedruckt in DÖV 1987 S. 1005 ff.; *Schleberger* in Erichsen [Hrsg.], Kommunalverfassung heute und morgen, S. 25), nicht nur wegen der andernfalls drohenden „Karriere-Kommunalpolitiker" und der schwierigen Grenzziehung zwischen alimentierter und nichtalimentierter kommunaler Mandatsausübung (dies sind die tragenden Gründe bei *Heuvels*, Diäten für Ratsmitglieder?, S. 245, 256 ff., gegen eine Alimentierung von Gemeindevertretern).

Den überragenden Stellenwert der ehrenamtlichen Mandatswahrnehmung hat das Landesverfassungsgericht Mecklenburg-Vorpommern betont (wenig sachlich a. A. *Hans Meyer*, NVwZ 2008 S. 24, 26). Das LVerfG MV hat in weiten Teilen das Gesetz zur Modernisierung der Verwaltung des Landes Mecklenburg-Vorpommern vom 23. 5. 2006 (VwModG), das im Kern die Zusammenführung der bestehenden zwölf Landkreise und sechs kreisfreien Städte zu fünf sog. Regionalkreisen vorsah, für unvereinbar mit der Landesverfassung erklärt. Es hat unter anderem beanstandet, die **bürgerschaftlich-demokratische Dimension** der kommunalen Selbstverwaltung sei nicht mit dem vollen ihr von Verfassung wegen zukommenden Gewicht in eine Abwägung eingestellt worden. Kreise müssten so gestaltet sein, dass es ihren Bürgern typisch möglich sei, nachhaltig und zumutbar ehrenamtliche Tätigkeit im Kreistag und seinen Ausschüssen zu entfalten (insoweit zustimmend wiederholend LVerfG MV, LKV 2011 S. 507 ff. = BeckRS 2011, 53643 ff. = NVwZ-RR 2011 S. 845 [LS]). Es liege auf der Hand, dass eine ehrenamtliche Tätigkeit als Mitglied des Kreistages oder eines seiner Ausschüsse bei einer beträchtlichen Vergrößerung der Fläche eines Kreises ebenso beträchtlich erschwert werden könne und vielfach werde. Infolge des höheren Zeitaufwandes, der damit verbunden wäre, drohe erkennbar die Gefahr, dass die Bereitschaft von Bürgern, ein Ehrenamt auf Kreisebene wahrzunehmen, weiter nachlasse (LKV 2007 S. 457, 463 = NdsVBl. 2007 S. 265 ff.). Im Folgenden betont das LVerfG MV, in den angedachten Regionalkreisen erscheine insbesondere die in Art. 72 Abs. 1 Satz 2 LV MV als ein prägendes Element der kommunalen Selbstverwaltung gewährleistete Ehrenamtlichkeit der Tätigkeit im Kreistag und in seinen Ausschüssen gefährdet, vor allem in den besonders groß dimensionierten Kreisen. Es sei zweifelhaft, ob die Kreistagsmitglieder in den Großkreisen die Verantwortung, die sie in der Fläche hätten, hinsichtlich der kreisintegralen Aufgaben und der Ausgleichs- und Ergänzungsaufgaben der Kreise noch hinreichend wahrnehmen könnten. Die Überschaubarkeit des Gebietes, die ein Wesensmerkmal des Kreises im Sinne von Art. 72 Abs. 1 Satz 2 LV MV sei, erscheine jedenfalls bei den größeren der Kreise fraglich … Überschaubarkeit bedeute, dass Kreistagsmitglieder sich auch über die Verhältnisse in entfernteren Bereichen des jeweiligen Kreises zumutbar eigene Kenntnis verschaffen könnten (LKV 2007 S. 457, 464).

6.4.3.2.5.2 Hauptamtliche Fraktionsmitarbeiter können keine Demokratiedefizite kompensieren

Vom Ansatz her verfehlt sind Bestrebungen, eine weitere Professionalisierung der Arbeit der Kreistagsfraktionen durch hauptamtliche Geschäftsstellen zu erreichen, um „**mögliche Demokratiedefizite** bei der Vergrößerung der Verwaltungsräume zu kompensieren". Diese Begründung (vgl. Gesetzentwurf der Landesregierung MV für das VwModG 2006, LT-Drs. 4/1710 S. 162) enthielt das vom LVerfG MV im Ergebnis für verfassungswidrig erachtete Verwaltungsmodernisierungsgesetz des Landes MV aus dem Jahr 2006. Art. 3 VwModG ergänzte die Vorschriften über die Fraktionen in § 105 Abs. 4 der Kommunalverfassung um folgende Sätze: *„Für den Aufwand, der den Fraktionen unmittelbar durch die Wahrnehmung ihrer Aufgaben entsteht, sind ihnen Zuwendungen aus dem Kreishaushalt zu gewähren. Dabei soll auch einem Bedürfnis nach Unterstützung durch hauptamtliches Personal Rechnung getragen werden."*

Das LVerfG MV stellt zu Recht fest, Zuwendungen könnten Erschwernisse der Arbeit in Grenzen mildern. Auch sie könnten das Problem der deutlich geminderten Überschaubarkeit der Verwaltungsräume aber nicht oder nur unwesentlich entschärfen. Nicht unbedenklich sei, dass Fraktionen in gesteigertem Maße bedacht werden sollten, während für als Gruppen oder Einzelmitglieder Gewählte keine Unterstützung vorgeschrieben sei (LKV 2007 S. 457, 464). Bedeutsamer als dieser ggf. zu behebende Hinweis auf eine drohende Ungleichbehandlung sind die grundsätzlichen Zweifel, die die Greifswalder Verfassungshüter äußern, wenn sie wörtlich fortfahren:

„Ob die Unterstützung durch hauptamtliches Personal im Grundsatz und in der Praxis für die kommunale Selbstverwaltung in Ausübung eines Ehrenamtes eher förderlich oder nachteilig ist, kann durchaus unterschiedlich beurteilt werden. Hauptamtliches Personal kann durch Zuarbeit den Mitgliedern der Kreistage verlässliche Entscheidungsgrundlagen liefern. Die Unterstützung kann aber auch bedeuten, dass sich eine Tendenz zur Professionalisierung der Entscheidungsfindung durch hauptamtliche Kreistagsmitglieder entwickelt. Die kommunale Selbstverwaltung könnte damit durch eine Wohltat in ihrem verfassungsrechtlich gesicherten Charakter geschmälert werden" (LVerfG MV, LKV 2007 S. 457, 464; zust. *März*, NJ 2007 S. 433, 442; *Hubert Meyer*, NdsVBl. 2007 S. 265, 269; krit. zu entsprechenden Überlegungen bereits *ders.*, Der Landkreis 2004 S. 432, 435; *Mehde*, NordÖR 2007 S. 331, 335, erachtet hingegen besondere dialektische Fähigkeiten für erforderlich, um die vom Gericht gesehene Gefahr nachvollziehen zu können). Der Referentenentwurf für ein Gesetz zur Schaffung zukunftsfähiger Strukturen der Landkreise und kreisfreien Städte des Landes Mecklenburg-Vorpommern vom 18.12.2008 verzichtete konsequenterweise auf jede weitergehende Regelung zum Fraktionsrecht, sprach in der Begründung zu Art. 3 (S. 156) aber aus-

drücklich die Notwendigkeit der Steuerbarkeit zu erwartender Fraktionsgrößen durch nach wie vor ehrenamtlich tätige Fraktionsvorsitzende an.

6.4.3.2.5.3 Stellungnahme

Indessen braucht den oben skizzierten Erwägungen, die Auswirkungen auf die „Professionalisierung" der Arbeit des Gemeinderates hätten, nicht weiter nachgegangen zu werden. De lege lata gehen alle Gemeindeordnungen von einer ehrenamtlichen Wahrnehmung des kommunalen Mandats aus. Damit ist eine Grundentscheidung getroffen, die nicht mittels Etablierung eines hauptamtlichen Nebenapparates unterlaufen werden darf.

Tatsächlich muss es das Ziel sein, den Gegensatz zwischen Politik und Bürokratie auf kommunaler Ebene „produktiv" zu organisieren (vgl. *Miller*, DVBl 1986 S. 1131, 1137). Der Weg dazu muss über eine Entschlackung der Kompetenzen des Gemeinderates und einer straffen Organisation seiner Arbeit führen. Eine Konzentration auf richtungweisende und bedeutsame Angelegenheiten entsprechend z. B. den Empfehlungen des Sachverständigenrates zur Neubestimmung der kommunalen Selbstverwaltung beim Kommunalwissenschaftlichen Institut der Konrad-Adenauer-Stiftung (vgl. Politik und kommunale Selbstverwaltung, S. 35 ff.; ebenso stellen im Hinblick auf die Diskussion einer Reform der Gemeindeordnung für Nordrhein-Westfalen *Behrens/Bock*, NWVBl. 1988 S. 357, 360, dies als das zentrale Anliegen heraus;, dezidiert fordert auch *Schönfelder*, Rat und Verwaltung im kommunalen Spannungsfeld, S. 211 ff., eine Konzentration der Vertretungskörperschaften auf Führungsentscheidungen; im Erg. auch *Erichsen*, NWVBl. 1990 S. 37, 39; eine Konzentration auf effektive, strategische Arbeit anmahnend auch *Osner*, Stellungnahme, S. 7; zur Situation vgl. auch die drastische und eindrucksvolle Sachverhaltsschilderung durch *Russa*, StGR 1987 S. 239 ff.) würde eine Stärkung der politischen Steuerungsfunktion bewirken und eine wirksame Entlastung der kommunalen Mandatsträger bedeuten.

„Parlamentarische Hilfsdienste" auf kommunaler Ebene hingegen wirken kontraproduktiv. Sie beruhen auf einer Verkennung und führen zu einer weiteren Verwischung gesetzlich vorgesehener Verantwortlichkeiten (a. A. ohne nähere Begründung *Waechter*, Kommunalrecht, Rn. 318). Es ist eben nicht Aufgabe des Gemeinderates, eine bessere hauptamtliche Verwaltung zu sein. Es kann und soll mit deren Mitteln nicht konkurrieren, sondern er soll mit ihr zusammenarbeiten und deren Sachverstand nutzen. Es ist die politische Verantwortung der Fraktionen, ggf. auf die Erarbeitung von Alternativvorschlägen zu bestehen (zutr. daher VG Gelsenkirchen, NWVBl. 1987 S. 53, 56; ähnlich Bund der Steuerzahler [Hrsg.], Kommunale Politikfinanzierung 2007, S. 23 f.). Blockt die Mehrheit im Gemeinderat solche Initiativen ab, ist dies zuvörderst Ausdruck des demokratisch legitimierten Kräfteverhältnisses und darüber hinaus Aufgabe der „Minderheitsfraktion", hierüber die politische Auseinandersetzung zu suchen. Wenn die kommunale Selbstverwaltung ihrem Wesen nach in erster Linie die Inangriffnahme und Bewältigung eigener Angelegenheiten intendiert und somit „ein Stück zupackender Nachbarschaftssolidarität" darstellt (so *Schmidt-Jortzig*, DVBl 1980 S. 1, 3), so sind daraus auch unter den Bedingungen großstädtischer Lebenskultur Konsequenzen für die Ausgestaltung der inneren Kommunalverfassung zu ziehen: Die Volksvertretung besteht bewusst aus „Laien", die eine gewisse organisatorische Distanz zur hauptamtlichen Verwaltung aufweisen. Das Zusammenspiel des ehrenamtlichen und des hauptamtlichen Elements bildet das Charakteristikum kommunaler Entscheidungsfindung. Eine gewaltenteilende Frontstellung über die in den Gemeindeordnungen angelegten Aufgabenzuordnungen hinaus ist nicht gewollt. Eine „parlamentarische Aufladung" der Fraktionen mittels hauptamtlichen Fachpersonals ist durch deren Aufgabenzuweisung nicht gedeckt und somit **rechtswidrig** (sich dem anschließend vgl. OVG Koblenz, Beschl. vom 12.5.2000 – Az. 7 A 10 184/00. –, S. 5 UA; im Ergebnis ebenso *Gern*, Deutsches Kommunalrecht, Rn. 426; *Stober*, Kommunalrecht, § 15 VII 1; *von Mutius*, Kommunalrecht, Rn. 728; „nicht unbedenklich"; *Ipsen*, Niedersächsisches Kommunalrecht, Rn. 292; *Wefelmeier* in KVR Nds/NKomVG, Rz. 97 zu § 57, hält die Beschäftigung von Fraktionsassistenten vor allem in großen Städten wegen des dort üblicherweise zu bewältigenden großen Aufgabenspektrums sachlich häufig für gerechtfertigt; unkritisch bei einem der Größe der Kommune und der Fraktion angemessenem Umfange auch *Blum*, Rz. 42 zu § 57 in Blum/Häusler/Meyer [Hrsg.], NKomVG).

Nur am Rande sei vermerkt, dass Fraktionsassistenten nur eine Entlastung für die Tätigkeit im Gemeinderat und seinen Gremien selbst bewirken könnten, der zeitintensive Bereich der **„Mandatsnebentätigkeiten"** bliebe weitgehend ausgespart. Ob bei der Mandatsausübung im engeren Sinne die Mitarbeit von Fraktionsassistenten zu einer zeitlichen Straffung seitens des Ratsmitgliedes führt, bleibt ebenfalls fraglich, denn der Sinn der Fraktionsassistenten-Tätigkeit besteht letztlich eben auch darin, zu einer tieferen Durchdringung der behandelten Materie zu gelangen.

6.5 Ausgestaltung der Fraktionsausstattung

Der den Fraktionen immanente Zweck der Koordination und Bündelung lässt – entgegen der gesetzlichen Regelung in Nordrhein-Westfalen – keinen Raum für die Unterstützung Fraktionsloser oder anderer Zusammenschlüsse mit zusätzlichen Finanzmitteln. Alle Fraktionen können eine sachgerechte und ermessensfehlerfreie Verteilung bereitgestellter Haushaltsmittel verlangen, Die Ausgestaltung der Fraktionsfinanzierung unterfällt nach der Rechtsprechung dem allgemeinen Gleichheitssatz, nach zutreffender Auffassung dem strikten Gleichheitssatz, wie er auch für die Parteienfinanzierung gilt. Bei verfassungskonformer Interpretation ist eine gewisse Sockelgarantie für die einzelne Fraktion ebenso geboten wie ein Mindestmaß an Abstufung. Dem wird ein Kombinationsmodell aus Grundausstattung pro Fraktion plus Berücksichtigung der zahlenmäßigen Stärke der Fraktion ebenso gerecht wie eine degressivproportionale Förderung. Eine nur an der Mitgliederzahl orientierte Unterstützung verletzt hingegen den Gleichheitssatz.

6.5.1 Kreis der Zuwendungsempfänger

6.5.1.1 Verbot der zusätzlichen Entschädigung einzelner Ratsmitglieder

Da der den Fraktionen immanente Zweck der Koordination und Bündelung der unterschiedlichen Ansichten innerhalb einer Fraktion bei Einzelvertretern nicht zum Zuge kommen kann, scheidet eine Zuweisung an solche Personen von vornherein aus (OVG Münster, NVwZ-RR 2004 S. 674, 676; vgl. auch bereits den Prüfbericht des Landesrechnungshofes MV zu einem entsprechenden Fall in der Stadt Neubrandenburg, Nordkurier vom 4. 10. 1999). Eine weitere Entschädigung an einzelne Ratsmitglieder würde zudem das durch den Landesgesetzgeber abschließend geregelte Recht zur Regelung der Höhe der Entschädigung für den mit der Ausübung des Mandats verbundenen Aufwand unterlaufen und ist auch aus diesem Grund unzulässig (OVG Münster, NVwZ-RR 2003 S. 59, 60; *Wefelmeier* in KVR Nds/ NKomVG, Rz. 102 zu § 57).

Einen Sonderweg beschreitet auch insoweit das in Hinsicht auf die Fraktionenfinanzierung generell „großzügige" Bundesland **Nordrhein-Westfalen**. Nach § 56 Abs. 3 Sätze 5 bis 7 stellt die Gemeinde einem Ratsmitglied, das keiner Fraktion oder Gruppe angehört, in angemessenem Umfang Sach- und Kommunikationsmittel zum Zwecke seiner Vorbereitung auf die Ratssitzung zur Verfügung. Der Rat kann stattdessen beschließen, dass ein Ratsmitglied aus Haushaltsmitteln finanzielle Zuwendungen erhält, die die Hälfte des Betrages nicht übersteigen dürfen, die eine Gruppe mit zwei Mitgliedern erhielte (mit Recht kritisch hierzu *Kleerbaum*, KOPO 3/2007, I, III; *Köster*, NWVBl. 2008 S. 49, 51; unter dem Eindruck einer beobachteten politischen Fragmentierung in den Kommunalvertretungen einerseits, einer fehlenden Realisierungschance zur (Wieder)Einführung wahlrechtlicher Sperrklauseln andererseits „zumindest" für eine Rücknahme der Ausweitungen der Ansprüche plädierend auch der Landkreistag NW, RS 509/2011). Die Vorschriften über die Darstellung im Haushaltsplan und die Nachweisführung gelten entsprechend.

Die sachliche Berechtigung dieser Dotierung kann schwer nachvollzogen werden. Selbstverständlich kann eine Gemeinde zur Erleichterung der Sitzungsvorbereitung im Rahmen eines **Ratsinformations-**

systems z. B. den Ratsmitgliedern für die Dauer ihrer Ratszugehörig-
keit einen Laptop zur Verfügung stellen. Hierbei sind aber wie stets
alle Ratsmitglieder, unabhängig von einer Fraktionszugehörigkeit,
gleich zu behandeln. Es handelt sich insoweit nicht um eine im Rahmen der Fraktionenfinanzierung zu diskutierende Frage. Die Regelung in § 56 Abs. 3 Satz 6 GO NW vermengt die Frage einer angemessenen Aufwandsentschädigung mit einer davon prinzipiell zu tren-
nenden Entscheidung über Ob und Wie der Fraktionsunterstützung.

*Das OVG Münster (NVwZ-RR 2010 S. 535 f.) hat zutreffend entschie-
den, aus der Norm lasse sich weder ein Anspruch auf Vollkostenerstattung, noch auf Gewährleistung eines „Existenzminimums" entnehmen. Der Rat dürfe bei seiner Entscheidung über die Höhe der zu ge-
währenden Zuwendungen typisierend und pauschalierend vorgehen,
die Vorbereitung auf Ratssitzungen dürfe aber nicht unzumutbar erschwert werden. Sehr weitgehend erscheint die durch die Münsteraner Richter dem Rat zugewiesene Pflicht, in regelmäßigen Abständen,
z. B. zur Mitte der Wahlperiode, zu überprüfen, ob die nach § 56 Abs. 3
Satz 6 GO NW gewährte Zuwendung an Einzelmandatsträger für eine
hinreichende Vorbereitung auf Ratssitzungen dauerhaft ausreiche.*

6.5.1.2 Gleichberechtigte Förderung aller Fraktionen

Maßgebendes Kriterium für die grundsätzliche Teilhabe an der Fraktionsunterstützung ist das **Innehaben des Fraktionsstatus**. Eine Differenzierung zwischen den Fraktionen bei der Entscheidung über das
„Ob" von Fraktionszuwendungen ist verfassungsrechtlich unzulässig.
Sie verstößt gegen den Grundsatz der Chancengleichheit der Fraktionen (wie hier *Bick*, Die Ratsfraktion, S. 107 f.). Entgegen der Ansicht
des OVG Münster (OVG Münster in von Mutius, Rspr.-Slg. KomVerfR,
Nr. 4 zu § 30 GO NW, S. 21, 28 f.; die Anwendung des formalisierten
Gleichheitssatzes explizit bestreitend zuletzt OVG Münster, Beschl.
vom 19. 1. 2010, BeckRS 2010, 45674 S. 2; ihm folgend VG Köln, Urt.
vom 2. 2. 2011, BeckRS 2011, 50671 S. 3; VG Düsseldorf, Urt. vom
6. 7. 2011, BeckRS 2011, 52911 S. 5) kommt nämlich der Festsetzung
der **Fraktionsmindeststärke** eine entscheidende Wertung auch hinsichtlich der für die Fraktionsfinanzierung maßgeblichen Grundsätze
zu. Ziel der Festlegung einer Mindeststärke als Durchbrechung des
verfassungsrechtlich verankerten Grundsatzes der Chancengleichheit
der Ratsmitglieder (ausf. hierzu *Hubert Meyer*, Kommunales Parteien-
und Fraktionenrecht, S. 303 ff.) ist die Gewährleistung einer effektiven Arbeit des Gemeinderates. Dies ist genau der Gesichtspunkt, der
nach – zutreffender – Ansicht des Münsteraner Instanzgerichtes auch
die Finanzierung der Arbeit der Fraktionen mit öffentlichen Geldern
rechtfertigt. Eine Unterteilung der Fraktionen in zwei Kategorien er-
mangelt jeder Legitimation.

Vielmehr können die Fraktionen eine sachgerechte und **ermessensfehlerfreie Verteilung** der bereitgestellten Haushaltsmittel verlangen

(vgl. VGH Kassel, NVwZ-RR 1996 S. 103 f.; 1999 S. 188). Eine Ungleichbehandlung bedarf mithin einer sachlichen Rechtfertigung, die mit dem Zweck der Ermächtigung zur Förderung der Arbeit der Fraktionen im Einklang stehen muss (OVG Lüneburg, NdsVBl. 2009 S. 258, 259).

Wendet ein Landkreis die vom Kreisausschuss erlassenen Richtlinien für die finanzielle Förderung der Arbeit der Kreistagsfraktionen gleichmäßig auf alle Fraktionen an, so kann im Einzelfall eine Ermessensreduzierung dergestalt vorliegen, dass einzig die Beibehaltung der für das laufende Jahr festgesetzten Zuschüsse eine sachgerechte und damit rechtmäßige Entscheidung darstellt (vgl. VGH Kassel, NVwZ-RR 1999 S. 188 f.).

Die Förderung einer Dreipersonenfraktion mit einem Betrag, der über das Fünffache der Förderung einer Zweipersonenfraktion hinausgeht, ist unzulässig (vgl. VG Arnsberg, Urt. vom 6.3.2009, BeckRS 2009, 33658 S. 5 f.)

Der Umstand, dass ein Geschäftsführer einer Kreistagsfraktion einen Arbeitsgerichtsprozess gewonnen und damit einen Anspruch auf Weiterbeschäftigung durch die Fraktion erlangt hat, stellt keinen sachlichen Grund für eine Besserstellung einer vierköpfigen Kreistagsfraktion gegenüber einer gleich starken anderen Fraktion dar (so die Vorinstanz bestätigend OVG Lüneburg, NdsVBl. 2009 S. 258, 260).

6.5.1.3 Zulässigkeit der Förderung anderer Zusammenschlüsse?

Das OVG Münster (NVwZ-RR 2003 S. 59, 60; 2004 S. 674, 676) vertritt die Auffassung, die Funktion der Ratsfraktionen gebiete es nicht, finanzielle Zuwendungen generell auf Fraktionen im Sinne der Definition des § 56 Abs. 1 GO NW zu beschränken. Eine die Ratsarbeit ordnende Funktion könne auch durch Gruppierungen ausgeübt werden, welche die erforderliche Fraktionsstärke nicht erreichten. Ein allgemeiner Erfahrungssatz, dass Gruppierungen ohne Fraktionsstatus nicht zu einer effektiven Ratsarbeit beizutragen vermögen und damit öffentliche Mittel zu deren Finanzierung nicht eingesetzt werden dürfen, sei nicht ersichtlich.

Diese Betrachtung unterläuft im Ergebnis in einem wesentlichen Punkt das Recht des Landesgesetzgebers zur Formung des Kommunalverfassungsrechts. Hat der Landesgesetzgeber von der Kompetenz zur Festsetzung von Fraktionsmindeststärken (vgl. dazu oben unter 4.1) Gebrauch gemacht, erscheint es problematisch, der einzelnen Kommune das Recht einzuräumen, die Wirkungen dieser Entscheidung zu unterminieren (vgl. dazu bereits oben Erl. 3.5.2). Treffen die Erwägungen des OVG Münster zu, sind sie eher ein Indiz für verfassungsrechtliche Zweifel an der Höhe der Fraktionsmindeststärke denn für die Befugnis zu einer eigenständigen Förderung von Gruppierungen unterhalb des Fraktionsstatus.

In Nordrhein-Westfalen enthält nunmehr das Landesrecht eine entsprechende Regelung. Nach § 56 Abs. 3 Satz 4 GO NW erhält eine **Gruppe** mindestens eine proportionale Ausstattung, die zwei Dritteln der Zuwendung entspricht, die die kleinste Fraktion nach § 56 Abs. 1 Satz 1 GO NW erhält oder erhalten würde.

6.5.2 Kriterien für die Verteilung der Mittel

Entschließt sich die Kommune zur finanziellen Förderung der Fraktionen, bleibt die Frage inhaltlicher Ausgestaltungskriterien zu klären. In Betracht kämen ein **pauschaler Betrag** in gleicher Höhe an alle Fraktionen, die Verteilung der Mittel **pro Kopf der Fraktionsangehörigen** oder einer **Kombination der Grundtypen** (unkrit. offenbar nahezu jede Ausgestaltung für möglich erachtend *Vieweg*, Erl. 5.5 zu § 23 GO in KVR MV).

Das BVerwG (BVerwGE 143, 240 ff. = NVwZ 2013 S. 442 ff. = KommJur 2012 S. 374 ff. = LKV 2012 S. 513 ff.) vertritt die Auffassung, die Verteilung von Haushaltsmitteln für die Geschäftsführungstätigkeit von Stadtratsfraktionen sei am **allgemeinen Gleichheitssatz** des Art. 3 Abs. 1 GG und nicht am formalisierten Gleichheitssatz aus Art. 28 Abs. 1 Satz 2 GG zu messen (ebenso bereits OVG Münster, NVwZ-RR 2003 S. 376, 377; VG Gelsenkirchen, Urt. vom 16. 2. 2007, BeckRS 2007, 21929 S. 6 f.; VG Münster, NWVBl. 2012 S. 367, 368; zustimmend *Schoch*, JK 5/13, GG Art. 3 I/50; nicht eindeutig [„allgemeine Gleichheitssatz in seiner Ausprägung als Grundsatz der Chancengleichheit"] VG Düsseldorf, NVwZ 2012 S. 364; unklar insoweit auch OVG Lüneburg, NdsVBl. 2009 S. 258, 259, krit. dazu bereits *Meyer*, NdsVBl. 2010 S. 62, 68). Dem Urteil des BVerwG ist im Ergebnis, nicht aber in diesem Punkt der Begründung zuzustimmen. Es geht hier bei der Fraktionsfinanzierung nicht um eine „Aufwandsentschädigung", sondern die Fraktionen erhalten die Zuwendungen als funktionale Gliederungen der Gemeinderäte (vgl. oben zu 6.1.3.3). Das BVerwG (BVerwGE 143, 240, 244) führt seine These nicht weiter aus, aus der formalen Gleichheit der Mandatsträger folge noch keine ebenso formale Gleichheit der von ihnen gebildeten Fraktionen. Richtig ist, dass sich aus der formalen Gleichheit der Mandatsträger keineswegs herleiten lässt, dass sich die Finanzierung der Fraktionen allein an der Zahl ihrer Mitglieder auszurichten hätte. Mit Recht hebt auch das BVerwG die Funktion der Fraktionen hervor, die als Gliederungen des Rates dazu dienten, den Willensbildungsprozess im Rat vorzubereiten und zu strukturieren und damit effektiver zu machen. Der Verteilungsmaßstab müsse sich daher am Zweck der Fraktionsbildung und den daraus resultierenden Bedarf für die Fraktionsgeschäftsführung orientieren. Aufgrund der Neutralitätspflicht des Staates – näher dazu sogleich unten – ist gerade deswegen die Anwendung des strikten Gleichheitssatzes geboten. Die praktischen Auswirkungen sind indes gering, stellt das BVerwG (BVerwGE 143, 240, 243) doch einleitend fest, nichts anderes gelte, wenn man den allgemeinen Gleichheitssatz in seiner besonderen Ausprägung als Grundsatz der Chancengleichheit fasse.

Der Rat ist **nicht gehalten**, eine spezielle **Bedarfsanalyse** zu erstellen. Vielmehr wird eine kritische Auswertung der von den Fraktionen ohnehin vorzulegenden Verwendungsnachweise aus den zurückliegenden Jahren regelmäßig genügen. Das dem Rat zustehende Regelungsermessen erlaubt zudem eine generalisierende und typisierende Betrachtungsweise. Zu bedenken ist neben den allgemeinen Grundsätzen der Fraktionenfinanzierung, dass die Fraktionsgeschäftsführung sich auf organisierende und koordinierende Dienstleistungen für die Fraktionsmitglieder zu beschränken hat (BVerwGE 143, 240, 247).

In der Praxis erscheint es üblich, den Fraktionen eine einmalige „Erstausstattung" zu gewähren sowie bei den jährlichen Zuwendungen einen einheitlichen Sockelbetrag für den Grundbedarf zu veranschlagen und den Restbetrag entsprechend der zahlenmäßigen Stärke auf die Fraktionen zu verteilen (vgl. Nr. 6 des Erlasses-NRW sowie die Umfrage bei *Bick*, die Ratsfraktion, Anh. III Nr. 5 c, S. 217 sowie S. 109). Dieses **Kombinationsmodell** der jährlichen Zuwendungen ist vom BVerwG ausdrücklich als eine zulässige Finanzierungsmodalität gebilligt worden (BVerwGE 143, 240, 248; zuvor bereits VG Gelsenkirchen, NWVBl. 1987 S. 54, 56; Urt. vom 16. 2. 2007, BeckRS 2007, 21929 S. 7 f.; *Bick*, Die Ratsfraktion, S. 109; *Rothe*, Die Fraktion in den kommunalen Vertretungskörperschaften, Rz. 74). Soweit nach Kopfzahl differenziert wird, sollen Hospitanten in Hessen mitzählen; Mitglieder des Gemeindevorstandes bzw. des Kreisausschusses dürfen nach einer Verfügung des Regierungspräsidiums Darmstadt vom 3. 12. 2009 nicht berücksichtigt werden (*Sommer* in Bogner [Hrsg.], Beratungs- und Beschlussfassungsverfahren, S. 119, vertritt allerdings die Auffassung, ein Hospitant könne für die Teilnahme an Fraktionssitzungen keine Entschädigung erhalten).

In Nordrhein-Westfalen in Ausschüsse entsandte **sachkundige Bürger** *sind keine Fraktionsmitglieder; es begegnet keinen Bedenken, wenn sie bei der Bemessung des Koordinierungsaufwands der Fraktionen keine Berücksichtigung finden (VG Düsseldorf, NVwZ-RR 2012 S. 364, 365). Erst recht bestehen keine Bedenken, wenn sie durch die Hauptsatzung in die Erstattungsregelungen einbezogen, die Zahl der erstattungsfähigen Fraktionssitzungen aber begrenzt wird (vgl. VG Köln, Urt. vom 10. 4. 2013, BeckRS 2013, 51719; im Verfahren wurde eine Begrenzung auf 40 Sitzungen im Jahr angegriffen[!]).*

Der Argumentation des BVerwG zur verfassungsrechtlichen Zulässigkeit des Kombinationsmodells ist im Ergebnis zuzustimmen (zutreffend zu Folgen des Urt. des BVerwG vgl. auch *Kleerbaum*, KOPO 12/2012 S. I ff.; unklar hingegen *Osthoff*, Rathaus & Recht, Anmerkung zu Nr. 28/2012). Da das **Prinzip der Chancengleichheit** die Wahrung staatlicher Neutralität beabsichtigt, ist für den hochpolitischen Bereich der Fraktionsfinanzierung eine ähnliche Ausgestaltung verfassungsrechtlich geboten, wie sie im Bereich der Parteienfinanzierung ihre gesetzliche Ausgestaltung in § 5 Abs. 1 PartG gefunden hat (zust. *Wefelmeier* in KVR Nds/NKomVG, Rz. 79 zu §§ 57; a. A. *Koch*, Rz. 31 zu § 57 in Ipsen [Hrsg.], NKomVG). Obwohl es sich bei den Fraktionen nicht um staatsfreie Institutionen, sondern Teile der organisierten Staatlichkeit handelt, ist die Gefährdungslage hinsichtlich der in eigener Sache entscheidenden Akteure, insbesondere der Mehrheit der Volksvertretung, durchaus vergleichbar.

Weil § 5 Abs. 1 PartG bei verfassungskonformer Interpretation sowohl eine **Sockelgarantie** wie auch ein **Mindestmaß an Abstufung** fordert (vgl. hierzu *Hubert Meyer*, Kommunales Parteien- und Fraktionenrecht, S. 66 ff. m. umfangreichen Nachw.), ist ein solches Modell auch hier verfassungsrechtlich geboten, um die Neutralitätspflicht zu gewährleisten und keiner Fraktion einen Vorteil zukommen zu lassen, der nicht Ausdruck des im Wahlergebnis manifestierten Willens des Volkes ist. Mithin ist eine Kombination von Sockelbetrag und Berücksichtigung der Fraktionsstärke erforderlich.

Als verfassungskonforme Alternative kommt eine **degressiv-proportionale** Regelung in Betracht, welche die ersten Mitglieder einer Fraktion stärker gewichtet als die nachfolgenden (vgl. BVerwGE 143, 240, 248; in diesem Sinne auch bereits der Landesrechnungshof Schleswig-Holstein, Bemerkungen 1985 des Landesrechnungshofes Schleswig-Holstein, S. 102). Wird ein solcher Weg gewählt ist es nicht sachwidrig, die Zuwendungen zwar an der Größe der Fraktion zu orientieren, aber keine streng proportionale Staffelung vorzusehen (VG Düsseldorf, NVwZ-RR 2012 S. 364, 365; das OVG Münster hat die Zulassung der Berufung gegen dieses Urteil abgelehnt, vgl. Beschl. vom 8. 2. 2012, BeckRS 2012, 47076).

Die nur an der Mitgliederzahl der Fraktionen orientierte und von der Rechtsprechung teilweise gebilligte Finanzierungspraxis Praxis einiger Kommunen (vgl. OVG Münster, NVwZ-RR 2003 S. 376, 377 f.; OVG Bautzen, Urt. vom 23. 11. 2010, BeckRS 2011, 47471; zuletzt VG Münster, NWVBl. 2012 S. 367, 368; zuvor bereits die bei *Bick*, Die Ratsfraktion, S. 109 genannten Beispiele; ähnlich wohl *Bennemann* in KVR Hess, Rz. 93 zu § 36a HGO) ist hingegen verfassungsrechtlich bedenklich und nach der Rechtsprechung des BVerwG nicht mehr aufrechtzuerhalten.

Unter Beachten der Grundsätze des Bundesverwaltungsgerichts fehlt es an einem rechtfertigenden Grund dafür, kleineren Fraktionen lediglich einen „statischen" Sockelbetrag zu gewähren, größeren Fraktionen aber durch die Anknüpfung an Gehaltsstufen für die Beschäftigung von Mitarbeitern eine Dynamisierung der jährlichen Beträge einzuräumen (VG Braunschweig, NST-N 2/2015 S. 41 f. mit Anm. *Thiele*).

Kann bei der grundsätzlichen Ausgestaltung problemlos eine Parallele zwischen der Fraktionsfinanzierung in staatlichen Parlamenten und in kommunalen Vertretungen gezogen werden, ist die auf staatlicher Seite übliche Erscheinung der Gewährung eines **„Oppositionsbonus"** (vgl. dazu *Zeh* in HdbStaatsR II, S. 391 ff. Rz. 12) auf die Kommunalebene nicht übertragbar (ebenso vgl. VGH München, Urt. v. 3. 12. 2014, BeckRS 2015, 42472 S. 18 f.; *Koch*, Rz. 32 zu § 57 in Ipsen [Hrsg.], NKomVG; keine rechtliche Bedenken sehend, in der Sache aber wie hier argumentierend *Wefelmeier*, in KVR Nds/NKomVG, Rz 81 zu § 57). Dem steht die andere Strukturierung und Aufgabenzuweisung der kommunalen Volksvertretungen entgegen.

6.6 Finanzkontrolle

> Die den Fraktionen gewährten Finanzmittel unterliegen im vollen Umfang der örtlichen und der überörtlichen Prüfung. Es ist aber eine verfassungskonforme Auslegung der kommunalverfaassungsrechtlichen Bestimmungen dahingehend geboten, dass sich die örtliche Prüfung nicht auf die Zweckmäßigkeit zulässiger Ausgaben erstrecken darf. Die überörtliche Prüfung hat die legitime Ausübung des kommunalen Selbstverwaltungsrechts und daraus resultierender Unterschiedlichkeiten zu respektieren.

6.6.1 Ausgangssituation

Angesichts der zu beobachtenden Ausuferungen der Fraktionsfinanzierung und dem damit zu konstatierenden Verlust politischer Selbstbeschränkung erscheint die Forderung nach wirksamer institutionalisierter Kontrolle um so dringlicher. Wie bei der staatlichen Fraktionenfinanzierung (vgl. dazu *von Arnim*, Staatliche Fraktionsfinanzierung ohne Kontrolle?, S. 56 f.; *ders.*, ZRP 1988 S. 83 ff., 89 f.; *Papier*, BayVBl 1998 S. 513, 520, betont allerdings zu Recht den Status der Fraktionen, die nach den herkömmlichen Regeln des Haushalts- und Haushaltsverfassungsrechts nicht der Rechnungsprüfung unterlägen, würde sie in den Fraktionsgesetzen des Bundes und der Länder nicht explizit angeordnet) ist ein Kontrollbedürfnis gerade deswegen besonders zu bejahen, weil der infolge der begrenzt zur Verfügung stehenden Haushaltsmittel latent bestehende Druck zu einem wirtschaftlichen und sparsamen Mitteleinsatz bei den Fraktionen allenfalls in eingeschränkter Form zum Tragen kommt. Da die Akteure selbst über die Höhe der ihnen zufließenden Mittel entscheiden, brauchen die Fraktionen scheinbar keinen großen Nachdruck auf die das gesamte öffentliche Haushaltsrecht prägenden Grundsätze der Wirtschaftlichkeit und Sparsamkeit zu legen.

Empirisch ist festzustellen, dass vielerorts offenbar eine nur unzureichende oder gar keine Kontrolle der Fraktionsfinanzen stattfindet (vgl. hierzu die Angaben zu einer Umfrage bei *Bick*, Die Ratsfraktion, S. 217 m. Erl. auf S. 123 f.). Im Mittelpunkt rechtlicher Erwägungen stand dabei bisher die Frage, ob nicht durch das Zubilligen einer umfassenden Prüfungsbefugnis für die Finanzkontrolle ein Einfallstor zur politischen Kontrolle über die parteipolitisch geprägten und einen Teil des unmittelbar demokratisch legitimierten Gemeinderates bildenden Fraktionen eröffnet würde. Dabei sollte aber im Ausgangspunkt Einigkeit darüber bestehen, dass die von den Parteien in den gemeindlichen Volksvertretungen zur Geltung gebrachte Kommunalpolitik nicht zur Errichtung von Tabuzonen für die Finanzkontrolle über kommunalpolitisch motivierte Verwaltungsentscheidungen führen darf (so mit Recht *Klappstein*, Die Gemeinde 1989 S. 157, 158).

*Ohne die Einzelheiten der Auseinandersetzung hier nachzeichnen zu können, ist auf das sog. **Wüppesahl-Urteil** des BVerfG vom 13. 6. 1989 zu verweisen, das die Diskussion um das „Ob" der Prüffähigkeit von Fraktionsfinanzen auf staatlicher Ebene zu einem gewissen Abschluss gebracht haben dürfte. Mit erfreulicher Deutlichkeit haben die Karlsruher Richter festgestellt, der Bundesrechnungshof sei verpflichtet, die ordnungsgemäße Verwendung der Fraktionszuschüsse im Sinne ausschließlichen Einsatzes für die Arbeit der Fraktionen regelmäßig nachzuprüfen, Verstöße gegen die Zweckbindung, die Wirtschaftlichkeit und sonstige Ordnungsmäßigkeit der Mittelverwendung aufzudecken und zu beanstanden, ggf. Abhilfevorschläge zu unterbreiten und Beanstandungen in den jährlichen Prüfungsbericht aufzunehmen. Für Fraktionszuschüsse seien die gleichen verfassungs- und haushaltsrechtlichen Maßstäbe anzulegen, wie bei anderen Etatmitteln auch (BVerfGE 80, 188, 214, umfassend hierzu U. Müller, NJW 1990 S. 2046 ff.; ebenso bereits Jekewitz, ZParl 1984 S. 14, 21).*

6.6.2 Kontrolle in den Kommunen

Eine konsequente Übertragung dieser Grundsätze auf die kommunale Ebene ist angebracht, obwohl die gesetzliche Ausgangslage auf den ersten Blick nicht problemlos vergleichbar erscheint. Zuvörderst ist aber an die eindeutige Zuordnung der Fraktionen zu den Gemeinderäten zu erinnern. Die Wüppesahl-Entscheidung des BVerfG stärkt die hier vertretene Auffassung von Doppelfunktionalität der Fraktionen. Diese leiten ihre Rechte – jedenfalls vorrangig – aus dem Abgeordnetenstatus ihrer Mitglieder her und vermögen sich allenfalls mittelbar auf Art. 21 GG zu berufen. Organisationsrechtlich sind die Fraktionen mithin als integrierter Teil der kommunalen Volksvertretung anzusehen mit der Konsequenz der Bewirtschaftung ihres Bedarfs aus den Haushaltsansätzen für Gemeindeorgane. Grundsätzlich ist damit die **volle Prüffähigkeit** der Fraktionsfinanzierung durch die örtliche und die überörtliche Prüfung eröffnet (für die Parlamentsfraktionen ebenso vgl. *Heuer* in Böning/von Mutius [Hrsg.], Finanzkontrolle im repräsentativ-demokratischen System, S. 107 ff.).

6.6.2.1 Grundsätzlich kein prüfungsfreier Raum

Hiergegen vermag nicht der Einwand zu überzeugen, solchermaßen würden die zu Kontrolleuren der hauptamtlichen Verwaltung berufenen Volksvertretungen im Wege der örtlichen Prüfung ihrerseits zum geprüften Objekt der (hauptamtlichen) Verwaltung, die auf diesem Wege politische Entscheidungen zu bewerten hätte. Insoweit besteht kein relevanter Unterschied zur Kontrolle staatlicher Parlamente durch die Rechnungshöfe. Im Gegenteil: Infolge des Fehlens einer echten Funktionentrennung und einer wenig ausgeprägten institutionellen Selbstständigkeit der Kontrolleure auf kommunaler Ebene besteht die vorrangig von den betroffenen Fraktionen selbst artikulierte „Gefahr" auf staatlicher Ebene viel eher denn in einer verselbstständigten Finanzprüfung. Auch wäre es schwer nachvollziehbar, warum zwar die Verwaltung des Gemeinderates insgesamt und seiner Ausschüsse in finanzieller Hinsicht überprüft werden dürfen, dies aber für die Fraktionen als den anderen organisatorischen Teileinheiten nicht gelten sollte. Einen im wahrsten Sinne des Wortes „unkontrollierten" Freiraum kann es für die Fraktionen nicht geben.

Nach der in Art. 28 Abs. 2 GG angelegten kommunalverfassungsrechtlichen Aufgabenverteilung obliegen politische Wertungen innerhalb der Gemeinde indes jedenfalls vorrangig den Fraktionen. Selbstverständlich darf die Rechnungsprüfung nicht dazu benutzt werden, den Fraktionen diesen Kernbereich ihrer Aktivitäten zu bestreiten. Gleichwohl besteht aber für die örtliche Prüfung hinsichtlich der kommunalen Fraktionen die Pflicht, Rechtsverstöße bei der Bewirtschaftung der diesen zugewendeten Mittel aufzudecken und zu beanstanden.

Namentlich sind die Einhaltung der Zweckbindung, die Wirtschaftlichkeit und die sonstige Ordnungsmäßigkeit zu nennen. Ein besonderes Augenmerk ist darauf zu richten, dass die Gelder ausschließlich für die Arbeit der Fraktionen, nicht aber für die dahinter stehenden Parteien verwendet werden.

Erzielen Fraktionen entgegen der oben vertretenen Auffassung auch **Einnahmen, die nicht aus öffentlichen Kassen** stammen, unterliegen auch diese der Rechenschaftspflicht. Artenschutz für „Reptilienfonds" der Fraktionen darf es nicht geben (plastisch für Parlamentsfraktionen *Müller/Albrecht*, DVBl 2000 S. 1315, 1318). „Nebenhaushalte" öffentlicher Institutionen sind unzulässig. Sie widersprächen dem verfassungsrechtlichen Gebot der Einheit und Vollständigkeit des Haushaltsplans und der Haushaltsrechnung, vgl. für die Bundesebene Art. 110 Abs. 1 Satz 1, 114 Abs. 1 Satz 1 GG; für die kommunale Ebene vgl. exemplarisch § 46 Abs. 1 KV MV.

6.6.2.2 Keine Zweckmäßigkeitskontrolle

Es wurde darauf hingewiesen, dass sich die Kontrolle der Fraktionen-zuwendungen auf staatlicher Ebene grundsätzlich nicht auf Zweck-mäßigkeitserwägungen der Verwendung erstrecken darf (vgl. § 53 Abs. 2 Satz 1 AbgG des Bundes; umfassend zur Publizität der Frakti-onsfinanzen durch das AbgG vgl. *Wolters*, Der Fraktions-Status, S. 167 ff.; zur Diskussion um die Beschränkung der Prüfungsbefugnis vgl. *Papier*, BayVBl 1998 S. 513, 521 f.; *Hölscheidt*, DÖV 2000 S. 711, 720 f. m. w. N.; zuletzt *Bertrams*, NWVBl. 2005 S. 10, 17). Hier scheint nun ein entscheidender Unterschied auf kommunaler Ebene zu beste-hen, denn die Vorschriften in den Gemeindeordnungen sehen eine Kompetenz der Rechnungsprüfungsämter bzw. der Rechnungsprü-fungsausschüsse und ähnlicher Institutionen (einen umfassenden Überblick über die im Einzelnen sehr verschieden ausgestattete Struktur der kommunalen Rechnungsprüfung bietet *Pfründer*, § 24 in Henneke/Strobl/Diemert [Hrsg.], Recht der kommunalen Haushalts-wirtschaft, 2008; knapper gefasst vgl. auch *Klappstein*, DVBl 1986 S. 363 ff.) zur Überprüfung der Verwaltung auch unter dem Gesichts-punkt der Zweckmäßigkeit vor.

In der Regel handelt es sich um Aufgaben, mit denen das Rechnungs-prüfungsamt betraut werden kann (ausdrücklich vgl. § 102 Abs. 1 Nr. 5 BbgKVerf; § 155 Abs. 2 Nr. 2 NKomVG; § 102 Abs. 2 Nr. 3 GO NW; § 121 Abs. 2 Nr. 2 KSVG; § 140 Abs. 2 Nr. 1 KVG LSA; *Fehn*, StGR 1988 S. 129, 132, bejaht eine Zweckmäßigkeitskontrolle des Rechnungsprü-fungsamtes auch hinsichtlich der Mittelverwendung durch die Frak-tionen), in Schleswig-Holstein ist die Zweckmäßigkeitskontrolle der Verwaltung sogar als Pflichtaufgabe statuiert (§ 116 Abs. 1 Nr. 4 GO SH; vgl. auch § 84 Abs. 1 Nr. 4 ThürKO). Diese Ausprägungen der örtli-chen Rechnungsprüfung erklären sich aus deren Funktion als verwal-tungsinternes Kontrollinstrument bzw. als Führungshilfe der Verwal-tungsspitze. Die Gemeindeordnungen betonen mal den einen, mal den anderen Ansatz stärker (vgl. *Klappstein*, DVBl 1985 S. 363, 365).

Hinsichtlich der **Fraktionen** bedürfen die kommunalverfassungs-rechtlichen Vorschriften jedoch einer **verfassungskonformen Inter-pretation** unter Beachtung der Erkenntnisse über die verfassungs-rechtliche Fundierung der Finanzkontrolle. Nach einem in der Litera-tur vertretenen Ansatz (vgl. *Sauer/Blasius*, DÖV 1986 S. 554, insbes. 554 f.; *Knöpfle*, Die Zuständigkeit der Rechnungshöfe für die Prüfung der Körperschaften des öffentlichen Rechts, S. 133 f.) müsste trotz der gesetzlichen Ermächtigung in den Gemeindeordnungen die Kontrolle der Fraktionszuschüsse unter Zweckmäßigkeitsgesichtspunkten ver-fassungsrechtlich untersagt sein wegen des jedenfalls gleichrangigen Verfassungsauftrags an die Fraktionen zur eigenverantwortlichen Entscheidung in diesem Rahmen bzw. wegen der von vornherein feh-lenden Prüfungskompetenz der Rechnungsprüfungsämter in diesen „nichtfinanziellen" Elementen der Entscheidung der Fraktionen.

Auch nach der hier vertretenen Ansicht dürfen Normen des Kommunalrechts, die die Einhaltung des Gemeindewirtschaftsrechts gewährleisten sollen, nicht als Einfallstor zur Korrektur politischer Entscheidungen der unmittelbar demokratisch legitimierten Ratsmitglieder missbraucht werden, auch nicht über das Vehikel der Einflussnahme auf die vorbereitenden Fraktionen, soweit sie sich im Rahmen des ihnen gesetzlich zugewiesenen Tätigkeitsfeldes bewegen. Etwas anderes folgt insbesondere nicht aus dem in Anlehnung an *von Arnim* (Wirtschaftlichkeit als Rechtsprinzip, S. 361 f.) als Optimierungsgebot verstandenen Rechtsgrundsatz der Wirtschaftlichkeit, der ein Beanstandungsrecht bzw. eine -pflicht nur für Rechtsverletzungen impliziert. Für die Auswahl zwischen mehreren geeigneten Mitteln zum Erreichen eines bestimmten Erfolges lässt sich aus diesem Gebot nichts Verbindliches herleiten.

6.6.2.3 Rechtslage in Hessen, Niedersachsen, Nordrhein-Westfalen, Mecklenburg- Vorpommern und Sachsen

Gelten in den übrigen Bundesländern mangels gesonderter gesetzlicher Regelung hinsichtlich der Art und Weise der Rechnungspflicht der Fraktionen grundsätzlich keine Besonderheiten, sind § 36a Abs. 4 Satz 3 HGO, § 57 Abs. 3 Satz 2 NKomVG, § 56 Abs. 3 Satz 3 GO NW und § 35a Abs. 3 Satz 4 SächsGemO daraufhin zu überprüfen, was unter einem **„Nachweis in einfacher Form"** zu verstehen ist. In der Literatur wird die Auffassung vertreten, ein solcher Nachweis in einfacher Form sei nicht identisch mit dem „vereinfachten Verwendungsnachweis" der vorläufigen Verwaltungsvorschriften zur Landeshaushaltsordnung, es bedürfe daher nicht der Vorlage einer Jahresrechnung oder eines Jahresabschlusses mit summarischer Gliederung aller Einnahmen und Ausgaben sowie der Ausweisung des Vermögens und der Schulden. Mittels einer solch exakt aufgegliederten Darstellung der Verwendung könne die interne politische Arbeit der Fraktionen erkennbar und letztlich kontrollierbar werden (*Wansleben* in Held/Winkel [Hrsg.], Gemeindeordnung NW, zu § 56 S. 321). Diese Ansicht steht nicht nur im krassen Widerspruch zum Willen des Gesetzgebers, der eben sehr wohl eine jährliche Einnahmen- und Ausgabenrechnung verlangt, die Verweigerung einer solchen Ex-post-Kontrolle lässt sich auch nicht mit dem legitimen Wunsch rechtfertigen, fraktionsinterne Strukturen geheimzuhalten (so mit Recht *Bick*, Die Ratsfraktion, S. 124 f.). Eine bloße schriftliche Versicherung durch den Fraktionsvorsitzenden, die Mittel seien bestimmungsgemäß verwendet worden, wie dies früher offenbar praktiziert wurde, kann weder der gesetzlichen Vorgabe in den genannten Ländern gerecht werden, die einen Verwendungsnachweis erfordert (vgl. auch insoweit *Bick*, Die Ratsfraktion, S. 125), noch entspricht sie überhaupt einer ordnungsgemäßen Haushaltsführung, die das Vorhalten der notwendigen Belege zur Finanzkontrolle mit einschließt (die unterschiedlichen Auffassungen nur ausführlich referierend *Borchmann*, HKO, Nr. 63 zu § 26a).

Kritisch zu hinterfragen ist die in § 56 Abs. 3 Satz 3 GO NW angeordnete Nachweispflicht gegenüber dem **Bürgermeister**. Dagegen müssten Bedenken erhoben werden, soweit hierdurch eine exklusive Prüfungsbefugnis des Bürgermeisters (vgl. dazu aber Ziff. 7 des Erlasses-NW, EildStNW 1989 S. 36 ff., 40) statuiert werden sollte. Die parteipolitische Einbindung des Bürgermeisters in die Vorstellungen der Mehrheitsfraktion(en) begründen insoweit erhebliche Zweifel an der Effektivität der beabsichtigten Kontrollfunktion. Es besteht keine Veranlassung, den Rechnungsprüfungsämtern diese Aufgaben vorzuenthalten. Etwas anderes folgt auch nicht aus § 101 Abs. 1 GO NW, wonach das Rechnungsprüfungsamt dem Gemeinderat unmittelbar unterstellt ist. Hieraus zu folgern, für die Überprüfung gemeinderatsinterner Vorgänge wäre die Einbindung in die Gemeindeverwaltung günstiger (so *Bick*, Die Ratsfraktion, S. 126 f.), besteht kein Anlass. Eine solche Betrachtungsweise verkennt die Öffentlichkeitswirksamkeit eventueller Reaktionen des Gemeinderates auf Kritik am Finanzgebaren der Fraktionen durch das Rechnungsprüfungsamt. Damit ist über die Vertretungskörperschaft die wünschenswerte Öffentlichkeit (*von Arnim*, ZRP 1988 S. 83 ff., 89, nimmt eine Publizitätspflicht der Fraktionsfinanzen von Verfassungs wegen an; ebenso *ders.*, Staatliche Fraktionsfinanzierung ohne Kontrolle?, S. 47 ff.) geschaffen. Mehr vermag die Finanzkontrolle nicht zu leisten.

In Hessen entscheidet über Umfang und Intensität der Prüfung ausschließlich das zuständige Prüfungsamt, das insoweit keinen Weisungen unterliegt, § 131 Abs. 1 HGO. Die Prüfungsämter haben bisher darauf verzichtet, die Angemessenheit der Fraktionszuwendungen zu überprüfen, sondern dies allein der politischen Verantwortung der Gemeindevertretung überlassen. Der Verwendungsnachweis über erhaltene und verbrauchte Mittel sollte mindestens der Gliederung des Musters 6 zu § 1 Abs. 4 Nr. 7 GemHVO – Doppik entsprechen (vgl. *Empfehlungen Hessen*).

Sah § 23 Abs. 5 Satz 6 KV MV in einer älteren Fassung vor, dass die Verwendung der Mittel durch den Rechnungsprüfungsausschuss zu prüfen sei, soweit die Fraktionen Zuwendungen aus dem Gemeindehaushalt erhalten, ist diese Besonderheit im Zuge des Gesetzes zur Reform des Gemeindehaushaltsrechts (GVBl. MV 2007 S. 410 ff.) geändert worden. Die Prüfung erfolgt nun **im Rahmen der örtlichen Prüfung**, wie dies § 23 Abs. 5 Satz 4 KV MV und § 3 Abs. 1 Nr. 10 des Kommunalprüfungsgesetzes MV übereinstimmend zum Ausdruck bringen (vgl. auch Entwurf der Landesregierung, LT-Drs. 5/810 S. 14 und 52).

6.6.2.4 Überörtliche Prüfung

Für die überörtliche Prüfung kann der Einwand unzulässiger Kontrolle durch die zu Kontrollierenden von vornherein nicht zum Tragen kommen (zustimmend insoweit auch *Klappstein*, Die Gemeinde 1989

S. 157, 160; vgl. ferner Erlass-NW, EildStNW 1989 S. 36, 41). Hier erge-ben sich allerdings Restriktionen der Finanzkontrolle aus der **Garantie der gemeindlichen Selbstverwaltung in Art. 28 Abs. 2 GG**, denn die Finanzkontrolle darf nicht dazu instrumentalisiert werden, die ohnehin zu beklagende Zentralisierungstendenz zur Vereinheitlichung kommunaler Aufgabenwahrnehmung (vgl. hierzu schon *von Mutius*, Gutachten E zum 53. DJT, S. 65 ff.) noch zu fördern.

Vielmehr hat die rechnungsunabhängige Finanzkontrolle bei der Prüfung von Entscheidungen mit finanziellen Auswirkungen die legitime Ausübung des Selbstverwaltungsrechts der zu prüfenden Gemeinde zu respektieren. Dies schließt nicht aus, dass haushaltswirtschaftliche Implikationen getroffener Entscheidungen problematisiert werden (*Knöpfle*, Die Zuständigkeit der Rechnungshöfe für die Prüfung der Körperschaften des öffentlichen Rechts, S. 115; grundsätzlich zur Prüfung autonomer Einrichtungen vgl. auch *Munzert*, StGR 1990 S. 103, 108). Allerdings ist dabei der Zweck der kommunalen Selbstverwaltungsgarantie zu beachten, der eine Vielfalt lokalpolitisch eigenständiger Problemlösungen ermöglichen will (zutreffend insoweit *Lange* in Böning/von Mutius [Hrsg.], Finanzkontrolle im repräsentativ-demokratischen System, S. 83, 103 f.).

6.7 Rechtsschutz

Fraglich ist, auf welchem Wege eine Fraktion mögliche Beeinträchtigungen ihrer Rechte auf Unterstützungsleistungen durch die Kommune, insbesondere Verletzungen des strikten Gleichheitsgrundsatzes, geltend machen kann.

Zum Teil wird vertreten, die Klage einer Fraktion auf Gewährung von Zuwendungen für die Fraktionsgeschäftsführung sei als **Verpflichtungsklage** nach § 42 Abs. 2 2. Alt. VwGO gegen die Gemeinde als öffentlich-rechtliche Körperschaft auf Erlass eines begünstigenden Verwaltungsaktes zu richten (VG Hannover, NdsVBl. 2004 S. 82 f.). Das VG Hannover argumentiert insbesondere damit, § 39b Abs. 3 Satz 1 NGO (nunmehr § 57 Abs. 3 Satz 1 NKomVG) spreche von „kann … gewähren", was auf eine Entscheidung in Form eines Verwaltungsaktes hindeute. Bei den Zuschüssen handele es sich um eine Art Aufwendungsentschädigung, die für Ratsmitglieder mit Außenwirkung durch Verwaltungsakt getroffen werde. Schließlich spreche der § 23 Landeshaushaltsordnung entlehnte Begriff „Zuwendung" für eine Regelung mit Außenwirkung. Hierbei handele es sich um Ausgaben und Verpflichtungsermächtigungen für Leistungen an Stellen außerhalb der Landesverwaltung zur Erfüllung bestimmter Zwecke.

Gerade diese Argumentation überzeugt jedoch nicht (krit. auch *Wefelmeier* in KVR Nds/NKomVG, Rz. 85 zu § 57, der auch hinsichtlich der Kommentierung der Vorgängernorm insoweit zu Unrecht durch das VG Hannover in Bezug genommen wird). Die Fraktionsmittel werden nicht an Stellen außerhalb der Verwaltung vergeben. Vielmehr entscheidet der Gemeinderat über die Verteilung im Rahmen der Selbstorganisation seiner Arbeit. Eine kommunale Vertretungskörperschaft handelt nur dann ausnahmsweise als Behörde, wenn sie aufgrund ausdrücklicher gesetzlicher Bestimmung namentlich in den Zuständigkeitsregelungen der Gemeinde- und Kreisordnungen verwaltend tätig wird (*Henneke*, Rz. 18 zu § 35 in Knack/Henneke, VwVfG). Nach herrschender Auffassung kann unter Berufung auf innerorganisatorischen Anspruchsnormen der Kommunalverfassungen eine Ratsfraktion im **kommunalverfassungsrechtlichem Organstreitverfahren** als besondere Ausprägung einer Feststellungsklage nach § 43 VwGO sowohl geltend machen, die ihr gewährten Zuwendungen seien zu niedrig (jedenfalls nach Landesrecht NW), als auch, andere konkurrierende Fraktionen seien durch die getroffenen Verteilungsregeln gleichheitswidrig begünstigt worden (VGH Kassel, NVwZ-RR 1999 S. 188; OVG Münster, NVwZ-RR 2003 S. 376 f.; *Franz*, Kommunalrecht Sachen-Anhalt, Teil 3 Rz. 103; für allgemeine Leistungsklage hingegen OVG Bautzen, Urt. vom 16.4.2013, BeckRS 2013, 54103 S. 8 f.).

Schon die aufgrund der höchstens auf die Dauer der Wahlperiode begrenzte Existenz einer Fraktion wird es im Zweifel erfordern, gegen mögliche Benachteiligungen im Wege einstweiligen Rechtschutzes vorzugehen. Es bedarf also eines **Anordnungsanspruchs**, als auch der Notwendigkeit einer sofortigen Regelung, eines **Anordnungsgrundes**. An die Glaubhaftmachung eines Anordnungsgrundes sind aber keine überspannten Anforderungen zu stellen, wenn nach summarischer Prüfung ein Anordnungsanspruch zu bejahen ist. Wird eine Verletzung des von der Kommune zu wahrenden Gebots der Chancengleichheit belegt, bedarf es keiner substantiierten Ausführungen darüber, dass die Fraktion oder Gruppe trotz Nutzen anderer Einnahmequellen in der Wahrnehmung ihrer Mitwirkungsrechte beeinträchtigt ist. Schon gar nicht kann es darauf ankommen, ob die Anordnung im Interesse der Kommune objektiv notwendig ist (so aber VG Arnsberg, Beschl. vom 14.1.2009, BeckRS 2009, 31800 S. 4, mit zudem eigenwillig anmutender Streitwertfestsetzung). Vielmehr verlangt das streng einzuhaltende Gebot der Chancengleichheit bei der Mitwirkung, eine Beeinträchtigung umgehend zu unterbinden, zumal ein nachträglicher Ausgleich kaum in Betracht kommt. Eine rückwirkende Bewilligung von Mitteln nach Auflösung der Fraktion ist zwar grundsätzlich möglich, wenn die Mittel während der Wahlperiode zu Unrecht vorenthalten worden sind und die Fraktionsarbeit aus eigenen Mitteln bestritten worden ist. Zur rückwirkenden Bewilligung von Fraktionsmitteln nach Ablauf der Wahlperiode ist eine Kommune jedoch nur verpflichtet, wenn die Fraktion ihren Bedarf durch den Nachweis einer ordnungsgemäßen Mittelverwendung belegt (OVG Bautzen, Urt. vom 16.4.2013, BeckRS 2013, 54103 S. 10 f. = DÖV 2013 S. 860 (LS)).

Anhang

Anhang 1

Übersicht über die Bestimmungen in den Gemeindeordnungen der Bundesländer zu Fraktionen

Brandenburg § 32 BbgKVerf	(1) Fraktionen sind Vereinigungen von Mitgliedern der Gemeindevertretung. Eine Fraktion muss aus mindestens zwei, in Gemeindevertretungen mit 32 oder mehr Gemeindevertretern aus mindestens drei Mitgliedern*) bestehen. In kreisfreien Städten muss eine Fraktion mindestens vier Mitglieder haben.**) Der hauptamtliche Bürgermeister kann nicht Mitglied einer Fraktion sein. (2) Die Fraktionen wirken bei der Willensbildung und Entscheidungsfindung in der Gemeindevertretung mit. Sie können insoweit ihre Auffassung öffentlich darstellen. Ihre innere Ordnung muss demokratischen und rechtsstaatlichen Grundsätzen entsprechen. (3) Nähere Einzelheiten über die Bildung der Fraktionen, ihre Rechte und Pflichten regelt die Geschäftsordnung.
Hessen § 36a HGO Fraktionen	(1) Gemeindevertreter können sich zu einer Fraktion zusammenschließen. Eine Fraktion kann Gemeindevertreter, die keiner Fraktion angehören, als Hospitanten aufnehmen. Das Nähere über die Bildung einer Fraktion, die Fraktionsstärke, ihre Rechte und Pflichten innerhalb der Gemeindevertretung sind in der Geschäftsordnung zu regeln. Eine Fraktion muss aus mindestens zwei Gemeindevertretern bestehen. Eine Fraktion kann Mitglieder des Gemeindevorstandes und sonstige Personen beratend zu ihren Sitzungen hinzuziehen. Sie unterliegen den Pflichten des § 24. Hierauf sind sie vom Fraktionsvorsitzenden hinzuweisen. (2) Die Bildung einer Fraktion, ihre Bezeichnung, die Namen der Mitglieder und Hospitanten sowie des Vorsitzenden und seiner Stellvertreter sind dem Vorsitzenden der Gemeindevertretung und dem Gemeindevorstand mitzuteilen.

---

*) § 32 Abs. 1 Satz 2 Halbs. 2 BgbKVerfG ist mit Art. 97 Abs. 2 Satz 1 der Landesverfassung unvereinbar und nichtig, soweit bestimmt ist, dass eine Fraktion in Gemeindevertretungen mit mehr als 32 Gemeindevertretern aus mindestens drei Mitgliedern bestehen muss, Entsch. des BgbLVerfG vom 15.4.2011, GVBl. I Nr. 6 S. 1.

**) § 32 Abs. 1 Satz 3 BbgKVerfG verletzt das Recht auf kommunale Selbstverwaltung und ist nichtig, Entsch. des BgbLVerfG vom 15.4.2011, GVBl. I Nr. 6 S. 1.

	(3) Die Fraktionen wirken bei der Willensbildung und Entscheidungsfindung in der Gemeindevertretung mit; sie können insoweit ihre Auffassung öffentlich darstellen.
	(4) Die Gemeinde kann den Fraktionen Mittel aus ihrem Haushalt zu den sachlichen und personellen Aufwendungen für die Geschäftsführung gewähren. Diese Mittel sind in einer besonderen Anlage zum Haushaltsplan darzustellen. Über ihre Verwendung ist ein Nachweis in einfacher Form zu führen.
§ 36b HGO Ein-Personen-Fraktion	(1) Entfällt in einer Gemeinde mit bis zu 23 Gemeindevertretern nach dem Wahlergebnis auf eine Partei oder Wählergruppe nur ein Sitz in der Gemeindevertretung, so hat der entsprechende Gemeindevertreter auch dann die Rechte und Pflichten einer Fraktion, wenn es nicht zu einem Zusammenschluss nach § 36a Abs. 1 kommt (Ein-Personen-Fraktion).
	(2) Dies gilt mit der Maßgabe, dass die Ein-Personen-Fraktion nicht die Bildung eines Akteneinsichtsausschusses nach § 50 Abs. 2 Satz 2 verlangen kann.
	(3) Im Fall der Übersendung von Ergebnisniederschriften der Sitzungen des Gemeindevorstands nach § 50 Abs. 2 Satz 4 tritt an die Stelle des Fraktionsvorsitzenden der Gemeindevertreter, der die Ein-Personen-Fraktion bildet.
Mecklenburg-Vorpommern § 23 KV Gemeindevertreter	(5) Die Mitglieder der Gemeindevertretung können sich zu Fraktionen zusammenschließen oder bestehenden Fraktionen mit deren Zustimmung beitreten. Eine Fraktion muss aus mindestens zwei, in Städten mit mehr als 25 Mitgliedern der Stadtvertretung aus mindestens drei und in Städten mit mehr als 37 Mitgliedern der Stadtvertretung aus mindestens vier Mitgliedern bestehen; maßgebend ist die Anzahl der am Tag der Wahl der Gemeindevertreter zu wählenden Gemeindevertreter. Ihre innere Ordnung muss demokratischen und rechtsstaatlichen Grundsätzen entsprechen. Soweit die Fraktionen Zuwendungen aus dem Gemeindehaushalt erhalten, ist die Verwendung dieser Mittel im Rahmen der örtlichen Prüfung zu prüfen. Eine Verwendung der Zuwendungen für Parteiaufgaben ist unzulässig. Näheres über die Bildung von Fraktionen, ihre Rechte und Pflichten regelt die Geschäftsordnung. In Gemeindevertretungen mit bis zu elf Mitgliedern stehen die Rechte nach § 29 Absatz 7 Satz 2, § 31 Absatz 2 Satz 5 und § 34 Absatz 2 auch jedem einzelnen Mitglied zu.
Niedersachsen § 57 NKomVG Fraktionen u. Gruppen	(1) Zwei oder mehr Abgeordnete können sich zu einer Fraktion oder zu einer Gruppe zusammenschließen.
	(2) Fraktionen und Gruppen wirken bei der Willensbildung und Entscheidungsfindung in der Vertretung, im Hauptausschuss und in den Ausschüssen mit. Ihre innere Ordnung muss demokratischen und rechtsstaatlichen Grundsätzen entsprechen.

	(3) Die Kommune kann den Fraktionen und Gruppen Zuwendungen zu den sächlichen und personellen Aufwendungen für die Geschäftsführung gewähren; zu diesen Kosten zählen auch die Aufwendungen der Fraktionen und Gruppen aus einer öffentlichen Darstellung ihrer Auffassungen in den Angelegenheiten der Kommune. Über die Verwendung der Zuwendungen ist ein Nachweis in einfacher Form zu führen. (4) Soweit personenbezogene Daten an die Abgeordneten oder an Mitglieder eines Stadtbezirksrates oder Ortsrates übermittelt werden dürfen, ist es zulässig, diese Daten auch an von der Hauptverwaltungsbeamtin oder dem Hauptverwaltungsbeamten zur Verschwiegenheit verpflichtete Mitarbeiterinnen und Mitarbeiter der Fraktionen und Gruppen zu übermitteln. (5) Einzelheiten über die Bildung der Fraktionen und Gruppen sowie über deren Rechte und Pflichten regelt die Geschäftsordnung.
Nordrhein-Westfalen § 56 GO Fraktionen	(1) Fraktionen sind freiwillige Vereinigungen von Ratsmitgliedern oder von Mitgliedern einer Bezirksvertretung, die sich auf der Grundlage grundsätzlicher politischer Übereinstimmung zu möglichst gleichgerichtetem Wirken zusammengeschlossen haben. Im Rat einer kreisangehörigen Gemeinde muss eine Fraktion aus mindestens zwei Mitgliedern, im Rat einer kreisfreien Stadt aus mindestens drei Mitgliedern, in einer Bezirksvertretung aus mindestens zwei Mitgliedern bestehen. Satz 1 gilt für Gruppen ohne Fraktionsstatus im Rat oder einer Bezirksvertretung entsprechend. Eine Gruppe im Rat oder einer Bezirksvertretung besteht aus mindestens zwei Mitgliedern.
	(2) Die Fraktionen wirken bei der Willensbildung und Entscheidungsfindung in der Vertretung mit; sie können insoweit ihre Auffassung öffentlich darstellen. Ihre innere Ordnung muss demokratischen und rechtsstaatlichen Grundsätzen entsprechen. Sie geben sich ein Statut, in dem das Abstimmungsverfahren, die Aufnahme und der Ausschluss aus der Fraktion geregelt werden. (3) Die Gemeinde gewährt den Fraktionen und Gruppen aus Haushaltsmitteln Zuwendungen zu den sächlichen und personellen Aufwendungen für die Geschäftsführung. Die Zuwendungen an die Fraktionen und Gruppen sind in einer besonderen Anlage zum Haushaltsplan darzustellen. Über die Verwendung der Zuwendungen ist ein Nachweis in einfacher Form zu führen, der unmittelbar dem Bürgermeister zuzuleiten ist. Eine Gruppe erhält mindestens eine proportionale Ausstattung, die zwei Dritteln der Zuwendungen entspricht, die die kleinste Fraktion nach Absatz 1 Satz 2 erhält oder erhalten würde. Einem Ratsmitglied, das keiner Fraktion oder Gruppe angehört, stellt die Gemeinde in angemessenem Umfang Sachmittel

	und Kommunikationsmittel zum Zwecke seiner Vorbereitung auf die Ratssitzung zur Verfügung. Der Rat kann stattdessen beschließen, dass ein Ratsmitglied aus Haushaltsmitteln finanzielle Zuwendungen erhält, die die Hälfte des Betrages nicht übersteigen dürfen, die eine Gruppe mit zwei Mitgliedern erhielte. In diesem Fall ist nach den Sätzen 2 und 3 zu verfahren. (4) Ein hauptberuflich tätiger Mitarbeiter einer Fraktion kann Ratsmitglied sein. Nähere Einzelheiten über die Bildung der Fraktionen, ihre Rechte und Pflichten sowie den Umgang mit personenbezogenen Daten regelt die Geschäftsordnung. Die Geschäftsordnung bestimmt auch, ob eine Fraktion ein Ratsmitglied, das keiner Fraktion angehört, als Hospitant aufnehmen kann. Bei der Feststellung der Mindeststärke einer Fraktion zählen Hospitanten nicht mit. (5) Soweit personenbezogene Daten an Ratsmitglieder oder Mitglieder einer Bezirksvertretung übermittelt werden dürfen, ist ihre Übermittlung auch an Mitarbeiter einer Fraktion oder einer Gruppe oder eines einzelnen Ratsmitgliedes nach Absatz 3 Satz 4 zulässig, wenn diese zur Verschwiegenheit verpflichtet sind.
Rheinland-Pfalz § 30 a GemO Fraktionen	(1) Ratsmitglieder können sich zu Fraktionen zusammenschließen. Eine Fraktion muss mindestens aus zwei Mitgliedern bestehen. (2) Der Zusammenschluss zu einer Fraktion, ihre Bezeichnung, die Namen der Mitglieder sowie des Vorsitzenden und seiner Stellvertreter sind dem Bürgermeister mitzuteilen. (3) Die Fraktionen wirken bei der Willensbildung und Entscheidungsfindung im Gemeinderat mit; sie können insoweit ihre Auffassung öffentlich darstellen.
Saarland § 30 KSVG Rechtsstellung der Organträger	(5) Gemeindemitglieder, die derselben Partei oder politischen Gruppierung mit im Wesentlichen gleicher politischer Zielsetzung angehören, können sich zu einer Fraktion zusammenschließen. Eine Fraktion muss aus mindestens zwei Mitgliedern bestehen. Die näheren Einzelheiten über die Bildung der Fraktionen, ihre Rechte und Pflichten regelt die Geschäftsordnung.
Sachsen § 35 a Sächs- GemO Fraktionen	(1) Gemeinderäte können sich zu Fraktionen zusammenschließen. Diese sind Organteile des Gemeinderates. Das Nähere über die Bildung, die Stärke der Fraktionen, ihre Rechte und Pflichten innerhalb des Gemeinderates regelt die Gemeinde durch Geschäftsordnung. (2) Die Fraktionen wirken bei der Willensbildung und Entscheidungsfindung des Gemeinderates mit; sie können ihre Auffassungen öffentlich darstellen.

	(3) Die Gemeinde kann den Fraktionen Mittel aus ihrem Haushalt für die sächlichen und personellen Aufwendungen für die Geschäftsführung gewähren. In Gemeinden ab 30000 Einwohnern sollen ihnen Mittel gewährt werden. Diese Mittel sind in einer besonderen Anlage zum Haushaltsplan darzustellen. Über ihre Verwendung ist ein Nachweis in einfacher Form zu führen. (4) Für Bedienstete der Fraktionen gilt § 19 Abs. 2 entsprechend. Die Geschäftsordnung kann vorsehen, dass Arbeitnehmer der Fraktionen zu nichtöffentlichen Sitzungen des Gemeinderats und seiner Ausschüsse Zutritt haben.
Sachsen-Anhalt § 44 KVG Fraktionen	Ehrenamtliche Mitglieder der Vertretung, die derselben Partei, politischen Vereinigung oder politischen Gruppierung angehören, können sich zu einer Fraktion zusammenschließen. Eine Fraktion kann auch aus Mitgliedern mehrerer Parteien, politischen Vereinigungen oder politischer Gruppierungen gebildet werden. Eine Fraktion muss in Gemeinden und Verbandsgemeinden aus mindestens zwei ehrenamtlichen Mitgliedern der Vertretung, in Landkreisen und in Gemeinden mit mehr als 50 000 Einwohnern aus mindestens drei ehrenamtlichen Mitgliedern der Vertretung bestehen.
Schleswig-Holstein § 32 a GO Fraktionen	(1) Gemeindevertreterinnen und Gemeindevertreter können sich durch Erklärung gegenüber der oder dem Vorsitzenden der Gemeindevertretung zu einer Fraktion zusammenschließen. Die Mindestzahl der Mitglieder einer Fraktion beträgt zwei. (2) Eine Fraktion kann beschließen, dass Bürgerinnen und Bürger, die nach § 46 Abs. 3 zu Mitgliedern von Ausschüssen gewählt worden sind, Stimmrecht in den Fraktionssitzungen erhalten. Die Geschäftsordnung der Fraktion kann bestimmen, dass das Stimmrecht auf Angelegenheiten ihres Ausschusses beschränkt wird; das Stimmrecht kann für Wahlen und Wahlvorschläge ausgeschlossen werden. (3) Nähere Einzelheiten über die innere Ordnung, über die Aufnahme und das Ausscheiden von Mitgliedern sowie ihrer Rechte und Pflichten kann die Fraktion durch Geschäftsordnung regeln. (4) Die Gemeinde kann Zuschüsse zur Erfüllung der Aufgaben für den notwendigen sachlichen und personellen Aufwand für die Geschäftsführung der Fraktionen gewähren. Dazu zählt auch eine angemessene Öffentlichkeitsarbeit. Über die ordnungsgemäße Verwendung ist ein Nachweis zu führen.
Thüringen § 25 ThürKO	Gemeinderatsmitglieder können sich zu Fraktionen zusammenschließen. Das Nähere über die Bildung der Fraktionen, ihre Rechte und Pflichten regelt die Geschäftsordnung.

Anhang 2

Muster
einer Geschäftsordnung für Ratsfraktionen

Nachfolgend wird das Muster einer Geschäftsordnung für eine Fraktion in einer Gemeindevertretung in Nordrhein-Westfalen dokumentiert, wie es auf Anfrage dem Autor durch die KPV zur Verfügung gestellt wurde und in der hier dokumentierten aktualisierten Fassung im Internet zugänglich ist. Mit dem Abdruck ist keinerlei Empfehlung verbunden, die in dem Muster enthaltenen Regelungen zu übernehmen, zumal sie sehr detailliert und am ehesten für die Fraktionen größerer Städte zugeschnitten scheinen; dies gilt auch nach eigener Einschätzung der Autoren namentlich für die §§ 16 und 18, die für kleinere Fraktionen entsprechend gekürzt werden können. Das Muster soll Denk- und Formulierungsanstöße für eigene Regelungen geben. Das jeweilige Landesrecht und die Verhältnisse vor Ort erfordern eine Anpassung. Eine von der SGK empfohlene Mustergeschäftsordnung findet sich mit Anmerkungen dokumentiert bei *Oster* in FES (Hrsg.), Die Geschäftsordnung der Fraktion in der Gemeindevertretung, S. 99 ff.

Die nachstehend abgedruckte Mustergeschäftsordnung für Fraktionen entspricht der Rechtslage und der Erfahrung der bisherigen Praxis. Sie zeigt an mehreren Stellen bewusst Alternativlösungen auf, erfordert also insoweit eine Entscheidung der jeweiligen Fraktion.

**Geschäftsordnung der X-Fraktion im Rat/in der Bezirksvertretung
der Stadt . . ./im Kreistag des Kreises . . .**

Die von der X-Partei zur Kommunalwahl – zur Kreistagswahl – am . . . aufgestellten und in den Stadtrat – den Gemeinderat – die Bezirksvertretung – den Kreistag gewählten Bewerber sind am . . . zusammengetreten und beschließen folgende Fraktionsgeschäftsordnung:

§ 1

Ziele und Aufgaben

1. Ziel der Arbeit der Fraktion ist es, die bürgerschaftliche Selbstverwaltung in ihrem Bereich nach den Grundsätzen der X-Partei, insbesondere den kommunalpolitischen Leitsätzen der X-Partei, zu verwirklichen.

2. Es ist Aufgabe der Fraktion
   a) eine einheitliche Willensbildung der Mitglieder zu fördern und ihr geschlossenes Auftreten sicherzustellen,
   b) die Bürgerschaft und insbesondere die Mitglieder der X-Partei laufend über ihre kommunalpolitischen Ziele und Auffassungen zu informieren,
   c) die Wünsche der Bürger aufzunehmen und eine lebendige Verbindung zwischen Bürgerschaft, Einwohnern und Vertretungskörperschaft herzustellen.

§ 2

Mitgliedschaft

1. Die in den Vertretungskörperschaft gewählten Mandatsträger der X-PARTEI bilden für die Dauer der Wahlperiode die X -Fraktion.

2. Andere Mitglieder der Vertretungskörperschaft können in die Fraktion aufgenommen werden, wenn ein mit Mehrheit von zwei Dritteln aller Fraktionsmitglieder gefasster Beschluss der Fraktion vorliegt.

3. Durch Mehrheitsbeschluss der Fraktionsmitglieder können andere Mitglieder der Vertretungskörperschaft als Hospitanten an der Fraktionsarbeit beteiligt werden.

4. Bei der Feststellung der Mindeststärke für Fraktionen gemäß der Gemeindeordnung zählen Hospitanten nicht mit.

§ 3

Organe

Organe der Fraktion sind:

a)   die Fraktionsversammlung,

b)   der Vorstand,

c)   der Vorsitzende.

§ 4

Die Fraktionsversammlung

1. Die Versammlung der Fraktionsmitglieder bestimmt die Grundlinien der Politik der Fraktion und entscheidet über alle anstehenden Einzelfragen.

2. Sie wählt den Vorstand, bestimmt die auf die Fraktion entfallenen Stellvertreter des (Ober-)Bürgermeisters bzw. des Landrats sowie Mitglieder der Ausschüsse und die Obmänner und schlägt die Bewerber für den Vorsitz und Stellvertretung in den Ausschüssen der Vertretungskörperschaft vor. Entsprechendes gilt für die von der Vertretungskörperschaft zu bestellenden Mitglieder anderer Gremien, Kuratorien, Aufsichtsräte usw.

3. Die Fraktion tritt in der Regel am . . ./nach Bedarf, mindestens jedoch vor jeder Sitzung der Vertretung, zusammen. Sie kann jederzeit zur Beratung wichtiger Angelegenheiten einberufen werden. Sie muss einberufen werden, wenn ein Viertel der Mitglieder es unter Angabe der Beratungspunkte verlangt. Die Ladungsfrist beträgt mindestens 48 Stunden; in Eilfällen kann sie verkürzt werden.

4. Zu den Fraktionssitzungen sollen außer den Mitgliedern eingeladen werden:

a)   der (Ober-)Bürgermeister/Landrat, sofern er der X-PARTEI angehört,

b)   der hauptamtliche/nebenamtliche Geschäftsführer der Fraktion, soweit er nicht Fraktionsmitglied ist,

c)   die auf der Liste der X-PARTEI gewählten Sachkundigen Bürger/ggf. stellvertretenden Sachkundigen Bürger, (möglicher Zusatz: wenn Angelegenheiten ihres jeweiligen Sachbereichs beraten werden),

d)   die leitenden Kommunalbeamten (Wahlbeamten), die der X-PARTEI angehören

e)   (alternativer Zusatz: die der X-PARTEI angehörenden Bezirksvorsteher, stellvertretenden Bezirksvorsteher und X-Fraktionsvorsitzenden in den Bezirksvertretungen, wenn Angelegenheiten ihres Bezirks beraten werden).

Darüber hinaus steht es der Fraktion frei, nach Bedarf weitere Personen, insbesondere Funktionsträger der örtlichen X-PARTEI, die nicht Mitglieder der Fraktion sind, zu den Fraktionssitzungen einzuladen.Ob und wann dieser Personenkreis eingeladen wird, entscheidet der Fraktionsvorsitzende/ Fraktionsvorstand.

5. Stehen Angelegenheiten zur Beratung an, die Gegenstand einer nicht-öffentlichen Sitzung der Vertretungskörperschaft waren oder sein werden, so haben die in Absatz 4 dieser Vorschrift genannten Personen, soweit sie nicht zur Teilnahme an nichtöffentlichen Sitzungen der Vertretungskörperschaft berechtigt sind, den Sitzungsraum zu verlassen. Der Vorsitzende hat für die Beachtung dieser Bestimmung Sorge zu tragen.

6. Die Fraktion ist beschlussfähig, wenn mehr als die Hälfte der Mitglieder der Fraktion anwesend sind. Sie gilt als beschlussfähig, solange ihre Beschlussunfähigkeit nicht festgestellt ist.

7. Stimmrecht haben nur die Mitglieder der Fraktion.

8. (alternativer Zusatz: Über jede Sitzung ist ein Kurzprotokoll, das alle Beschlüsse enthalten muss, durch den Schriftführer/Geschäftsführer zu fertigen und von ihm zu unterzeichnen. Die Protokolle sind den Fraktionsmitgliedern zuzuleiten. Einwendungen gegen das Protokoll sind zu Beginn der nächsten Fraktionssitzung zu behandeln.)

§ 5

Der Vorstand

1. Der Vorstand besteht aus folgenden Fraktionsmitgliedern:

    a) dem Vorsitzenden,

    b) dem Stellvertreter/den Stellvertretern,

    c) dem Schriftführer/Geschäftsführer,

    d) dem Schatzmeister,

    e) dem Pressesprecher,

    f) und weiteren … Beisitzern.

    Es wird für die Wahlperiode des Rates/Kreistages/der Bezirksvertretung gewählt. (Alternative: Er wird für … Jahre gewählt und bleibt bis zur Neuwahl des neuen Vorstandes im Amt.) Die Abwahl des Vorstandes oder einzelner Vorstandsmitglieder ist möglich. Der Antrag kann nur von der Mehrzahl der Mitglieder der Fraktion gestellt werden. Zwischen dem Eingang des Antrages und der Sitzung der Fraktion muss eine Frist von wenigstens zwei Tagen liegen. Der Beschluss über die Abberufung bedarf einer Mehrheit der Mitgliederzahl der Fraktion.

2. Der Vorstand bereitet die Fraktionssitzungen vor und führt die Geschäfte der Fraktion. Er kann mit Zustimmung der Fraktion einen haupt- oder nebenamtlichen Geschäftsführer berufen und Arbeitsverträge abschließen. Der haupt-/nebenamtliche Geschäftsführer nimmt, vorbehaltlich der Regelung in § 4 Abs. 5 dieser Geschäftsordnung, an den Fraktions- und Vorstandssitzungen teil, hat aber – soweit er nicht Fraktionsmitglied ist – kein Stimmrecht. Gleiches gilt für den (Ober-)Bürgermeister/Landrat.

3. Der Vorstand tritt nach Bedarf zusammen. Die Einladung erfolgt durch den Vorsitzenden.

4. Der Vorstand kann Mitgliedern der Fraktion bestimmte Aufgaben übertragen und Arbeitskreise einrichten. Wenn Fragen anstehen, die über den Rahmen der Fraktionsarbeit die örtliche Partei berühren, ist der Vorsitzende der Partei einzuladen.

§ 6

Der Vorsitzende

1. Der Vorsitzende vertritt die Fraktion nach innen und außen.

2. Der Vorsitzende lädt ein zu den Sitzungen der Fraktion, setzt die Tagesordnung fest und leitet die Sitzungen. Auf Verlangen von mindestens einem Viertel der Fraktionsmitglieder muss die Tagesordnung um gewünschte Punkte erweitert werden.

3. Der Vorsitzende erstattet der Fraktion jährlich einen Tätigkeitsbericht und sorgt für die Berichterstattung im Kassen- und Rechnungswesen. Er ist nachweispflichtig für die bestimmungsgemäße Verwendung der öffentlichen Gelder (§ 15 Abs. 5 dieser Geschäftsordnung).

4. Der Vorsitzende hält Kontakt mit der kommunalpolitischen Vereinigung der X-Partei und deren Kreisvereinigung. Die ihm zugehenden Informationen hat er unverzüglich der Fraktion bzw. je nach Sachinhalt den zuständigen Fraktionsmitgliedern zuzuleiten. Er kann mit dieser Aufgabe auch ein Mitglied der Fraktion beauftragen.

§ 7

Rechte und Pflichten

1. Die Mitglieder der Fraktion sollen bei Beratungen, Wahlen und Beschlüssen der Vertretungskörperschaft und ihrer Ausschüsse und in der Öffentlichkeit die Gesamtlinie der Fraktion vertreten. Sie sollen die gemeinschaftlichen Ziele in Gesinnung, Wort und Haltung fördern. Wird dieser Grundsatz in wichtigen Angelegenheiten gefährdet oder verletzt, so ist jedes Mitglied verpflichtet, den Vorsitzenden unverzüglich zu unterrichten.

2. Die gemeinschaftlichen Ziele sind im Grundsatzprogramm der X-PARTEI, im Grundsatzprogramm der kommunalpolitischen Vereinigung der X-PARTEI, in den kommunalpolitischen Aktionsprogrammen der Kommunalpolitischen Vereinigung der X-PARTEI des Landes Nordrhein-Westfalen und der X-Partei Nordrhein-Westfalen sowie in dem jeweiligen örtlichen Kommunalwahlprogramm der X-PARTEI festgelegt.

3. Die Fraktion achtet das persönliche Gewissen und lehnt Fraktionszwang ab. Mitglieder, die sich Beschlüssen der Fraktion nicht anschließen, müssen jedoch ihre abweichende Meinung der Fraktion vor den Sitzungen der Vertretung und der Ausschüsse mitteilen.

4. Die Fraktion erwartet von ihren Mitgliedern gewissenhafte und verantwortungsfreudige Mitarbeit und Verschwiegenheit. In Fällen möglicher Befangenheit sollte ein Fraktionsmitglied dies seiner Fraktion im Voraus mitteilen.

5. Die Mitglieder sind zur Teilnahme an den Fraktionssitzungen verpflichtet. Ein Mitglied, das zu einer Sitzung nicht erscheinen kann, verständigt den Vorsitzenden rechtzeitig. Wer Sitzungen vorzeitig verlassen muss, zeigt dies dem Vorsitzenden zu Beginn der Sitzung an.

§ 8

Wahlen

1. Die Wahlen der Bewerber erfolgen geheim. Dem Sitzungsleiter obliegt es, durch geeignete Maßnahmen das Wahlgeheimnis zu gewährleisten. Gewählt ist, wer die Mehrheit der abgegebenen gültigen Stimmen auf sich vereinigt. Wird diese Mehrheit nicht erreicht, findet eine Stichwahl jeweils zwischen den beiden Bewerbern mit den höchsten Stimmenzahlen statt. Stimmenthaltungen zählen nicht als abgegebene Stimmen. Bei Stimmengleichheit entscheidet in jedem Fall das Los.

2. Für die Wahlen sind einheitliche Stimmzettel zu verwenden.

3. Die Wahlen der Bewerber können einzeln oder gemeinsam erfolgen. Die Vorschläge für die Festlegung der Reihenfolge der Bewerber für ein mehrfach zu besetzendes Vorstandsamt werden der Reihe nach zur Wahl gestellt. Mehrere Einzelwahlvorschläge werden zusammengefasst, sofern gegen den jeweiligen Vorschlag kein Gegenvorschlag gemacht wird. Erfolgt ein Gegenvorschlag, so wird vor dessen Behandlung zunächst über die vorhergehenden Wahlvorschläge abgestimmt. Für Sammelwahlen müssen die Stimmzettel die Namen aller Bewerber, mit Ausnahme der in Einzelabstimmung zu Wählenden, in der Reihenfolge der Abstimmung enthalten. Auf den Stimmzetteln ist für jede einzelne Abstimmung die Möglichkeit, mit „Ja", „Nein" oder „Enthaltung" zu stimmen, sicherzustellen; zur Vereinfachung sollte jedoch auch die Möglichkeit gegeben werden, mit einer Stimme zu allen Vorschlägen mit „Ja", „Nein" oder „Enthaltung" zu stimmen. Bei Gegenvorschlägen erfolgt Einzelwahl, bei der gewählt ist, wer die Mehrheit der abgegebenen Stimmen erhält. Wird diese Mehrheit nicht erreicht, so erfolgt eine Stichwahl zwischen den beiden Bewerbern mit den höchsten Stimmenzahlen; für die Stichwahl genügt die einfache Mehrheit. Bei Stimmengleichheit entscheidet in jedem Fall das Los.

4. Zur Wahl des Vorstandes sind nur Fraktionsmitglieder berechtigt.

§ 9

Abstimmungen/Beschlüsse

1. Abstimmungen erfolgen mit Mehrheit der abgegebenen Stimmen, sofern in dieser Geschäftsordnung nichts anderes geregelt ist. Stimmenthaltungen zählen als nicht abgegebene Stimmen, Stimmengleichheit gilt als Ablehnung.

2. Beschlüsse werden grundsätzlich offen gefasst. Auf Antrag eines Drittels der anwesenden stimmberechtigten Mitglieder muss geheim abgestimmt werden.

§ 10

Anträge und Anfragen

Anträge und Anfragen von Fraktionsmitgliedern an den Rat/Kreistag/die Bezirksvertretung und seine/ihre Ausschüsse sind vor der Einbringung dem Fraktionsvorsitzenden zur Kenntnis zu geben. Sie sollen nach Möglichkeit in der Fraktion beraten werden.

§ 11

Arbeit in den Ausschüssen

1. Die der X-PARTEI angehörenden Ausschussvorsitzenden nehmen für den Ausschuss die Funktion eines Obmannes der Fraktion wahr; daneben wird ein Sprecher bestellt. Für von anderen Vertretungskörperschaftsmitgliedern geleitete Ausschüsse wird ein Obmann der X-PARTEI bestimmt.

2. Der Obmann eines Ausschusses ist verantwortlich für

    a) die Vorbereitung der Ausschuss-Sitzungen innerhalb der X-Fraktion,

    b) die vollzählige Vertretung der X-Fraktion im Ausschuss (Benachrichtigung der Stellvertreter),

    c) die Berichterstattung an die Fraktion,

    d) die Pflege des Kontaktes zur entsprechenden Verwaltungsabteilung,

    e) die Öffentlichkeitsarbeit im Benehmen mit dem Pressesprecher.

Der Sprecher/Obmann ist verantwortlich für die Vertretung der Fraktionsmeinung im Ausschuss.

§ 12

Sachkundige Bürger

1. Für die gewählten Sachkundigen Bürger in den Ausschüssen gelten die Bestimmungen der §§ 7 und 10 dieser Geschäftsordnung entsprechend.

2. Wenn Angelegenheiten ihres Sachbereiches zur Beratung anstehen, sind sie zu beteiligen. Bei der Beratung geheimhaltungsbedürftiger Angelegenheiten aus anderen Sachbereichen haben sie die Fraktionssitzung zu verlassen, es sei denn, dass sie nach der Geschäftsordnung der Vertretungskörperschaft das Recht haben, an nichtöffentlichen Sitzungen der Vertretungskörperschaft als Zuhörer teilzunehmen.

§ 13

Interfraktionelle Zusammenarbeit

1. Die Fraktion beschließt über die Grundsätze der Zusammenarbeit mit anderen Fraktionen. Ob für bestimmte Angelegenheiten mit anderen Fraktionen – oder Einzelvertretern – Verbindung aufzunehmen ist und Absprachen zu treffen sind, entscheidet der Vorstand. Die Fraktion ist über getroffene interfraktionelle Absprachen spätestens in der nachfolgenden Fraktionssitzung zu informieren.

2. Einzelne Fraktionsmitglieder können ohne Auftrag weder Abmachungen mit anderen Fraktionen – oder Einzelvertretern – treffen noch ihnen gegenüber bindende Erklärungen abgeben.

§ 14

Ordnungsmaßnahmen

1. Mitglieder, die den Bestimmungen dieser Geschäftsordnung zuwiderhandeln, können zur Verantwortung gezogen werden.

2. Ordnungsmaßnahmen sind:

   a) Missbilligung (Rüge) eines Verhaltens und

   b) Ausschluss aus der Fraktion.

3. Über die Ordnungsmaßnahmen beschließt die Fraktionsversammlung mit der Mehrheit der Stimmen ihrer Mitglieder auf schriftlichen, begründeten Antrag eines Viertels/eines Drittels (Nichtzutreffendes streichen) ihrer Mitglieder (Alternative: eines oder mehrerer ihrer Mitglieder) nach vorheriger Anhörung des Betroffenen. Andere Personen – insbesondere die in § 4 Abs. 4 dieser Geschäftsordnung genannten – nehmen an der Abstimmung über die Ordnungsmaßnahmen nicht teil. Zum Ausschluss aus der Fraktion bedarf es eines mit Mehrheit von zwei Dritteln aller Fraktionsmitglieder gefassten Beschlusses der Fraktion. Die Beschlüsse über Ordnungsmaßnahmen sind zu begründen und dem Betroffenen bekannt zu geben.

§ 15

Finanzen

1. Die Deckung der Kosten, die durch die Arbeit der Fraktion entstehen, wird durch Fraktionsbeschluss geregelt.

2. Zur Mitfinanzierung der Fraktionsarbeit führen die Fraktionsmitglieder monatlich einen Beitrag an die Fraktionskasse ab. Die Höhe des Beitrags beschließt die Fraktion.

3. Der Schatzmeister führt die Kassengeschäfte. Er ist dem Vorstand und der Fraktion gegenüber rechenschaftspflichtig.

4. Zwei von der Fraktion zu bestellende Mitglieder prüfen die Kasse. Das Prüfergebnis ist der Fraktion mitzuteilen.

5. Über die Verwendung der der Fraktion von der Gemeinde/dem Kreis zur Verfügung gestellten Mittel ist der Fraktionsvorsitzende nachweispflichtig. Er hat dem (Ober-) Bürgermeister/Landrat zu versichern, dass die Haushaltsmittel und Sachleistungen bestimmungsgemäß, d. h. nur für die Geschäftsbedürfnisse der Fraktion, verwendet worden sind, und die entsprechenden Nachweise zu führen.

§ 16

Fraktionsarchiv und Fraktionsbibliothek

1. Der Vorsitzende sorgt dafür, dass alle wichtigen Unterlagen erhalten bleiben. Deshalb hat er alle ihm zugänglichen, die Fraktion betreffenden Schriftstücke dem Geschäftsführer/Schriftführer weiterzuleiten.

2. Der Geschäftsführer/Schriftführer sammelt im Fraktionsarchiv die Sitzungsprotokolle aus allen Rats-/Kreistags-, Ausschuss- und Fraktionssitzungen sowie die Presseberichte über bedeutsame Ereignisse der Kommunalpolitik, den Schriftwechsel der Fraktion und sonstige für das spätere kommunale Geschehen wissenswerte Unterlagen und Schriftstücke.

3. Es ist eine Fraktionsbibliothek einzurichten oder fortzuführen; sie ist auf dem neuesten Stand zu halten und durch den Geschäftsführer/Schriftführer zu verwalten.

4. Nach Abgabe seines Amtes hat der Vorsitzende, Geschäftsführer/Schrift-
   führer alle Unterlagen der Fraktion – spätestens nach vier Wochen – dem
   neuen Amtsinhaber zu übergeben. Diese Übergabe ist in einer schriftlichen
   Verhandlung festzuhalten.

§ 17

Datenschutzrechtliche Regelungen

1. Der Fraktionsvorsitzende hat dafür Sorge zu tragen, dass hinsichtlich der
   Verarbeitung personenbezogener Daten (i. S. d. § 3 Abs. 1 und 2 DSG
   NRW) die Vorschriften des Datenschutzgesetzes beachtet werden. Hierzu
   gehört insbesondere, dass bei Auflösung der Fraktion die aus der Fraktionsarbeit erlangten personenbezogenen Daten gelöscht werden.

2. Der Fraktionsvorsitzende hat darauf hinzuwirken, dass neben-/hauptamtli-
   che Fraktionsmitarbeiter, die nicht Mitglied der Vertretungskörperschaft
   sind, zur Verschwiegenheit verpflichtet werden.

3. Weiterhin hat der Fraktionsvorsitzende für die sorgfältige Aufbewahrung
   und den Umgang mit fraktionsbezogenen Unterlagen (z. B. Verwendungsnachweise, Kontenführung etc.) Sorge zu tragen.

§ 18

Öffentlichkeitsarbeit

1. Aufgabe des Pressesprechers ist es, ständigen Kontakt mit der Presse und
   dem Lokalfunk zu pflegen. Er soll Erklärungen der Fraktion in Abstimmung
   mit dem Vorsitzenden vorbereiten sowie Erklärungen und Beschlüsse der
   Fraktion den Medien zuleiten. (Zur Information der X-Mitglieder und der
   Öffentlichkeit erstellt der Pressesprecher regelmäßig einen Bericht, der in
   allgemein verständlicher Form über die Arbeit und Pläne der Fraktion infor-
   miert).

2. Die Fraktion hat eine permanente Öffentlichkeitsarbeit zu betreiben. Mindestens einmal jährlich – bei Bedarf auch öfter – sind Pressekonferenzen
   durchzuführen. Mindestens in halbjährigem Abstand haben im Anschluss
   an bzw. vor Fraktionssitzungen öffentliche Anhörungen und Aussprachen
   mit den Bürgern und Einwohnern im Wechsel in verschiedenen Orts- bzw.
   Stadtteilen stattzufinden. Mindestens einmal monatlich sind Fraktions-
   sprechstunden abzuhalten. Die einzelnen Fraktionsmitglieder führen daneben in ihren Wahl- und Wohnbezirken, über die Reserveliste gewählte
   Mandatsträger in nicht von der X-PARTEI gewonnenen Wahlbezirken (Pa-
   tenschaften) Sprechstunden durch.

3. Veröffentlichungen der kommunalpolitischen Vereinigung/des Bildungswerkes der X-PARTEI sind allen Fraktionsmitgliedern zugänglich zu machen.

§ 19

Änderung der Geschäftsordnung

Änderungen der Geschäftsordnung bedürfen der Mehrheit der Stimmen aller
Fraktionsmitglieder.

§ 20

Mitgliedschaft in der kommunalpolitischen Vereinigung der X-PARTEI des Landes Nordrhein-Westfalen

1. Die Mitglieder der Fraktion sind Mitglieder der kommunalpolitischen Vereinigung der X-Partei/des Bildungswerkes des Landes Nordrhein-Westfalen.

2. Für die Erfüllung der Beitragsverpflichtung aus der Mitgliedschaft sind der Vorsitzende, der Schatzmeister und der Geschäftsführer/Schriftführer verantwortlich.

3. Diese Mitgliedschaft berechtigt alle Fraktionsmitglieder, die Dienstleistungen der kommunalpolitischen Vereinigung/des Bildungswerkes der X-Partei des Landes Nordrhein-Westfalen (z. B. Information, Rechts- und Sachberatung, kommunalpolitische Weiterbildung u. a. m.) in Anspruch zu nehmen.

Unterschriften

(Vorsitzender)   (Geschäftsführer/Schriftführer)

Durchführungsverordnung
zur Kommunalverfassung (KV-DVO) aufgrund der Ermächtigung in § 174 Abs. 1 Nr. 1–7 KV MV

vom 9. Mai 2012 (GVBl. MV S. 133)

– Auszug –

§ 19
Zuwendungen von Haushaltmitteln an Fraktionen

(1) Als ständigen Gliederungen kommunaler Vertretungsorgane kann den Fraktionen in Gemeindevertretungen zur Erfüllung ihrer Aufgaben Unterstützung aus Haushaltsmitteln gewährt werden.

(2) Die Unterstützung kann erfolgen

1. durch Geldmittel,
2. durch Sachmittel und
3. durch Bereitstellung von Personal.

(3) Eine Unterstützung ist nur zulässig, soweit sie sich auf die Erfüllung von Aufgaben bezieht, für die die Fraktionen zuständig sind. Unzulässig ist eine Unterstützung, die

1. eine verdeckte Parteienfinanzierung darstellen würde, wie insbesondere Zuschüsse zu Wahlkampfzwecken oder für die Teilnahme an Parteiveranstaltungen, oder
2. dem Einsatz von Aufwendungen dient, deren Abgeltung dem Grunde nach durch § 27 der Kommunalverfassung geregelt ist.

(4) Auch für die Unterstützung zulässiger Fraktionsaufgaben sind die finanzielle Leistungsfähigkeit der Gemeinde, die Grundsätze der Wirtschaftlichkeit und der Sparsamkeit sowie die allgemeinen haushalts- und kassenrechtlichen Bestimmungen zu beachten.

(5) Über die zweckentsprechende Verwendung der gewährten Mittel ist innerhalb von drei Monaten nach Ablauf des Haushaltsjahres durch Vorlage eines Sachberichts und eines zahlenmäßigen Nachweises ein Verwendungsnachweis zu führen. Die Fraktionsvorsitzenden haben die bestimmungsgemäße Verwendung der Mittel zu versichern. In dem Sachbericht ist die Verwendung der Haushaltsmittel darzustellen. In dem zahlenmäßigen Nachweis sind die Erträge und Aufwendungen, gegliedert nach wesentlichen Ertrags- und Aufwandsarten, summarisch auszuweisen. Soweit Bedienstete der Gemeinde unter Weiterzahlung ihrer Bezüge bei einer Fraktion beschäftigt oder für eine Fraktion tätig sind, müssen sie unbeschadet einer Darstellung im Stellenplan in dem Verwendungsnachweis aufgeführt sein. Bei anderen Fraktionsbediensteten sind zur Nachprüfung eines zulässigen Einsatzes sowie einer tarifgerechten Eingruppierung und Vergütung mindestens die Art der Tätigkeit, die regelmäßige Wochenarbeitszeit, Alter und Familienstand anzugeben. Den Stellen der örtlichen und der überörtlichen Prüfung ist auf Verlangen Einsicht in die Belege zu gewähren.

(6) Nach Ablauf der Wahlperiode oder bei Auflösung einer Fraktion aus anderen Gründen sind nicht verbrauchte Geldmittel und Sachmittel an die Gemeinde zurückzugeben. Geldmittel, für die im Rahmen der jährlichen Rechnungsprüfung ein Nachweis der zweckentsprechenden Verwendung nicht geführt werden kann, sind mit künftigen Leistungen zu verrechnen, oder, wenn eine Verrechnung nicht möglich ist, von der Fraktion zurückzuerstatten. Für den Wert nicht bestimmungsgemäß verwendeter Sachmittel oder eines nicht bestimmungsgemäß erfolgten Personaleinsatzes gilt Satz 2 entsprechend. Der Bürgermeister hat die nach Satz 1 bis 3 erforderlichen Maßnahmen von Amts wegen zu veranlassen.

Muster
des Niedersächsischen Landkreistages
einer Geschäftsordnung für den Kreistag

– Auszug –

I. ABSCHNITT

KREISTAG

§ 1

Fraktionen und Gruppen

(1) Jede Fraktion und jede Gruppe hat eine Vorsitzende/einen Vorsitzenden und eine/einen oder mehrere stellvertretende(n) Vorsitzende(n). Die Bildung einer Fraktion oder Gruppe ist der Landrätin/dem Landrat und der/dem Vorsitzenden des Kreistages von der/dem Vorsitzenden der Fraktion oder Gruppe schriftlich anzuzeigen. Die Mitteilung muss die genaue Bezeichnung der Fraktion oder Gruppe, die Namen der/des Vorsitzenden der Fraktion oder Gruppe, ihrer/seiner Stellvertreterinnen/Stellvertreter und aller der Fraktion oder Gruppe angehörenden Kreistagsabgeordneten enthalten. Änderungen sind der Landrätin/dem Landrat und der/dem Vorsitzenden unverzüglich anzuzeigen.

(2) Die Bildung von Fraktionen und Gruppen sowie Änderungen werden mit der schriftlichen Mitteilung an die Landrätin/den Landrat wirksam.

(3) Unterhält die Fraktion oder Gruppe eine Geschäftsstelle, sind der Landrätin/dem Landrat auch die Anschrift der Geschäftsstelle sowie die zur Verschwiegenheit verpflichteten Mitarbeiter der Fraktion oder Gruppe sowie evtl. Änderungen mitzuteilen.

(4) Den Fraktionen und Gruppen werden im Rahmen der im Haushalt zur Verfügung stehenden Mittel Zuwendungen zu den sächlichen und personellen Aufwendungen für die Geschäftsführung sowie für die Aufwendungen aus einer öffentlichen Darstellung ihrer Auffassungen in Angelegenheiten des Landkreises gewährt. Über die Verwendung der Zuwendungen im jeweiligen Haushaltsjahr ist ein Nachweis in einfacher Form zu führen, der jeweils bis zum . . . . des auf das Haushaltsjahr folgenden Jahres der Landrätin/dem Landrat zuzuleiten ist.

Anhang 4 – Ratsfraktionen

Stichwortverzeichnis

Die Zahlen verweisen auf die Gliederungsziffer.

Stichwortverzeichnis – Ratsfraktionen

Kommunal- und Schul-Verlag

Bracker | Dehn

Gemeindeordnung Schleswig-Holstein

Das kommunale Verfassungsrecht ist in den vergangenen Jahren grundlegend geändert worden. In Folge dieser Gesetzesnovellen wurden auch die Durchführungsverordnung und Ausführungsvorschriften umfassend novelliert.

Die Neuauflage behandelt alle rechtlichen und verfahrensmäßigen Fragen anschaulich und verständlich. Damit liegt ein geschlossener Überblick über die Verwaltungs- und Verfahrensrechtsprechung zur Gemeindeordnung für Schleswig-Holstein vor.

Kommentar
11. Auflage 2014,
gebunden,
794 Seiten, 79.– EUR
ISBN 978-3-8293-1108-3

Blum | Häusler | Meyer (Hrsg.)

Niedersächsisches Kommunalverfassungsgesetz

Seit der Zusammenfassung der niedersächsischen kommunalverfassungsrechtlichen Gesetze und Verordnungen zu einem einheitlichen Kommunalverfassungsgesetz haben die gesetzgeberischen Aktivitäten nicht nachgelassen. Der Kommentar erläutert das neue Niedersächsische Kommunalverfassungsgesetz zuverlässig, anschaulich und praxisnah und ist so ein wichtiger und hilfreicher Ratgeber für alle Kommunalpolitiker, Gemeinden, Städte, Landkreise, Fraktionen, Studieninstitute, (Fach)Hochschulen, kommunale Unternehmen und interessierte Bürger.

Kommentar,
3. Auflage 2014,
gebunden,
848 Seiten, 59.– EUR
ISBN 978-3-8293-1125-0

Kommunal- und Schul-Verlag GmbH & Co. KG, Postfach 3629, 65026 Wiesbaden
bestellung@kommunalpraxis.de, www.kommunalpraxis.de
Preisänderungen, -irrtümer und Umfangkorrekturen vorbehalten.

280715

Kommunal- und Schul-Verlag

Kompetente und zuverlässige Fachliteratur für die Praxis!

Held | Winkel (Hrsg.)
Gemeindeordnung Nordrhein-Westfalen
Kommentar, 3. Auflage 2014,
kartoniert, 706 Seiten, 59,– €,
ISBN 978-3-8293-1142-7

Steger | Bock
Kommunalverfassungs-gesetze Baden-Württemberg
Textausgabe mit Einführung,
2. Auflage 2014, kartoniert,
234 Seiten, 12,80 €,
ISBN 978-3-8293-1131-1

Schulz
Kommunalverfassungs-gesetze Bayern
Textausgabe mit Einführung,
4. Auflage 2014, kartoniert,
290 Seiten, 10,80 €,
ISBN 978-3-8293-1100-7

Dieter | Engelhardt | Gieseler | Hilligardt
Kommunalverfassungs-gesetze Hessen
Textausgabe mit Einführung,
3. Auflage 2012, kartoniert,
196 Seiten, 9,80 €,
ISBN 978-3-8293-1002-4

Kommunalverfassungs-gesetze Mecklenburg-Vorpommern
Textausgabe mit Einführung,
2. Auflage 2014, kartoniert,
240 Seiten, 10,80 €,
ISBN 978-3-8293-1111-3

Woitscheck | Jacob
Kommunalverfassungs-gesetze Sachsen
Textausgabe mit Einführung,
4. Auflage 2014, kartoniert,
236 Seiten, 10,80 €,
ISBN 978-3-8293-1110-6

Dehn
Kommunalverfassungs-gesetze Schleswig-Holstein
Textausgabe mit Einführung,
12. Auflage 2014, kartoniert,
362 Seiten, 9,80 €,
ISBN 978-3-8293-1114-4

Kommunal- und Schul-Verlag GmbH & Co. KG, Postfach 3629, 65026 Wiesbaden   280715
bestellung@kommunalpraxis.de, www.kommunalpraxis.de
Preisänderungen, -irrtümer und Umfangkorrekturen vorbehalten.